逐条講義
製造物責任法 第2版

基本的考え方と裁判例 土庫澄子
Tokura Sumiko

勁草書房

第2版 はしがき

1995年（平成7年）7月1日に製造物責任法（PL法）が施行されてから、今年で23年が経過します。

本書の初版は、製造物責任法に関する基本的な考え方と裁判例を整理することを主眼として、2014年（平成26年）3月に刊行されました。このたび初版刊行から4年半ほど経過したところで、第2版を刊行する運びとなりました。

第2版では、初版以降に収集した裁判例等を追加し、初版で採用した基本的な分析方法を踏襲して、個別事案ごと、分野ごと、分野横断的の三つに分けて整理しています。裁判例の分析を通じて見出した新しい傾向については、目次に新しい項目を登場させ、また、コラムを追加するなどして、わかりやすいよう工夫しています。

本書の一つの特徴は、裁判例の分析を通じて、製造物責任法の核心である欠陥判断のあり方に関して、新しい見方を提起するところにあります。欠陥とは何かという問題は、製造物責任法の立法前にすでに理論的、実践的に相当の議論が蓄積され、議論され尽くされた感があったものでした。本書は、この問題を再び取り上げ、当時の論点や初版で示した理解を研ぎなおし、製造物責任法の基本的な考え方が、法の施行後20余年を経て、さらに発展する可能性を秘めていることを明らかにしようと試みています。

本書の特徴の二つ目は、2017年（平成29年）6月に公布された民法の一部を改正する法律に基づく債権法の改正および同改正に伴って整備された製造物責任法の改正に対応していることです。この対応のために、本書の各所で加筆訂正等を行い、特に製造物責任法5条に関する本書の第5章では、章のタイトルを一新し、冒頭に新旧の条文を掲げるとともに、基本的考え方の解説については、改正法に則して記述の全面的な見直しを行っています。

本書の特徴の三つ目は、消費者事故調査をテーマとする第3部を新しく設けたことです。わが国における消費者事故調査の制度は、2012年（平成24年）9月に公布された消費者安全法の一部を改正する法律に基づく新しい制度で、再発防止のために事故を分析して事故の教訓を得ようとするものです。第3部では、消費者事故調査の基本的な考え方を概説し、実例を紹介するとともに、PL裁判例を素材として、事故の教訓を導出する試みを行っています。

i

第 2 版　はしがき

　本書を 3 部構成とした経緯には、筆者の個人史が少なからず影響しています。初版は、消費者庁の前身および創設されたばかりの同庁における勤務経験をもとに、2010 年（平成 22 年）から 2011 年（平成 23 年）にかけて明治学院大学で行った講義のために準備した講義ノートを加筆したものでした。本書の構成や特徴は、初版後における二度目の消費者庁勤務と、2016 年（平成 28 年）10 月にスタートした「消費者法ニュース」誌上における連載「ケーススタディ PL/事故調査」が、思いがけない発見に満ちたものとなったことに裏打ちされています。

　特に二度目の消費者庁勤務においては、2012 年（平成 24 年）10 月に新設された消費者安全調査委員会の実務に携わり、製造物責任法をいわば外から見る力を養うこととなりました。製造物責任法の外在的な環境変化の直中に身を置いた経験は、その後、同法に内在する諸問題を照らし返し、欠陥を俯瞰的に捉える見方に気づかせてくれたと思います。

　製造物責任法と消費者事故調査の連関をどう捉えるかについての、経験の蓄積と研究の深化の現状は、いまだ極めて浅い段階にあるといわなければなりません。今後は、さらに経験と研究が重ねられ、新しい課題に挑戦する検討が進むことを願っています。

　なお、本書で扱う最新の裁判例は、「茶のしずく石鹸」に関して 2018 年（平成 30 年）に出された二つの判決で、弁護団のご厚意により提供いただいた判決書が含まれています。いずれの判決も当初の脱稿後に接したもので、社会問題となった事案に関し、製造物責任の理論上も重要と思われ、脚注での言及に代えて、やや変則的ながら、本文各所でできる限り触れることとしました。この作業は、期せずして刊行時期が遅れる一因となりましたが、幾ばくかでも新しい検討を加えることができましたならば望外と考えています。

　末尾になりますが、勁草書房の関係各位をはじめ、初版以来、さまざまな関わりのなかで、本書のまとめに向けてお世話になり、長い時間を支えてくださった方々に心より感謝を申し上げます。この場を借りまして、今夏他界した父範雄、父とともに刊行を後押ししてくれた母芳子に本書を捧げます。

　　2018 年 9 月

　　　　　　　　　　　　　　　　　　　　　　　　　　　　　土庫　澄子

はしがき

　製造物責任法は、安全性を欠いた製造物が市場に置かれ、消費者・製品使用者の生命・身体・財産に被害を発生させた場合に、製造業者や輸入業者などに対して民事責任を負わせることにより、迅速で適切な被害者救済を図ることを目的とする法律です。本法は 1994 年（平成 6 年）7 月 1 日に公布され、翌 1995年（平成 7 年）7 月 1 日に施行され、2014 年（平成 26 年）には公布から 20 年を迎えることとなります。

　本書は製造物責任法の条文に沿って基本的な説明を加え、関係する裁判例の整理・分析を行い、本法の解釈や適用にあたってどのような点が裁判で争点となり、どのように解釈されてきているかをみながら、現在の製造物責任法の具体的な姿をわかりやすく明らかにしようとするものです。

　製造物責任法は全部で 6 条からなるいわば小さな法律で、ひとつの条文が数行に及ぶようなとくに長い条文はありません。一見すると、本法はやさしい法律にみえるかもしれません。ところが、本法があつかう製品（本法では、「製造物」といいます）の範囲は、食品や医薬品といった家庭内で使用・消費される身近なものから産業機械や飛行機といった大型の製品まで多様で幅広いものです。製造物の範囲が幅広いことから、条文はできるかぎり概括的に、一般的、抽象的に定められています。本法は抽象的な定めのもとに裁判において具体的なルールを形成することを通じて、消費者安全という幅広く、複雑な問題を法的にとらえる糸口といえるでしょう。

　本書は大きく 2 部から構成され、第 1 部は本法の成立までの社会的背景や経緯、現在の消費者安全法制のなかでの位置づけなどを扱います。第 2 部は条文ごとに、まず「基本的考え方」では本法の基本的概念や基本要件などの基本的事項を立法時の検討や参考となる海外の法制度、立法後に登場した新しい問題や考え方をふまえて解説しています。続いて「裁判例」では判決要旨を引用しながら、問題の所在を明確にしたうえで要約し判決の考え方を分析しています。事例によっては本書なりの評価を加え新しい論点についてやや進んだ検討を行っています。

　本法の中心概念である欠陥については、立法までに膨大な検討がなされました。欠陥に関わる裁判例の分析では、欠陥判断のために本法が列挙する 4 つの

iii

はしがき

考慮事項に沿って順に検討しています。

本書は、4つの考慮事項のそれぞれについて、①個々の製造物、②製品分野別、③分野横断的という3つの視点から整理を試みています。

たとえば、欠陥判断における第1の考慮事項である「製造物の特性」を取り上げてみましょう。まず、①問題となる個々の製造物について、いわばもっとも微細なレベルで、製造物に固有の特性や特徴に照らして性能や安全、危険をとりだす個別的な分析を行うことが必要となります。これは、ステップ1の分析、事案限り、問題となる製造物限りの個別的な分析になります。つぎに、②製造物の分野ごとに検討し、一定の製品群に共通する「製造物の特性」を明らかにすることが有益と思われます。これは、ステップ2、分野別の分析といえるでしょう。さらに、もっとも広い観点に立ち、③多様で幅広い製造物に共通した考え方をみいだすことができる場合があります。これは、ステップ3、幅広い製造物に共通する消費者安全の視点に立つ分野横断的な分析といえるでしょう。

特に横断的分析からは、製品分野の違いに応じて使用される技術に相違があるとしても、本法のもとでは多様な技術分野を横断する観点、あるいは消費者の視点から求められる安全性の考え方を取り出すことができると思われます。横断的観点は本法の全体像を理解するうえで、基本的な視座となるものです。

本書の裁判例分析は、筆者が本法に関わる行政実務に従事しているあいだに養った多視点的な見方が背景となっています。消費者行政実務や消費者相談の現場では、消費者安全のあり方をとらえ直し、横断的な消費者の視点を探索する横の軸が有用と思われます。裁判例の検討にあたっては、横の軸に加えて、立法前の問題意識を基盤として製造物責任の諸法理がどのように発展し、また新しい法理が生成しつつあるかという縦の軸が本法の現在の姿を理解する一助となりうると思います。このように、一見平面的にみえる裁判例を多視点的、立体的に理解する試みを示すことが本書のねらいとするところです。

本書は製造物責任法に関する裁判例をすべて網羅し、この法律に関わるすべての問題を扱うものとはいえませんが、本法の全体像を描く捨て石となりましたら望外の喜びです。ささやかな本書を消費者や事業者、消費生活相談に関わる相談員、消費者行政に取り組む行政実務家、法律実務家の方々、この法律を学ぼうとする学生、さらに消費者安全法制に関心を寄せる研究者諸兄姉など興味をもってくださる多くの方々にお使いいただければ幸いと存じます。

はしがき

　拙著が出来上がるまでには、多くの方々のお世話になりました。製造物責任法の立法担当官を務められた消費者庁審議官の川口康裕氏には、筆者が国民生活局在職時、日々刻々と変化する消費者行政の現場でわずかな合間を縫っては本法の実務の手ほどきをしていただきました。その後は本書の構想をお話して、大きな歴史的視野のなかでご指導と励ましをいただきました。独立行政法人国民生活センター理事長の松本恒雄先生には、先生が国内外の最新の動向を渉猟されながら長年にわたり消費者行政を育ててこられた姿に接し、感銘を受けてまいりました。草稿段階では、筆者からの生煮えな質問に先生がご教示くださり、背中を押していただく思いがいたしました。ディスカッションの相手をしてくださった同僚先輩後輩の諸兄姉、消費者問題に真摯に取り組む弁護士の方々からは、一歩進む勇気をいただきました。ときに厳しく、ときに暖かく見守ってくださったみなさまに、この場を借りまして心からお礼を申し上げます。末尾になりますが、執筆経験が浅い筆者に出版の機会を与えてくださいました勁草書房、原稿を辛抱強く待っていただいた同編集部竹田康夫氏にはひとかたならぬお世話になりました。心よりお礼を申し上げます。

　　2014 年 2 月

土庫　澄子

第2版 はしがき
はしがき
凡 例

第1部 序 説

1 立法趣旨 ··· 2
2 立法経緯 ··· 2
   1 社会的背景 2   2 社会的動向 3   3 理論的動向 4
   4 消費者行政の動向 5   5 海外の動向 5
   6 立法提案 6   7 製造物責任法の制定 6
3 意義・根拠・機能 ·· 7
   1 意義 7
   2 根拠 8
     (1) 危険責任 8   (2) 報償責任 8   (3) 信頼責任 9
     (4) 小括——製造物責任の3本柱 9
   3 機能 10
     (1) 立法時 10
       (i) 裁判規範 10   (ii) 社会規範 11   (iii) 行為規範 12
     (2) 現在 13
       (i) 近時の新しい傾向—製品を使用するサービス提供や運輸保管と製造物責任 13
       (ii) 消費者事故調査の発展と製造物責任 14
       (iii) 民法の一部改正に伴う製造物責任法の一部改正 15

第2部 逐条講義

第1章 目 的 ··· 18

1 具体的措置（1条前段）·· 18

> 1 基本的な考え方 18　　2 裁判例 18

2 **直接の目的（1条前段）**……………………………………………………… 21

> 1 **自然人** 22
>
> (1) 被害者が直接製品を使用・消費する場合 22
>
> (i) 基本的な考え方 22　　(ii) 裁判例 22
>
> (2) 製品を使用する事業者のサービス等による場合 22
>
> (i) 基本的な考え方 22　　(ii) 裁判例 23
>
> 2 **法人** 24
>
> (1) 法人の財産的損害（その1） 24
>
> ──営業上の物に生じた損害や逸失利益など
>
> (i) 基本的な考え方 24　　(ii) 裁判例 25
>
> (2) 法人の財産的損害（その2） 26
>
> ──消費者や被用者の生命・身体等被害に起因する財産的損害
>
> (i) 基本的な考え方 26　　(ii) 裁判例 26

3 **最終的な目的（1条後段）**……………………………………………………… 28

> 1 基本的な考え方 28　　2 立法時の議論と現在 28

第2章　定　義 …………………………………………………………………… 30

I　製造物（2条1項）……………………………………………………………… 31

1 **製造の定義** ……………………………………………………………………… 31

2 **加工の定義** ……………………………………………………………………… 32

> 1 **自然産物の加工と未加工** 32
>
> (1) 基本的な考え方 32　　(2) 裁判例 33
>
> (3) 第一次農林水畜産物のあつかい──立法時の考え方と海外の動向 35
>
> 2 **加工と類似の概念** 37
>
> (1) 修理・改造など 37
>
> (i) 基本的な考え方 37　　(ii) 裁判例 38
>
> (2) 設置・組立など 39
>
> (i) 基本的な考え方 39　　(ii) 裁判例 39
>
> 3 **有体物であること** 41
>
> (1) 基本的な考え方 41　　(2) 裁判例 41

目　次

 4　「動産」であること　42

 5　中古品・廃棄物・再生品　42

  (1)　中古品　42

   (i)　基本的な考え方　42　　(ii)　裁判例　43

  (2)　廃棄物　45　　(3)　再生品　45

 6　工作物責任（民717条）と製造物責任　46

  (1)　工作物責任の意義　46　　(2)　工作物責任と製造物責任の比較　47

Ⅱ　欠陥（2条2項） ……………………………………………………… 49

1　欠陥の定義 ………………………………………………………………… 49

2　欠陥の3類型 ……………………………………………………………… 50

 1　設計上の欠陥　50

  (1)　基本的な考え方　50　　(2)　裁判例　50

 2　製造上の欠陥　57

  (1)　基本的な考え方　57

   (i)　ライン製造品の不良品（アウスライサー）　57

   (ii)　機械設備等の構造上の欠陥　58

  (2)　裁判例　58

 3　指示・警告上の欠陥　63

  (1)　基本的な考え方　63

  (2)　裁判例　65

   (i)　肯定例　65　　(ii)　否定例　75

 4　欠陥の3類型と裁判における欠陥判断のあり方　77

  (1)　基本的な考え方　77　　(2)　裁判例　78

3　欠陥の判定基準 ………………………………………………………… 84

 1　広義の消費者期待基準——社会的期待　85

  (1)　基本的な考え方　85

  (2)　裁判例　86

   (i)　狭義の消費者期待基準　86　　(ii)　事業者期待基準　87

   (iii)　専門家期待基準　89

 2　危険効用基準　89

  (1)　基本的な考え方　89　　(2)　裁判例　90

viii

目　次

3　標準逸脱基準　94

(1)　基本的な考え方　94　　(2)　裁判例　94

4　まとめ　96

④　製造物の特性——第 1 考慮事項 ……………………………………… 98

1　特性の意義　98

(1)　製造物の性能・安全と危険　98

(2)　製造物特性の評価——特性と特性因子　99

(3)　製造物特性のとらえ方——製品分野別と分野横断的　100

2　食品・食器　100

(1)　食品　100

(ⅰ)　基本的な考え方　100

(a)　食品の高度の安全性　100　　(b)　食品事故の被害類型　101

(c)　食品事故と欠陥類型　102

(ⅱ)　裁判例　102

(a)　金属等の異物混入・類似事例　102　　(b)　細菌性食中毒　104

(c)　原材料の自然毒による食中毒　106　　(d)　健康食品による健康被害　107

(e)　一口サイズの菓子による窒息事故　108

(ⅲ)　食品安全の新しい課題——新規食品の危険と高度の安全性　110

(2)　食器　110

(ⅰ)　基本的な考え方　110　　(ⅱ)　裁判例　111

3　医薬品・医療機器・化粧品・美容機器など　112

(1)　医薬品　112

(ⅰ)　基本的考え方　112

(a)　医薬品被害の特性——立法前の検討と現在　112

(ⅱ)　裁判例　120

(a)　輸入漢方薬による腎障害　120

(b)　コレステロール低下薬による神経障害　120

(c)　抗がん剤イレッサによる副作用被害　121

(ⅲ)　医薬品事故と欠陥類型——有効性判断と安全性判断　124

(2)　医療機器　126

(ⅰ)　基本的な考え方　126

(ⅱ)　裁判例　127

(a)　カテーテルの破断と製造上の欠陥　127

(b)　高密度焦点式超音波治療機器（ハイフ機器）の欠陥　128

(c)　小児用呼吸器具と指示・警告上の欠陥　128

ix

目　次

　　　　(d)　インプラント式医療機器と指示・警告上の欠陥　129

　　　　(e)　人工心肺装置と警告義務違反（不法行為事例）　130

　　(3)　化粧品　132

　　　(i)　基本的な考え方　132　　(ii)　裁判例　133

　　(4)　美容機器など　137

　　　(i)　基本的な考え方　137　　(ii)　裁判例　137

4　家庭用品　140

　　(1)　基本的な考え方　140

　　(2)　裁判例　140

　　　(i)　日用品　140　　(ii)　煙火製品・化学製品　141

　　　(iii)　電気製品・燃焼系製品　142　　(iv)　おもちゃ　145　　(v)　福祉用品　145

5　乗り物　147

　　(1)　基本的な考え方　147

　　(2)　裁判例　147

　　　(i)　自動車　147　　(ii)　自動車用製品　152　　(iii)　自転車・その他　155

6　機械設備・装置　157

　　(1)　基本的な考え方　157　　(2)　裁判例　158

7　機械部品　165

　　(1)　基本的な考え方　165　　(2)　裁判例　165

8　建材　168

　　(1)　基本的な考え方　168　　(2)　裁判例　168

9　分野横断的特性　172

　　(1)　新規性をもつ製品群　172

　　　(i)　基本的な考え方　172　　(ii)　裁判例　173

　　(2)　継続使用する製品群　175

　　　(i)　基本的な考え方　175　　(ii)　裁判例　175

　　(3)　組立・施工等を要する製品群　176

　　　(i)　基本的な考え方　176　　(ii)　裁判例　177

　　(4)　定期的・専門的点検を要する製品群　178

　　　(i)　基本的な考え方　178　　(ii)　裁判例　179

　　(5)　乳幼児用製品群・高齢者用製品群・福祉用製品群　180

　　　(i)　基本的な考え方　180　　(ii)　裁判例　180

　　(6)　事業用製品群　182

　　　(i)　基本的な考え方　182　　(ii)　裁判例　183

10 まとめ　183

⑤　**通常予見される使用形態——第 2 考慮事項** ……………………… 185

1 　**一般的な考え方——使用範囲と誤使用**　185

2 　**相当程度使用経験がある製品群——基本的類型**　188

（1）基本的な考え方　188　　（2）裁判例　188

3 　**新規性をもつ製品群**　193

（1）基本的な考え方　193　　（2）裁判例　193

4 　**継続使用する製品群**　196

（1）基本的な考え方　196　　（2）裁判例　197

5 　**組立・施工等を要する製品群**　197

（1）基本的な考え方　197　　（2）裁判例　198

6 　**定期的・専門的点検を要する製品群**　198

（1）基本的な考え方　198　　（2）裁判例　198

7 　**乳幼児用製品群・高齢者用製品群**　199

（1）基本的な考え方　199　　（2）裁判例　200

8 　**事業用製品群**　202

（1）基本的な考え方　202　　（2）裁判例　203

⑥　**製造物を引き渡した時期——第 3 考慮事項** ……………………… 211

1 　**欠陥の存在時期—— 3 つの観点**　211

2 　**引渡し時期における社会的期待**　212

（1）基本的な考え方　212

（2）裁判例　213

　（ⅰ）狭義の消費者期待　213　　（ⅱ）事業者期待　214　　（ⅲ）専門家期待　215

3 　**引渡し時期における技術的実現可能性**　215

（1）基本的な考え方　215　　（2）裁判例　216

4 　**引渡し時期における欠陥の存在態様**
　　——ガス湯沸かし器不正改造事故　217

（1）問題の所在　217　（2）若干の検討　217

⑦　**その他の製造物に係る事情——第 4 考慮事項** ……………………… 219

1 　**安全基準と欠陥**　219

2 　**強制基準と欠陥**　219

（1）基本的な考え方　219

目　次

　　(2)　裁判例　220

　　　(i)　安全規制に適合する製品の製造物責任　220

　　　(ii)　安全規制に反する製品の製造物責任肯定例　221

　　　(iii)　安全規制に反する製品の製造物責任否定例　221

　　　(iv)　流通後安全確保に関わる規制と欠陥　222

3　任意基準と欠陥　222

　　(1)　基本的な考え方　222　　(2)　裁判例　223

4　リコールと欠陥　227

　　(1)　基本的な考え方　227

　　(2)　裁判例　228

　　　(i)　回収——狭義のリコールと欠陥　228

　　　(ii)　注意書の改訂——広義のリコールと欠陥　229

5　明白な危険と使用者認識　231

　　(1)　基本的な考え方　231

　　(2)　裁判例　232

　　　(i)　一般消費者の認識と明白な危険——新規危険の場合　232

　　　(ii)　危険情報の社会的共有と明白な危険　232

　　　(iii)　過大な安全性認識と明白な危険　233

Ⅲ　責任主体（2条3項）　236

1　製造業者の定義（1号）　237

1　製造業者・加工業者　238

　　(1)　基本的な考え方　238　　(2)　裁判例　238

2　輸入業者　240

　　(1)　基本的な考え方　240　　(2)　裁判例　243

2　製造業者として表示をした者・製造業者と誤認させるような表示をした者（2号）　244

1　基本的な考え方　244　　2　裁判例　246

3　実質的な製造業者と認めることができる表示をした者（3号）　251

1　基本的な考え方　251　　2　裁判例　252

第3章　製造物責任 ………………………………………………………… 254

① 因果関係 ………………………………………………………………… 254

1　基本的な考え方　254

2　裁判例　256

（1）　拡大損害の発生が認められない場合　256

（2）　製造物以外の他原因の考慮　258

（ⅰ）　他原因を理由に因果関係が認められない場合　258

（ⅱ）　他原因が損害発生に寄与する場合　260

（ⅲ）　他原因を認めにくいとして因果関係を肯定する場合　262

（3）　科学的知見が十分でない場合　263　　（4）　製造物が滅失している場合　265

（5）　目撃者がいない場合　266　　（6）　施行期日と関連する特殊な問題　268

② 欠陥の証明──欠陥の特定・事実上の推定 ……………………………… 268

1　基本的な考え方　268　　2　裁判例　269

③ 損害賠償の範囲 …………………………………………………………… 274

1　因果関係の法的評価　274

（1）　基本的な考え方　274　　（2）　裁判例　274

2　精神的損害（慰謝料等）　275

（1）　基本的な考え方　275　　（2）　裁判例　275

3　営業上の損害（得べかりし利益）　276

（1）　基本的な考え方　276　　（2）　裁判例　277

4　懲罰的損害賠償　278

（1）　基本的な考え方　278　　（2）　裁判例　278

第4章　免責事由 ………………………………………………………… 280

① 開発危険の抗弁（1号） …………………………………………………… 280

1　基本的な考え方　280　　2　裁判例　281

② 部品・原材料製造業者の抗弁（設計指示の抗弁）（2号） ……………… 283

1　基本的な考え方　283　　2　裁判例　284

xiii

目　次

第5章　消滅時効 286

① 消滅時効の起算点
──「知った時から」5年（5条1項1号、同条2項）.................... 287
1　基本的な考え方　287　　2　裁判例　288

② 消滅時効の起算点
──「引き渡した時から」10年（5条1項2号）.......................... 289
1　基本的な考え方　289　　2　裁判例　289

③ 長期の期間制限の特則（5条3項）.. 290

第6章　民法の適用・国際的な製造物責任訴訟 292

① 過失相殺 292
1　基本的な考え方　292
2　裁判例　293
(1)　一般消費者被害の場合　293
(ⅰ)　過失相殺を認めない場合　293　　(ⅱ)　被害者の危険使用による過失相殺　294
(ⅲ)　被害者の素因による過失相殺　295
(ⅳ)　被害者側の安全確保措置け怠による過失相殺　296
(2)　事業者被害の場合　297
(ⅰ)　過失相殺を認めない場合　297
(ⅱ)　需要者側事業者の危険使用による過失相殺　297
(ⅲ)　需要者側事業者の安全確保措置のけ怠による過失相殺　298

② 複数の責任主体 300
1　基本的な考え方　300
2　裁判例　301
(1)　複数の製造物責任の競合　301
(2)　製造物責任と他法理による責任との競合　302

③ 免責の合意・免責特約 303
(1)　基本的な考え方　303　　(2)　裁判例　303

④ 民法のその他の規定・失火責任法 304

xiv

1　民法の基本原則（民1条）　304　　　2　遅延損害金　305

　　3　失火責任法　306

⑤　国際的な製造物責任訴訟──準拠法と国際裁判管轄 ……………… 307

　　1　基本的な考え方　307　　　2　裁判例　308

附則 ……………………………………………………………………… 312

①　施行期日（1項）……………………………………………………… 312

②　原子力損害の賠償に関する法律の一部改正（2項）……………… 312

第3部　消費者事故調査──要因分析と再発防止策

①　消費者事故調査とは？ ………………………………………………… 314

②　調査事例 ………………………………………………………………… 316

③　製造物責任裁判例の検討 ……………………………………………… 324

　　1　欠陥が否定されたケース

　　　　──在宅介護用に貸与されたギャッチベッドによる身体圧迫事故【37】　324

　　2　欠陥と過失が重畳するケース

　　　　──小児用医療機器の組合せ使用による呼吸回路閉塞事故【24】　327

　　3　欠陥を認め、過失相殺を行うケース

　　　　──輸入クロスバイク自転車による転倒事故【69】　328

　　4　欠陥判断が分れるケース

　　　　──化粧石鹸による食物アレルギー【145】【146】　329

④　おわりに ………………………………………………………………… 332

判例索引　333

事項索引　339

目 次

コラム一覧

コラム ① 製造物責任法（PL 法）における客観主義　16
　　　──教師と学生の対話（その１）──

コラム ② 製品使用者と消費者　24
　　　──製品使用を伴うサービスによる被害──

コラム ③ しじみのリコール？　37

コラム ④ 加工による新しい属性と「小分け」・「パック詰め」　40

コラム ⑤ 欠陥と再発防止策　84
　　　──教師と技術者の対話──

コラム ⑥ 危険効用基準と EU 予防原則について　93
　　　──教師と学生の対話（その２）──

コラム ⑦ 食品の安全性と医薬品の安全性─相違と流動化─　125

コラム ⑧ 立法提案と PL 裁判例の発展　211
　　　──教師と学生の対話（その３）──

コラム ⑨ リコール・ガイドライン　230
　　　──消費者の視点に立つ分野横断的指針──

コラム ⑩ 広告・宣伝と欠陥　233
　　　──教師と学生の対話（その４）──

コラム ⑪ エレベーター等の包括的安全確保　323
　　　──昇降機安全法を立法する必要性について──

コラム ⑫ 技術史から事故を考える　326
　　　──ケーキ店主と店員の対話──

xvi

凡　例

○文献略語

逐条	経済企画庁国民生活局消費者行政第一課編『逐条解説 製造物責任法』（商事法務研究会、1994 年）
升田・詳解	升田純『詳解製造物責任法』（商事法務研究会、1997 年）
山本・注釈	山本庸幸『注釈製造物責任法』（ぎょうせい、1994 年）
論点	経済企画庁国民生活局消費者行政第一課編『製造物責任法の論点』（商事法務研究会、1991 年）
吉村・不法行為法	吉村良一『不法行為法［第 4 版］』（有斐閣、2010 年）
消費百選	「消費者法判例百選（別冊ジュリスト 200 号）」（2010 年）
インデックス	松本恒雄・後藤巻則編「消費者法判例インデックス（商事法務、2017 年）」

○判例集

民録　大審院民事判決録　　民集　大審院民事判例集
民集　最高裁判所民事判例集　　裁判集民　最高裁判所裁判集民事

＊判決の出典は、最○判平成○年○月○日判例時報○号○頁のように表記した。
＊判決文の引用にあたり、当事者の表示は、原則として一審原告をX（複数のときは X_1, X_2, X_3……）、同被告をY、訴外をA、B……と表記し、漢数字は算用数字に置き換えた。また、筆者注記は〔　〕とした。

○法令略語

＊製造物責任法の条文については条数のみを、その他の法令については法令名と条数で表記した。法令の略語は以下によるほか、通例の略記による。

民　民法　　商　商法　　食品　食品衛生法　　関　関税法　　商標　商標法
通則　法の適用に関する通則法　　原賠　原子力損害の賠償に関する法律
85/374/EEC　COUNCIL DIRECTIVE of 25 July 1985 on the approximation of the laws, regulations and administrative provisions of the Member States concerning liability for defective products（85/374/EEC）

第1部 序　説

1. 立法趣旨
2. 立法経緯
3. 意義・根拠・機能

第1部 序 説

[1] 立法趣旨

　現代社会において人々は大量に生産され、販売された製品を暮らしのなかで使用・消費しています。製品を使用・消費する場は個人の家庭生活のほか、学校など教育施設や高齢者サービスセンターなどの福祉施設、店舗・商業施設や公園など多種多様です。サービス産業の大幅な伸長は、製品を使用したサービスを一段と発展させています。産業機械を作動させて製造や加工する場においても、製品は使用・消費されています。そして、多様な製品を供給する仕組みは多様化し、複雑化・国際化が進んでいます。

　製品使用者が製品を安全に使用・消費するためには、使用者側が十分な知識をもち、注意を払うことが大切となるのはいうまでもありません。同時に現代社会では、製品を製造する事業者や輸入する事業者が、製品の特性や危険に配慮して製品を市場に置くことがきわめて重要になります。

　本法は、大量生産・販売される工業的製品が日常生活のなかで使用・消費されるようになり、危険に対して構造的に弱者である消費者が製造物の欠陥に起因して受けた被害を適切・迅速に救済するための消費者法であることを主眼として立法されました。立法当時の政府による解説を参照すると、本法の立法趣旨を次の3点にまとめることができます[1]。

　①安全性に欠けた製品が市場に出た場合、消費者（＝広い意味での消費者。ここでは、製品使用者と同じ意味で使われています）は、その生命や身体・財産に被害を受けやすい（「消費者被害救済の必要性」）。

　②安全性に欠けた製品による事故が起きた場合、消費者の被害を救済するためには、消費者と製品製造業者等のあいだに直接の契約関係がなくとも、損害の賠償責任を製造業者等に負わせるべき（「不法行為責任の特則」）。

　③製品の客観的性状である「欠陥」を要件として、製造業者等の「過失」の有無を問わず、損害賠償責任を課す（「欠陥責任」）。

[2] 立法経緯

1 社会的背景

　第2次世界大戦の終戦直後、混乱したわが国経済社会においては粗悪品の流通が社会的問題となり、1948（昭和23年）年、主婦を中心とした不良マッチ追放運動が起こりました。この運動を契機として、同年9月には主婦連合会が結

---

[1] 逐条8頁を参照。

成されました。その後の高度成長期は大量生産・大量消費の時代ともいわれ、各家庭に「モノ」が行き渡るようになった時代でもありました。経済社会の急激な変化に呼応するように、1955年（昭和30年）にはヒ素ミルク事件が発生し、大規模製品被害として大きな関心事となりました。昭和30年代に発生したスモン事件は、キノホルム剤を整腸剤として服用したことによる重篤な神経障害の患者が全国的に多数に生じたものです。一連のスモン訴訟を契機として、1979年（昭和54年）には旧薬事法（2013年（平成25年）改正により、題名が「医薬品、医療機器等の品質、有効性及び安全性の確保等に関する法律」に改められました）1条の目的規定を改正するとともに、再審査制度を導入するなど当時の薬事規制行政の根幹をなす旧薬事法は安全規制を根本とする法律へと性格を変えました。昭和30年代後半には、睡眠薬を服用した妊婦から先天性障害児が生まれたというサリドマイド事件で、最初の損害賠償請求訴訟が提起されました。

　昭和40年代に入ると、最初の大規模食品被害であるカネミ油症事件が発生しました。当時世界に先駆けてわが国で開発された化学物質であるPCB（ポリ塩化ビフェニール）が製造過程の食品に混入し、いわゆる油症による被害が大量に発生したというものでした。この事件では、国や食品製造会社、原材料製造会社を相手として損害賠償請求訴訟が提起されました。

　高度成長期に次々と起きた大規模な消費者被害は、当時のわが国では公害と同様にあつかわれ議論されましたが、本法の立法への社会的背景として、第1にあげられる事象です。

2　社会的動向

　本法の立法に向けた本格的な理論的検討が開始されるに先だっては、社会内にこれを準備する動きが存在したことが重要です。相次ぐ大規模消費者被害に対して、消費者団体は活発に活動を展開しました。主婦連合会はすでに1950年（昭和25年）に日用審査部を設置していました。1966年（昭和41年）に主婦連合会は、ユリア樹脂製のベビー用食器からホルマリンが検出されたとの報告を行いました。この報告を契機として、当時の厚生省が新衛生基準を設けるなど、行政に影響を与えています。

　科学的専門家からなる団体とは性格を異にする消費者団体が、みずから商品を検査し、いわば科学的ないし実証的な警告を発したことの意義は、いまなお特筆に値します。

第 1 部　序　説

3　理論的動向

　本法の立法に向けた理論的な検討は、1972 年（昭和 47 年）の春、当時のわが国を代表する民法、商法、民事訴訟法の学者 9 名が集まり、製造物責任の法理論的検討と立法試案の作成をめざして製造物責任研究会が発足したことから始まります。製造物責任研究会は松本財団、河上財団の援助による私的な研究会です。会員は当初、学界でもっとも影響力のあった我妻栄教授（1897-1973）をはじめ、四宮和夫（1914-1988）、星野英一（1929-2012）、竹内昭夫（1929-1996）、川井健（1927-2013）、竹下守夫（1932-）、森島昭夫（1934-）の各教授でしたが、その後、植木哲（1944-）、加藤雅信（1946-）の各教授が加わりました。

　本法の立法に向けて、法学系や医学系の学会においてもさまざまな検討がなされました。1973 年（昭和 48 年）5 月には、日本小児科学会森永ヒ素ミルク調査特別委員会が医学的見地からヒ素ミルクと一連の中毒症状との関連を指摘し、一群の中毒症状を森永ヒ素ミルク中毒症候群と命名しました。1955 年（昭和 30 年）のヒ素ミルク事件の発生から 18 年後であったとはいえ、医学的専門性を備えた学術団体が対外的に示した判断は社会的に大きな意味をもち、本法を立法する推進力のひとつとなったと推測されます。また、1974 年（昭和 49 年）5 月、日本法社会学会では当時の日本社会の実態をふまえつつ、食品や医薬品による大規模被害が拡大した実態と実務的な救済の困難を指摘し、製造物責任をめぐる立法的な議論を進展させる必要があるという趣旨の 2 本の報告が行われました[2]。

　専門性を備えた学術団体が次々に立法の必要性を示す活動を展開し、立法に向けた検討を行い、製造物責任に関する立法提案を策定する流れを形成したといえます。さまざまな団体がその活動や専門性を生かし、過失責任主義という近代民法の原則のひとつを修正する製造物責任の立法の必要性をめぐる世論の形成に貢献しました。

　一連の動きのなかで 1975 年（昭和 50 年）10 月、日本私法学会は「製造物責任立法」と題するシンポジウムを行い、製造物責任研究会は「製造物責任法要綱試案」[3] を公表しました。

---

[2] 川村フク子「医薬産業による被害とその救済——薬害訴訟の問題点」日本法社会学会編『法社会学』27 号 138 頁以下、平野克明「食品公害・薬害訴訟における法律上の責任——カネミ油症訴訟とスモン訴訟の企業責任を中心として」同 149 頁以下。

4 消費者行政の動向

製造物責任研究会が発足した翌年の 1973 年（昭和 48 年）、当時の経済企画庁に設置された国民生活審議会で製造物責任の立法問題がはじめて取り上げられました[4]。同審議会消費者保護部会は、1976 年（昭和 51 年）10 月に「消費者被害の救済について（中間報告）」を公表し、製造物責任の理論の確立と立法の必要性を指摘しました。しかし、当時の産業界ではまだ消費者重視の傾向が支配的ではなかったなどの事情から、議論はいったん沈静化したといわれます。

その後 1981 年（昭和 56 年）12 月に、国民生活審議会消費者政策部会は「製品関連事故による消費者被害の救済について」を公表し、製造物責任問題に焦点を絞って、立法的解決に向けて努力を続ける必要性を説きましたが、立法化に向けた動きとはなりませんでした。

5 海外の動向

おなじ時期の海外の主要な動向をみると、1970 年代の米国では消費者の製品安全に関わる連邦レベルでの整備が進められていました。1972 年には連邦消費者製品安全法（CPSA）が制定され、同法に基づいて翌 1973 年には大統領の直轄機関としての消費者製品安全委員会（CPSC）が設立され、食品等を除く消費者製品について横断的な安全確保の体制が整えられていました。こうした動きがわが国の議論を刺激したであろうことは想像に難くないとはいえ、米国における製造物責任の発展は判例法の成熟のなかで展開し、訴訟の急増など社会的弊害が指摘されるといった状況にあり、わが国での立法の直接の参考とするには困難な一面がありました[5]。

欧州では、1985 年 7 月に EC 閣僚理事会が「欠陥製造物についての責任に関する加盟国の法律、規則、行政上の規定の調整のための 1985 年 7 月 25 日付け閣僚理事官指令」（EC 製造物責任指令、以下、EC 指令）を採択し、以降、所定の期間内に加盟各国が国内法において製造物責任制度を整備することが義務

---

[3] 製造物責任研究会「製造物責任法要綱試案」ジュリスト 597 号 16 頁を参照。以下、「要綱試案」として引用。

[4] 川口康裕「製造物責任法の立法過程——ひとつの審議会行政の軌跡」東京経大学会誌 249 号 11 頁を参照。

[5] 立法前に米国の製造物責任の動向を調査したものとして、川口康裕「米国の製造物責任制度について」ジュリスト 1035 号 85 頁を参照。

第1部　序　説

づけられました。わが国の民事責任と類似の制度をもつといわれる欧州各国が
製造物責任制度の立法化に向けて具体的に動き始めたことは、立法に向けての
国内の動きを本格化させる重要なターニングポイントとなりました。

6　立法提案

　一方、国内では、1990年前後に、政党や弁護士会が製造物責任の立法に向
けた試案をまとめ、相次いで公表していきました。1990年（平成2年）には公
明党の「製造物責任法案要綱」、1991年（平成3年）には東京弁護士会の「製
造物責任法試案」、日本弁護士連合会の「製造物責任要綱」、日本社会党の「製
造物責任法案要綱」が公表されました。民法研究者からは、好美清光教授
(1929-) を始め、朝見行弘 (1953-)、飯塚和之 (1947-)、浦川道太郎 (1946-)、
加賀山茂 (1948-)、徳本鎮 (1928-2015)、平野克明 (1941-)、松本恒雄 (1952-)
の各教授をメンバーとする1990年私法学会報告者グループが、1985年のEC
指令に代表される当時の西欧の動向に示唆を受けつつ、浩瀚な理論的検討を行
い、「製造物責任立法への提案」を公表しました[6]。

　こうしていくつもの立法提案が登場するなかで、立法の機が熟していきまし
た。1975年の「製造物責任要綱試案」を嚆矢とする一連の立法提案を準備し
た諸検討は、本法成立後の製造物責任の理論と実務の発展の背景となり、いま
もなお本法の発展の基盤を醸成しているといえるでしょう。

7　製造物責任法の制定

　1992年（平成4年）10月、国民生活審議会は、「総合的な消費者被害防止・
救済の在り方について」を公表し、総合的な消費者行政を進めてゆく観点から、
製造物責任の立法的解決に焦点を置いて検討を進めるスタンスを固めてゆきま
す。1993年（平成5年）12月、同審議会は内閣総理大臣に対して、本法を立
法すべき旨を含む「製造物責任制度を中心とした総合的な消費者被害防止・救
済の在り方について（意見）」を提出し、製造物責任を立法的に解決するべき
との最終答申を行いました。

　本法は1994年（平成6年）7月1日に公布され、翌1995年（平成7年）7月
1日から施行されています。公布から施行まで1年の期間を置き、その間に新
法に関連する新しい社会の仕組みを整えるほか、製品安全に関わる多方面の

---

[6]「製造物責任の現状と展望―日本私法学会民法部会シンポジウム「製造物責任」資料①～③」
　NBL456号6-26頁、同457号36-67頁、同458号36-75頁

6

人々に新しい法律の考え方が十分に理解されるよう努めることが期待されました。

　本法は、戦後約50年のあいだに起きたさまざまな消費者問題と、消費者法・行政の発展のなかで消費者の安全確保・被害救済を主たる目的として成立しました。消費者保護の観点から一般的ルールを規律する比較的初期の消費者法として、その後の消費者法の基本的な性質と機能を備えて立法されたといえるでしょう。

3 意義・根拠・機能

　本法のもつ意義、製造物責任の根拠となる考え方、そして、本法が果たすべき、また果たすことを期待される機能についてみてゆきましょう。

1 意義

　本法は1898年（明治31年）に施行された民法の不法行為（民709条以下）の定める過失責任原則の特則（特別法）として立法されています（図1を参照）。

図1　不法行為責任と製造物責任

　歴史的・理論的にみれば、明治以来の過失責任主義の考え方に代えて、現代の欠陥責任の考え方を立法化し、不法行為法体系のなかに新しい責任の類型を設けたといえるでしょう。

　立法を検討した当時に国民生活審議会において、製造物責任の立法は製造物に起因する事故による消費者の被害を防止・救済するための幅広い総合的な施策の中心を占める新たな責任制度と位置づけられ、政策的には当時の消費者安全行政の中心ないし基盤となるべく立法されました。

第1部 序 説

2 根拠

新しい民事責任の類型としての製造物責任を、責任主体（本法では、「製造業者等」と定められています。定義等は第2部の各論に譲り、ここではたんに「製造者」として話を進めます）に課す制度を導入するにあたっては、新しい責任を設けることの妥当性や根拠が必要になります。

製造物責任という無過失責任主義に基づく責任の根拠としては立法時以来、以下の3つの考え方があると説明されてきています。

順次、みてゆきましょう。

(1) 危険責任

製造者は消費者に比較して、安全性に欠ける製品の危険に関する情報を収集・入手しやすく（情報収集能力の格差）、危険をコントロールすることができる立場にあります（危険回避能力の格差）。したがって、製品の危険が現実化して事故が発生した場合には、過失の有無を問わずに損害賠償責任を負うのが適切であると考えられます。これを危険責任といいます。

大量生産される製品のなかで不可避的に発生する不良品について、製造者に過失がなくとも責任を課すのが危険責任の典型的な場合と考えられています。また、製造者が製品の危険を作り出したわけではない場合であっても、過失の有無を問わず責任を課すのが無過失責任主義に基づく危険責任の考え方です。したがって、製造者が製品を製造する以前からすでに原材料や部品等に存在していた危険について、製造者はみずから危険を作出したかどうかにかかわらず責任を負うことになります。

もっとも、製品によっては、流通に置く時点で製品に内在していた危険や潜在していた危険を、製造者が当時の最高レベルの水準の知識をもってしても知りえない場合が考えられます。本法はこのような場合に、製造者に対して危険が現実化して被害を生じたことに対する無過失責任を課すことを原則としつつ、政策的な観点から一定の要件のもとに免責する規定を置いています（4条を参照）。

(2) 報償責任

つぎに、製品の大量生産・大量販売によって大きな利益を得ている者は、製品の欠陥により責任を負うリスクをあらかじめ予見し、保険等の手段を通じて分散ないし回避しうる立場にあります。したがって、利益追求行為に起因して消費者に被害を与えた場合には、過失の有無を問わず責任を負うのが適切だと

いう考え方があります。これを報償責任といいます。

　大量生産・大量消費の製品について報償責任は、欠陥がある製品による損害を社会的に公平に分担する見地からきわめて適合的です。本法においては、被害救済の点からは製造者の事業規模の違いによって製造物責任を免れることはないとの見地から、個人経営者など小規模事業者は消費者に近い側面をもつといえるものの原則として責任を免れないと解されています。ただし、多くの中小零細事業者は大量生産・大量販売によって大きな利益を得ているとは必ずしもいえず、なお課題がないわけではありません。

(3)　信頼責任

　第3に、製造者は製品の品質や安全性に対する消費者の信頼に反して欠陥がある製品を流通させたのだからといえます。したがって、安全性を欠いた製品によって消費者に被害を与えた場合には、過失の有無を問わず責任を課すのが適切だというものです。これを信頼責任といいます。

　一般に、事業者は広告などによって製造・販売する製品の品質や安全性について積極的に情報を提供し、宣伝活動を行っています。消費者は事業者からの情報提供や宣伝活動に接して製品情報を入手し、製品の品質や安全性を信頼し、使用・消費しているといえます。製造者は製品についてみずから作り出した消費者・使用者の信頼に反して被害を生じさせた場合には、過失の有無を問わず責任を負うべきだとするのが信頼責任の考え方です。

(4)　小括――製造物責任の3本柱

　危険責任、報償責任、信頼責任という製造物責任の根拠となる3つの考え方は、立法当時において諸外国の議論などを参考に無過失責任主義の妥当性を基礎づける理論として検討されました。ひとつの具体的なケースで製造者に無過失責任を課すことが適切かどうかを判断するにあたって、3つの根拠をすべて満たすことが必要であると考えられているわけではありません。

　しかしながら、3つの根拠は相互に排他的だというわけではありません[7]。責任主体に無過失責任を課すことの妥当性を検討する際には、3つの根拠のそれぞれに照らして検討し、無過失責任を課す説得的な理由となりえているかを検証することが求められます（**図2**を参照）。

---

[7] 逐条7頁。

第1部　序　説

図2　製造物責任の根拠

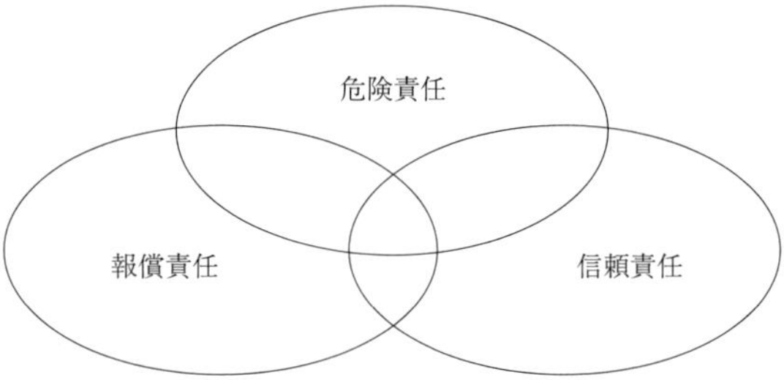

危険責任

報償責任　　　　　　信頼責任

3　機能

(1)　立法時

　本法は裁判規範であることはもとより、広い意味で社会規範でもあると性格づけられ立法されました[8]。立法当時、本法に与えられた広義の社会規範としての機能は、大きく2つの意味をもっています。

　1つめは、消費生活相談や裁判外での迅速で適切な紛争解決に本法が役立つことです。これを狭義の社会規範と呼ぶこととします。

　2つめは、製造者が流通に置く製品に欠陥がないよう、みずから安全性確保の体制整備を進めるために本法が製造者の行為規範として役立つことです。

　以下、裁判規範、社会規範、行為規範の順にみてゆきましょう。

(i)　裁判規範

　本法は法律の性質上は裁判によって法的責任の有無を定める、いわゆる裁判規範です。したがって、本法のもっとも基本的な機能は、裁判所が製造物責任の有無を判断する際の判断基準となることです。製造物責任をめぐる裁判が起こされた場合に、本法には当事者が法的責任を負うかどうかの予見可能性を与える役割が求められます。本法の対象となる「製造物」の範囲が多分野にわたり非常に広く、法文には個々の場合を想定した具体的な規定は置かれていません。製造者や消費者は法文をみるだけでは、個々の製造物に関する欠陥判断を具体的に予測し予見することはほとんどできません。そこで、立法当初から裁判規範としての本法の予見可能性については、製造物の特性などを考慮した裁

---

[8]　当時、立法担当官であった経済企画庁国民生活局長坂本導聡は、本書でいう広義の社会規範を「行為規範」と述べています。逐条の冒頭に掲載された「製造物責任法の成立」の項を参照。

10

判例が集積するなかでさまざまな製造物に関する欠陥の具体的な判断基準が示され、製品分野ごとの具体的ルールや安全確保の考え方が徐々に形成されることが期待されていました。

本法について最高裁判所の拘束力がある判断が示された例は、現在までにあまり多くはありません。それだけに、下級審裁判例を重視して本法の運用の動向を分析・検討する必要と有用性は大きいといえます。

必ずしも整合的とは限らない下級審裁判例を多角的な観点から整理・検討することは、裁判所が具体的ケースについてどのように "消費者の視点" をとらえ、そこから具体的に妥当な解決を導いているかを把握することにつながります。

(ⅱ) 社会規範

製品の安全性に関連して、生命・身体等の被害が生じた場合の民事的な紛争解決の第一歩は、当事者間での話し合いです。地方自治体に設置される消費生活センターでは、消費者の相談を聞きアドバイスをするだけでなく、事業者とのあっせんを行うところもあり、当事者間の相対交渉が円滑に進むようきめ細かに支援しています。

当事者間の相対交渉ではなかなか解決に至る道筋がみえないときに、第三者が関与して交渉を促進し合意に至る解決を図り、またサポートする役割を果たすこともあります。裁判外で民事的紛争を解決する方法には、あっせん、仲裁、調停などがあり、裁判外紛争解決（ADR; Alternative Dispute Resolution）と総称されています。

裁判外紛争解決は訴訟によらずに社会内部で民事的紛争の解決を図る方策であり、第三者には専門的知見、公正さ、中立性が求められます。裁判外紛争解決については、製造物責任の立法化の議論と並んで相応した社会的な仕組み作りが進められ、立法とともに製品分野別に民間 PL センターが設けられました。民間 PL センターでは技術的な知見もつ専門家や法律専門家などが関与し、技術面での専門知識や法律知識を援用して紛争解決に役立てる体制をとり、発展して現在に至っています[9]。

民間 PL センターが行う紛争解決の仕組みは、個々のセンターごとに多様で

---

[9] 現在、14 の民間 PL センターが運営されています（一覧は、消費者庁企画課『ハンドブック消費者 2014』（2014）217、218 頁を参照）。

第1部　序　説

す。2004 年（平成 16 年）に公布された「裁判外紛争解決手続の利用の促進に関する法律」（いわゆる ADR 法）に基づき、法務大臣の認証を受けて、公正で中立な認証 ADR 機関（「認証紛争解決事業者」といい、愛称は「かいけつサポート」です）として活動する民間 PL センターが現われています[10]。民間型 ADR 機関のなかには弁護士会が主体となって仲裁などを行う機関を設置・運営するものがあり、今後一層の発展が期待されています。

　消費者問題に関する裁判外紛争解決のなかには、行政機関のなかに置かれる行政型 ADR と呼ばれる形態があります。行政型 ADR では、行政組織のなかに裁判外紛争解決機能をもった部門が設置・運営され、消費者被害の救済を促進するための活動を行っています。たとえば、国の行政機関や全国の消費生活センターと連携して消費者問題における中核的センターとして活動する独立行政法人国民生活センターに設けられた国民生活センター紛争解決委員会（2009 年（平成 21 年）4 月設置）のほか、消費者被害救済委員会や消費者苦情処理委員会などの名称で、地方自治体が消費生活条例等に基づいて、それぞれ設置・運営されるものがあります。

　行政型 ADR が社会的認知度を高めてより効果的に機能し、市民・住民からの信頼を醸成するためには、紛争解決を行ううえで参照すべき各種の情報を多く保有し、役立てる工夫をすることが重要と考えられます。

　消費生活センターでの消費生活相談をはじめ、民間型 ADR 機関、行政型 ADR 機関が活動する裁判外紛争解決の場面において、本法の具体的諸ルールあるいは考え方は消費者を支援するとともに、紛争解決の具体的な道筋や方向を示唆することが期待されます。

(ⅲ)　**行為規範**

　第3に、本法は製造者が製品を市場に出す際に、消費者の安全確保措置を予めとることを求めるという行為規範としての機能を期待される法律といえます。本法のもとに形成される具体的ルールは、製造者に対して欠陥をもつ製品を市場に流通させ消費者被害を発生させることがないよう必要なポイントを告知する機能をもっています。

---

[10]　現在、自動車分野（二輪自動車と部品用品を含む）で設置されている「公益財団法人自動車製造物責任相談センター」と、「家電製品 PL センター」を設置する「一般財団法人家電製品協会」は、ADR 法に基づき、法務大臣から認証を受け、「認証紛争解決事業者」として活動しています。

本法の立法後のわが国経済社会の進展のなかで、新しい技術を用いた製品は高度化・複雑化し、新たに潜在する危険も増しています。製造者に対する行為規範は各種の安全規制法のように、事業者に対して事前の強制力をもつものではありません。行為規範としての本法は、製造者に対して製品の流通後に想定しうる危険について十分な検討を加え、安全確保措置をとること、いいかえれば、流通前安全確保について社会的責任を果たすことを事業者に求めるものといえるでしょう。

　行為規範としての本法は、消費者の日常生活における行為規範となるものでもあり、事業者が事業用に製品を使用する際の行為規範としての意義をあわせもつといえるでしょう。

(2)　現在

(i)　近時の新しい傾向——製品を使用するサービス提供や運輸保管と製造物責任

　本法の立法後におけるわが国経済社会においては、サービス産業が継続的に発展しています。この発展のなかで、製品を使用してサービスを提供する事業が大きく発展し、比例するように、サービス事業を消費者が利用する場面での製品関連事故が増加する傾向にあります。製品使用を伴うサービス提供事業者は、サービスを利用する消費者に対して、使用する製品の物的な性状や危険な使用方法に起因する被害が起きないように、事業者としての安全管理システムの構築を始めさまざまな点で安全に配慮する必要が増しているといえるでしょう。

　事業者に安全確保措置を求める行為規範としての本法は、製品使用を伴うサービス提供事業者に対して、サービス提供に際し事前の安全確保行為（安全管理システムの整備・向上）を求める行為規範となりつつあります。

　また、近年では、製品が最終的に消費・利用されるまでの諸過程のなかで、製品の運搬や保管中の安全性についても、製品の製造事業者が製造物責任を負う場合があると考えられるようになってきました。製品の特性に照らして、運搬や保管中に製品が置かれる環境の影響によって危険性がある場合には、運搬や保管中に製品関連事故が起きないよう、製造事業者は安全に配慮する必要が増しているといえるでしょう。

　本法は裁判による具体的なルールの形成・発展を通して（裁判規範）、製品事故の被害者を支援し、紛争を社会のなかで解決する際の指標となり（社会規範）、製造者が製品を市場に送り出し、サービス事業者が製品使用する際に具

第 1 部　序　説

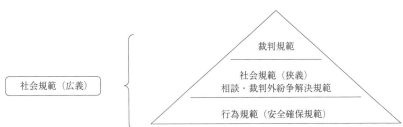

図 3　製造物責任法の機能

体的な行為指標となって（行為規範）、"生ける法"としての役割を果たすことを期待されています（図 3 を参照）。

　2009 年（平成 21 年）9 月、消費者庁の設置とともに消費者安全法が施行され、公法の領域において初めて消費者の安全確保を分野横断的に図る法律が備わりました。私法領域で消費者の安全を広範な分野で確保しようとする本法と消費者安全法とは、ともに消費者安全を守ることを第一とする法律として、わが国の消費者安全法制を発展させる車の両輪となっています。

(ⅱ)　消費者事故調査の発展と製造物責任

　2012 年（平成 24 年）8 月に消費者安全法が改正され、生命身体分野の消費者事故等について、事故の原因を究明し、再発防止のための知見を得るための事故調査を行う機関として、消費者安全調査委員会が設置されました。消費者安全調査委員会は、国家行政組織法 8 条に基づく消費者庁の審議会等（いわゆる 8 条機関）として、消費者庁の外局にあたり、調査に関する権限を備えた組織です。

　消費者安全調査委員会は、独立して科学的な調査を行い、消費者の事故につながる諸要因を分析し、同種・類似事故の防止や安全知識の普及・教育に及ぶ安全対策を検討して、関係行政機関に提言し、また、広く社会に向けて情報を発信して、事故の教訓を幅広く生かす活動を行っています。

　製造物責任法の制定にあたっては、法律案を審議した国会の衆議院および参議院の委員会がそれぞれ附帯決議を行い、本法の成立後の運用等においては、被害者の立証負担の軽減のための原因究明機能の充実強化や、被害の迅速・簡便な救済のための裁判外紛争解決に加えて、欠陥の早期発見や再発防止のための取組みが求められるべき旨を表明していました[11]。一方、社会においては、

事故調査を求める市民・専門家の活動が積極的に展開され、日常生活の中で起きる事故を幅広く調査する独立した事故調査機関の設置を求めました[12]。

消費者安全調査委員会は、再発防止を目的とする原因究明機関として、本法成立時の審議を尊重しつつ、その趣旨を、社会の必要に応じ、その後の消費者庁創設に際した議論を踏まえつつ、いかに生かし、具体化していくかという探索と工夫のなかから、誕生したといえるでしょう（図4を参照）。

このように現在において、製品関連事故については、製造物責任法や種々のADR機関によって被害の救済を図るほか、欠陥の存否や法的責任の所在などの問題と切り離して、ありうる事故の諸要因を分析して、事故から教訓を学び、事故の教訓を広く社会に共有するための新しい取組みが進んでいるのです。

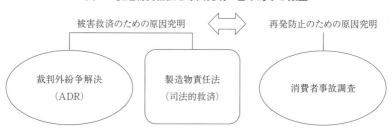

図4　製造物責任法と原因究明の基本的な2類型

(ⅲ)　**民法の一部改正に伴う製造物責任法の一部改正**

1896年（明治29年）に民法が制定された後、契約等に関する債権関係の規定は、約120年間、ほとんど改正されませんでした。この間に、取引の複雑高度化、高齢化、情報化など社会経済は大きく変化し、一方で、民法の多数の判例や解釈論が定着し、基本ルールが見えにくい状況となりました。そこで、2017年（平成29年）5月26日、民法の一部改正法が成立し、同6月2日に公布されました。民法制定以来の社会経済の変化に対応し、民法を国民に分かりやすいものとするという、2つの点から改正が行われたものです。

---

[11]「製造物責任法案に対する附帯決議」（平成6年6月15日衆議院商工委員会）、「製造物責任法案に対する附帯決議」（平成6年6月22日参議院商工委員会）
[12] 赤とんぼの会編「エレベーター事故から安全を考える　独立した事故調査機関の設立を求める——事故の原因究明なくして、真の再発防止なし」（別冊消費者法ニュース、2009年）などを参照。

第1部　序　説

　本法との関係においては、今回の民法の一部改正において、消滅時効が見直され、生命・身体を害する不法行為に基づく損害賠償請求権の消滅時効に関する新しい規定が設けられる（改正後の民724条の2）などの改正が行われています。今回の民法の一部改正に伴い、製造物責任法において一部改正が行われています（本法5条に関する286頁を参照）。

コラム　❶ 製造物責任法（PL法）における客観主義
──教師と学生の対話（その1）──

教師　「今日の講義はこれで終わります。質問のある人はどうぞ」

学生　「学部生のKです。PL法は、不法行為法の過失責任主義に対して、欠陥という新しい責任の考え方を取り入れたとの話でした」

教師　「はい」

学生　「PL法の一番の目的は、被害者の立証負担を軽減することだとの話はわかるのですが、それがPL法における客観主義だということでしょうか。PL法の客観主義とは、どのようなものなのでしょうか。」

教師　「難しいところです。PL法は、「過失の客観化」と総称される裁判例の蓄積を踏まえて、被害者が負う立証の負担を軽減することに意義をもちます。

学生　「PL法の客観主義は、結局すべて立証に関わる話なのでしょうか？」

教師　「よい質問ですね。PL法の客観主義は、たしかに立証負担の軽減を重視しますが、立法後にさらに発展し、新たな意味を得ていく可能性をもっていると思います。PL法の客観主義は、過失責任主義の克服を起点として、さらに発展していけると考えてみてはどうでしょう。PL裁判例を読むときに、PL法における客観主義の新たな側面を探りたいものです」

学生　「なるほど。」

教師　「また一緒に勉強してまいりましょう。」

16

第2部 逐条講義

第1章　目的
- 1　具体的措置（1条前段）
- 2　直接の目的（1条前段）
- 3　最終的な目的（1条後段）

第2章　定義
Ⅰ　製造物（2条1項）
- 1　製造の定義
- 2　加工の定義
Ⅱ　欠陥（2条2項）
- 1　欠陥の意義
- 2　欠陥の3類型
- 3　欠陥の判定基準
- 4　製造物の特性─第1考慮事項
- 5　通常予見される使用形態
　　─第2考慮事項
- 6　製造物を引き渡した時期
　　─第3考慮事項
- 7　その他製造物に係る事情
　　─第4考慮事項
Ⅲ　責任主体（2条3項）
- 1　製造業者の定義（1号）
- 2　製造業者として表示をした者・製造業者と誤認させるような表示をした者（2号）
- 3　実質的な製造業者と認めることができる表示をした者（3号）

第3章　製造物責任
- 1　因果関係

- 2　欠陥の証明
　　─欠陥の特定・事実上の推定
- 3　損害賠償の範囲

第4章　免責事由
- 1　開発危険の抗弁（1号）
- 2　部品・原材料製造業者の抗弁（設計指示の抗弁）（2号）

第5章　期間制限
- 1　消滅時効の起算点
　　─「知った時から」5年（5条1項1号、同条2項）
- 2　消滅時効の起算点
　　─「引き渡した時から」10年（5条1項2号）
- 3　長期の期間制限の特則（5条3項）

第6章　民法の適用・国際的製造物責任訴訟
- 1　過失相殺
- 2　複数の責任主体
- 3　免責の合意・免責特約
- 4　民法のその他の規定・失火責任法
- 5　国際的な製造物責任訴訟
　　─準拠法と国際裁判管轄

附則
- 1　施行期日（1項）
- 2　原子力損害の賠償に関する法律の一部改正（2項）

第2部　逐条講義

第1章 目 的

第1条 (目的)
　この法律は、製造物の欠陥により人の生命、身体又は財産に係る被害が生じた場合における製造業者等の損害賠償の責任について定めることにより、被害者の保護を図り、もって国民生活の安定向上と国民経済の健全な発展に寄与することを目的とする。

　1条は、本法の目的を定めています。本条は目的規定として、本法各条項の趣旨内容を理解し解釈する基本的な指針となるものです。本条は①法の具体的措置、②法の直接目的、③法の最終的な目的、という3つの部分から成っています。

① 具体的措置 (1条前段)

1 基本的な考え方

　本法の定める具体的な措置とは、「製造物の欠陥により人の生命、身体又は財産に係る被害が生じた場合」において、「製造業者等の損害賠償の責任」を課すことにあります。

　第1のポイントは、製造業者等の故意や過失といった主観的側面を問題とすることなく、端的に製造物の欠陥という物の客観的側面だけを問題とし、これによる被害について製造業者等に損害賠償責任を課すことにあります。

　第2のポイントは、本法にいう「被害」とは製造物の性能や品質に安全性に関わらない問題があり、製造物そのものが機能しないあるいは滅失・損傷したような場合を含みません。本法は製造物の欠陥によって、生命、身体、製造物以外の財産に生じた被害の救済を図ることを目的とするものです。安全性に関わらない品質の瑕疵にとどまる場合には、製造物責任の問題とならず、本法は適用されません。

2 裁判例

　2008年(平成20年)、中国産冷凍餃子による中毒事故が明らかとなり、この事件の社会的影響を受け、食品としての商品価値を失った輸入食品について、本法の対象となるかが争われた2つの裁判例があります(【1】【2】)。また、機

18

械装置に搭載された低品質の半導体デバイスが本法の対象となるかが争われた裁判例があります（【3】）。いずれも直接には本法の欠陥（2条2項）にあたるかが問題となり、本法の安全性の問題と関わらないとされたものですが、本法の目的を具体的に理解するために紹介しておきたいと思います。

　【1】は中国産輸入冷凍餃子事件で、有毒物質が混入した食品とおなじ工場で製造された輸入冷凍食品について、品質の瑕疵であるか欠陥というべきかが問題となるものです。判旨は中国で製造されたというだけで店頭撤去していた当時の状況下では、食品は社会通念上食品としての商品価値を失った瑕疵があるとして、食品の売主に対して契約の品質保証に基づく損害賠償責任を課すとともに、本法の適用を否定するものです（Yが本法の責任主体となるかについては、243頁を参照）。

【1】輸入冷凍揚げとんかつなどの回収による損害［大阪地判平成22年7月7日判例時報2100号97頁］

○**事案**　中国の食品事業者Aが製造した「冷凍揚げとんかつ」（本件商品）をBが輸入し、Y社はこれを購入してX社に販売した。Xはこれを使用して食品（かつとじ丼）を製造した。Xは、Aが本件商品とおなじ工場で製造した冷凍餃子にメタミドホス等の毒物が混入していたことが発覚したため本件商品の回収を余儀なくされたとして、Yに対して製造物責任等に基づき損害賠償を請求した。

○**判旨**　一部認容、一部棄却（製造物責任を否定）

食品の品質の瑕疵について「本件中毒事件発覚後……中国国内で製造されたという理由のみで、店頭から撤去する等の措置をとる業者が現れる事態にまで発展していた……状況において、Xが本件かつとじ丼の販売を継続しても、……購入する消費者はほとんどいないばかりか、かえって、消費者から食品の安全性を軽視する行為として大きな批判を招き、Xの食品製造販売業者としての信用やブランドを大きく毀損するおそれがあったというべきである。……本件商品及び本件商品を原料として使用した本件かつとじ丼は、消費者から毒物混入のおそれが存在する食品として認識され、購入されない商品であり、かつ食品の製造販売業者であるXにおいて事実上販売することができない商品であったというべきであるから、社会通念上食品として市場に流通し得る品質を備えていなかったと評価するのが相当である」

　また、【2】は【1】と同様、中国輸入冷凍餃子事件で、有毒物質が混入してい

第2部　逐条講義

た食品とおなじ工場で製造された輸入食品について、輸入業者と継続的に取引し加工食品を販売していた食品事業者が、事件発覚後、廃棄・回収等を余議なくされたとして回収費用等を輸入業者に請求するものです。本件においても財産的損害が品質の瑕疵によるか欠陥によるかが問題となります。判旨は輸入冷凍食品から有害物質が検出されず欠陥は認められないけれども、消費者の目から見れば有害物質が混入する疑いがある食品として商品価値を失い、品質の瑕疵があるとして、本法の適用を否定しています。

【2】輸入冷凍食品の廃棄、回収に関する損害賠償事件 ［東京地判平成22年12月22日判例時報2118号50頁］

○**事案**　XはYがAから輸入した畜肉加工食品を購入し、B等に販売する継続的売買取引を行っていた。Aが製造、Cが輸入、Dが販売した冷凍ギョウザを食べた消費者が吐き気や下痢の症状を訴え、5歳の女児が一時意識不明の重体となった（中国産冷凍ギョーザによる中毒事件）。Xは商品のリコールを実施した。XはYに対して瑕疵担保責任、製造物責任等に基づきリコール等に要した費用相当額の損害賠償を請求した。

○**判旨**　一部認容、一部棄却（製造物責任を否定）

有害物質が混入した疑いのある食品と欠陥の有無「製造物責任法3条の「欠陥」とは、当該製造物が通常有すべき安全性を欠くことをいい（同法2条2項）、同法が、製造物の欠陥により、人の身体、生命又は財産に係る被害が生じた場合における製造業者等の損害賠償の責任について定めることにより、被害者の保護を図ることを目的とするものであること（同法1条）からすれば、本件商品に上記欠陥があると認めるためには、本件商品に、有害物質が混入するなどしており、それによって、人の身体、生命又は財産に被害を生じさせる客観的な危険性が存在することが必要であると解される。……本件商品は、社会において、有害物質が混入している疑いのあるものと認識されており、取引観念上、最終的に消費者の消費に供し得る品質を有しなかったのであるが、……現に有害物質が混入していたことを認めるに足りる証拠はない。そうすると、本件商品については、瑕疵担保責任における瑕疵が存在したことは認められるものの、製造物責任法3条に規定する欠陥があったと認めることはできないことに帰する」

【1】【2】は、ほかの食品に関する事件の影響によって、食品としての安全性に対する信頼を失い商品価値を喪失したことによる財産的損害について、安全性に関わらない品質の瑕疵があるとするものです。【1】【2】はいわゆる風評被

第1章 目 的

害などによる損害を生じた場合に参考となりうると思われます。

【3】は、カラオケ装置のメインボードに搭載された半導体デバイスが、Y社の品質基準を満たさず、早期に劣化する可能性があることが、本法にいう欠陥に当たるかが争われました。判旨は、メインボード交換の際にカラオケ装置の他の部分を損傷する可能性があるとしても、本件デバイスが著しく低品質であることは本法の「欠陥」に当たらない旨、判示しています。

【3】観光バス向けカラオケ装置に搭載されたデバイスの早期劣化 ［東京地判平成27年12月10日判例タイムズ1430号233頁］

○**事案** 米国法人Aの子会社であるYは、Aの海外子会社が製造した演算処理装置（本件デバイス）を、販売特約店契約に基づき、Bに販売していた。Xは、本件デバイスをメインボードに搭載した観光バス向けカラオケ装置1000台の製造をCに発注し、納品を受け、Xはこれをカラオケコンテンツ提供業者Dに販売し、DはこれをEに販売した。Xは、本件デバイスにはデジタル出入力バッファーが早期に劣化して不具合を起こす可能性があることから、メインボード交換代金等について、Yに対し製造物責任法に基づき、損害賠償を請求した。

○**判旨** 棄却

「「欠陥」とは、通常有すべき安全性を欠いていることをいい、「瑕疵」よりも狭い概念であることから、製造物等が低品質であることから直ちに「欠陥」を有することが導かれるものではない。……本件デバイスがメインボードに搭載されており、本件デバイスのみを交換する場合には、周囲の部品や配線を損傷する可能性があることを考慮しても、このような損傷を生じることが常態であるとまで認めるに足りる証拠はない」

---

2 直接の目的（1条前段）

本法の直接かつ第1の目的は、「生命、身体又は財産に係る被害が生じた場合」の「被害者の保護」です。本条にいう「被害者」には、自然人と法人とが含まれます。1条は規定の文言上、被害者を消費者に限る規定を置いていません。本法は消費者をはじめとする製品事故による被害者の救済を図るため、製造物の欠陥によって生じた生命・身体・財産に生じた被害を被害者を何ら限定しない民法の不法行為法の原則に従い、できるだけ広く救済することを目的とします。

以下では、本法における被害者について、基本的な考え方と裁判例を概観し

第 2 部　逐条講義

ましょう。

1　自然人

(1)　被害者が直接製品を使用・消費する場合

(i)　基本的な考え方

　自然人の「被害者」は、典型的には製品を購入し日常生活で使用・消費する消費者です。また、自動車の欠陥によって歩行者が被害にあう場合のように、製品を使用・利用する第三者を含みます。本法は不法行為の特別法として制定され、一般不法行為と同様に製造者と何ら契約関係にない第三者が被害にあった場合に「被害者」として救済を図る法律です。不法行為法の特則としての本法の想定する消費者は、契約関係にあることを要件とする場合の消費者概念に比べて広い概念といえるでしょう。

(ii)　裁判例

　自然人が被害者となった裁判例をいくつか列挙しておきます。典型的な家庭内事故による消費者の生命・身体被害の例は多数あります。いわゆる健康食品による健康被害に関する【42】、化粧品による皮膚障害に関する【54】、電気ストーブの長期使用による化学物質過敏症に関する【34】、携帯電話機による低温熱傷に関する【32】、自動車のフロントサイドマスクによる受傷に関する【12】、輸入手すりのブラケットによる受傷に関する【61】、携帯音楽プレーヤーによる熱傷および家具焼損に関する東京地判平成 24 年 4 月 11 日（消費者法ニュース 95 号 381 頁）、ノート型パソコンによる物品焼損に関する神戸地判平成 27 年 3 月 24 日（判例集未登載）などがあります。

　乗り物による事故では、小型折りたたみ自転車の前輪フレーム折損事故に関する【68】、クロスバイク自転車のフロントフォーク折損事故に関する【69】があります。自然人である第三者が事故にあった例としては、大型トラックの脱輪によって歩行者が受傷した事故に関する【126】があります。

　なお、最近の例として、犬用品リード（飼い犬用のひも）の欠陥によって飼い犬が受傷した事故に関する【33】があります。本体は、直接には犬が受傷し、飼い主が財産的および精神的損害を負ったものです。

(2)　製品を使用する事業者のサービス等による場合

(i)　基本的な考え方

　サービス産業が著しく進展した現代社会では、多様な事業者が多様な製品を使用し、サービスを提供する経済活動を行っています。自然人がサービス消費

者となる場面では、製造物を直接使用することなく製造物の欠陥による被害者となる可能性があることになります。立法時においてすでに、美容や医療を中心とするサービスによる人的損害が急速に拡大する傾向があると指摘され、現在までこの一般的傾向が継続していると思われます。

　事業者が製造物を使用して事業活動を行い、個人である自然人が製造物の欠陥による被害を受けるケースは日常生活の場面のみならず、労働の場面でも生じます。工場で産業機械を操作し作業に従事する者が機械の欠陥によって受傷する場合も、自然人が被害者となります。労働現場で生命・身体被害を受けた自然人は、業務を行うために一定の資格をもつなど、事業者としての側面がみられる場合もあります。

(ii)　**裁判例**

　個人としての消費者が製品を使用したサービス提供を受けるなどして、製造物の欠陥による被害者となったケースを列挙してみましょう。

　食品を提供するサービス分野では、飲食店で提供された飲食物によって顧客が生命・身体に被害を受けた例として、ファストフード店のオレンジジュースに関する【16】、個人で経営する割烹料理店で調理されたイシガキダイ料理による食中毒に関する【6】、レストランで出された瓶詰めオリーブによる食中毒に関する【40】、ステーキ店で提供されたサイコロステーキによる食中毒に関する【41】などがあります。

　医薬品や医療機器等を使用する医療サービスの分野での生命・身体被害として、人工呼吸器とジャクソンリースの組み合わせ使用による乳児窒息（【24】）、脳外科手術中に医薬品を患者の脳内に注入するために使用されたカテーテルが患者の脳内で破裂した事故（【50】）などがあります。

　美容サービスの分野では、エステサロンで使用された美容機器による施術を受けて被施術者が熱傷を負った事故に関する【23】などがあります。

　教育施設内での事故では、小学校で給食器として使用された強化耐熱ガラス製食器の欠陥によって児童が受傷した事故に関する【21】があります。

　工場内で産業機械を直接操作する被用者あるいは事業者性をもつ個人の生命・身体被害のケースとしては、フードパック裁断・自動搬送機の稼働中に従業員が受傷した事故に関する【14】、産業廃棄物焼却炉の稼働中に掃除口で作業員が受傷した事故に関する【26】などがあります。

第2部　逐条講義

コラム ❷ 製品使用者と消費者
　　　──**製品使用を伴うサービスによる被害**──

　製造物責任法の主眼は、欠陥製品による消費者被害の救済にあります。しかし、製造物事故における製品使用者は、つねに被害を受ける消費者と一致するわけではありません。

　本法が立法された当時の政府解釈を振り返ってみましょう。製品使用者を消費者とほぼ同義に考えるというのが、当時の基本的な考え方でした[1]。当時の考え方は、立法の社会経済的背景として、工業的に大量生産される製品の製造者等と消費者のあいだで安全に関わる諸問題が起きているという理解を出発点としています。

　このような当時の考え方は、本法の想定する典型的な被害類型が大量生産・大量消費される製品による家庭内事故であることをよく示しています。立法当時の説明は、被害の起きるもっとも典型的なパターンを示して新法の趣旨をわかりやすく簡明に解説しようとしたものといえるでしょう。

　しかしながら、今日、欠陥製造物による事故は、立法時に増して一層多様化した形で発生しています。

　現代社会で広く一般化した製品を使用するサービス提供事業においては、高度化・複雑化した製品に関する専門的知識や使用経験に関して幅のあるさまざまな者がサービス提供行為を行っています。サービス産業が多様化し発展した現代社会では、消費者がこうしたサービスを利用・消費する場面で発生する事故を、家庭内事故の類型と並んでひとつの独立した被害類型ととらえる必要があるでしょう。

2　法人

(1)　法人の財産的損害（その1）──営業上の物に生じた損害や逸失利益など

(i)　基本的な考え方

　先にみたとおり、1条は文言上被害者を自然人・個人である消費者に明示的に限定せず、本法の他の規定にも請求主体を限定する規定は置かれていません。したがって、1条にいう被害者は自然人と法人とを含むと解されます。

　法人が1条にいう被害者にあたる場合を大別すると、2つの類型に分けられます。

---

[1]　逐条8頁・55頁を参照。

第1章 目 的

　第1の類型として、法人が事業のために使用する製造物に欠陥があり、法人の所有する工場設備など製造物以外の財物に被害が発生する場合です。

　第2の類型は、法人が事業のために使用する製造物の欠陥によって、その欠陥がなければ法人が得たであろう利益、すなわち法人の得べかりし利益（逸失利益）が失われた場合や、リコール費用、改修費用などの損害が生じた場合です。

　立法当時、1条にいう被害者に法人を含め、本法に基づく事業者間訴訟を認めることに関しては、特に事業者の物損や営業上の損害を本法で救済することが望ましいかが議論されました。当時は、大企業の取引上の損害について比較的小規模の製造者に無過失責任を課すことは、消費者法としての立法趣旨に適うといえないのではないかという問題が論じられました。しかしながら、本法は、広く被害者保護を図る趣旨から、1条にいう「被害者」を特に消費者に限定せず一般不法行為法の原則に従い、事業者たる法人を被害者に含んでいます[2]。その際に、法人の取引上の損害を本法の対象とする損害から除外する定めを置かず、一般不法行為の原則に委ねることとしています[3]。

　詳しくは後述することとして、法人の物損を本法により救済する例（第1の類型）、取引上の損害を本法により救済する例（第2の類型）を列挙しておきます（営業上の損害について詳しくは276頁を参照）。

(ii)　裁判例

　第1の類型については、業務用の無煙焼却炉のバックファイヤーによる火災によって工場や内部の機械装置などが焼失した【27】、工業用熱風乾燥装置の異常による火災によって工場および隣家が全半焼した【35】、磁気活水器の欠陥による養殖ヒラメが死滅に関する【70】、灯油を流す配管に使用されたフレキシブルメタルホースの破損に関する【75】、紙箱製造工程で使用する工業用接着剤に関する【94】、航海中の船舶の積荷から発煙した海損事故に関する【29】、などがあります。

　第2の類型については、カーオーディオスイッチに関する【13】、食肉自動解凍装置に関する【19】、瓶詰めオリーブに関する【40】、磁器活水器に関する【70】、プライベートブランド化粧水に関する【56】などがあります。

---

[2] 逐条54頁、川口康裕「製造物責任法の成立について」ジュリスト1051号45頁〔46頁〕を参照。以下、「川口・成立」とする。
[3] 逐条101・103頁、川口・成立49頁を参照。

第 2 部　逐条講義

(2)　法人の財産的損害（その 2）
──消費者や被用者の生命・身体等被害に起因する財産的損害

(i)　基本的な考え方

　一般に、製造物の欠陥により生命・身体・財産に被害を受け、本法に基づいて損害賠償を請求できる被害者は、製品事故から直接被害を受けた事故の当事者に限られません。本法にいう「被害者」は、製造物事故による直接の被害者との社会的関係のなかで間接的に損害を受ける者を含みます。

　まず、製造物の欠陥によって消費者の生命・身体・財産に直接被害が生じたことに起因して、法人に財産的な損害が発生する場合を考えてみましょう。このような場合、直接被害者に対して経済的負担を負う法人は本法にいう「被害者」にあたります。つぎに、工場等で産業用機械装置の直接操作者である被用者が生命・身体被害を受け、雇用者が間接的に財産的な損害を被る場合が考えられます。

(ii)　裁判例

　裁判例には、ステーキ店が提供したサイコロステーキによる食中毒に関する【41】、マッシュルーム加工食品に使用された塩蔵マッシュルームに起因する異臭事故に関する【38】、電気式床暖房製品による火災に関する【11】などがあります。

　【4】は陸上自衛隊所属の対戦車ヘリコプターが飛行開始時に急にエンジン出力を失って墜落し、搭乗者 2 名が重傷を負った事故をめぐり、国が治療費等につきヘリコプターのエンジンを製造した製造業者を訴えたものです。本件では自然人の身体被害に起因して、法人としての国が本法にいう「被害者」（1 条）にあたるかが問題となるものです。一審は本法が広く被害者救済を図ろうとする立法趣旨、および被害者を特段限定せず民法の一般原則である不法行為法の原則と秩序に沿うように解釈・運用すべきことを説示しつつ、1 条の「人」（1 条）および「被害者」（同）は国を含む旨、判示しています。

【4】陸上自衛隊ヘリコプターの墜落による搭乗者受傷［東京地判平成 24 年 1 月 30 日訴務月報 58 巻 7 号 2585 頁、控訴審東京高判平成 25 年 2 月 13 日判例時報 2208 号 46 頁、上告審（2）決平成 26 年 10 月 29 日］[4]

○事案　陸上自衛隊の対戦車ヘリコプターが整備確認飛行を終えて前進飛行を開始しよ

---

[4]　一審評釈として、坂巻陽士「批判」民事研修（みんけん）664 号 47 頁を参照。

うとした際にエンジンが出力を失って落着し、機体下部等が損壊し、搭乗者2名が重傷を負った。国Xはエンジンの製造業者Yに対して、製造物責任に基づき事故機の修理および搭乗者の治療費等の賠償を請求した。

○**判旨（一審）** 一部認容、一部棄却

本法1条にいう「人」「被害者」、3条にいう「他人」に国は含まれるかについて「法1条及び3条は、……損害賠償請求の主体について何らの限定を加えていない上、法には他に請求主体を限定する規定も存在しない。そして、「人」、「被害者」及び「他人」とは、その文言上、自然人及び法人を意味し、法人には国も含まれるから、法1条及び3条の「人」、「被害者」及び「他人」も同様に解するのが相当である」

製造物を使用することによる事故は、製造物を使用して製品の製造等を行う事業者、製品を使用してサービスを提供し営利活動を行う事業者など私法人のほか、国や地方公共団体など公法人においても起こる可能性があり、本判決の射程は地方公共団体等にも及ぶと解されます。

財産上の損害を負う被害者が法人であっても、人・個人の生命・身体・財産への直接的な被害がその前提となるケースは、その実質をみれば本法の主眼である消費者の被害救済と同様の機能を果たしているといえます。本法のもとで被害者が多元的に分化する傾向を、〈被害者の多元化〉と呼んでおきましょう。

本法にいう被害者の多元化と損害の種類について、これまで述べたところを図で示すと、図1のようになります。

図1　被害者の多元化と損害の分化

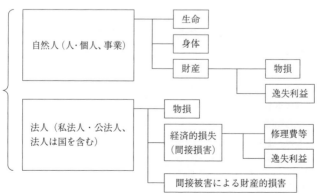

第2部　逐条講義

③ 最終的な目的（1条後段）

1　基本的な考え方

　本法の直接の目的は、製造物の欠陥による被害（＝いわゆる拡大損害）が生じた場合に、「被害者の保護」を図ることにあります。本法は直接の目的である被害者の救済を通じて、最終的に2つの目的を掲げています。

　第1に、欠陥がある製造物による被害を迅速・適切に救済することで、本法が国民・消費者の意識を高め、消費生活の安定向上に資することが期待されています。

　第2に、製造者側に無過失責任を定めることで、本法は製造者が製品の設計・製造・指示警告のすべてにおいて安全確保のために一層の努力と配慮を払い、製造者がより安全な製品を市場に供給し、市場経済が健全に発展していくことを期待しています。

2　立法時の議論と現在

　本法が民事の特別法でありながら最終的に国家社会的な目的を掲げることについては、立法過程では、「被害者の保護を図る」という直接目的だけを定めておけば十分ではないかとの議論がなされました。しかしながら、立案過程では製造物責任を定めることによって、より安全な製品が市場に供給され、製品安全に関する企業と消費者双方の意識やモラルを向上させ、国民経済の健全な発展につながることが強く意識され、最終的な目的を明文化することになったといわれています[5]。

　本法の施行後、製品起因の事故が発生した場合の製造物責任の有無について具体的な判断が集積されてきています。こうした判断の積み重ねは製造者の側で、安全確保の観点から製品の特性をふまえ、設計、製造工程、指示・警告の適正化が図られることへの期待につながります。また消費者・製品使用者の側においても身の回りにある製品がもつ危険や、危険な使用方法を具体的に知り、安全で正しい使用を具体的に心がけることが一層強く期待されるようになります。製造者側と消費者・使用者側の双方が製品安全への関心を高め意識を高めていくことが、国民経済を健全に発展させるひとつの柱となるといえるでしょう。

---

[5] 議論の経緯については、山本・注釈20頁、好美清光「製造物責任法の構造と特質―主としてEU法との対比において」判例タイムズ862号3頁を参照。

第 1 章　目　的

　2012 年（平成 24 年）には「消費者教育の推進に関する法律」が制定されました。この法律は消費者を「公正かつ持続可能な社会の形成に積極的に参画する社会」の一員としてとらえ、主体的に社会形成に参加する消費者像を掲げています。近年めざましく発展するわが国の消費者法制において、本法が救済する消費者はこうした新しい消費者像と整合するといえるでしょう。

第2部　逐条講義

第2章　定　義

第2条（定義）

1　この法律において「製造物」とは、製造又は加工された動産をいう。

2　この法律において「欠陥」とは、当該製造物の特性、その通常予見される使用形態、その製造業者等が当該製造物を引き渡した時期その他の当該製造物に係る事情を考慮して、当該製造物が通常有すべき安全性を欠いていることをいう。

3　この法律において「製造業者等」とは、次のいずれかに該当する者をいう。

一　当該製造物を業として製造、加工又は輸入した者（以下単に「製造業者」という。）

二　自ら当該製造物の製造業者として当該製造物にその氏名、商号、商標その他の表示（以下「氏名等の表示」という。）をした者又は当該製造物にその製造業者と誤認させるような氏名等の表示をした者

三　前号に掲げる者のほか、当該製造物の製造、加工、輸入又は販売に係る形態その他の事情からみて、当該製造物にその実質的な製造業者と認めることができる氏名等の表示をした者

　2条は本法の基本的用語を定義するもので、「製造物」（1項）、「欠陥」（2項）、「製造業者等」（3項）という3つの基本的な概念を定義しています。本法の適用範囲の広さから、どの定義もきわめて包括的かつ抽象的に定め、裁判例による具体化を期待するものです。以下では、立法当時の考え方をふまえながら各規定の基本的な考え方と裁判例の状況を概観します。

30

第2章 定 義——I 製造物（2条1項）

I 製造物（2条1項）

> **第2条（定義）**
> 1 この法律において「製造物」とは、製造又は加工された動産をいう。

　本法は第1部にみたとおり、沿革から主として工業的に大量生産・大量消費される製品による被害救済を図る法律ですから（2頁を参照）、主として工業的に作られ、動産として引き渡された物を対象とするものです[1]。もっとも規定の文言上、「製造物」は工業的手法によって大量生産された製品の場合に限定されているわけではありません。そこで、どこまでが製造物として無過失責任が問われるかが問題となり、裁判で製造物の範囲が争われるケースが現れています（**[5]**）。

① 製造の定義

　製造とは、「製品の設計、加工、検査、表示を含む一連の行為」と位置づけられています。立法当時には、定義として、「原材料に手を加えて新たな物品を作り出すこと。生産よりは狭い概念で、いわゆる第二次産業に係る生産行為を指し、一次産品の産出、サービスの提供には用いられない」（内閣法制局法令用語研究会編『法律用語辞典』有斐閣）が参照されています[2]。

　家庭で使用・消費される製品（最終製品）のほか、最終製品に組み込まれる部品やいわゆる半製品などは、それ自体として「製造又は加工」されたものとして「製造物」にあたります。設計以下の一連の製造工程のうち設計だけを行った場合は、立法時以来、本法にいう製造にあたると解されていません。

　近年では製品のサプライチェーン（製造供給工程）の複雑化・国際化が著しく、製造に関わる一連の工程のうち最終製品の納入を受け検査（検品）、保管、表示を行う事業者などが現れています。こうした事業者については、検査・検品以下の工程が製品の安全に関わりうるとしても、社会通念に照らし「新たな物品を作り出」したと評価される場合は例外的であるように思われます。

---

[1] 川口・成立46頁を参照。
[2] 逐条60頁を参照。

31

第2部　逐条講義

② 加工の定義

　加工について、立法時には「動産を材料としてこれに工作を加え、その本質は保持させつつ新しい属性を付加し、価値を加えること」[3] という一般的な定義が参照されています。加工の意義に関しては、基本的な考え方は立法時以来現在まで特に変化はないと考えられます。

　加工に関しては、自然産物に加えられる人為的工作について本法にいう加工と未加工を分ける判断基準はどこにあるか、工業的に生産される製品に加えられる人為的工作について、本法にいう加工と加工に類似する諸概念との区別や関連はどうかという問題があります。以下では、これらについて基本的な考え方と裁判例をみたいと思います。

1　自然産物の加工と未加工

(1)　基本的な考え方

　一次産品、自然産物は、その生産形態からして人為的に手を加えて工業的に生産されるものとは大きく異なり、本法の対象となりません。自然産物に人為的に手が加えられ、新たな属性が加わり、新たな価値をもつときに当該の物は「製造又は加工」された物となります。山や海や川で採れた魚介類や山でとれた野菜・果物などまったく人の手が加えられていない自然産物から、多くの原料を使用し工業的に製造加工される製品まで幅広く多様な製品のどこからが加工されたといえるかが問題となります。

　一般的には、自然産物に人為的工作が加えられた場合に、どの段階から加工され本法の対象となるかは、個々のケースにおいて社会通念に沿って判断されます。立法時以来、たとえば、加熱、味付け、粉ひき、搾汁などは「製造又は加工」にあたるのに対して、単なる切断、冷凍、冷蔵、乾燥などは「製造又は加工」にあたらないと解されており、現在でも基本的な考え方に大きな変化はないと考えられます。

　なお、スーパーマーケットなどで販売されているパック詰めの生鮮食品は、すべて未加工の自然産物と考えるべきかが問題となります。現在のところ裁判例はありませんが、パック詰めをし商品化する工程で何らかの人為的工作が加えられ、商品としての新しい属性ないし新しい価値を得たと解される場合には、加工にあたることとなります。

---

[3] 同前を参照。

第2章　定　義——I　製造物（2条1項）

(2)　裁判例

　竹材に関する【5】は、家屋に使用された建材について新築家屋の土壁の竹組に使用された竹材の防虫処理が加工にあたるかどうかが問題とされたものです。判旨は竹組のための建築用材として販売された竹材について、販売業者が行った防虫処理は害虫の発生を防止するための処理であり、この処理によって一次産品とは異なる用材となり加工にあたる旨、判示しています。

【5】防虫処理をした竹材による害虫発生［福岡高判平成 17 年 1 月 14 日判例タイムズ 1197 号 289 頁］[4]

○**事案**　Xらは竹材販売業者 Y が販売した下地用竹材を購入し、土壁の下地として使用し新築自宅を建築した。Xらはこの建物に居住していたところ竹材の害虫が大量発生し、土壁の下地用竹材などに食害を与えた。Xらは被害は竹材の欠陥によるなどとして、Y に対して主位的に製造物責任に基づき、予備的に債務不履行に基づき損害賠償を請求した。一審で請求を一部認容し、Y が控訴。

○**判旨**　控訴棄却

防虫のための粉剤散布と加工について「竹材は、害虫の発生が一般に予想されるのであるから、伐採された丸竹に対し、機械で農薬を吹き込むとか、防虫処理のために機械によって真空防虫処理等をするとか、……相応に加工をする必要があり、……竹材に対する防虫処理は、害虫の発生の予想される竹材に対し、より高度な安全性を確保するものとして、人為的に相応な処理を加えるものと評価することができる。したがって、防虫処理の施された竹材は、竹材という自然産物に対して、防虫処理という新たな属性を付加し、建築資材としての価値を付加すると評価することができ、前示のとおり、防虫処理が施された竹材は、加工された動産として製造物責任法2条に定める「製造物」に該当すると認められ」る。

　【6】は料理店で提供されたイシガキダイの料理で客がイシガキダイに含まれる自然毒によって食中毒にり患したケースで、イシガキダイを氷で締めてアライにするといった調理が加工にあたるかが問題となるものです。一審では、生鮮食品はどのような工作を施したことによって「加工」された食品となるかが問題となりました。判旨は、切って氷で締めるアライの調理は料理店で客に料理として提供できる程度に調理された以上、加工された製造物にあたると判断

---

[4]　大沼洋一「判批」判例タイムズ 1245 号 101 頁を参照。

33

第 2 部　逐条講義

しています。控訴審は、本法にいう加工といえるためには新たな危険を作出することを要しないとして一審と同様、加工にあたるとするものです。

【6】イシガキダイ料理による食中毒事故［東京高判平成 17 年 1 月 26 日判例集未登載、一審東京地判平成 14 年 12 月 13 日判例時報 1805 号 14 頁］[5]

○**事案**　X ら 8 名は Y が経営する割烹料亭で Y が調理したイシガキダイのアライ、兜の塩焼きなどの料理を食したところイシガキダイに含まれていた魚毒（シガテラ毒素）を原因とする麻痺等の食中毒にり患した。X らは Y に対して診療費、休業損害等について、製造物責任等に基づく損害賠償を請求した。

○**判旨（一審）**　一部認容、一部棄却

本件料理は食品の加工にあたるかについて「Y は本件イシガキダイを……を捌き、内臓を除去して 3 枚におろし、身、腹す、兜、中骨に分けて、同月 13 日、身の部分を氷水で締めてアライにして X に提供したほか、兜や中骨の部分を塩焼きにし、本件料理として X らに提供したことが認められる。そうすると、Y は、本件イシガキダイという食材に手を加え、客に料理として提供できる程度にこれを調理したものといえるから、……本件イシガキダイに人の手を加えて新しい属性ないし価値を加えたものとして、法にいう「加工」に該当するものというべきである」

○**判旨（控訴審）**　一部原判決変更、一部控訴棄却

加工は危険を作出したことを要するかについて「製造物責任法における加工とは、……原材料の本質は保持させつつ新しい属性ないし価値を付加することで足りるというべきである。すなわち、……製造物責任法にいう「加工」の概念について、それまでになかった新たな危険が加わったこととか、製造業者が製造物の危険を回避し、あるいは発見、除去することができる程度に関与したことなどの要件を付加することは相当でないというべきである」

　【5】【6】は、加工とは工作を加えて人為的に新しい属性を付加することを指すという立法当時の考え方を基本としながら、製品の使用や販売目的を考慮し、加工にあたるかどうかを判断するものです。

　加工者に製造物責任を課するには加工によって新たに危険を作り出したこと

---

[5] 本件には多くの評釈があり、一審については特に加藤新太郎「判批」私法判例リマークス 2004（上）66 頁、前田陽一「判批」消費百選 166 頁を参照。控訴審に関する評釈として、朝見行弘「判批」現代消費者法 2 号 92 頁を参照。

第 2 章 定 義——I 製造物（2条1項）

が必要だという考え方があります（危険作出説）[6]。この見解は加工者の行った加工行為と直接に関わりのない危険についてまで加工者に厳格な責任を負担させるのは行き過ぎではないかという観点から、危険責任を加工者自身が新たな危険を作出したことに対する責任に限定してとらえようとするものです。

　しかしながら、【6】の控訴審はこの見解を採用せず、「加工」によって新たな危険を加えるといった要素を考慮する必要はないとしています。イシガキダイのケースでは、製品の危険は調理者が人為的な工作を加える以前から存した自然毒であり、調理者が新たな危険を作り出したものではありません。【6】の控訴審はこのような場合であっても、加工は人為的に工作を加え新しい属性を加えていれば足り、人為的工作によって新たな危険が発生したことを要しないとするものです。本判決は加工者の危険に対する関与を問わず、あくまで引渡し時における客観的性状に着目する点で、製造物責任が客観責任であることのひとつの面を明らかにすると考えられます。

　判旨が明らかにする加工の意義は自然産物を加工した食品に限らず、すでに製造された物に対する加工について他の製品分野においても横断的に妥当しうると解されます（本件の欠陥の性質については 58 頁、開発危険の抗弁による免責の可否については 282 頁を参照）。

⑶　第一次農林水畜産物のあつかい——立法時の考え方と海外の動向

　第一次農林水畜産物を製造物責任の対象とすべきかどうかは、立法当時のわが国においても諸外国においても議論の対象となっていました。第一次農林水畜産物を本法の対象外とすることの政策的な根拠については種々の説明がなされました。第 1 に、農林水畜産物は自然産物であり、製造の概念になじまない、第 2 に、事業者が製品の安全性をチェックし、危険をコントロールする可能性をもつことが製造物責任の根拠であるという考え方に立つと、第一次農林水畜産物の生産者を製造者とすることには実際上の困難がある、第 3 に、農林水畜産物については、個々の生産者を特定することが実際上不可能なケースがある、第 4 に、当時の諸外国の立法においては、第一次農林水畜産物を除外する例がきわめて多かった、第 5 に、農林水畜産物が安全性を欠くリスクは低く、仮にリスクがあったとしても伝統的に社会一般に受容されていることがあげられま

---

[6] 羽成守「製造物の加工・未加工」升田純編『現代裁判法大系 8 製造物責任』（新日本法規、1998年）44 頁を参照。

35

す。

　自然産物を政策的に本法の対象外とする点は、1975年（昭和50年）に製造物責任研究会が公表した「製造物責任法要綱試案」が同じ考え方を採用しています。ただし、要綱試案には「自然産物であって、なんらの加工もせずに販売される場合は、これを除外することも考えられる」との注記が付されています（要綱試案2条1項）。同研究会のメンバーであった川井健は、「公害により汚染された食品」を取り上げる際にこの注記に言及し、「公害の発生源の企業の責任がもとより問われるべきだが、消費者保護の観点より、自然産物の製造者責任をいかに扱うべきかという問題を留保してある」[7] と説明しています。

　このようにみてみると、要綱試案は自然産物を製造物責任の対象とすることをひとまず留保する趣旨と解する余地があります。関連して、本法の立案担当者は、将来的には農林水畜産物の生産に人工管理が行き届くなど生産形態を考慮にいれ、製造物責任の対象とするかを立法後の検討に委ねる趣旨を述べています[8]。

　自然産物の製造物責任についての議論がなされた結果、本法の対象とすることが見送られた一方で、立法後に発生したBSE問題など内外の状況の変化を受け、農林水畜産物の製造物責任をめぐる動向は国際的にも国内的にも大きく変化しています。具体的には、第1に、程度の差はあれ、第一次農林水畜産物の生産自体に大量生産・大量消費というべき工業的手法が導入されてきていること、第2に、遺伝子操作などの新しい技術が応用されるようになり、それに伴う新たなリスクが生じていること、第3に、ECレベルでの製造物責任の立法状況が変化していることがあげられます。1985年に制定されたEC指令は第一次農産物および狩猟物に関して「製造物」（product）から除外したうえで、これらへの適用拡大を加盟国のオプションとしましたが、1999年にはこれを改正し、第一次農産物等に関する適用除外規定を削除し、あらゆる動産を対象としました（cf. Directive 1999/34/EC）。

　EUで1985年に製造物責任の諸原理を定めてから、30年以上が経過しています。近年のIT、AI（人工知能）、自動運転など新技術の発展と諸問題に照らして、2016年以降、EUでは製造物責任の諸原理に再び関心が向けられるよ

---

[7] 川井健「日本の実情（一）─製造物責任立法資料」ジュリスト597号20頁〔32頁〕を参照。
[8] 山本・注釈25頁

第2章 定 義——I 製造物（2条1項）

うになっています。

> ### コラム ❸ しじみのリコール？
>
> 　未加工の自然産物に関して、現在のわが国の製造物責任法においては、事業者は製造物責任を負いません。では、未加工の自然産物がなんらかの事情で汚染され被害が発生した場合に、事業者は何の責任も負わないのでしょうか？
>
> 　食品安全基本法2条は、食品を「全ての飲食物（医薬品、医療機器等の品質、有効性及び安全性の確保等に関する法律（昭和35年法律第145号）に規定する医薬品及び医薬部外品及び再生医療等製品を除く。）をいう」と定義し、食品衛生法では加工されたかどうかを問わず、「食品」（食品4条1項）の定義に即して規制対象となり、未加工の食品と加工食品とは、等しく安全確保の措置がとられます。
>
> 　ひとつの具体例をあげておきましょう。2008年（平成20年）7月、自生のしじみ漁で知られる鳥取県東郷湖で水揚げされたしじみから、食品衛生法に基づく残留農薬の基準値を超える農薬が検出されました。しじみが生息する湖の周辺の畑で使用された農薬（有機リン酸系殺虫剤）が河川に流れ込み、近くの海から続く河川で自然に生息していた天然のしじみ貝が農薬を吸収して生物濃縮されたものと考えられました。当時の食品衛生法は食品衛生上の危害を防止する見地から、しじみに農薬を使用することをまったく認めておらず、農薬が検出されたしじみは食品衛生法違反となり、販売することができません。
>
> 　食品の安全確保制度において、本法の観点から未加工品であり対象とならない場合であっても、自然産物を含め食品と認められるかぎり食品の安全を確保する要請が等しく働いています。

2　加工と類似の概念

(1)　修理・改造など

(i)　基本的な考え方

　工業的に製造される製品にさらに人為的工作を加える「修理」、「修繕」、「整備」などは、本法にいう「製造」「加工」と類似する概念です。これらは本法にいう加工にあたるでしょうか。

　「修理」等はその物がもともともっている本来の性能を維持し、また回復する働きをするものといえます。こうした点から修理等は立法時の考え方に沿って、人為的工作であっても製品に新しい価値や属性を付加するものでないかぎ

37

第2部　逐条講義

り本法の加工にあたらないと解されています。

　修理の際に部品交換が行われることがあります。たんに古くなった部品を新しいものと取り換えるだけでは、新しい属性・価値を加えるものでなく、本法の加工にあたらないと解されています。これに対して、古い部品を取り外し、より性能の高い新しい部品に取り換えた場合には、新しい属性ないし新しい価値を付加したものとして加工にあたると解しうると思われます。また大規模な修理や、設計時に予定された安全性を変更するような安全性の重要部分に関わる修理等は、加工にあたると考えるべきではないかといった考え方もあります。

　これらに対して、「改造」や「改良」は、一般に人為的な工作によって製品に新たな価値や属性を加えると評価でき、本法にいう加工にあたると解されています。

(ii)　**裁判例**

　加工の概念については、ガス湯沸かし器の不完全燃焼に起因する一酸化炭素中毒事故に関する不法行為裁判例が参考になります（大阪地判平成22年9月9日判例時報2103号74頁)[9]。このケースでは、製造会社の従業員がガス湯沸かし器を修理した際、交換用コントロールボックスが在庫不足したためにコントロールボックスの配線修理を誤る便宜的修理を行い安全装置の機能を失わせたことを「不正改造」として、製造者に使用者責任（民715条1項本文）に基づく損害賠償を課しています。

　本件のようなケースに本法を適用すると、コントロールボックスの配線修理は「加工」にあたるでしょうか。「人為的な工作によって新しい属性を加えること」という加工の定義からすると、配線修理はガス湯沸かし器に新しい属性を加えているといい難いかもしれません。しかしながら、便宜的な配線修理が使用者の生命・身体に関わる製造物の安全性の観点からみればきわめて重要な部分の変更であることを考慮すると、このような修理は製造物の属性を変更するに値する人為的工作であると解しうるでしょう。

　また、加工あまめしばに関する**【42】**は、原料である野菜を加熱、乾燥、粉末化したものの納入を受け減菌処理などを施した工作について、本法の加工にあたると判断したものです。本件では減菌処理と製造物の安全性との間に直接の関わりは認められませんが、納入された製造物が加工されたと判断されてい

---

[9] 本件製品は本法施行前に引き渡された製品に係るもので、附則により本法の適用がありません。

第2章 定 義——Ⅰ 製造物（2条1項）

ます。

(2) 設置・組立など

(ⅰ) 基本的な考え方

　製造物の「点検」・「整備」、「設置」が本法にいう加工にあたるかについては、製造物がもともともっていた性質に新しい属性を与えているかが判断の基準となります。たんなる設置は製品そのものに対して新たな価値や属性を加えるものではないことから、立法時以来、加工にはあたらないと解されています。

　「組立」は本法にいう加工にあたるでしょうか。一般的には、組立によって新しい属性を製品に加えているかが判断基準になります。部品を梱包した製品の納入を受け、部品の集合を組み立ててひとつの製品としたことで部品の集合がもつ属性に新しい属性を与えているかどうか、という観点から加工にあたるかが検討されると考えられます。

　さまざまな製造物のなかには製造者が組立のある部分までを行い、残りの工程を引渡し先の事業者に委ねるものがあります。こうした場合、引渡し先で行われる多様な組立作業のうち、どのような場合が本法にいう加工にあたると認められるかについて明確な判断基準はいまだ形成されていないといえるでしょう（【37】）。

(ⅱ) 裁判例

　【7】は自動販売機の整備や設置が、本法にいう加工にあたるかが問題となる事案です。判旨は既存の性能を維持するための整備や設置は、製造物に人為的工作を加えて新しい属性を与えるとはいえず、加工にあたらない旨、判示しています。

【7】飲料自動販売機からの出火・延焼事故［広島地判平成 14 年 5 月 29 日判例集未登載］

〇**事案**　資料館経営者 X は Y₂ から自動販売機を無償貸与され、Y₁ が製造する缶飲料を継続的に販売していた。自動販売機は A が製造し、Y₁ がこれを購入し、重整備・設置したものであった。資料館に隣接設置されていた自動販売機から出火して火災が発生し、資料館の展示物等が焼失した。X は Y₁ および Y₂ に対して改正前民法 415 条（Y₂ に対する関係のみ）、709 条、717 条ないし製造物責任に基づき損害賠償を請求した。

〇**判旨**　請求棄却

整備・設置は加工にあたるか「同法にいう製造とは、原材料に手を加えて新たな製

第 2 部　逐条講義

> 品を作り出すことをいい、加工とは、動産に工作を加え、その本質を保持させつつ新しい属性を加えて価値を付加することを意味すると解するのが相当である。とすれば、本件自動販売機の既存の性能を維持するための整備・点検や新たな場所への設置は、製造又は加工にあたらないというべきであり、……本件自動販売機には、同法の適用がない」

【7】は既存の性能を維持するに留まる人為的工作を加える場合は、加工とはいえない旨を明らかにするものです。

また、【37】は在宅介護用にレンタルされた電動式ギャッチベッドの組立が本法にいう加工にあたるかが問題となりうる事案です。判旨は組立者が「本件ベッドの組み立てをしたことにより「加工者」にあたると評価されるか否かはともかく」として判断を留保し、製造者に対する製造物責任の有無のみを判断し、組立と本法の加工について具体的な判断をしていません。

一般には、加工の定義に従い、組立という人為的工作によって製造物に新しい属性ないし価値を与えると認められるときには、加工にあたると解されます。組立は製造物や事案によって工作の度合いが多様であり、どのような組立を本法にいう加工にあたると解するかが今後の裁判例によって明確化されることが期待されます。

■コラム■ ❹ 加工による新しい属性と「小分け」・「パック詰め」

事業者Aが事業者Bに製造した製品の納入を受け、自社で小分けやパック詰めなどの工程を行い、商品としてほかに販売した場合、事業者Aの行った工程は本法の加工にあたるでしょうか。あるいは、事業者Bが野山で採取した、まったく未加工の自然産物の納入を受けた事業者Aが小分けやパック詰めをして商品化した場合は、どうでしょうか。小分けやパック詰めをして商品化された製品や自然産物が、納入された製品や自然産物とは別個の製造物あるいは加工品といえるかどうか、が問題になります。

裁判例では、ピアノ用防虫防錆剤（錠剤）を製造者Bが袋詰めした状態で事業者Aに納入し、Aがこれを化粧箱に入れて商品化したというケースで、化粧箱に入れることは、「製造」にも「加工」にもあたらず、錠剤と化粧箱に入れられた錠剤とは別個の製造物とはいえない旨、判断したものがあります（ピアノ防虫防錆剤に関する【31】）。納入された製造物をそのまま箱詰めするだけでは、新しい

40

第2章 定 義——I 製造物 (2条1項)

属性が加えられているわけではなく、本法の加工にあたらないと考えられています。

関連して、小瓶に分けて瓶詰めをした場合はどうでしょうか。上記の準則および裁判例（加工あまめしばに関する【42】）に照らすと、瓶詰めの工程内に特段の事情がないかぎり、「小瓶に分けて袋詰め」は、それだけでは新しい属性を付与するものではなく、製造物責任の要件としての加工にあたらないと解されます。

3 有体物であること

(1) 基本的な考え方

有体物とは一般に、空間の一部を占める有形的存在とされ、電気、ソフトウェア、音響、光線、熱、物の運動は無体物とされ対象となりません。また、サービスも同じく対象となりません[10]。

製造物の範囲に関しては、立法当時から特にソフトウェアが議論されました。立法時以来、ソフトウェア自体は無体物として対象となりませんが、ソフトウェアを組み込んだ製品は製造物として対象となり、ソフトウェアの不具合は製造物の欠陥となりうると解されています[11]。また、ソフトウェアの仕様、不具合や性状が原因でソフトウェアを組み込んだ製造物に起因する事故が発生した場合には、ソフトウェア部分の仕様や性状が製造物全体の欠陥となりうると解されています。

(2) 裁判例

コンピュータのプログラムに関する事案として、青森地判平成13年2月13日（判例集未登載）はプログラムミスにより税金過払いしたとして、過払金相当額をプログラム製作会社に対して請求したケースです。判旨は請求の可否をめぐる判断の前提として、コンピュータソフトウェアは本法にいう「製造又は加工された動産」にあたらない旨、判示したものです。判旨はいわゆる判決の傍論ですが、ソフトウェアそのものは無体物として「製造物」にあたらないとした立法当時の考え方を採り入れた例といえるでしょう。

---

[10] 逐条57-58頁を参照。参考として、EC指令2条は、「製造物」(Product)は電気を含むとしています (85/374/EEC Art.2)。論点17頁は、その趣旨を「〔EC〕加盟国のイタリアが民法典上、電気を動産に含めていることに配慮し、製造物を動産と定義した場合の矛盾を回避した措置であった」としています。

[11] 逐条59頁を参照。

41

第2部　逐条講義

ソフトウェアに関連する事案として、【35】は工業用乾燥装置の内部からの出火事故に関して内部の温度制御プログラムの異常が原因であるかどうか問題となりました。判旨は出火は装置内部の温度制御プログラムの異常あるいは他の原因による旨、判示しています。判旨は、仮に無体物であるコンピュータプログラムに原因があったとしてもプログラムが組み込まれた製造物全体の製造物責任が認められる旨を示すものです。

4　「動産」であること

「製造物」は、「動産」であることを要件とします。「動産」は民法の定義に従い、不動産以外のすべての有体物をいいます（民85条）。土地やその上に建つ建物といった不動産は対象となりません。不動産とは「土地及びその定着物」をいいます（民86条）。

本法の製造物が「動産」であることは、製造物の引渡し時を基準として判断されます。つまり、製造者や加工者などが製造・加工したものを他に引き渡した時に「動産」であれば、その後に不動産の一部となった場合であっても本法にいう「製造物」にあたります。たとえば、エレベーターやエスカレーターなど建物に設置される昇降機が、製造者から引き渡された後に不動産の一部となった場合（付合した場合）であっても、エレベーターやエスカレーターは製造され引き渡された時点で動産であるかぎり、独立した1個の製造物と扱われます。ただし、動産としての引渡しがないまま不動産の一部となった場合には、本法は適用されません。この場合には、6にみるように土地の工作物の瑕疵に対する責任（民717条）が生じることがあります（46頁を参照）。

5　中古品・廃棄物・再生品

(1)　中古品

(i)　基本的な考え方

中古品であっても「製造又は加工された動産」にあたる以上は、製造物となります。製造業者がその製造物を引き渡した時に欠陥があり、その欠陥と損害のあいだに相当因果関係がある場合には製造業者は責任を負います。

一般に中古品として流通している物は、製造業者が引き渡した後使用され、その使用中の取扱い状況や改造・修理等が行われた等の事情が介在するケースがしばしばみられます。また、中古品取扱者が行った加工の内容や保管状況などの事情が介在する場合もありえます。こうした引渡し後のさまざまな事情をふまえて、引渡し時の欠陥と損害のあいだに相当因果関係がある場合に製造者

42

は製造物責任を負うことになります。

　中古品については、製造者の引渡しから被害発生までのあいだに介在する具体的な事情はさまざまです。たとえば、製造業者が引き渡した後、Aに使用され、Aから中古品取扱者を経由することなくBに引き渡され、Bが使用している間に被害が発生する場合を考えてみましょう。基本的には引渡し時の欠陥と損害の間に相当因果関係があるかぎり、製造者は責任を負います。Aの使用中に特に改造や修理等が行われず、製品の属性を変更するような事情が介在しない場合には、引渡し時の欠陥と被害の因果関係は一般的には遮断されないといえるでしょう。

　これに対して、中古品整備者のもとで点検・整備され、場合によっては部品交換等が行われ、中古品として市場に流通する場合には、製造者の引渡しと被害の間に整備等の事情が介在し、因果関係が遮断されうると解されます（大分地判昭和47年3月2日判例タイムズ285号197頁を参照）。

(ⅱ)　**裁判例**

　中古品の製造物責任に関する裁判例としては、中古自動車に関するケースがあるほか、立法前の家電製品に関するケースが参考になります。

　【8】は中古車が発火して車両が焼損した事故で、製造段階で異物が混入しやすい車両が製造されたなどとして不法行為責任や製造物責任が争われたものです。判旨は製造者以外の第三者によって点検・整備が繰り返された中古車であるという事情をふまえ、欠陥の特定の程度を緩和したり、立証について欠陥の存在を一応推定することはできないとし、欠陥を否定しています（本件における一応の推定に関する問題については273頁を参照）。

【8】中古車から発火した車両焼損事故［大阪地判平成14年9月24日判例タイムズ1129号174頁］

○**事案**　X_1はYが製造した車両の中古車を運転していたところ、突然車両右前部が発火した。X_1および同乗していたX_2は車両が焼損したのは、自動車に異物が混入した欠陥によるとして、Yに対して不法行為および製造物責任、債務不履行責任に基づき損害賠償を請求した。

○**判旨**　請求棄却

異物が混入する構造は製造上の欠陥にあたるか「製造物責任法上の「欠陥」とは、当該製造物の特性、その通常予見される使用形態、その製造業者等が当該製造物

第2部　逐条講義

を引渡した時期その他の当該製造物に係る事情を考慮して、当該製造物が通常有すべき安全性を欠いていることをいうところ（同法2条2項参照）、鋭利な異物が混入すること自体極めて偶発的要素によるところが多いから、本件車両の構造上、当然に異物の混入を防止すべきであったとはいえないし、また、本件車両はたとえ異物が混入したとしても、異物を取り除くことが容易な構造であったと認められるから、本件車両に「欠陥」があったということはできない」

　【9】は立法前の事案でカラーテレビからの出火事故で、テレビ製造者の過失責任が問題となったものです。判旨はテレビは構造内部に利用者の手が届かず、利用者が危険を想定して特別の注意を払うことを必要としないブラックボックス的製品であり、合理的に利用するかぎり絶対的な安全が求められるとし、製造者の過失を認めています。

【9】 カラーテレビからの出火による事務所焼損［大阪地判平成6年3月29日判例時報1493号29頁］
○**事案**　X（法人、代表者A）はYが製造したカラーテレビを友人Bから贈与され、事務所内で使用していた。Xの従業員が事務所で勤務中、テレビから黒煙が出始め火災により事務所内は焼損した。XはYに対して債務不履行または不法行為に基づき損害賠償を請求した。
○**判旨**　一部認容、一部棄却
[1] テレビ製造者の安全性確保義務と欠陥について「テレビの製造者が設計、製造上の注意義務を怠れば、テレビの発煙、発火により火災を惹起し、利用者の生命、身体、財産に危険が及ぶ可能性があるのであって、テレビの製造者であるYに課せられた安全性確保義務は、極めて高度なものであるということができる。　また、テレビは、利用者の所有に帰したものであっても、その構造上、内部は利用者の手の届かない、いわばブラックボックスともいうべきものであって、現在の社会通念上、設置等が適切に行われる限り、その利用に際し、利用者が危険の発生する可能性のあることを念頭において、安全性確保のため特段の注意を払わねばならない製品であるとも、何らかの危険の発生を甘受すべき製品であるとも考えられていないことは明らかである。それゆえ、製品としての性質上、テレビには、合理的利用の範囲内における絶対的安全性が求められるというべきである」
[2] 介在事情と過失の推認について「右のとおり本件テレビには欠陥は認められるから、その危険を生じさせた欠陥原因の存在が推認されるところ、本件テレビは、

第2章 定義──Ⅰ 製造物（2条1項）

> ……昭和62年6月に製造され、同年7月にAの友人が電気店で購入してXに贈
> 与したものであって、X方で使用されてから本件火災まで8カ月程度しか経過し
> ておらず、Yが製造し、流通に置いた時点でこれに付与した製品本来の安全性の
> 保たれることが、社会通念上当然に期待される期間内に危険が生じたことは明ら
> かであるし、……その間、Xが内部構造に手を加えたり、第三者が修理等をした
> との事実は認められないから、右の欠陥原因は、Yが本件テレビを流通に置いた
> 時点で既に存在していたことが推認される」

【9】は、本法の立法に向けて活発に議論が行われていた時期に立法を先取り、
実質的に製造物の欠陥を認める判断を行っています。

なお、本件は規格化され大量生産される家電製品事故の典型的なケースであ
るだけでなく、判旨［2］では製品が購入された後、他に贈与されその後使用
中に事故が発生したという中古品の一場合にあたる事情が検討されている点が
注目されます。

(2) 廃棄物

廃棄物であっても、「製造または加工された動産」にあたる以上は、製造物
になります。製造者が製造物を引き渡した後に廃棄された場合には、使用状況
や廃棄後の状況など介在する諸事情を考慮して、引渡し時の欠陥と相当因果関
係がある損害について製造者は責任を負うことになります。これに対して、製
造者が製造物を直接廃棄した場合には引渡しがなされていないため本法は適用
されません。

裁判例では、廃棄物について製造物責任が争われたケースは現在までに現わ
れていないようです。

(3) 再生品

製造者が製造し、何らかの理由で処分した部品等を他の事業者が加工して流
通に置く場合は再生品の一場合にあたります。こうした再生品は製造物にあた
るでしょうか。廃棄物の場合と同様に製造者が引き渡していれば、一般原則通
り、引渡し時の欠陥と損害のあいだに相当因果関係があるかぎりで、製造者は
責任を負います。この場合には、再生品として流通に置くためになされた修
理・保管等の介在事情が総合的に考慮されます。製造者が廃棄していた場合に
は引渡しがなく、本法の適用はありません。

裁判例では、再生品について製造物責任が争われたケースは現在までに現れ

45

第2部　逐条講義

ていないようです。

6　工作物責任（民717条）と製造物責任

（土地の工作物等の占有者及び所有者の責任）
民法717条
1　土地の工作物の設置又は保存に瑕疵があることによって他人に損害を生じた
　ときは、その工作物の占有者は、被害者に対してその損害を賠償する責任を負
　う。ただし、占有者が損害の発生を防止するのに必要な注意をしたときは、所
　有者がその損害を賠償しなければならない。
2　前項の規定は、竹木の栽植又は支持に瑕疵がある場合について準用する。
3　前二項の場合において、損害の原因について他にその責任を負う者があると
　きは、占有者又は所有者は、その者に対して求償権を行使することができる。

(1)　工作物責任の意義

　民法717条は、「土地の工作物の設置又は保存に瑕疵があることによって他
人に損害を」与えた場合には、占有者または所有者は損害を賠償しなければな
らないと定めています（1項本文）。この制度は、工作物の瑕疵によって他人に
損害を与えた場合に、第一次的には占有者が責任を負い、占有者が免責された
場合に、第二次的に所有者が責任を負うものです。

　製造物責任法は不動産を対象としておらず、一方、不動産の欠陥による事故
については、民法717条の土地工作物責任で対処できる場合があります。通説
は土地工作物責任を危険責任の思想に基づく制度と説明しています[12]。産業
化の進展に伴い危険な施設や設備による事故に対処する必要性が増すなかで、
多くの裁判例が蓄積され、危険工作物による被害救済の観点から総合的かつ実
質的な判断がなされています。

　本法は、「製造物」である建材などが引き渡され、その後不動産の一部とな
る（付合する）場合には、その建材の欠陥に起因する事故については損害を賠
償する機能をもちます。いわゆる不動産瑕疵のケースについて本法は、被害救
済の役割を果たしうる場合があります。このような点から、本法の立法時には、

---

[12]　土地工作物責任の性質に関し、立法当初や初期の学説は過失責任の一種ととらえ、二次的な無
　過失責任を公益上の理由に求めていたこと、その後の学説の変遷については、吉村・不法行為法
　223頁以下を参照。

不動産の欠陥事故に関して製造物責任と工作物責任との整合性など両制度の関係をよく検討すべきだと指摘されました[13]。

そこで、土地工作物責任と製造物責任について、制度の共通性や相違点についておおまかな比較を試みてみましょう。

(2) 工作物責任と製造物責任の比較

工作物責任制度は危険工作物による被害救済の制度として実質的な観点をもち、裁判例を通じて工作物の範囲を機能的一体性の観点から広く解し、また、設置・保存の瑕疵を機能的観点から広く解するなどの準則を形成しています。一方で、製造物責任制度では、付合によって不動産の一部となった製造物の欠陥に起因する被害を救済することができます。工作物責任と製造物責任は、ともに不動産が安全面を含めて備えるべき機能を十分に具備していないことによって損害が発生した場合に危険責任の考え方に立ち、厳格な賠償責任を課して被害者を救済する役割を果たす点で、一定の共通性をもっているといえるでしょう。

2つの制度の類似点や相違点を3つほどあげてみたいと思います。

第1は、救済を受ける被害者に関する相違点です。工作物責任は、工作物の設置・管理の瑕疵による被害を救済するという制度趣旨から、被害者を一定の範囲に限定しています。工作物の所有・占有関係の外にある第三者が損害を被った場合の被害救済制度です。

これに対して、製造物責任は被害者の範囲には限定がありません。本法が救済する典型的な被害が一般消費者の家庭内事故であるように、被害者が物の占有関係の外にあるかどうかは本法にいう救済を受けられることとは何ら関わりがありません。したがって、製造物責任は、欠陥がある動産が付合した不動産の直接占有者（例：賃貸家屋を賃貸して居住する者）やその他の居住者等が損害を受けた場合に、救済を図ることができる制度です（次頁図2を参照）。

第2は、瑕疵や欠陥の対象に関する類似点です。工作物責任では土地の工作物を広く解する準則が形成され、不動産に接着した装置や設備、また機能的に一体と評価される集合装置なども対象となり、動産を含む場合があります。

これに対して製造物責任では、不動産そのものは対象とならないものの、引渡し時に動産であったものは、その後付合して不動産の一部となった場合であ

---

[13] 論点23頁を参照。

第2部　逐条講義

図2　工作物責任制度と製造物責任制度の比較

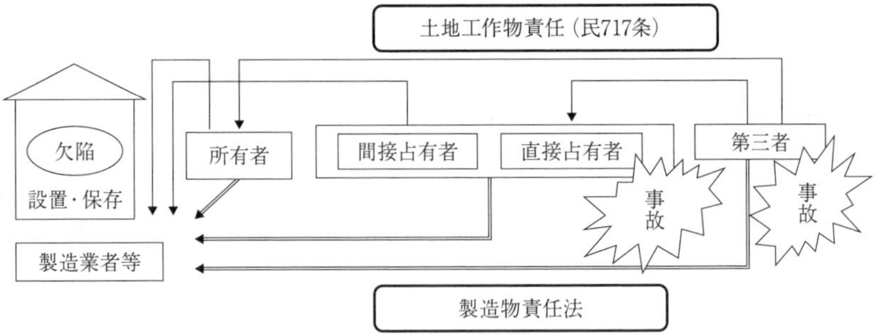

土地工作物責任（民717条）

欠陥
設置・保存

所有者

間接占有者

直接占有者

第三者

事故

事故

製造業者等

製造物責任法

＊一重の実線は工作物責任制度を示し、二重線は製造物責任制度を示しています。

っても本法の観点から「動産」とあつかわれ、対象となります。

　第3に、両制度において「通常有すべき安全性」を判断する基準時についてです。工作物責任では、占有関係の外にある第三者の被害を救済するため、工作物の使用時あるいは事故発生時を基準として、工作物を事実上支配する占有者の管理等の状況を含めて、工作物に瑕疵があったかどうかが判断されます。

　これに対して、製造物責任は不動産に付合する動産の引渡時を基準として設計、製造、指示警告の観点から欠陥が判断されます。

　したがって、不動産に付合する動産の維持・管理について指示・警告上の欠陥が認められる場合を除いては、動産の引渡し後の管理が十分でなかったことに起因する被害を本法でカバーすることはできないといえます。

　言い換えますと、不動産に付合する動産について設計・製造が「通常有すべき安全性」を備え、さらに製造者が必要かつ十分な指示・警告を行っていたにもかかわらず、工作物の占有者、所有者の維持・管理で十分とはいえなかった場合に土地工作物責任固有の責任となると思われます。

　2つの制度の趣旨、責任主体や救済の範囲について、共通性や相違などをふまえながら、不動産に関わる被害の適切で機能的な救済が図られることが望ましいと思われます。

第2章　定　義──Ⅱ　欠陥（2条2項）

Ⅱ　欠陥（2条2項）

> **第2条（定義）**
> 2　この法律において「欠陥」とは、当該製造物の特性、その通常予見される使
> 用形態、その製造業者等が当該製造物を引き渡した時期その他の当該製造物に
> 係る事情を考慮して、当該製造物が通常有すべき安全性を欠いていることをい
> う。

①　欠陥の定義

　2条2項は欠陥の定義を定めています。欠陥は製造物責任のもっとも基本的
な責任要件です。本項において欠陥は、「製造物が通常有すべき安全性を欠い
ていること」ときわめて包括的に定義され、製造物が通常有すべき安全性を欠
くかどうかは、「当該製造物の特性」「通常予見される使用形態」「当該製造物
を引き渡した時期」などの事情を考慮して判断されると規定されています。立
法担当官の解説を参照すると、本項が例示する3つの事項は、欠陥概念を明ら
かにするために、多くの製品分野に共通する、重要で、消費者・事業者のいず
れにも偏らない事柄を列挙したものと考えられます[1]。本項には欠陥の種類
や具体的な判断基準などの定めはなく、欠陥は製造物責任のもっとも基本的な
責任要件でありながらきわめて抽象的な概念といわなければなりません。

　第1に、欠陥はその法文から「安全性」に着目する概念です。安全性に無関
係な性能や品質の瑕疵などは本法の対象ではありません（【1】【2】【3】）。

　第2に、本法が欠陥の判断にあたって問題とする安全性は、「通常有すべき」
安全性、すなわち、絶対的な安全性ではなく「通常有すべき」と評価される相
対的な安全性を意味しています。ごくおおまかには、製造物が本法の趣旨に照
らして評価された「通常有すべき」程度の安全性を欠くときには、その製造物
には欠陥があると解されることになります。

　法文上は「欠陥」の種類について規定はありませんが、一般に欠陥は、①設
計上の欠陥、②製造上の欠陥、③指示・警告上の欠陥という3類型があると考
えられています。仮に欠陥の類型を分けて法律要件を定めると、被害者は欠陥

---

[1] 川口・成立47頁、渡邉知行「判批」インデックス156頁を参照。

49

第2部　逐条講義

の類型別に主張・立証しなければなりません。本法は製品の安全性や危険に関わる情報の収集能力や調査能力の点で製造者との間に格差のある被害者の立証の負担を軽減させ、裁判所に広い裁量の余地を与える点に法政策的な意義があります。このことに照らすと、個々の欠陥類型を法定することはかえって被害者の立証の負担を重くし、他方で、主張された欠陥類型に裁判所の審理を拘束することとなります。責任要件としての欠陥を概括的に定め、欠陥の3類型を欠陥判断のなかでどのように用いるかを広く裁判所の裁量に委ねることは、本法の趣旨に適って有意義と考えられます。

　以下ではまず、欠陥の類型や欠陥判断のあり方について基本的な考え方と裁判例を概観し（②）、欠陥の判断基準について基本的考察を行い（③）、続いて、欠陥の4つの考慮事項について整理をしたいと思います（④〜⑦）。

②　欠陥の3類型

1　設計上の欠陥

⑴　基本的な考え方

　製品の設計からラベル表示までの一連の製造工程のなかで、製品の規格や仕様を定める設計は、比較的最初の段階にあたります。製造物の事故が発生した場合に、製造物が設計段階で安全性を欠いていたことと判断される場合を、設計上の欠陥といいます。この場合には、設計・仕様のとおりに製造・加工された製造物は、すべて同じように欠陥にあたる性状をもっています。

　設計上の欠陥は、設計上の危険を回避するための具体的な方策を断定的に特定できない場合であっても、危険を回避するために他の設計（代替設計）がありえたと評価し、設計の観点から欠陥があると判断するものです。設計上の欠陥を認めることは、製造業者側に具体的に特定された、あるいは何らかの代替設計を行うべき行為義務があったことを意味しています。

⑵　裁判例

　裁判例としては、子ども用のおもちゃ、自動車用品、産業機械などの設計について欠陥を認めたものがあります。また、本法施行前の事例で、家庭用の化学製品に関するケースがあります。

　子ども用おもちゃに関する【10】は、プラスチック製の小型カプセルに入った玩具の容器であるプラスチック製のカプセルを乳幼児が誤飲し窒息した事故で、被害児の口腔に入りやすく、また口腔に入った場合に窒息につながりやす

いカプセルの設計が製造物責任の観点から適切であるかが問題となるものです。判旨は設計上とられるべきであった措置として、窒息事故を防ぐために、①形状は球形ではなく角形あるいは多角形とする、②表面は滑らかではなく、口腔に物が入った場合に指や医療機器で取り出しやすくするために指等に掛かりやすくする、③口腔に物が入った場合の気道確保のために通気口を複数開けておく、の3点を列挙し、設計上の欠陥を肯定しています。

【10】カプセルトイによる子どもの窒息事故［鹿児島地判平成20年5月20日判例時報2015号116頁］[2]

○**事案** カプセル入り玩具のカプセルで遊んでいたX₁（事故当時2歳10カ月の男児）の口腔内にカプセルが入り喉を詰まらせ窒息し、低酸素症による後遺障害が残った。X₁とその両親X₂およびX₃が製造業者Yに対して、カプセルに欠陥があったとして製造物責任に基づく損害賠償を請求した。

○**判旨** 一部認容、一部棄却

カプセルの設計上の欠陥について「本件カプセルの設計は、乳幼児の口腔内に入ってしまった場合の口腔からの除去や気道確保が非常に困難となる危険な形状であったというべきで、本件カプセルのように幼児が手にする物は、口腔から取り出しやすくするために、角形ないし多角形とし、表面が滑らかでなく、緊急の場合に医療器具に掛かりやすい粗い表面とする、また気道確保のために十分な径を有する通気口を複数開けておく等の設計が必要であったというべきである。以上から、本件カプセルは、3歳未満の幼児が玩具として使用することが通常予見される使用形態であるにもかかわらず、3歳未満の幼児の口腔にはいる危険、さらに一度口腔内に入ると除去や気道確保が困難になり、窒息を引き起こす危険を有しており、本件カプセルは設計上通常有すべき安全性を欠いていたというべきである」

【10】は窒息事故の発生防止だけでなく、窒息した場合の被害を可能なかぎり軽減するための設計上の措置を詳細に示しています。判旨は食品等の他分野の製造物についても、一口サイズで設計され幼児や高齢者に窒息の危険がある場合には、窒息の危険を回避し被害の程度を軽減するうえで意味をもつように

---

[2] 本件の評釈として、角田美穂子「判批」消費百選198頁、渡邉知行「判批」インデックス156頁を参照。

第2部　逐条講義

思われます（本件における乳幼児の使用が「通常予見される使用形態」といえるか
については200頁、代替設計の「引渡し時期における技術的実現可能性」について
は216頁、任意基準適合品である点については226頁、過失相殺については295頁
を参照）。

　家電製品分野の【11】は、電気式床暖房から出火した火災に関する事案です。
判旨は、当該事故に関する独立行政法人製品評価技術基盤機構（NITE）の調
査や、消費者庁が情報収集する同種事故の多くが事故原因を設計不良とするこ
とに照らし、特に代替設計に言及することなく、欠陥を認めるものです（欠陥
判断のあり方については82頁、引渡し時期における技術的実現可能性については
217頁を参照）。

【11】電気式床暖房から出火した火災［東京地判平成27年3月30日判例時報2269号54頁］

○事案　Xは、A社との間に建物建築に係る請負契約を締結し、Yが製造した電気式床暖房を3階に設置して建物を完成させて引き渡したところ、同建物の3階で火災が発生し、同階の床に穴が開くなどした。Xは同階に設置されていた、本件電気式床暖房の設計不良の欠陥により火災が発生し、床に損害を被ったとして、Yに対し、Yが改修費用を負担する旨の合意およびA社のYに対する製造物責任法に基づく損害賠償請求権の弁済による代位等に基づき、改修工事費用等の支払を求めた。

○判旨　認容

[1] 本件製品の欠陥について「本件製品は、本件建物において、普通に利用されていたところ、本件製品から炎が上がったこと……、本件火災の調査にあたったNITE［独立行政法人製品評価技術基盤機構］のBにおいても、本件火災の原因は、本件製品の設計不良と考える方が妥当であると判断していること……、加えて、本件製品と同型の製品から同種事故が多数発生し、その多くが製品自体の不良（設計不良）と認定されていること……からすると、本件製品には通常有すべき安全性が欠けていて、欠陥がある」として請求を全面的に認容する。

[2] 消費者庁の事故情報と火災原因について「平成26年6年の消費者庁の事故情報は、Bの調査報告に基づくものであるが、Bは施工者側からの聴取をせず、概ね事業者側からの報告を元にして調査報告を作成したもので……、そのような一方当事者からの報告を元にした報告書から、本件火災の原因は施工不良であると判断するのは慎重にならざるを得ない」

　自動車および自動車用品分野の【12】は、自動車のフロントガラスに取り付

第2章 定 義——II 欠陥（2条2項）

けるカバーのフックが外れて受傷した事故で、設計上フックの材質が金属製で
あったことが製造物責任の観点から適切であるかが問題となるものです。判旨
はフックが外れた場合にも使用者の身体に傷害を与えないよう、フックの材質
や形状、ゴムひもの張力などについて工夫が必要であった旨、判示するもので
す。

【12】自動車のフロント・サイドマスクの金属製フックによる左眼受傷事故［仙台地判
平成13年4月26日判例時報1754号138頁］[3]
○**事案**　XはYの製造したフロント・サイドマスクを所有する軽自動車に装着する際、
フックの装着を確認するためしゃがんだままフックに触れたところフックが外れXの左
眼に突き刺さり、左眼角膜裂傷、虹彩脱出等の傷害を負った。XはYに対して治療費、
後遺障害慰謝料等につき製造物責任に基づく損害賠償を請求した。
○**判旨**　一部認容、一部棄却
フロント・サイドマスクの設計上の欠陥について「本件製品は、自動車のフロント
ガラス等の凍結防止カバーであり、……装着者がかがみ込んでフックを掛けよう
とすることは当然であり、しかも、本件製品が使用されるのは、自動車のフロン
トガラス等の凍結が予測される寒い時期の夜であることが多いところ、そのよう
な状況下で本件製品の装着作業が行われると、フックを1回で装着することがで
きず、フックを放してしまう事態が生じることは当然予想されるところである。
……ところが、本件製品の設計に当たり、フックが使用者の身体に当たって傷害
を生じさせる事態を防止するために、フックの材質、形状を工夫したり、ゴムひ
もの張力が過大にならないようにするなどの配慮はほとんどなされていないもの
であり、本件製品は、設計上の問題として、通常有すべき安全性を欠き、製造物
責任法3条にいう「欠陥」を有しているといわなければならない」

　【12】は冬季に屋外で使用されるという日常的な使用環境のなかで一般消費
者の安全が確保されるよう、形状や材質の工夫がなされるべきであったとの指
摘が特徴的です（本件における製造物の特性については152頁、「通常予見される
使用形態」については189頁を参照。ほかに、引渡し時期における技術的実現可能
性に関しては216頁、過失相殺の可否に関して293頁を参照）。

---

[3]　本件の評釈として、米村滋人「判批」消費百選202頁を参照。

第2部　逐条講義

　【13】はカーオーディオに使用された電子機器の検知スイッチが短絡してバッテリー上がり事故が多発し、カーオーディオの製造者が回収等を実施したケースで、高温多湿となる車内で短絡したことはスイッチの欠陥といえるかが問題となるものです。判旨はスイッチが事故を引き起こす原因となる銀マイグレーション現象を起こさないよう金メッキをするなど短絡事故防止措置をとるべきであったとして、設計上の欠陥を認めています。

【13】カーオーディオスイッチの短絡事故〔東京地判平成 15 年 7 月 31 日判例時報 1842 号 84 頁〕[4]

○事案　XはYが製造した電子機器用 FT スイッチを購入・使用してカーオーディオ製品を製造販売した。FT スイッチの一部が常時短絡して電源の不具合が発生し自動車のバッテリーが上がる等の事故が多発したため、Xは回収・修理を実施した。Xは FT スイッチに設計上の欠陥があったとして、Yに対して調査費、出荷前の修理費、市場流通品の回収・修理費、サービス対応費などについて製造物責任に基づく損害賠償を請求した。

○判旨　一部認容、一部棄却

FT スイッチの設計上の欠陥について「本件 FT スイッチは本件保証範囲の範囲内で本件短絡事故を発生し、その原因は銀マイグレーション現象〔銀が絶縁物の上を移動する〕によるものであって、銀マイグレーション現象自体は、よく知られた現象であり、接点の銀メッキを金メッキにするなどすれば……、本件短絡事故は発生しなかったのであるから、本件 FT スイッチは設計上の欠陥のために、通常有すべき安全性を有していなかったものと認められる」

　【13】では事故原因は製品の部品として使用された汎用品にあり、車両内では特に夏季に高温多湿になるという使用環境をふまえ、材質面で工夫がなされるべきであったとする点に特徴があります（本件における汎用品を自動車に搭載した使用が「通常予見される使用形態」といえるかについては 207 頁、損害賠償の範囲については 277 頁を参照）。

　産業用の機械設備について【14】は、工場で稼働するフードパック裁断機で機械を操作していた熟練したパート従業員が受傷した事故で、荷崩れ品を取り除こうとしてリフト部分に身体を入れる際の危険は機械装置の欠陥といえるか

---

[4] 本件の評釈として、浅井弘章「判批」金融・商事判例 1180 号 2 頁、中村雅人「判批」インデックス 174 頁を参照。

54

が問題となるものです。判旨は安全に荷崩れ品を排除できるシステムの設計が可能であった、あるいは身体を感知したときに機械が自動停止する安全対策を設計上施しておくべきであったとして、設計上の欠陥を肯定しています。

【14】フードパック油圧裁断・自動搬送機による操作者受傷［東京高判平成 13 年 4 月 12 日判例時報 1773 号 45 頁］[5]

○**事案** Y$_2$ の工場でフードパック油圧裁断・自動搬送機を操作していた従業員 A が、荷崩れ品を取り除こうとして自動搬送装置のリフトに頭部を挟まれ死亡した。遺族の X らが油圧裁断・自動搬送機を製造した Y$_1$ に対して製造物責任に基づき、Y$_2$ に対して債務不履行ないし不法行為に基づき損害賠償を請求した。一審は請求を棄却し、X らおよび Y$_2$ の双方が控訴。

○**判旨** 原判決変更（上告不受理）

機械の設計上の欠陥について「機械を停止せず、作業効率を犠牲にせずに、しかも安全に荷崩れ品を排除することは、十分に可能であったものと認められる（例えば、リフトが最下部でフードパックを梱包場所に移動させた後、そのまま停止するか、あるいはリフトが最上部まで上がらずに、もっと下で一旦停止して、次のサイクルに入ると同時に最上部まで上昇していくようなシステムになっていれば、安全に荷崩れしたフードパックを取り除くことができ、身体を挟まれることもなかったと考えられる。）そうすると、先ず、このような適切な排除策が講じられていなかった点で、本件機械は、通常有すべき安全性を備えていなかった、すなわち欠陥があったものと認めるのが相当である。また、仮にそうでないとしても、本件のような不適切な排除策を前提に本件機械を設計しておきながら、リフト上に手や身体が入ったときに本件機械が自動的に停止するような対策が講じられていなかった点で、本件機械には欠陥があったものと認めることができる」

【14】は設計の観点から製造物の物的構造の工夫、あるいはセンサー設置による安全確保対策のいずれかの措置を製造者はとるべきであったとするものです。このケースは、荷崩れしやすい製品をあつかう機械装置について非専門的な操作者の安全確保措置が必要であるという設計思想を基づいて、設計上の欠陥を肯定しています（本件における製造物の特性については 158 頁、操作者の危険行為と「通常予見される使用形態」については 207 頁、「引渡し時期における技術的

---

[5] 本件の評釈として、渡邉「判批」インデックス 154 頁を参照。

第2部　逐条講義

実現可能性」に関しては216頁を参照）。

　本法施行前の不法行為事例で【15】は、家庭用カビ取り噴霧剤（カビキラー）を密室状態で継続的に使用した主婦が製品に含まれた化学物質を摂取して健康被害を生じたケースで、物に使用する製造物であるとしても使用者が呼吸時に有害物質を吸引する危険性の観点から容器の設計の安全性が問題となるものです。判旨は容器を噴霧式でなく泡式にするべきであったとして、設計の点で製造者に過失があるとしています。

【15】カビキラーの密室内継続使用による健康被害［東京地判平成3年3月28日判例時報1381号21頁］

○**事案**　X（主婦）はカビキラーの継続的使用によってカビキラーに含まれている次亜塩素酸ナトリウム等の化学物質を継続的に吸入した結果、慢性気管支炎等にり患した。Xは、主位的にカビキラーの反復継続的使用によって呼吸器が慢性疾患に陥ったとして、予備的にカビキラーを使用するたびにタン、咳、呼吸困難といった急性気管支炎に陥ったとして、製造・販売会社Yに対して不法行為に基づき損害賠償を請求した。

○**判旨**　一部認容、一部棄却

容器設計や警告に関する注意義務について「昭和63年に定められた家庭用カビ取り・防カビ剤等協議会の自主基準は、容器として薬液の飛沫しにくいタイプ（例えば、泡タイプ）とするとしている。……Yがカビキラーの製造・販売を開始した当時、その容器として泡式のものを用いることも十分に可能であったと思われる。なお、カビキラーと同じ成分でアメリカで販売されているカビ取り剤タイレックスには、製品の外箱に呼吸に影響を及ぼした場合の処置や心臓病や喘息のような慢性呼吸器障害、慢性気管支炎、気腫、肺疾患の人は使用してはならないことなどに関する記載があるが、本件で使用されたカビキラーの外箱にはそのような記載はなく、……Yの注意義務のけ怠の有無を考慮するについて参考となる。そうすると、Yは、カビキラーの製造、販売に当たり、少なくとも容器として泡式のものを採用すべきであったということができる。……Yは、カビキラーの製造、販売に当たり、右の点の注意義務を懈怠した過失があったものと認められる」

　【15】は本件製品とおなじ成分で製造され、海外で流通していた同種製品に認められる設計上の安全確保措置を製造者がとるべき措置の標準と考え、設計上の欠陥を認めるものです（本件の欠陥判断については、標準逸脱基準に関する

56

第2章　定　義——Ⅱ　欠陥（2条2項）

95頁、慢性被害に関する175頁を参照）。

　以上のようにみてみると、【10】、【12】から【15】までのケースは、事故を回避するためにとるべき代替設計あるいは設計思想を示し、設計上の欠陥を肯定するものです。特に【14】は操作者の安全確保のために求められる設計思想を示し、設計上の代替策を選択的に示すものです。

2　製造上の欠陥

(1)　基本的な考え方

　設計には通常有すべき安全性の点で問題がないけれども、設計のとおりに製造されなかった点で製造物が通常有すべき安全性を欠く場合には、製造上の欠陥が問題となります。製造上の欠陥にあたる場合は、大きく2つの類型に分けられます。

　第1は、設計に従って大量に製造される規格化された製品のうち、規格外の製品が発生する場合です。アウスライサーなどといわれる不良品が典型的です。

　第2は、産業機械が工場内に設置されている場合のように、大量生産の製品ではなく、むしろ個別の注文に応じて製造されるようないわば一個的製造にかかる製造物について、製造の工程において適切な安全確保の措置が十分とられていなかったために製造物の構造が「通常有すべき安全性」を欠く状態となった場合です。

(i)　ライン製造品の不良品（アウスライサー）

　製造上の欠陥については、立法時以来、典型的には、ライン製造工程を通じて大量に生産される工業製品のなかに設計から外れた製品が不可避的に発生する、アウスライサーが製造上の欠陥にあたると考えられてきました。一般に、ライン工程で仕様や設計に沿って同種品を大量生産するなかで、規格や仕様から逸脱したアウスライサーが出ることは不可避で、技術的に皆無とすることは難しいと考えられています。アウスライサーは製造の最終工程で抜き取り検査を行ったとしても完全に取り除くことは難しいといわれますが、設計から外れた規格外の製品によって損害が発生した場合には、製造業者はその製品を流通に置くことを回避できなかったであろうと考えられる場合であっても製造物責任を負うことになります。

　典型的なアウスライサーの場合のほかに、製造物に異物が混入・付着するなどの事情で製造物が規格外となり、通常有すべき安全性を欠く状態にいたった場合（【16】）や、製造物を製造・加工する過程で使用した原材料や組立作業に

57

第2部　逐条講義

不具合があると考えられる場合（【17】）などは製造上の欠陥が検討されていると考えられます。これらの場合にはアウスライサーのケースと同様に、製造者は製造工程において技術的に危険を回避することができなかったであろうと考えられる場合であっても、危険責任、報償責任、信頼責任の考え方に沿って製造物責任を負うこととなります。

　また、工場で大量生産する製造・加工形態とは異なるものの、飲食店で現在の技術では除去できない自然毒を有する魚類を調理し、客に提供した場合の食中毒事故は、本法の欠陥判断においては一種のアウスライサー的場合とあつかうことができるように思われます（【6】）[6]。

(ii)　**機械設備等の構造上の欠陥**

　大量生産・販売される製品から不可避的に発生するアウスライサーとは異なり、一個性のある製品として設計され製造される工場機械について製造上の欠陥が問題となる場合がありえます。これらが製造上の欠陥の第2の類型となります。

　第1の類型が画一的に判断なされる傾向をもつのに対して、第2の類型では事案ごとに問題とされる安全性の性質に応じて欠陥の有無の判断は画一的ではありません。ある場合には、機械装置の操作者の安全確保の観点から欠陥が判断され（【14】）、また、機械装置を稼働して製造される製品に瑕疵が生じることにつき、機械装置に製造上の欠陥があるとされる場合があります（【19】）。

(2)　**裁判例**

　製造上の欠陥を認めた裁判例としては、食品、家庭用品、製造機械に関する例があるほか、自転車に関する施行前の不法行為事例があります。

　食品の製造工程における異物混入に関しては【16】、類似事案として【38】があります。【16】はファストフード店で飲食したオレンジジュースに混入していた異物によって客が喉に受傷した事故に関して、ジュースに異物混入などの欠陥があるかが問題となるものです。判旨は異物が特定されない事情のもとに、

---

[6] ふぐの毒（テトロドトキシン）は広く知られ、食品衛生上危害が大きいことから、食品衛生法に基づきふぐの処理には有毒部位の確実は除去等ができると都道府県知事等が認める者（ふぐ調理師といわれることが多い）および施設に限って行うこととされています（食品6条2号ただし書き、食品衛生法施行規則1条1号を参照）。ふぐ毒には流通前規制により一定の安全確保制度が整備されているのに対して、【6】で問題となるイシガキダイには、消費量などの考慮から流通前規制による安全確保制度は設けられておらず、本法のもとでは報償責任や危険責任から製造物責任が根拠づけられると考えられます。

受傷までに把握しうる経過に基づくとジュースの製造工程で異物が混入していた可能性を否定できないとして、ジュースに欠陥がある旨、判示しています。

> **【16】オレンジジュースに混入した異物による受傷**［名古屋地判平成11年6月30日判例時報1682号106頁］[7]
> **○事案** Xは昼食用にファストフードの飲食物販売業者Yが製造したダブルチーズバーガーセットを購入し、ジュースを飲んだ後、ガラスのような破片が喉に突き刺さる感じがして吐き気を催し嘔吐した。Xは吐血を理由に病院を受診し「喉頭出血」と診断された。XはYに対して、オレンジジュースに入っていた異物によって喉に受傷したとして製造物責任に基づき損害賠償を請求した。
> **○判旨** 一部認容、一部棄却
> **ジュースの欠陥について**「①Xは、本件ジュースを飲んだ直後に、喉に受傷していること、②……本件ジュースに、喉に傷害を負わせるような異物が混入する機会はなかったと考えられること、③……Xの口腔内にあらかじめ異物が存在していたとは考えられないことなどからすれば、本件受傷は、本件ジュースに混入していた異物を原因とするものと認められる。……製造工程からすると、コンクジュースをオレンジジュースマシン内の容器に入れる際や、保存庫から氷をすくう際などに、異物が混入する可能性は否定できない……。そして、本件ジュースに、それを飲んだ人の喉に傷害を負わせるような異物が混入していたということは、ジュースが通常有すべき安全性を欠いていたということであるから、本件ジュースには製造物責任法上の「欠陥」があると認められる」

【38】は、食品の原材料の製造工程において、異物の前駆物質が付着したことに関する事案です。本件は、中国所在のAが製造した塩蔵マッシュルームを原材料とするマッシュルーム加工食品を製造・販売したところ、異臭が発生した事故について、異臭の原因は塩蔵マッシュルームの製造工程でフェノールが付着し、フェノールが塩素に反応したことによるとされ、マッシュルーム加工食品の欠陥が認められたものです。

家庭用品について、【17】はホームセンターで購入した足場台（一般には脚立といわれる）を家庭で使用中に、足場台の一脚が変形し足場台の上で作業していた人が転倒し受傷した事故に関するもので、比較的単純な構造の製造物であ

---

[7] 本件の評釈として、中村「判批」インデックス178頁を参照。

第2部　逐条講義

る足場台の製造工程で何らかの欠陥が生じているかが問題となるものです。判旨は製造物引渡し時期にすでに変形の原因となる不具合が生じていた可能性が推認されるとして、欠陥を肯定しています（本件における製造物の特性評価については140頁、欠陥の証明については273頁を参照）。

【17】折りたたみ式足場台からの落下事故［京都地判平成18年11月30日判例時報1971号146頁］

○**事案**　XはホームセンターでY₁が製造した足場台をY₂から購入した。3年9カ月後、壁に取り付けられたトタン修理のためXは足場台の天板に乗り作業していたところ、後ろ側1脚が変形して転落し、胸部打撲、肋骨骨折などを負った。Xは足場台には初期不整と補強金具の不具合があり、それらがあいまって変形を生じさせたとして、Y₁に対して製造物責任に基づき、Y₂に対しては瑕疵担保責任に基づき、損害賠償を請求した。

○**判旨**　一部認容、一部棄却

足場台の欠陥について「Xは、本件足場台の天板の上に立って作業を行っていたところ、これは、本件足場台の通常の使用方法であり、その際に突然、同足場台の脚が変形したのであるから、Xが本件足場台を使用していた時点で、同足場台に何らかの不具合があったと推認される。そして、……本件事故は、Xが本件足場台を購入してから約3年9カ月後に発生しているが、同期間は、本件足場台が通常有する安全性が維持されてしかるべき合理的期間の範囲内であると考えられること、並びに、……本件足場台の形状からして、本件足場台の通常の用法以外の方法で使用されることがにわかに考え難い……Xが、同足場台を購入後、同足場台を通常の用法に従い使用していたと推認される一方で、Y₁がY₂に本件足場台を納入した当時から、本件足場台に本件変形の原因となる不具合があったと推認されることを総合すれば、本件足場台には、欠陥及び隠れたる瑕疵があったと認められる」

【17】は欠陥を推認するにあたって製造上の欠陥と明言はしないものの、製造の観点から評価を行っていると推測されます。

医療機器では、【50】はカテーテルの強度不足を欠陥と認めるものです。本件では、同一ロット番号のものに欠陥品が存在しなかったことから、製造上の欠陥を認めるものと解されます（強度不足につき、欠陥類型に言及することなく欠陥判断を行うものとして、輸入手すりに関する【61】を参照）。

自動車用品では、【18】は輸入自家用自動車のエアバックが停車中に暴発し

運転者が受傷した事故で、エアバッグ・システムの欠陥が問題となるものです。
判旨は車両が衝撃を受けたときに展開するよう設計されているエアバッグ・シ
ステムにつき、衝撃がない停止中に急に運転席側のエアバッグだけが暴発した
などの事実から、エアバッグ・システムは「通常有すべき安全性」を欠いてい
たと判断しています。

【18】輸入自動車のエアバッグ暴発による運転者受傷［東京地判平成21年9月30日判例タイムズ1338号126頁］

○事案　Xは信号待ちのため自動車を停車中、ビーッという音がして1、2秒後、運転席側のステアリングセンター部からエアバッグが白煙を立てて爆発音とともに暴発した。Xは暴発により左指に受傷した。Xは車両に欠陥があったとして、輸入業者Yに対して製造物責任に基づく損害賠償を請求した。

○判旨　一部認容、一部棄却

エアバック・システムの欠陥について「[1] 本件車両のエアバッグ・システムは、衝突検知センサーが車の前方より中程度から激しい程度の衝撃を検知したときにエアバッグが膨張……するように設計されていること、しかるに、本件車両が信号待ちのために停止中、何ら衝撃がないのに、運転席側の本体エアバッグが急に作動して暴発したが、本件車両の助手席側のエアバッグは全く作動しておらず、シートベルトプリテンショナーも同様に運転席側のみが作動し、助手席側が作動していないこと、[2] エアバッグには2段階のインフレーターがあり、通常瞬時に2度爆発するように設計されているものであるが、……1回目の爆発から約2、3分後に2度目の爆発が起きている……。このように、本件車両が停車中に何ら衝撃がないのに運転席側のエアバッグのみが作動して暴発したのは、本件車両のエアバッグ・システムが通常有すべき安全性を欠いているというべきであって、製造物責任法3条にいう「欠陥」に当たる」

　【18】は製造上の欠陥であると明言するものではなく、典型的なアウスライ
サー的事例であるかはっきりしませんが、設計どおりに製造されていれば正常
に作動するはずのエアバッグが不作動であったことから、製造段階で何らかの
欠陥が生じたととらえるものと解されます（本件における賠償責任の範囲につ
いては274頁を参照）。
　製造機械に関して【19】は、食肉自動解凍装置に使用されたポンプとチャッ
キバルブに存在した切削バリを原因として解凍食品に鉄くずが付着する事故が

第2部 逐条講義

生じ、解凍機械に組み込まれた2つの部品の製造上の安全性が問題となるものです。判旨は製造機械を製造する工程で危険な切削バリのあるポンプとバルブを使用したために解凍装置が通常有すべき安全性を欠くにいたったとし、ポンプとバルブの各製造者が製品を製造する工程で切削バリの除去工程を怠ったために、ポンプとバルブの両方に製造上の欠陥が生じたとして各製造者の責任を肯定しています（本件における製造機械の特性については160頁を参照）。

【19】食肉自動解凍装置の切削バリにより解凍食品に金属片が付着した事故［東京高判平成16年10月12日判例時報1912号20頁］[8]

○**事案** 食品機械の設計製作会社Xは食肉自動解凍装置を開発し、Y_1製作のポンプとY_2が製作したチャッキバルブを使用して自動解凍装置を製作し、食品会社Aに納品した。Aが装置を稼働させたところ、解凍食肉に金属片が付着する事故が発生しXはAに対して損害金を支払った。Xは事故は装置に使用したポンプとチャッキバルブの切削バリに起因し、バリの存在するポンプとチャッキバルブに欠陥があるとして、Y_1およびY_2に対して製造物責任等に基づき損害賠償を請求した。一審は請求棄却し、Xが控訴。

○**判旨** 原判決変更（上告不受理・上告棄却）

ポンプおよびバルブの欠陥について「裁判所の調査嘱託及びXからの照会に回答したポンプ製造業者は、……汎用標準使用品のポンプにおいても切削加工後の加工時に発生するバリの除去作業を実施する工程を設け、これが残っている場合は不健全部分の修正作業を行って……いること、他方、Y_1らは、本件ポンプ及び本件チャッキバルブについて切削加工時に生じる切削バリを除去する工程を設けておらず、本件ポンプ及びチャッキバルブに残存していたバリは、残留バリとは異なり、切削加工時に生じる切削バリであったこと……が認められ、これらの事実によれば、本件ポンプ及び本件チャッキバルブに残留していたバリの種類、Y_1らにおける本件ポンプ及び本件チャッキバルブのバリ取りの方法、他のポンプ製造業者の製品の製造状況からの検討では、本件ポンプ及び本件チャッキバルブに切削バリが存在したことは、本件ポンプ及び本件チャッキバルブとして通常有すべき安全性を欠いていたものであると考えられる」

また、自転車に関する本法施行前の不法行為事例である【20】は、自転車製造者が点検ミスによって汎用品のハンドルに不良品があることを見過ごし、自

---

[8] 本件の評釈として、中村「判批」インデックス176頁を参照。

第 2 章 定 義──Ⅱ 欠陥（2条2項）

転車の走行中にハンドルのおなじ箇所が 2 度折損した事故に関するものです。本件は自転車製造者が欠陥部品が自転車に組み込まれないよう十分な検査を行う品質管理義務に違反した点検ミスの責任をみずから認め、賠償の範囲を争ったもので、前述した典型的なアウスライサーのケースにあたります（57 頁を参照。本件における懲罰的損害賠償の可否については 278 頁を参照）。

【20】走行中の自転車ハンドル折損による転倒事故［東京地判平成 6 年 5 月 27 日判例タイムズ 846 号 218 頁］

○**事案**　X は Y が製造・販売した自転車を自転車小売店 A から購入し通勤に使用していたところ、走行中アルミ製ハンドルの右部分が突然折れて転倒し、軽傷を負った（第 1 事故）。第 1 事故の日に A は折れたものとおなじアルミ製ハンドルと無償で交換修理し、X に渡した。その後、X が自転車を走行中、アルミ製ハンドルが第 1 事故とおなじ状況と箇所で折れ、X は転倒した（第 2 事故）。X は Y に対して不法行為に基づく損害賠償を請求した。

○**判旨**　一部認容

Y の過失（品質管理義務違反）について「自転車のハンドルは走行中に折れてはならず、Y は、欠陥ある部品が Y 製造の自転車に組込まれないように十分に検査をし、欠陥品を発見した場合にはそれを排除しなければならないという品質管理上の義務を負っている。Y は、X がその主張のとおり本件自転車を通常の用法で使用していたにもかかわらず、第 1 事故及び第 2 事故でハンドルが折れたのであるならば、抜き取り検査で不良品のハンドルを見過ごしたことに対する責任を認め、これを争うものではない」

　【16】や【20】のように典型的なアウスライサーの場合には、製造物が仕様や設計のとおりに製造されたかが欠陥判断の画一的で明確な基準となります。これに対して【17】や【18】【19】のように製造工程のいずれかの段階で欠陥が生じたと考えられる場合には、事案に応じて製造物の特性（【17】）や引渡し時に合理的に想定される用途（【18】）などに鑑み、製造段階で求められる適正な安全確保措置をとっていたかが欠陥判断の基準となっています。

3　指示・警告上の欠陥

(1)　基本的な考え方

　製品が合理的な設計に従って製造されあるいは加工されていても、多様な形態の使用・消費の場面で使用の仕方によっては危険があり、事故が起こる場合

63

第2部　逐条講義

があります。設計や製造の観点からの物理的危険に対して、このような場合の危険を〈用法上の危険〉と呼んでおきます。用法上の危険は製品の特性と関わることが多く、その製品に特有の性質が用法上の危険につながる場合、事故防止に必要な情報は、製造者側だけが知りうる情報であることが少なくなりません。こうした情報を消費者・使用者側がみずから収集し、あらかじめ獲得することは、一般社会通念に照らすと通常はほとんど期待できないといえます。

　そこで、製造者が用法上の危険をあらかじめ予見すべき場合には、製造者は事故につながる危険な用法や危険な用法によって発生しうる事故を使用者・消費者に対して、注意書等によって具体的に指示・警告しなければならないと考えられています。指示・警告は消費者・使用者が用法上の危険を具体的に知り、危険な用法を実際に避け正しく使用することができるように、具体的かつ適切でわかりやすい内容と表示の仕方をもった情報であることが必要です。

　予見しうる危険な用法による事故を防止するために必要な指示・警告が不十分であると認められる場合には、製造物は「通常有すべき安全性」を欠くと判断されます。

　したがって、第1に、製造者があらかじめ危険を予見することを期待できなかった場合には、指示・警告の観点から製造者は責任を問われることはありません。

　第2に、指示・警告によって消費者・使用者の製品使用行動を適切な使用に導き、用法上の危険を回避できたと認められることが必要です。製造者が指示・警告を行ったとしても、用法上の危険をコントロールし事故を回避するために有効でないときは、設計や製造の観点に戻って製造物が有すべき安全性が再検討されるべきであると考えられます。

　指示・警告の相手方となる対象は、製品が使用される場面に応じて異なります。最終消費者・使用者のほか、製造物を使用してサービスを提供する事業者、製品を使用するサービス消費者、機械操作者、購入された製品の運搬や保管を行う者など、さまざまな対象に対する指示・警告が扱われています。2者以上を対象として指示・警告の内容の妥当性が検討される例もあります。一般的には、指示・警告の相手方の属性に応じてどのような具体的内容をもつ指示・警告をすべきかが製造物責任の観点から実質的に判断されるべきであると考えられます。

　指示・警告の形態については、裁判例には取扱説明書や注意書などの文書だ

第2章 定 義——Ⅱ 欠陥（2条2項）

けでなく、事案に応じ口頭で行うべき場合があるとするものが現れています（【26】【27】【28】）。

(2) **裁判例**

(i) 肯定例

　まず、指示・警告上の欠陥を認めた裁判例を製品分野別に概観してみたいと思います。

　【21】は学校給食器として使用された強化ガラス製の食器が落下時に割れ小学校低学年の児童が受傷した事故で、食器は児童が使用する給食器として製造物責任の観点から求められる安全性を備えているかが問題となるものです。判旨は製造者は需要者である小学校に対する指示・警告のなかで陶磁器に比べた割れにくさを強調するだけではなく、割れた場合には陶磁器よりも大きな危険が存在することを知らせるべきであったとして、指示・警告上の欠陥を肯定しています（本件における製造物の特性評価については111頁を参照。また、新規製品を子どもが使用する場合の「通常予見される使用形態」については193頁を参照）。

【21】強化耐熱ガラス製給食器による児童受傷［奈良地判平成15年10月8日判例時報1840号49頁］[9]

○事案　X（事故当時8歳、国立大学付属小学校3年生に在学）が小学校の給食の片づけ時に、給食器として使用されたコレールを誤って床に落としたところ、飛び散った微細・鋭利な破片で右目に受傷、後遺障害を負った。Xは給食器に欠陥があったとして、給食器を製造・加工したYらに対して製造物責任に基づく損害賠償を請求した。

○判旨　一部認容、一部棄却

食器の指示・警告上の欠陥について「コレールの取扱説明書及び使用要領には、取扱い上の注意として、コレールはガラス製品であり、衝撃によって割れることがあるといった趣旨の記載があ……る。しかし、これらの記載は、割れる危険性のある食器についてのごく一般的な注意事項というべきものであり、……コレールが割れた場合の破片の形状や飛散状況から生じる危険性が他の食器に比して大きいことからすると、そのような記載がなされた程度では、消費者に対し、コレールが割れた場合の危険性について、十分な情報を提供するに足りる程度の記載がなされたとはいえない。……消費者は、コレールについて、陶磁器のような外観を有しながら、より割れにくい安全な食器であると認識し、仮に割れた場合にも、

---

[9]　本件の評釈として、田島純蔵「判批」インデックス158頁を参照。

第2部　逐条講義

> その危険性が一般の陶磁器のそれとさほど変わらないものにすぎないと認識する
> のが自然であると考えられる。したがって、上記各表示は、コレールが割れた場
> 合の危険性について、消費者が正確に認識し、その購入の是非を検討するに当た
> って必要な情報を提供していないのみならず、それを使用する消費者に対し、十
> 分な注意喚起を行っているものとはいえない」

　日用品では、【22】は山中でキャンプをしていたフリーカメラマンが動物を
駆逐するための花火を使用しようとしたところ、手中で爆発して受傷した事故
に関するものです。被害者は製品についてある程度の専門的知識と使用経験を
備えていました。被害者はいわば一定の事業者性を備えた消費者でしたが、判
旨は製造物の特殊な構造と危険をふまえ、取扱説明書の記載の内容が用法上の
危険を避けるために十分具体性をもたなかったとして、製造物責任を認める
ものです（本件については新規製品の危険を知らずに危険使用する場合の「通常予
見される使用形態」の評価に関わる問題があり、この点については194頁を参照）。

【22】動物駆逐用花火「轟音玉」による手指欠損事故 ［東京高判平成17年1月13日判例集未登載］

○**事案**　野外でキャンプをしていたフリーカメラマンXが熊よけのために動物駆逐用花
火を使用しようとしたところ、右手内で爆発し、右手指欠損、聴力障害等の後遺障害を
負った。Xは事故は花火の欠陥によるとして、製造業者Yに対して製造物責任に基づき
損害賠償を請求した。

○**判旨**　一部認容、一部棄却

花火の指示・警告上の欠陥について「一般に、通常有すべき安全性を備えて設計さ
れた製造物であっても、その使用方法が不適切である場合には、人の生命・身体
に対する危険を生じさせる可能性も否定できないから、製造業者としては、消費
者が不適切な使用方法を採ることがないよう、十分な警告をしなくてはならない
というべきである。……轟音玉の爆発力は、手の中で爆発すると指などは簡単に
骨折……するほどに大きいものであるから、轟音玉の製造業者であるYとしては、
消費者が轟音玉を持ち続けて負傷することがないように、十分な警告をしなけれ
ばならないというべきである。……轟音玉は、……外観上は火が導火線を伝って
燃え進むのを認識することができない構造になっているところ、……実際には点
火しているにもかかわらず、点火できなかったのではないかと疑う消費者は存在
しうるし、本件事故当時、轟音玉の購入に当って煙火従事者手帳等の所持は要求

されて〔いない〕……ことをも考慮すると、……そのような消費者に対する警告
も必要であったと解すべきである。……したがって、Yは、点火確認後直ちに投
げるように注意を促すだけでは足りず、……点火の確認ができなくても直ちに投
げるように警告すべきであったというべきである」

【23】はエステサロンで事業用美容機器を使用した美容施術を受けた消費者
が受傷した事故で、製造物責任の観点から機器の指示・警告が適切十分である
かが問題となるものです。判旨は製造者がエステサロン経営者に対して与えた
情報は機器が被施術者に熱傷を負わせる用法上の危険をもつことを知らせてい
ないとし、指示・警告の観点から製造物責任を肯定しています。

**【23】美容機器を用いたエステ施術による熱傷事故〔岡山地判平成 17 年 10 月 26 日
判例集未登載〕**

○**事案** X（昭和 37 年生まれの主婦）はAが経営するエステサロンで業務用美容器具
を使用した腹部エステ施術を受けたところ水ぶくれの状態となり、その後リング状の色
素沈着の後遺障害が残った。AはYが製造した美容機器をB社およびC社を経て購
入した。Xは後遺障害は美容器具の欠陥によるとして、器具を製造したYに対して製造
物責任または民法 709 条に基づく損害賠償を請求した。

○**判旨** 一部認容、一部棄却

美容機器の指示・警告上の欠陥について「AはD〔B会社の代表取締役〕から説明
されたとおりの方法で本件美容機器を使用したにもかかわらず、Xの腹部に水ぶ
くれができたこと……からすると本件美容機器には設計上の欠陥があった可能性
もあると認められる。ところで、本件美容機器は、その使用によって火傷が生じ
るおそれがあったのであるから、本件美容機器の製造業者である被告は、本件美
容機器の使用者に対し、取扱説明書等の添付書面をもって、本件美容機器の使用
によって火傷が生じるおそれがあることを警告するとともに、火傷が生じないよ
うにするために使用者が注意しなければならないことを明らかにすべき義務があ
ったというべきである」

【23】は機器使用者であるエステサロン経営者が被施術者の熱傷が用法の誤
りによると気付かずに施術を継続し障害を悪化させたもので、継続使用する製
品による事故のケースです（継続使用製品の分野横断的特性については 175 頁を
参照）。

第 2 部　逐条講義

　医療機器について専門家である医師に対する指示・警告の必要性が議論された例として、【24】は乳幼児に使用された 2 個の医療機器の組合せに危険があり患児が死亡した事故に関するものです。本件では、双方の機器について製造者から病院および直接の製品使用者である医師に対する指示・警告が適切十分であったかが問題となります。判旨はいずれの機器についても危険な組合せ使用を指示しこれを避けるよう警告していないとし、双方の製造物について指示・警告上の欠陥を肯定しています。

【24】小児用医療機器の組合せ使用による呼吸回路閉塞事故［東京地判平成 15 年 3 月 20 日判例時報 1846 号 62 頁］[10]

○**事案**　公立病院 A で小児麻酔用呼吸回路機器（ジャクソンリース）と気管切開チューブを接続した呼吸回路によって人工呼吸を行おうとしたところ、回路が閉塞して生後 3 か月の B が換気不能により死亡した。B の両親 X らは事故はジャクソンリースの欠陥、気管切開チューブの欠陥、および病院の医療従事者もしくは管理責任者が両器具の欠陥を確認しなかった過失が競合して発生したとして、ジャクソンリース製造業者 Y_1、気管切開チューブ輸入業者 Y_2 に対して製造物責任に基づき、医師の使用者である東京都に対して不法行為に基づき損害賠償を請求した。

○**判旨**　一部認容、一部棄却

[1] ジャクソンリースの注意書の概括的記載は十分であったかについて「本件注意書は、換気不全が起こりうる組合せにつき、「他社製人工鼻等」と概括的な記載がなされているのみでそこに本件気管切開チューブが含まれるのか判然としないうえ、換気不全のメカニズムについての記載がないために医療従事者が個々の呼吸補助用具ごとに回路閉塞のおそれを判断することも困難なものであって、組合せ使用時の回路閉塞の危険を告知する指示・警告としては不十分である」

[2] 気管切開チューブの注意書の記載内容が適切であったかについて「Y_2 社は、本件気管切開チューブを販売するに当たり、その当時医療現場において使用されていた本件ジャクソンリースと接続した場合に回路の閉塞を起こす危険があったにもかかわらず、……指示・警告しなかったばかりか、かえって、使用説明書に「標準型換気装置および麻酔装置に直接接続できる」と明記し、小児用麻酔器具である本件ジャクソンリースとの接続も安全であるかのごとき誤解を与える表示をしていたのであるから、本件気管切開チューブには指示・警告上の欠陥があったと

---

[10] 本件の評釈として、手嶋豊「判批」消費百選 182 頁、田島「判批」インデックス 160 頁、拙稿「判批」消費者法ニュース 111 号 180 頁を参照。

第 2 章　定　義──Ⅱ　欠陥（2 条 2 項）

いうべきである」

　一般に、製造物の使用者が高い専門的知識と技術、経験をもつ医師であっても、当該の医療器具に特殊な用法上の危険について機器の製造者や輸入者と同程度に十分な専門的知識を持ち合わせているとは必ずしもいえません。【24】は機器の専門的使用者と製造者等とのあいだに危険性の認識について実質的な格差が認められるケースです。判旨は機器製造者に指示・警告上の欠陥責任を課すことにより、実質的公平の観点から製造者と専門的製品使用者のあいだの危険情報の格差を是正しています（本件については欠陥判断のなかで製品の安全性に対する専門家期待に関わる問題があり、この点については 89 頁を参照。使用実態をふまえた「通常有すべき使用形態」の評価については 204 頁、JIS 製品と欠陥に関わる点については 224 頁を参照）。

　【25】は幼児用自転車に乗って遊んでいた女児が金属バリで足を受傷した事故に関するものです。製造者から自転車組立・販売者に対する指示・警告が適切十分であるかが問題となるものです。判旨は組立者が幼児用自転車を組み立てる際に不可避的に発生する金属バリは特に危険が大きいと評価し、組立工程の最終段階で金属バリが残存しないよう確認を要することを指示・警告すべきであったとして、指示・警告上の欠陥を肯定するものです。

> **【25】幼児用自転車の組立・販売業者に対する指示・警告上の欠陥［広島地判平成 16 年 7 月 6 日判例時報 1868 号 101 頁］**[11]
> ○**事案**　X（事故当時 5 歳の女児）は自転車に乗って遊んでいたところペダル軸の根元から飛び出していた金属バリにより右膝後部を受傷した（形成外科再手術を要する後遺障害）。X は製造者 Y に対して、Y は組立者である代理店 A（本件事故の翌年事実上倒産し、民事再生を申立）に対してペダルの締付け過ぎによるバリ発生の危険性とバリ発生の場合には除去すべきことを指示・警告すべきであったとして製造物責任に基づき損害賠償を請求した。
> ○**判旨**　一部認容、一部棄却
> **幼児用自転車の指示・警告上の欠陥について**「一般に、ある製造物に設計、製造上の欠陥があるとはいえない場合であっても、製造物の使用方法によっては当該製造物の特性から通常有すべき安全性を欠き、人の生命、身体又は財産を侵害する

---

[11]　本件の評釈として、拙稿「判批」消費百選 204 頁、渡邉「判批」インデックス 148 頁を参照。

69

第2部　逐条講義

危険性があり、かつ、製造者がそのような危険性を予見することが可能である場合には、製造者はその危険の内容及び被害発生を防止するための注意事項を指示・警告する義務を負い、この指示・警告を欠くことは、製造物責任法3条にいう欠陥に当たると解するのが相当である。そこで、これを本件についてみてみると、……自転車に乗車した者が足をばりに引っ掛けるなどして受傷する危険性は高く、特に本件自転車が幼児用のものであり、幼児は受傷を避けるための注意力が低いことからすれば、なお一層上記の危険性は高いから、製造者であるYが、本件製品をAに販売した当時、上記のような危険性を予見することは可能であったといえる。以上の点からすれば、Yは、本件製品をAに販売する際、Aに対し、ペダルをギアクランクに取り付けるときはYの組立マニュアルに指示したトルクを遵守すること、このトルクよりも強く締め付けた場合には危険なばりが発生する可能性があること、取付けが完了した後は必ずばりの有無を確認し、ばりが発生していた場合にはこれを取り除くことの各点を指示、警告する措置を講じるべきであったというべきである」

【25】は自転車を一定の専門性をもって取りあつかう組立・販売事業者に対する指示・警告の適切・十分性が問題となるものです。【25】は子どもの受傷しやすさ、受傷した場合に重傷となりやすいといった子どもの事故の特徴を勘案し、自転車製造業者は組立・販売業者に対して組立時に生じうる危険を回避するため最終的な確認を指示・警告すべき旨、判示しています（本件における製造物の特性評価については157頁、JIS適合品の製造物責任については224頁を参照）。

　機械設備については、焼却炉事故の例が2件あります。【26】は一般廃棄物焼却炉の稼働中に一般廃棄物処理業者である操作者が掃除口に手を入れて受傷した事故に関するもので、製造者が使用者に対して焼却炉の構造、性能や作業時の危険についてどこまで具体的に情報を与えるべきかが問題となるものです。判旨は製造者は掃除口の奥に高速のローラーが設置され、稼働中に手を入れる行為が危険であることを非熟練の操作者に対して具体的に知らせるべきであったとして、指示・警告上の欠陥を認めています。

【26】廃棄物焼却炉の掃除口で従業員が受傷した事故 ［東京高判平成14年10月31日判例集未登載］
○**事案**　一般産業廃棄物処理工場 X_1 の従業員 X_2 は焼却炉の稼働中にローラーに付着し

第2章　定　義──Ⅱ　欠陥（2条2項）

たスチール缶を取り出そうとして掃除口に手を挿入したところ引き込まれて転倒し右上腕を切断する重傷を負った。X_1およびX_2は焼却炉製造者Yに対して、製造物責任に基づき治療費等の損害の賠償を請求した。一審は請求を棄却し、X_1およびX_2が控訴。

○**判旨**　原判決一部変更、一部控訴棄却（X_1の控訴棄却）

具体的危険性に関する警告の必要性について「本件機械は、X_1の注文によりYが組み立て、X_1の工場に設置したものであり、X_1は初めて一般廃棄物処理業に携わり、本件機械について専門的知識を有していなかったのであるから、なおさらYにおいて、X_2はじめX_1の従業員に対し、本件機械の仕様、性能、危険性について具体的、詳細に説明し、その危険性について警告をすべきである。Yが、これを怠ったため、Xは本件機械の仕様、性能、危険性について理解しないまま、本件機械が稼働中でも容易にスチール缶を取り出せると誤認して本件掃除口に手を挿入したものであり、Xの誤使用ではあるが、なおYにとって通常予期、予見され得る使用形態というべきである。そして、スチール缶が選別機から漏れてアルミ選別機コンベア内に進入し、本件ローラーに付着しやすいということとあいまって、本件機械には製造物責任法に定める「欠陥」があったと認めることができる」

　また、【27】は無煙焼却炉で燃焼中に灰出し口の扉を開けてバックファイヤー（燃焼爆発）が起きた事故に関し、稼働中に灰出し口を開ける使用が危険であると製造者が具体的に警告すべきかが問題となるものです。判旨は燃焼中に灰出し口を開けることの危険性は専門的知識をもつ製造者にとって常識的であるとしても、使用者である事業主および特別な資格や知識をもたない非熟練の従業員に対してはそうではなく、従前の焼却炉をあつかう場合との危険の違いを具体的に示して指示・警告を与えるべき旨、判示しています。

【27】無煙焼却炉のバックファイヤーによる火災および作業者受傷［名古屋高判平成19年7月18日判例タイムズ1251号333頁；一審富山地判平成17年12月20日判例集未登載］

○**事案**　X_1（木製サッシ製造販売業者）は、Yが製造した焼却炉を購入して使用していた。X_1の従業員であるX_2は焼却炉で焼却作業中に焼却炉の灰出し口の扉を開いたところバックファイヤー（燃焼爆発）が発生し、工場3棟が全焼し、X_2は負傷した。X_1およびX_2は焼却炉には設計、指示・警告上の欠陥があったとして、Yに対して製造物責

71

第2部　逐条講義

> 任に基づく損害賠償を請求した。一審は X_1 および X_2 の請求を認容し、Y が X_1 に対して控訴。
>
> ○**判旨（控訴審）**　控訴棄却
>
> **焼却炉の指示・警告上の欠陥（口頭説明は十分であったか）について**「X_1 においては、……本件焼却炉を取り扱う X_2 は焼却炉に関する特別な資格や知識はなく、また、従前使用していた焼却炉は、300度前後の炉内温度で燃焼し、燃焼中に灰出し口を開いて炉内を攪拌することが予定されており、実際、そのように使用されていたのである。加えて、Y は、本件焼却炉を X_1 に販売した際、取扱いに特別な資格のいらない焼却炉として紹介、説明していたのである。したがって、製造者である Y は、本件焼却炉を X_1 に販売した当時、X_1 が従前の焼却炉の使用方法に従って本件焼却炉の燃焼中に灰出し口の扉を開いてバックファイヤーを招く危険性を予見し、本件焼却炉の燃焼中に灰出し口を開けてはならないこと、これを開けた場合にはバックファイヤーが発生して火災が炉外の噴出する危険性があることについて指示・警告する必要があったというべきである」

　一般に今日の社会では、産業用の機械装置を使用する場合に、専門的な知識や経験を十分にもたない非熟練の作業員が機械装置の操作に従事することはめずらしくありません。製造物責任の観点からは、とりわけ注文に応じて一個的に製造される産業機械の場合、製造者は取扱説明書だけでなく、口頭説明を通じて、事業主や直接使用者である作業者に対して、専門的知識や経験の程度等に応じて、合理的な範囲で引渡し先に用法上の危険を知らせることを要すると考えられます（【26】【27】の製造物特性評価については 159 頁を参照。【27】は条例の規定に適合する製品の製造物責任を肯定したもので、この点については 225 頁を参照）。

　ビル外壁を洗浄する薬剤について【28】は、外壁洗浄工事の際に建物のガラス等は腐食し、周囲の植物に被害が生じたもので、製造者から使用者に対して含有成分の危険性について提供された情報が製造物責任の観点から適切十分であるかが問題となるものです。判旨は製造者が使用者に対して人体に毒性をもつ含有成分に関して安全性の観点から十分な情報提供を行っていないと評価し、指示・警告上の欠陥を肯定しています。

第2章　定　義——Ⅱ　欠陥（2条2項）

> **【28】ビル外壁洗浄剤による財産損害［東京地判平成24年4月16日判例集未登載］**
> ○**事案**　Xはビルの外壁洗浄工事にYが製造販売する薬剤を使用したところ、建物のガラスやサッシが腐食し、周囲の植栽が枯れた。Xは薬剤の欠陥とYが安全性を偽ったとしてYに対して製造物責任および不法行為に基づき損害賠償を請求した。
> ○**判旨**　一部認容、一部棄却
> **説明書や口頭での指示・警告が適切であったかについて**「本件製品は、……ガラスやサッシを腐食させる性質を有し、また人体への毒性が認められるにもかかわらず、……YはXに対して、Xがそれを読んだ場合に、本件製品について、作業員の爪が青くならず、サッシやガラスに付着し乾燥白化した状態になったとしても、……薬剤をヘラで削ぎ落とせばよいなどと理解する可能性が高い本件説明書を交付した上、口頭でも、本件製品は、従来になかった画期的な商品で、フッ酸や塩酸は入っておらず、ガラスが腐食したり、爪が青くなったりすることはない……との説明を繰り返し、他方、本件製品のMSDS〔化学物質安全性データシート、Material Safety Data Sheet. 略称（M）SDS〕を交付せず、その成分も明らかにしなかったというのであるから、本件製品については、その危険性に照らして適切な指示・警告がされておらず、通常有すべき安全性を欠いていたというべきである」

　【28】は事業用の化学製品に関する事案で、製造者は取扱説明書だけでなく口頭説明を通じて使用者である事業主や直接使用者である作業者に対し、専門的知識や経験の程度等に応じ合理的な範囲で用法上の危険を知らせることが必要だとするものです。

　【29】は、航行中のコンテナ船の船倉内で、貨物である化学物質が高熱を発し、発煙したことにより船体および積荷が損傷した事故に関して、化学物質の製造業者は運搬・保管方法という取扱い上の注意事項の記載がなかったことについて指示・警告上の欠陥を負うかが問題となりました。判旨は、①指示・警告は、運搬・保管方法等の取扱い上の注意事項に及び、②製造業者から当該製品を購入した者が新たな契約を締結した運送人等に対しても、被害発生防止のため適切な運搬保管方法についての表示警告を尽くすべきであり、③買主の過失を招く蓋然性が高い表示・警告について、本件貨物には指示・警告上の欠陥があるとしたものです（本件における事業者期待基準については88頁、準拠法については308頁を参照）。

73

第2部　逐条講義

【29】国際海上輸送中の自己発熱性・自己反応性化学物質による船舶等損傷［東京高判平成 26 年 10 月 29 日判例時報 2239 号 23 頁；一審東京地判平成 25 年 5 月 27日判例時報 2211 号 58 頁］

○**事案**　公海を航行中のパナマ共和国船籍のコンテナ船の船倉内で、Yが製造した化学物質が高熱を発し発煙する事故が発生し、海水の注入および貯留等の措置が取られたところ、当該事故または海水の注入措置等によって本船の船体および積荷が損傷したとして、本船の裸備船者、損傷した積荷につき保険金を支払った保険会社、損傷した貨物の荷受人または損傷した貨物の損害賠償請求権の譲受人であるXらが、上記事故の原因は、Yが化学物質につき適切な表示・警告をしなかったためであるなどとして、Yに対し、製造物責任および不法行為に基づき、損害賠償を請求した。一審は請求を棄却し、控訴。

○**判旨**　原判決変更、一部認容

[1] 準拠法について（本件と最も密接に関連する地はどこか）「ア　我が国の製造物責任法は、不法行為責任の1つとして制定されていることからすると、法の適用に関する通則法附則3条4項により、旧法例 11 条1項は、不法行為によって生ずる債権の成立はその原因となる事実が発生した地の法律によると定めているところ、不法行為は、損害という結果が発生することによって成立するに至るのであるから、同項にいう「原因タル事実ノ発生シタル地」とは結果発生地を指すと解すべきであること、イ　ただし、本件事故は、公海上を航行中に発生したものであるから、結果発生地主義を採用した場合には、適用すべき法が存在しないこととなるが、これにより製造物責任又は不法行為責任が成立しないと考えるのは不合理であるから、条理により、本件と最も密接に関連する地の法を準拠法として選択することが相当というべきである……本件と最も密接に関連する地は、……海上物品運送のため公海を航行中の船内において、特定の貨物を原因として他の貨物が損傷するという事故が発生した場合には、船舶衝突と異なり、船舶自体が当該不法行為等と最も密接に関連を有する地ということはできないと考えられることなどを総合的に考慮すれば、日本と認めるのが相当であることなどが明らかである」

[2] Yの製造物責任について

(1) 運搬・保管方法等の注意事項「製造物責任法2条2項にいう「欠陥」には、設計上の欠陥及び製造上の欠陥のみならず、製造物の危険性の内容・程度及び被害発生を防止するための適切な運搬、保管方法等の取扱上の注意事項を適切に表示し、かつ、警告することを怠る場合（表示・警告上の欠陥）も含むものということができる……（責任判断基準A）」

74

第2章 定 義——Ⅱ 欠陥（2条2項）

(2) 第三者に対する運搬・保管方法等の表示・警告について「同法3条の規定の趣旨に照らせば、危険物である本件各貨物の製造業者であるYは、本件各貨物をYから購入した直接の買主であるAに対してはもちろんのこと、買主であるAと新たな契約を締結した運送人であるBを含む第三者（製造業者であるYとは直接の契約関係にない者）に対しても、本件各貨物の危険性の内容・程度及び被害発生を防止するための適切な運搬、保管方法等の取扱上の注意事項を最もよく知る者として、原則として、これらの諸事項についての表示及び警告を尽くすべきである（責任判断基準B）」

(3) 買主の過失を招く表示・警告について「Aが、過失により、Aと新たな契約を締結した者に対して危険性の内容・程度及び被害発生を防止するための適切な運搬、保管方法等の取扱い上の注意事項を提供する法令上の義務を怠ったために、その買主と新たな契約関係に入った者及び同人を経てその後の流通過程に入った第三者が損害を被った可能性があるとしても、……製造業者であるYが本件各貨物についてした表示・警告（提供した各種情報）が買主であるAの上記過失を招く蓋然性が高いものと評価することができることに照らし、Yの製造した本件各貨物には表示・警告上の欠陥が認められるということができる……（責任判断基準C）」

(ⅱ) 否定例

　次に、指示・警告上の欠陥を否定する裁判例をみたいと思います。

　ステーキ店で提供されたサイコロステーキによる食中毒に関する【41】、化粧品の添付文書および美白文言の記載に関する【55】、機械式立体駐車場における車両の接触事故に関する【72】は、いずれも指示・警告上の欠陥を否定しています。

　東京地判平成19年2月5日（判例時報1970号60頁）は、工場に設置されたプログラム制御の工作機械を夜間無人運転した際に火災が発生した事故に関するもので、工作機械の設計・構造上の欠陥ならびに指示・警告上の欠陥が問題となるものです。判旨は機械の取扱説明書および安全銘板において、火災防止のため夜間無人運転の場合には不燃性の切削油を使用すべきことを指示・警告していたにもかかわらず、使用者である事業者が警告に反し夜間無人運転で不水溶性切削油を使用したことが事故の原因であるとし、設計・構造、指示・警告について欠陥はないと判断したものです[12]。本件は事故防止のために十分

75

第2部　逐条講義

な内容と方法をもつ禁止警告に明らかに違反する使用を理由に、指示・警告上の欠陥を否定する事例といえます。

　これと比較して、子どもや高齢者の事故防止のために危険な使用を禁止する警告がなされていたにもかかわらず、子どもや高齢者が警告に反する使用を行った場合に禁止警告に対する違反として、上記工作機械の裁判例と同様にあつかうべきかは慎重な検討を要すると思われます。

　食品による子どもの事故で禁止警告に反する使用がなされたことを理由に指示・警告上の欠陥を否定した例として、こんにゃくゼリー菓子による乳幼児の窒息事故に関する【30】があげられます。本件菓子は通常のゼリー菓子と異なる物的特性をもち、子どもや高齢者など健常の一般成人に比べて物を噛み砕き飲み込む能力が低い消費者が窒息しやすいことにつき、欠陥の有無が問題となるものです。判旨は製造物の危険について事故当時の一般消費者のあいだに相当程度の認知があったとして、菓子の外袋に施されていた食べ方についての警告表示は十分であり、警告表示に違反する使用（食べさせ方、食べ方）がなされたことにより事故が発生した旨、判示しています。

【30】こんにゃくゼリーによる幼児窒息［大阪高判平成 24 年 5 月 25 日判例集未登載］[13]

○事案　祖母Aが孫（当時1歳9カ月）Bにこんにゃくゼリーを与えたところ、喉につまらせて窒息し死亡した。Bの両親Xらは、菓子製造者Yに対して製造物責任に基づく損害賠償を請求した。

○判旨　請求棄却

[1] 菓子の警告表示の適切性について「本件警告表示においては、子どもや高齢者がこれを食するとのどに詰まらせる危険性があることが、外袋表面のピクトグラフ等の記載や外袋裏側の警告文に明確に表示されており……、しかも、通常のゼリー菓子ではなく、こんにゃく入りであることも、外袋の表にも裏にも記載され、特に、子どもや高齢者は食べないで下さいと明確に表示されていたもので、これにより本件こんにゃくゼリーの食べ方についての留意事項については、警告文として特に不十分な点はないというべきである。……本件事故当時、本件こんにゃ

---

[12] 本件における出火原因調査に現在の消防の調査技術では困難な事例との指摘について、石田良文「判批」消防通信 644 号 6 頁を参照。

[13] 本件の一審（神戸地姫路支判平成 22 年 11 月 27 日判例時報 2096 号 116 頁）については、評釈として渡邉「判批」インデックス 152 頁を参照。

第2章　定　義──Ⅱ　欠陥（2条2項）

> くゼリーのミニカップ容器の大きさや形状、一般消費者のこんにゃくゼリーについての認知度等に照らすと、本件警告表示で不十分であったとまではいえず、本件こんにゃくゼリーが通常の安全性を欠いていたとまではいえないというべきである」
>
> **[2] 菓子の食べ方と事故態様について**「本件こんにゃくゼリーには……警告表示があり、……Aは……〔本件こんにゃくゼリー〕の食感を十分知っていたものと推定されるにもかかわらず、……1歳9か月のBに対し、そのミニカップ容器の蓋を剥がしてやり、……自分から離れたところでBに食べさせたままにし、特に関心を払うことはなかったもので……、Bに対する配慮を欠いていたことが明らかであり、……かような事故態様は、通常予想される本件こんにゃくゼリーの食べ方であるとは言い難いというべきである」

　【30】に関連してより一般的に、食品ストアやスーパーマーケットで販売されている加工食品に、「子どもや高齢者は食べてはいけません」という摂食禁止の警告表示が付されている場合を考えてみましょう。警告表示があるにもかかわらず禁止対象である子どもや高齢者が誤って食した場合に生じうる重大な危険の回避措置として警告表示が有効に機能し、合理的といえるかが問題となります。少なくとも子どもや高齢者がこんにゃくゼリー摂食時に近くにいると想定される保護者や介護者に対する警告と、医療用医薬品の副作用被害を防止するため医師に向けた「○○の患者には服用させないでください」という警告を同様のものと考えることは実際上難しいと考えられます。

　子どもや高齢者が警告表示から直接危険を認識することを期待できない場合が想定されること、危険に対して脆弱な子どもや高齢者に事故が発生すると被害が重症となる傾向があるといった諸点を踏まえ、禁止警告の機能と合理性についてさらに検討を要すると思われます。

4　欠陥の3類型と裁判における欠陥判断のあり方

⑴　基本的な考え方

　前述のように、本法は製造物責任の成立要件として「欠陥」と規定するだけであり、文言上、欠陥の類型を区別し特定する定めをしていません。したがって、被害者は1つの類型の欠陥を特に主張・立証することもできますし、2つないし3つの類型の欠陥を選択的にあるいはいずれかの順位をつけて（1つの欠陥類型を主位的に、他の欠陥類型を予備的に）主張・立証することもできます。

第2部　逐条講義

これに対して裁判所は、当事者の主張する欠陥類型に拘束されることなく、あくまで法律要件である1つの欠陥について、その有無を判断すれば足りることになります。

(2)　**裁判例**

　裁判実務のなかで欠陥の3類型は、事案の性質に応じて柔軟に運用されています。裁判例には、①複数の欠陥類型に言及しながら欠陥を認めるもの（【31】【32】【70】）や、②欠陥類型に特に言及することなく欠陥を認めるものがあります（【33】【34】【35】【68】【69】）。

　【31】はアップライトピアノ用防虫防錆剤を一般家庭のアップライトに使用したところ、ピアノ内部で液状化し、財産被害を生じた事故です。本件では設計とともに薬剤製造者からピアノ製造者に対する指示・警告が適切十分であるかが問題となります。判旨は製造物がピアノ内部で液状化する性質をもつ製造物の設計、および含有成分の情報をピアノ製造者に正確に提供していない指示・警告において不十分であるとして、製造物に設計上の欠陥と指示・警告上の欠陥の両方が存在すると判断しています。

【31】ピアノ用防虫防錆剤の液状化による損害［東京地判平成16年3月23日判例時報1908号143頁］

○**事案**　Xはピアノ用防虫防錆剤の製造を業者Yに委託して、製造された製品の納入を受けて楽器店に販売していた。XはYに対して、防虫防錆剤がアップライトピアノの内部で液状化するという欠陥があったとして、製造物責任に基づく損害賠償等を請求した。

○**判旨**　一部認容、一部棄却

[1] 設計上の欠陥について「本件錠剤は、水に極めて溶けやすく、吸湿性があるソルビットという蒸散安定補助剤の特性により、……溶けて液状化するという性質を有するものであったと認められる。そして、ピアノ内部において液状化すれば、……ピアノの……故障の原因になったり、流れ出して床を汚損するおそれが十分あったと認められる。にもかかわらず、Yが、その設計段階において、本件錠剤の液状化を防止するための工夫等を施した形跡は窺われないから、本件錠剤は、設計上、ピアノ用防虫防錆剤が通常有すべき安全性を欠いた製品であったと認めるのが相当である」

[2] 指示・警告上の欠陥について「Yは、本件錠剤の液状化の危険性について言及しなかったのみならず、本件錠剤には……ソルビットが配合されていること、そしてこれが水に溶けやすい特性を有していることをXに知らせておらず、……危

険性の発現による事故を防止・回避するに適切な情報を与えなかったといえるから、本件錠剤には、指示警告上の欠陥があったものと認められる……Yは、一方で、蒸散安定補助剤がソルビットであることを企業秘密であるとして伝え〔ず〕……、相手方には、……製造物の危険性を予見する義務を課すかのように主張するものであって、たとえXに化成品に対する知識及び検査能力があったとしても、その主張は合理性を欠き、採用できない」

[3] まとめ 「Yは、……契約〔製造委託契約〕において、Xに対し、本件錠剤がピアノ内部において吸湿し、液状化することのないように設計するか、Xや消費者に対し液状化の危険を指示警告して、液状化による事故発生を未然に防ぐべき債務を負っていたものと解すべきであるところ、……本件錠剤には設計上及び指示・警告上の欠陥があったのであるから、Yの債務不履行があったものと認められる」

また、【70】はヒラメ養殖に使用する磁気活水器で養殖ヒラメが死滅した事故について、活水器の設計や水産物養殖に使用する際の危険に関する指示・警告が十分であるかが問題となるものです。判旨は設計上の欠陥と指示・警告上の欠陥の両方があると判断しています（本件の欠陥判断については異種事業者間の事業者期待に関する問題があり、この点については88頁を参照）。

【32】は携帯電話機を衣服ズボンに携帯したままコタツで暖をとったところ、足に低温熱傷を生じた事故です。本件では使用中に低温熱傷を負わせる程度の温度となり、その際の安全対策がとられていないことが設計上の欠陥といえるか、また、製造物責任の観点からコタツで暖をとるといった通常の使用行為を危険として、特に禁止する警告を要するかという点が問題となるものです。判旨は適切な警告表示を欠いていた点を指摘しつつ、設計上の欠陥または製造上の欠陥がある旨、判示して欠陥を肯定しています。

【32】携帯電話機による低温熱傷 [仙台高判平成22年4月22日消費者法ニュース84号319頁][14]
○事案 Xは午後8時過ぎに帰宅し、携帯電話をズボンの左前ポケットに入れたまま午後11時ころまで居間のコタツで晩酌・居眠りをした。就寝中に痛みを感じて目覚めると左大腿部に熱傷を負い、「熱傷2度」、「左大腿部に携帯電話の形に一致した熱傷によ

---

[14] 本件の評釈として、中村「判批」インデックス180頁を参照。

第2部　逐条講義

る紅斑を認めます」との診断を受けた。Xは熱傷は携帯電話機の欠陥によるとして、製造会社Yに対して製造物責任または不法行為に基づく損害賠償を請求した。一審は請求を棄却し、Xが控訴。控訴審に対してYが上告し、上告棄却。

○判旨　原判決変更

携帯電話機の設計上または製造上の欠陥（および指示・警告上の欠陥）について「携帯電話は、……その特性から、携帯電話機を衣服等に収納した上、身辺において所持しつつ移動でき、至る所で、居ながらにして電気通信システムを利用できることにその利便性や利用価値があるのであるから、これをズボンのポケットに収納することは当然通常の利用方法であるし、その状態のままコタツで暖を取ることも、その通常予想される使用形態というべきである。……Xは、本件携帯電話をズボンのポケット内に収納して携帯するという、携帯電話機の性質上、通常の方法で使用していたにもかかわらず、その温度が約44度かそれを上回る程度の温度に達し、それが相当時間持続する事象が発生し、これにより本件熱傷という被害を被ったのであるから、本件携帯電話は、当該製造物が通常有すべき安全性を欠いているといわざるを得ず、本件携帯電話には、携帯使用中に温度が約44度かそれを上回る程度の温度に達し、それが相当時間持続する（異常発熱する）という設計上又は製造上の欠陥があることが認められる」

　判旨は、携帯電話の異常発熱につながる各要因が製造過程で生じたものか、製品設計において生じたものかなど、特定の欠陥類型に絞り込んだ検討を行うことなく、通常使用中の被害発生に照らして、端的に欠陥を認めています。本件は、いくつかの危険因子を分析し、これらを総合して「設計上又は製造上の欠陥」を認めており、俯瞰的に欠陥の有無を評価するといえるでしょう。

　欠陥の類型に特に言及することなく、欠陥を認める例は少なくありません。これらの例は、製造物の特性から求められる安全に関する機能が働かない点を指摘して、製造物の欠陥を評価する傾向があります。

　ホームセンターで購入した手すり縦付けした事案に関する【61】は、「横付け専用」との注意書が使用例と読みうること（指示・警告に関する要因）、ブラケットの組成不良により、粒間腐食を起こしやすい状態にあったこと（化学的構造に関する要因）を合せ考慮して、欠陥を認めています。

　飼い犬用リード（ブレーキ付きひも）に関する【33】は、リードを使用して飼い犬を散歩中に走り出した飼い犬が受傷したケースです。判旨はリードが散歩

80

中の飼い犬の行動制御だけでなく、飼い犬が突然人や動物等に危害を加えるのを防止するために使用するものであるのに、リールの伸びを素早く確実に止めるブレーキボタンが本来的な機能をもたなかったことは、リードの欠陥にあたると判示しています。

【33】リードのブレーキが掛からず飼い犬が受傷した事故［名古屋高判平成23年10月13日判例時報2138号57頁］

○**事案**　Xがリード（飼い犬用ひも）を使用して飼い犬を散歩中に、飼い犬を制止しようとしてブレーキボタンを押したがブレーキが掛からず飼い犬が受傷した。Xはリードに欠陥があるとして輸入者Yに対し治療費や精神的損害などについて製造物責任に基づく損害賠償を請求した。一審は請求棄却し、Xが控訴。

○**判旨**　原判決一部変更　一部控訴棄却

リードの欠陥について「本件フレキシリードのような製品は、散歩の最中等に飼い犬の行動を制御したり、誘導したりするとともに、飼い犬が突然人や動物等に向かい、人や動物等に危害を加えることを防止するため、素早くブレーキを掛けて、リードが伸びるのを阻止し、これにより飼い犬を制止させようとするものである。……本件フレキシリードは、ブレーキボタンを押しても、ブレーキボタンの内部の先端とリール（回転盤）の歯とがかみあわず、カタカタという音がするだけで、ブレーキが掛からなかったのであるから、ブレーキボタンがブレーキ装置として本来備えるべき機能を有せず、安全性に欠けるところがあったといわざるを得ない。」として本法3条にいう欠陥がある。

　自転車については、近時、2件の裁判例があり、自転車の各特性に照らして、求められる機能を満たさない点を指摘して欠陥を肯定しています。小型折りたたみ自転車に関する【68】は、路上走行する乗り物であるという特性上、事故が発生した程度の段差のあるところで使用し、車体が破損する程度の強度であったことについて、欠陥類型に言及することなく欠陥があるとしています。サスペンションフォークを搭載したクロスバイク自転車に関する【69】は、走行中にサスペンションが分離したことは、通常有すべき安全性を欠くとして、欠陥類型に言及することなく、欠陥があるとしています。

　【33】【68】【69】は、いずれも、製造物の特性上求められる構造上の安全関連機能が不全であったことを事故の主たる要因ないし欠陥の主たる考慮事項として、製造欠陥や設計欠陥という欠陥類型に言及することなく、俯瞰的な欠陥を

第2部　逐条講義

認めるものです。

【34】は大学受験生が電気ストーブから発出する有毒化学物質に継続的に暴露して健康被害を生じた事故に関するものです。本件ではストーブに使用された物質の有毒性を原因として生じた健康被害が引渡し当時においては診断基準が未確立な化学物質過敏症の類似疾患であるなどの事情のもとで、製造物の欠陥が認められるかが問題となります。判旨はストーブから発出する物質は人体に有害な毒性をもつ物質であるとして、特に欠陥類型に言及することなく、欠陥を肯定しています（本件における固有の慰謝料請求については276頁、任意基準の援用と欠陥に関しては224頁を参照）。

【34】輸入電気ストーブによる化学物質過敏症［東京地判平成20年8月29日判例タイムズ1313号256頁］

○**事案**　X₁（当時高校1年）は、父親X₂が購入したストーブを約1カ月間、自宅自室で平日は3時間ないし6時間、休日は約8時間、室内換気せずに足元に置き使用した。1週間ないし10日後に、X₁は鼻の粘膜の不快や手足の運動障害、皮膚感覚の異常、顔面まひ等の症状を自覚した。A医師はX₁の症状を、ストーブを発症の原因とする中枢神経機能障害等と診断し、B医師はX₁の眼の症状を、化学物質を原因とする両眼の急性結膜炎と診断した。X₁および両親X₂らは、ストーブに欠陥があるとして、輸入したYに対し製造物責任に基づき損害賠償を請求した。

○**判旨**　一部認容、一部棄却

ストーブの欠陥について「本件ストーブは、ヒーター部分とガード部分の距離が2.5cmしかなく、ガード部分は、稼働2分後にはその一部が283℃に達する構造であるところ、ガード部分に塗布された塗料には、エポキシ樹脂、ポリエステル樹脂、チタン顔料等の原料が使用されており、ガード部分が加熱されることによって、人に健康被害を発生させ得る有害な化学物質が発生するものであったことが認められる。これらの事実によれば、本件ストーブは、通常有すべき安全性を欠いており、製造物責任法3条に定める欠陥があったと認めるのが相当である」

電気式床暖房に関する【11】は、設計不良に関する複数の情報を参照しながらも、欠陥類型を特定することなく欠陥を認めるものです。

【35】は産業用の熱風乾燥装置から出火し工場等が焼失した火災事故に関するもので、事故原因が装置内部の温度制御プログラムの異常であるかが問題となるものです。判旨は装置内部が異常に高温となったことが事故原因であると

第2章　定　義——Ⅱ　欠陥（2条2項）

推測されるとして、装置の欠陥を肯定しています（本件における不具合の特定に関しては272頁を参照）。

【35】トランス製造工場に設置された大型熱風乾燥装置による火災 ［東京地判平成21年8月7日判例タイムズ1346号225頁］

○**事案**　トランス製造開発会社Xの工場で、工場および隣家が全半焼した。Xは火災はYが製造した大型熱風乾燥装置の温度制御プログラムに異常を生じたなど（欠陥の3類型をすべて主張）のためであるとして、Yに対して製造物責任等に基づく損害賠償を請求した。

○**判旨**　一部認容、一部棄却

装置と火災の因果関係について「本件火災の出火場所が本件乾燥器内部と思われること……他に、放火等の本件火災の原因となった事実を窺うべき証拠がないことからすれば、本件火災は、本件乾燥装置内部が設定温度を超えて高温となり、本件乾燥装置内部のワニス……、ノーメックスペーパーに引火する等したため発生したと見るのが自然かつ合理的である。……してみれば、本件乾燥装置の温度制御プログラムが異常を生じ、過昇温防止装置……が正しく作動しなかったか、若しくはその信号によりヒーター電源が遮断されなかったため本件乾燥装置内部が高温となり、その状態が相当期間継続したと考えるほかはなく、その余のX指摘の諸点の当否を検討するまでもなく、本件乾燥装置は、通常有すべき安全性を欠いていたというべきである」

　明示的に設計上の評価を欠陥の主たる要因とするケースは、代替設計措置や設計思想を具体的に示して欠陥を認める傾向があると思われます。これに対し、複数の欠陥類型に言及して欠陥を認めるケースや、欠陥類型に特に言及することなく欠陥を俯瞰的に認めるケースでは、代替設計など採るべき安全措置への言及はほとんどなく、むしろ複数の欠陥類型にまたがって事故の要因を検討し、俯瞰的にみて欠陥があると評価するものが見られます。

　欠陥判断のあり方について裁判例は、特定の欠陥類型に絞り込んで検討し、欠陥類型に即して採るべきであった措置を特定する傾向と、欠陥類型にかかわらず被害発生につながる諸要因を分析し、欠陥の有無を俯瞰的に評価する傾向に分化していると思われます。このような二つの傾向を、試みに〈欠陥の判断手法における二分化〉と呼んでおきましょう。

第2部　逐条講義

コラム 5 欠陥と再発防止策
——教師と技術者の対話——

教師　　「今日の講義はここで終ります。質問のある人はどうぞ。」

聴講生　「機械系技術者のNです。今日は聴講生として来ました。」

教師　　「ようこそ。」

聴講生　「欠陥の判断に2種類あるという話で、質問があります。類型別の欠陥
　　　　判断のときは、裁判所が再発防止策の具体化まで行い、俯瞰的な欠陥判
　　　　断のときには、再発防止策には触れないままになるのでしょうか？」

教師　　「PL立法は、欠陥の3類型をベースにし、平成10年代までの裁判例は
　　　　3類型を前提とすることを基本としていると思います。この傾向は、平
　　　　成20年代になると、欠陥類型を特定する裁判例と、特定しない裁判例
　　　　とに分化してきたと思います。」

聴講生　「設計上の欠陥や、指示警告上の欠陥を明らかに判断するケースでは、
　　　　裁判所が再発防止策を決めているのでしょうか。」

教師　　「そこまでは言えません。欠陥に関する司法的判断はあくまで、PL法
　　　　の観点から、「通常有すべき安全性」を評価して、欠陥の有無を判定す
　　　　るもので、今後の課題や再発防止策を特定することではありません。」

聴講生　「裁判所が挙げる欠陥の諸要因から、具体的な再発防止策を導き出すの
　　　　は、技術者の創意工夫に任せてほしいような気がします。」

教師　　「なるほど。」

聴講生　「機器の構造やメンテナンスの改善は技術的な問題で、なにをすべきか、
　　　　なにができるか、詳しい検討が必要です。」

教師　　「有効な再発防止策は、多分野的なチームを作り、取り組む必要がある
　　　　と思います。」

---

3 欠陥の判定基準

　欠陥の判定基準について、本法には文言上具体的な定めはありません。立法
に向けた検討のなかでは、欧米の製造物責任制度や判例法理を参考に、消費者
期待基準、危険効用基準、標準逸脱基準の3つがあると考えられてきました。
これらの基準は、欠陥判断にあたって必ず採用しなければならないものではな
く、欠陥の判断を基礎づける有用な考え方として議論されてきたものです。

それぞれの基準について基本的な考え方、裁判例による分化・発展を概観することとしましょう。

1 広義の消費者期待基準——社会的期待

(1) 基本的な考え方

消費者期待基準とは、消費者が期待する安全性を備えているかどうかを基準として欠陥を判定するものです。

本法の立法過程においては、消費者が製造物の安全性に対してもつ期待には知識や経験の差等によって個々となりうるため、消費者期待を基準とするとどのような知見をもつ消費者を想定するのか不明確となり、実際に欠陥を判定する基準としては役に立たないと議論されました[15]。もっともその一方で、欠陥の判定にあたっては消費者の視点に立ってさまざまな要素を考慮するという基本的立場として、消費者期待基準は重要な考え方だとする見解がありました。

EC 指令は前文で製造物の欠陥による被害者を明示的に「消費者」(the consumer) とし、指令の趣旨を「消費者の保護」(protection of the consumer) であると明らかにし、6 条 1 項は「欠陥」(defects) を以下に掲げるように定義し、(a) ～ (c) の事項を総合考慮して「人が正当に期待しうべき安全性」を欠くときに欠陥が認められると定めています。

EC 製造物責任指令第 6 条第 1 項
　製造物は、次に掲げる事項を含むすべての事情を考慮して、人が正当に期待しうべき安全性を備えていないときに、欠陥があるものとする。
(a) その製造物についての表示
(b) その製造物の合理的に予期されうる使用
(c) その製造物が流通に置かれた時期[16]

前述したように、本法の立法過程においては製造物責任制度の国際的な協調を図る観点から EC 指令が参照されました（5 頁を参照）。その際、EC 指令は欠陥の定義そのもののなかに明らかに消費者期待基準を採用すると理解され、わが国の立法提案にも、欠陥の定義のなかに消費者期待基準を明文化するもの

---

[15] 論点 37 頁を参照。
[16] 訳文は好美清光訳「欠陥製造物についての責任に関する EC 閣僚理事会指令」判例タイムズ 862 号 19 頁によります。以下、同じ。

第2部　逐条講義

がありました[17]。しかしながら、本法の検討過程においては、消費者の期待を欠陥の判定基準とすることは適当ではないと指摘され、結局、消費者期待基準は法文化されませんでした。

とはいえ、消費者期待基準が法文化されなかった背景には、消費者期待基準が欠陥の判断にあたって、いわば不文の社会通念として重要であるという見方がありました。本法の立案担当者の一人である山本庸幸は、消費者はほとんど専門知識をもたない消費者から相当程度の知識や経験をもつ消費者まで幅広いため消費者期待は基準となりえず、さらに、「技術的又は能力的に高度な水準にある製造業者に対して社会が期待するところもまた基準になる」との考慮から、消費者期待のみを基準とすることに否定的であったと思われます。山本は欠陥判断のもっとも基本的な考え方を「一般社会通念」とし、「製造者、販売者、消費者などをも含む社会一般の健全な常識としての通念であり、人に擬すとすれば、それは通常の平均人の常識ということになろう」としています[18]。

本法は、被害者救済を広く図る趣旨から、救済される被害者を消費者に限ることなく、裁判例を通じ、本法にいう被害者は広範かつ多元的に分化しています（被害者の多元化については27頁を参照）。したがって、裁判例をみてゆく際には、製品使用する自然人が個人としての消費者であるか、事業活動を行う者であるか、あるいは、客観的にみて製品使用者に対して当該製品に関する専門知識をもつことを期待しうるかといった事情を考慮し、欠陥判断が誰のどのような期待を基準とするかに着目する必要があります。

(2)　裁判例

(i)　狭義の消費者期待基準

裁判例では消費者期待の具体的な内容や程度が欠陥の有無と密接に関わる争点となる場合がみられます。

「茶のしずく石鹸」により食物アレルギーを発症した被害につき、【145】は、石鹸は本来の用法に従って使用する限り大きな危害を与えないとの消費者期待は法的保護に値する旨説示し、【146】は、被害の内容・程度、発症の蓋然性等につき社会通念上許容される限度を超えるとして、いわば消費者期待を総合的

---

[17] わが国の立法提案のうち、いわゆる90年グループ案、日本弁護士連合会の案および社会党案を参照。
[18] 山本・注釈49頁を参照。

第2章　定　義──Ⅱ　欠陥（2条2項）

な判断基準として、石鹸の欠陥を認めています。

　動物駆逐用花火に関する【22】は、被害者は業務のために煙火製品を使用し、同種の煙火製品について一定程度の知識と経験をもつ事業者というべき個人でした。判旨はそうした消費者であっても、外観からわからない製品の特殊な構造を知ることを期待できないとして、製造者は用法上の危険について具体的に指示・警告をすべき旨、判示しています。判旨は誰もが購入できるブラックボックス的製品であった点を考慮し、煙火製品の知識・経験をもたない一般消費者がとりうる行動を含めて消費者期待を幅広く把握し、用法上の危険を回避するために適切な指示・警告を要するとするものです。

　子どもの事故に関する【10】は、カプセルトイのカプセルが幼児の口腔に入り窒息した事故について、被害児の年齢が製品に明示された対象年齢以下であっても、対象年齢以上の子どもが遊んでいるときに一緒に遊んで事故が起きる可能性があることを製造者は予見し、事故防止に必要な安全確保措置をとるべき旨、判示しています。判旨はおもちゃの安全性に対する消費者期待を製品に明示された対象年齢以上の子どもの安全性に限定せず、より広く、子どもが遊ぶ通常の環境のなかで期待される安全性を備えているかという観点から設計欠陥の有無を判断するものです。

　こんにゃくゼリー菓子に関する【30】は、新規開発された製造物の危険に対する消費者の意識の変化を欠陥判断において考慮し、安全性に対する社会的期待の程度が変動ないし伸縮しうることを示唆すると思われます（本件における製造物特性評価について108頁、引渡し時期における消費者期待については213頁、明白な危険と使用者認識については232頁を参照）。

　サスペンションフォークを搭載するクロスバイク自転車に関する【69】は、走行中にサスペンションが容易に分離可能な状態になることは、自転車の購入・使用者の合理的期待の範囲内とみることはできないとしています。

(ⅱ)　**事業者期待基準**

　被害者が事業者（需要者側事業者）であり、事業者間で製造物責任が裁判となったケースでは、需要者側事業者の期待はどのようにあつかわれているでしょうか。

　第1に、同種事業者間の訴訟をみてみましょう。一般的には、これらは製造者側と需要者側が同種の製品をあつかい、いわば同等の専門性をもつ場合といえます。食肉事業者間で牛肉を使用するサイコロステーキの欠陥が争われた

87

第2部　逐条講義

【41】は、ステーキ店舗のフランチャイザーである需要者側事業者に引き渡されたサイコロステーキは、顧客の焼き加減にかかわらず食中毒に感染しない商品でなければならないかが問題となり、判旨は消極に解しています。【97】はBDF（軽油代替燃料）精製装置について需要者と製造者が同種の事業者であり、製造物の安全性について両当事者は同等の知見を共有していたとして、欠陥を否定したものです。これに対して、ピアノ防虫防錆剤に関する【31】は、需要者側事業者は製品知識や検査能力をもち、製造者と同等の専門性をもつ事業者ですが、製造者側が提供した製品情報には成分の不正確な記載があることなどを総合考慮し、設計上および指示・警告上の欠陥があるとするものです。類似の事案として、自己発熱性・自己反応性物質に関する【29】があります。

　【29】【31】【97】では、製品の専門知識が同等と認められる事業者の間で製造物の欠陥が争われ、公平の見地から実質的な判断がなされています。【29】【31】は、製造事業者側に不適切な情報提供がみられることが特に考慮されたと解されます。

　第2に、異種の事業者間ではどうでしょうか。【13】は需要者であるカーオーディオ製造者と汎用品である検知スイッチの製造者とのあいだで、スイッチの欠陥が争われたケースです。判旨は自動車の車両内では使用中に高温多湿となりスイッチの短絡事故が起こりうることについて、自動車という使用環境においても短絡事故を回避できるよう安全な設計をしておくべきであったとして、欠陥を認めています（汎用品の電磁弁に関する【76】については210頁を参照）。

　また、【70】は需要者であるヒラメ養殖業者と磁気活水器製造者のあいだで磁気活水器装置の欠陥が争われたケースです。判旨は動植物の飼育、栽培、養殖を目的とする装置について、ヒラメ養殖業者が海水を使用しヒラメが死滅したことは、磁気活水器の設計および指示・警告の欠陥にあたる旨、判示しました。磁気活水器に海水を使用した場合に生体に危険が及ぶことについての知見を養殖業者に期待できず、事故防止のため措置を製品の新規開発を行う製造者側に期待するものといえるでしょう。

　事業者はみずから事業活動を行う分野では専門知識や経験、情報の収集・分析能力をもつとしても、専門とする分野以外については必ずしも常に十分な専門的知識・能力をもつとはいえません。そこには、消費者と事業者のあいだに一般的に認められる格差に比すべき格差が存在する場合があるといえるでしょう。特に、製造物が新規に開発・製造された製品である場合には、製造者側は

その安全性や危険性について正確な情報をもつ反面、需要者側が異種の事業者であれば知見や調査能力には大きな格差が存在するのが一般的というべきでしょう。【13】や【70】はこれらをふまえつつ、本法の実質的な公平の観点から需要者側事業者の期待を考慮して欠陥判断を行うものと解されます。

(ⅲ) **専門家期待基準**

医師のように高度な専門的知識を備えた専門家が製品使用者である場合には、製造物の欠陥判断にあたり安全性に対して専門家がもつ期待を考慮に入れるべきでしょうか。

医療用機器について【24】は、組み合わせ方によって窒息の危険がある小児麻酔用の呼吸回路機器（ジャクソンリース）と気管切開チューブについて、双方の製造者が危険な組合せ使用をしないよう、製品使用者である医療機関や医師等に対して指示・警告すべきであると判断するものです。判旨は注意書に記載された用途は麻酔であるけれども、事故当時ジャクソンリースが多くの医療機関で広く人工呼吸に使用されていた実態、人工呼吸用に組み合わせて使用した場合の危険を製造者側が知りえたこと、危険な組合せで接続していることを使用者が外観から確認できない（ブラックボックス性）などの事情を考慮し、製品使用者は危険な組合せを具体的に示した指示・警告を行うことが期待される旨、判示しています。

【24】は専門家の使用上の危険が第三者に及ぶ場合であり、当初の用途以外で専門家が広範に使用する実態を認識していた製造業者等は医療器具の安全な使用を確保するために使用上の具体的危険を指示・警告すべきとするものです。欠陥の判断において専門的使用者の期待をどの程度考慮するかは事例ごとに異なり、第三者に損害が生じるケースでは製造業者等に安全確保の要請が強く働くと解されます。

2 危険効用基準

(1) **基本的な考え方**

危険効用基準とは、欠陥判断にあたって製品の危険と効用を比較考量し、効用よりも危険の方がより大きい場合には、製品に欠陥があるという考え方です。

製造物の危険性が知られているとしても、製造物の効用が危険性を上回る場合には、製造物責任の観点から欠陥はないと判断されるというのが危険効用基準の考え方といえるでしょう。

本法の立法に向けた論点整理において、危険効用基準は設計上の欠陥の判定

第2部　逐条講義

基準に適するとされています[19]。危険効用基準の妥当範囲が主として設計上
の欠陥であるとしても、指示・警告上の欠陥について意味をもちえるかは今後
さらに検討されるべきと思われます。

　当時の学説には、危険効用基準の妥当範囲について誰の危険と誰の効用を比
較衡量するかという衡量判断の視点が重要であるとの指摘が見受けられます。
ここでは当時のひとつの学説を参考に、衡量される危険と効用のパターンを整
理してみたいと思います[20]。

　危険効用基準では、消費者（＝製品使用者）が受ける効用と危険とが衡量さ
れます。そのうえで、製造者が製造物を製造・販売する時点（引き渡す時点）で、
①製品使用者の全体が平均的に受ける危険と効用を予見できた場合には、その
効用が危険を上回るかどうかが衡量のポイントとなります。これが第1の衡量
パターンです。これに対して、②製品使用者のうち一定範囲の使用者に対する
危険を予見できた場合には、その範囲の使用者への効用が危険を上回るかが衡
量のポイントとなります。これが第2の衡量パターンです。そして、③危険が
生じる使用者がありうることを想定できるものの、どの範囲の使用者に危険が
生じるかを特定できない場合には、第1の衡量パターンに戻り、製品使用者全
体の受ける平均的効用と危険を衡量することになります。

　③については、たとえば、ある医薬品を投与される者のうち何らかの特異体
質をもつ者に危険があることが予見されるけれども、具体的にどのような特異
体質をもつ者に被害が発生するかを特定できない場合が考えられます。特にが
ん治療薬など医薬品の効用が非常に大きいけれどもどのような体質の者に重大
な副作用が生じるかを予見できない場合には、ごく少数の者に被害が発生した
としても、医薬品としては欠陥のある製造物とは認められないと判断されるこ
とになります。

　裁判例を検討し、具体的ルールの形成や今後の検討課題を見出すうえで、以
上のような効用と危険の3つの類型や比較衡量の基本的なパターンはひとつの
手がかりとなるように思われます。

(2)　**裁判例**

　本法を適用する裁判例のなかで明確に危険効用基準を採用して欠陥の有無を

---

[19]　論点 39 頁を参照。
[20]　瀬川信久「消費社会の構造と製造物責任法」山田卓生＝加藤雅信編『新・現代損害賠償法講座
　　　第 3 巻』（日本評論社、1997 年）204 頁を参照。

第 2 章　定　義——Ⅱ　欠陥（2 条 2 項）

判断すると考えられるものは、現在までに医薬品分野、なかでも医薬品の設計すなわち医薬品の有効性に関わる欠陥判断に限られています（化粧品について、危険効用基準の手法を用いた検討を含みながら、消費者期待を欠陥の基本的な判断基準とすると考えられる例として【145】を参照）。

　【36】は輸入漢方薬（KM）を継続的に服用したことに起因して重篤な慢性腎不全を発症した事案で、医薬品の副作用が有用性（効能）を上回るかが問題となるものです（【119】は同種漢方薬に関する別件）。【36】の判旨 [1] は医薬品の欠陥について危険効用の較量を判断基準とすることを一般論として示しています。判旨 [2] は危険効用基準を適用し、漢方薬に含まれるアリストロキア酸は継続使用によって長期腎障害の原因となりうるもので、冷え性治療という薬効に比して腎障害はきわめて重篤な副作用であり、代替する医薬品が存在したとして、欠陥を肯定しています。

【36】医療用漢方薬による腎障害 [名古屋地判平成 16 年 4 月 9 日判例時報 1869 号 61 頁][21]

○**事案**　X は冷え性治療のために医薬品等輸入販売会社 Y が中国天津から輸入した医療用漢方薬 KM を約 2 年間医師の処方により継続的に服用し、腎不全にり患した。X は治療費、逸失利益等について、Y に対して製造物責任に基づく損害賠償を請求した。

○**判旨**　一部認容、一部棄却

[1] 医薬品の欠陥に関する判断基準について「KM のような医薬品は、一定の効能がある反面、ある程度の副作用は避けられないという性質を有していることから、輸入された医薬品が「欠陥」を有するかどうかは、当該医薬品の効能、通常予見される処方によって使用した場合に生じ得る副作用の内容及び程度、副作用の表示及び警告の有無、他の安全な医薬品による代替性の有無並びに当該医薬品を引渡した時期における薬学上の水準等の諸般の事情を総合考慮して判断するのが相当である」

[2] 漢方薬（KM）の欠陥について「KM の効能が、……下肢又は下腹部が痛くなりやすい者のしもやけ、頭痛、下腹部痛及び腰痛を改善することであるのに対し、長期間服用することによる副作用は腎障害であるから、効能と副作用を比較する限り、効能に比し副作用の重篤さは顕著であるというべきであり、……アリストロキア酸を漢方薬として使用した場合にも腎障害が発症することを知り得たにも

---

[21] 本件の評釈として、植木哲ほか「判批」判例時報 1921 号 187 頁、木村久也「判批」NBL795 号 10 頁を参照。

かかわらず、KM には副作用として腎障害があることが表示されていない上、……KM の効能は、アリストロキア酸を含まない「木通」を成分とした当帰四逆加呉茱萸生姜湯によって容易に代替できることが認められる。よって、KM は、製造物責任法上の欠陥を有するというべきである」

　【36】は継続使用が通常の使用形態である製品の危険と効用を比較するものです。医薬品については、立法前の諸事例（【45】〜【47】）において、医薬品の効能と長期連用による副作用被害の重篤さが比較され、効能に比べて副作用による危険が大きいかどうかが責任の有無を判断する基本的な判断基準となっていました。本法のもとでは【36】がこの考え方を継承し、危険効用基準によって欠陥の存在を肯定しています。

　本法のもとで医薬品の欠陥の有無を危険効用基準によって判断し、欠陥を消極に解するものとして、2種類の高脂血症治療薬に関する【48】があげられます。本件は2種のコレステロール低下薬を併用投与された患者に生じた神経障害について、医薬品の設計上および指示・警告上の欠陥が問題となるものです。判旨は2種の医薬品の設計上の欠陥を否定するにあたり、危険効用基準を用いています（【48】の判旨［1］を参照）。

　また、世界に先駆けて日本で新薬として承認された抗がん剤である肺がん治療薬イレッサの副作用に関して、一連の下級審判決は設計上の欠陥を判断するにあたり、医薬品の有効性を副作用との比較衡量を用いて判断しています（東京高判平成 23 年 11 月 15 日判例時報 2131 号 35 頁〔東京訴訟控訴審〕、東京地判平成 23 年 3 月 23 日判例時報 2124 号 202 頁〔東京訴訟一審〕、大阪高判平成 24 年 5 月 25 日訟務月報 59 巻 3 号 740 頁〔大阪訴訟控訴審〕、大阪地判平成 23 年 2 月 25 日訟務月報 58 巻 3 号 1132 頁〔大阪訴訟一審〕を参照）。いずれも医薬品の有用性が副作用を上回るとして有効性を肯定し設計上の欠陥はないと判断し、添付文書の記載については別途指示・警告の観点から評価を行うものです。

　これらの裁判例をみると、危険効用基準は医薬品の有効性判断で用いられ、設計上の欠陥判断の場面で使用されるといえるでしょう。

　一方、近時の裁判例には、食品や化粧品・医薬部外品の欠陥を判断するにあたって危険効用基準の手法に即した検討を行うものが現れています。

　こんにゃくゼリー菓子に関する【30】は、成人の健常者を中心とする多くの人々の嗜好する食品であることを効用とし、嚥下能力の低い子どもや高齢者に

第2章　定　義——Ⅱ　欠陥（2条2項）

一定頻度で窒息事故が起きることを危険として両者を比較衡量し、設計上の欠陥がないと判断したものと理解することができないわけではありません。しかし、①医薬品の医学的必要性と、菓子の社会的嗜好性の相違や、②生命に関わる重大な危険と効用の比較のあり方など、さらに検討されるべき課題があるように思われます。

　「茶のしずく石鹸」に関する【145】は、小麦由来成分を配合する洗顔石鹸につき、石鹸の効用とアレルギー被害の危険とを危険効用基準の一般的な手法に即して検討し、表示の検討と合わせ総合判断して、欠陥を認めています。判旨の判断枠組みは、医薬品の欠陥について危険効用基準を用いた有効性判断と添付文書に関する安全性判断を行う裁判例の流れに準じたものと思われます（医薬品の有効性判断と安全性判断については、124頁を参照）。これに対して【146】は、石鹸は重大な副作用をやむを得ないとする医薬品ほど高い効用をもつものではないとし、石鹸の効用を社会通念に照らして欠陥を総合的に考慮する際の諸事情の一つと扱うものです。

コラム ❻ 危険効用基準と EU 予防原則について
——教師と学生の対話（その2）——

教師　「今日の講義はこれで終わります。質問のある人はどうぞ」

学生　「消費生活相談員をしている社会人学生のHです。欠陥の判断基準は法律に何も書いていないし、相談用のテキストにもあまり説明がないのです」

教師　「そうですか。もともと明確な基準とはいえないですね」

学生　「特に危険効用基準は、どのように理解すればよいのでしょう」

教師　「判決には判断基準が明確にわかるものがありますけれど、あまり数が多いとはいえませんね」

学生　「危険と効用の比べ方について、医薬品の場合はわかるような気がしますが、食品になるとあまりピンと来ない感じです」

教師　「その感覚はなかなかすぐれていると思います」

学生　「医薬品だけの問題と考えておけばよいでしょうか」

教師　「そこはもうひとつ難しいところです。食品の安全に危険効用基準を用いてよいかには、いろいろな考え方があると思います。EU には政策決定における予防原則（the Precautionary Principle）という考え方があります」

第2部 逐条講義

学生 「どこかで聞いたことがあります。ヨーロッパに特有の考え方と説明して
　　　いたような記憶があります」
教師 「よくご存じですね。予防原則とは、環境や人間・動植物の健康を守るた
　　　めに、経済的なコスト計算に基づく危険効用分析よりも広い観点から、あ
　　　る政策を選択する場合としない場合にヨーロッパ共同体が被るコストを比
　　　較するといわれるものです。政策選択のために予防原則を適用するときに
　　　は、健康保護を経済的考慮に優先させる裁判例を参照することが推奨され
　　　ているのです」
学生 「健康保護を経済的考慮に優先させる裁判例とは、どのような場合をいう
　　　のですか」
教師 「EUには製造物責任制度があります。経済的コストの考慮に対して消費
　　　者の安全確保を優先させるPL裁判例を参考にして予防原則を働かせよう
　　　という考え方といえるでしょう。EUでPL法の果たす役割はずいぶん幅
　　　広いのです」
学生 「EUでPL法が果たす役割は面白いですね。今日はありがとうございまし
　　　た」
教師 「また一緒に勉強していきましょう」

3　標準逸脱基準

(1)　基本的な考え方

　標準逸脱基準と呼ばれる考え方は、大別して2つの内容をもつと考えられます。

　第1は、設計のとおりに製造されなかったアウスライサー（外れ玉）を判定するための基準です。設計に規定された規格を標準として、同一の製造工程においてこの規格から外れて製造された製品に欠陥があるとするものです。

　第2は、別の製造者が製造する同種の製造物が設計、製造において備えている安全性を標準として、その標準から外れた製造物について欠陥があると判定するものです。

　以下、裁判例をみてゆくこととします。

(2)　裁判例

　第1については、ファストフード店のオレンジジュース製造工程で規格外品を生じた例に関する【16】、引渡しまでに何らかの不具合を生じた事例として

第2章　定　義──Ⅱ　欠陥（2条2項）

足場台に関する【17】があげられます。イシガキダイ料理による食中毒に関する【6】は、自然毒をもたない原材料を使用することに標準を置くと考えると、一種の規格外品による事故とみうると思われます。

　後継品として販売された汎用品である電磁弁に関する【76】は、後継品の耐久性の判断基準が争点のひとつとなっています。判旨は、後継品としての電磁弁が、ユーザーの仕様承認を受けた特注品でなく、仕様が一般的に定められている汎用品であることに照らして、本件電磁弁の欠陥判断には、仕様が示す耐久性が重要な考慮要素となるとして、欠陥を否定しています。本件は、汎用品の欠陥判断にあたって汎用品としての仕様を考慮する例となっています。

　第2については、新築家屋に使用された下地用竹材による害虫発生事故に関する【5】、食肉自動解凍装置に使用された汎用品のポンプとチャッキバルブ切削バリ残留によって製造食肉に金属異物が付着した事故に関する【19】があります。本法施行前の不法行為事例で、国内の製造者が製造・販売した噴霧式家庭用カビキラーによる健康被害に関する【15】は、海外で流通していた同種製品の設計上の安全確保措置（呼吸器への影響を勘案して泡式容器を用いる）に照らし、国内製造者において製造・販売時に同種の設計が可能であった旨、判示しています。

　いずれも、国内外の他の同種製造業者の設計や製造工程では製造物の安全確保の観点からどのような設計上の措置や工程が採用されているかを参照し、製造物が「通常有すべき」程度の安全性を備えていたかどうかを判断しています。参照される他の事業者には、複数の場合や単数の場合が見受けられ、事案に応じて異なるものと推測されます。

　これらに対して、他の事業者が製造する同種製造物の安全性を基準とし、欠陥を否定するものとして【37】があります。本件は、在宅介護用に貸与されたギャッチベッドによって高齢者の胸部・腹部が圧迫された事故について、ベッドの設計や指示・警告に関する欠陥が問題となるものです。設計上の欠陥に関して、判旨は標準逸脱基準を用いて、当該ベッドと同時期に競合する他の複数の国内製造者が製造していた同種のギャッチベッドの設計を参照し、当該ベッドは「通常有すべき」程度の安全性を備えもつと判断しています（指示・警告上の欠陥については明白な危険に関する232頁を参照）。

95

第2部　逐条講義

[37] 在宅介護用に貸与されたギャッチベッドによる身体圧迫事故 [京都地判平成 19 年 2 月 13 日賃金と社会保障 1452 号 59 頁][22]

○事案　A（事故当時 90 歳）は自宅で子 X の介護を受けながら在宅介護の生活を送り、介護保険法に基づき、ベッド製造業者 Y が製造したギャッチベットの貸与を受け、利用していたところ、約半年後、心不全により死亡した。A の相続人である X らはベッドの設計上および指示・警告上の欠陥によって A は呼吸不全により死亡したとして、Y らに対して製造物責任等に基づく損害賠償を請求した。なお、貸与後、A は要介護 5 の認定を受けた。

○判旨　請求棄却

ベッドの欠陥に関する判断基準について「製造物責任法にいう「欠陥」とは、通常有すべき安全性を欠いていることを意味し、競合して製造・販売される同種の製造物にはそれぞれ特徴（言い換えれば長所と短所）があるのが一般である上、ギャッチベッドで背上げを行えば、多かれ少なかれ利用者の胸部及び腹部に対する圧迫が生じることは避けられないから、本件ベッドに欠陥があるというためには、単に、本件ベッドで背上げをした場合に利用者の胸部及び腹部に圧迫が生じることを主張立証するだけではなく、同時期に製造・販売されていた同種のギャッチベッドと比較して、看過しがたい程度に、胸部及び腹部に対する圧迫が生じることを主張立証することを要するものというべきであるところ、そのような主張立証はされていないというものほかない」

4　まとめ

　以上みてきたように、欠陥判断の 3 つの基準は裁判実務において事案に応じて柔軟に活用され、そのなかで具体的な意味内容が徐々に形成され、具体的判断基準の形成や発展につながっていると考えられます。各基準の現在までの状況をまとめると、以下のように整理できるでしょう。

　消費者の知見は個々の場合に相違し、消費者の期待には幅があるという消費者期待の幅広さは、立法時には消費者期待の基準としてのあいまいさととらえられました。しかしながら裁判例をみると、幅のある消費者・製品使用者の具体的かつ合理的な期待を基準として「通常有すべき」安全性の程度や、「有すべき安全性」の内容をとらえる裁判例が集積されてきているといえるでしょう。

---

[22] 長沼健一郎「判批」賃金と社会保障 1452 号 51 頁、同「判批」消費百選 210 頁、拙稿「判批」消費者法ニュース 112 号 202 頁を参照。

第2章　定　義——Ⅱ　欠陥（2条2項）

　また、消費者期待基準は立法時において、主として自然人・個人である消費者が被害者となる場合を想定するものでした。裁判例では〈被害者の多元化〉に応じて、また事業を目的とする製品使用者に対する指示・警告が争点となる多様なケースが登場するに従い、少なくとも、①狭義の消費者期待基準、②事業者期待基準、③専門家期待基準の3つの基準に分化しながら発展しているといえます。

　①では、子どもや疾病の素因をもつ消費者など、危険に脆弱な消費者を含めた期待基準を設定する例が特徴的といえます。②では、製造者と製品を需要する事業者とが製品知識や経験において同等の事業者であるかが、事業者期待基準を具体的に設定する際に重要な基準となっています。③では、高度な専門性をもつ使用者が期待する基準を設定し、欠陥の判断基準とするケースが特徴的といえるでしょう。職業的な取扱者は、一分野の内部で高度に分化した専門性の相違（たとえば、医師のなかには、内科や外科、さらには疾患ごとに専門医師が分化しています）、専門性の度合い（たとえば、呼吸器科の医師のなかでも肺がん治療を専門とする医師とそうでない医師とがあります）に応じて調査能力など異なることがめずらしくありません。今後は、業種や専門性の度合いに応じて社会的期待の基準が形成されることが望ましいと考えられます。

　危険効用基準が裁判で明らかに用いられているのは、現在のところ医薬品の設計上の欠陥を判定する場面に限られています。高い社会的有用性をもつとともに副作用の危険を免れないという医薬品の特殊性に照らして危険効用基準が用いられているといえるでしょう。近時では、生命に関わる重大な副作用をもつけれども効用がより高いと認められる医薬品について、副作用被害を回避ないし軽減する必要性がきわめて高いとして、指示・警告の観点から詳細な欠陥判断を行うケースが現れ、今後の裁判例が注目されます[23]。

　標準逸脱基準は、①当該事業者の設定した規格や設計を逸脱したかどうかと、②同種製品を製造する国内外の他の事業者が安全確保のために採用する基準を逸脱したかどうか、という2つの基準に分化して発展しています。②に関しては、外国の事業者の安全確保策を基準として参照したケースは、本法施行前の不法行為事例であり、他のケースはいずれも国内の複数の同種事業者の安全確

---

[23] 私見については、拙稿「欠陥の判断要素に関する検討—原理としての製造物責任試論—」現代消費者法 24 号 10 頁を参照。

97

第2部　逐条講義

図3　欠陥の判断基準の分化

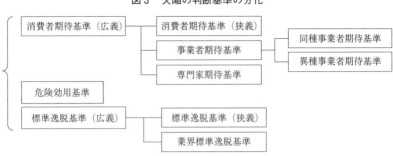

保策を基準として参照しています。これらは、事案に応じた相違と考えられます。

以上のように、欠陥の3つの判断基準が多様な事案のなかで分化・発展している状況を図示すると、図3のようになるでしょう。

4 製造物の特性——第1考慮事項
1 特性の意義
(1) 製造物の性能・安全と危険

前述のとおり、2条2項は欠陥を定義し、欠陥の判断を行う際に考慮すべき事情として、①「当該製造物の特性」、②「通常予見される使用形態」、③「当該製造物を引き渡した時期」、④「その他の当該製造物に係る事情」の4つをあげています。

①から③は定義されたものではなく、考慮事項について必ずしもつねに明確に法解釈がなされ、裁判例を通じた具体的ルールが形成されているとはいえません。とはいえ、事案に応じて、考慮事項の意味をどのように解釈するかが重要な問題となる場合が生じています。

まず、第1の考慮事項である「当該製造物の特性」をみてゆきましょう。

特性という言葉は、マーケティングで用いられることが多い言葉で、一般的には、製品の品質に関する特別の性能・性質や特徴を指すといえます。たとえば、ごく日常的に用いるナイフには、食事の際にフォークとともに使用するナイフや釣り用のナイフなど多種多様な製品があり、これら多様なナイフは切るという用途をもち、モノを切るための刃の部分という比較的単純な構造を共通

してもっています。一般的にはナイフの用途や構造を指して特性という言葉を用いることが多く、その構造の反面あるいは構造と表裏一体な危険を指して特性を用いることはほとんどありません。

これに対して、本法にいう特性は立法時以来、製造物の品質・性能だけでなく製品事故の観点から製造物がもつ安全や危険に関わる特質を指すと考えられており、一般的な用法よりも広い内容をもつものです。一般的用語の特性と区別するために、本法にいう特性を以下では〈製造物特性〉と呼ぶこととします。

(2) 製造物特性の評価——特性と特性因子

本法にいう特性は、1個の製造物がn個の特性因子（a〜n）をもち、それら特性因子が構成する1個の特性Aを製造物責任の観点から実質的・総合的に評価するものと考えられます。欠陥の判断にあたって考慮されるこれら特性に関わる諸因子のうち危険に関わる因子（危険因子）が特に重要となります。

第1に、製造物の1つの特性因子がそのまま危険因子である場合があります。たとえば、ふぐやイシガキダイは自然毒をもつことそのまま食品としての危険因子となります。

第2に、特性因子と表裏一体的に危険因子があると認められる場合があります。ナイフの製造物特性Aを構成する因子a〜nのうち、ナイフが刃部分をもつという構造因子aと、使用中に誤ってケガをする危険因子a'は表裏一体的といえます。

第3に、複数の特性因子aやbが相乗してひとつの製造物特性Aを構成する場合があります。強化ガラス製の食器は、軽くあつかいやすい（性能因子a）、割れにくいなどの有用性（性能因子b）をもつ一方で、積層ガラスが圧縮形成されている構造（構造因子c）をもち、落下により割れた場合には通常のガラス製食器よりも細かな破片がより遠くまで飛散し（危険因子a'危険因子b'危険因子c'）、重大なケガをする危険をもつ製造物と考えられます（第3の場合は耐熱ガラス製給食器に関する【21】を素材としています）。

欠陥の判断にあたって製造物特性がどのようにあつかわれ考慮されているかを整理するうえでは、製造物特性が明示的あるいは直截に問題となった事例や、製造物特性に関する何らかの考慮が欠陥判断と関わりをもつと考えられる事例との区別が有益と思われます（明示的な特性評価の例として【43】およびその一審（108頁を参照）【64】、黙示的な特性評価の例として【16】【42】を参照）。

第2部　逐条講義

(3)　製造物特性のとらえ方——製品分野別と分野横断的

　本法の立法を審議してきた国民生活審議会は、1992年（平成4年）11月に出した答申のなかでつぎのように述べ、本法の立法に向けた合意を得るために製品の分野別特性の検討が必要であると指摘しました。「製品ごとの個別具体的な検討については、当審議会の性格上必ずしも十分ではなく、このため、国民各層のコンセンサスを得るためには、それぞれの製品について、製品特性、苦情の実態等を踏まえ、なお検討がなされることが必要であろう」。

　このような答申を受けて行われた製品特性についての検討は、製品分野ごとの消費者被害の特徴や被害の発生経緯を類型化したものです。現在においては、製品の諸分野で新しい種類の消費者被害が生じていることを考え合わせる必要があります。

　そこで、第1に、裁判例の蓄積や消費生活の変化を基づき、立法当時に整理された分野ごとの被害類型や被害発生経緯の類型を基本にしつつ、これらに新しい被害類型や危険の類型的把握を加えることが有益と考えられます。

　第2に、①当該製造物の安全性に限って特に関わりがある特性因子、②ある製品分野の製造物全般の安全性に関わる特性因子、③製品分野を横断して製造物の安全性に関わる特性因子の3つの場合を区別することが有用と思われます。

　以下では、欠陥判断に際して製造物の特性がどのように考慮されているかを、まず個々の裁判例に即して分野別に概観し、すすんで分野横断的な視点から若干の整理と検討を試みたいと思います。

2　食品・食器

(1)　食品

(i)　基本的な考え方

(a)　食品の高度の安全性

　食品の分野をみてみましょう。本法が立法された社会的背景のひとつに、昭和30年代から多くの被害を出した大規模食品汚染事故があげられ、代表的なケースとしてカネミ油症事件があります（【81】）。カネミ油症事件に関する福岡地判昭和52年10月5日（判例時報866号21頁）[24]は、食品を工業的に大量生産する製造者に対して食品の絶対的安全性を求め、2つの考え方を示してい

---

[24]　本件に関しては多くの評釈があり、近時のものとして山口成樹「判批」消費百選158頁は、原料製造者の指示・警告義務を肯定する見解として参考になります。

100

ます。

1つは、食品の絶対的安全性に関する一般的な指摘で、工業的に大量生産される食品に厳格で高度の安全性が求められると説示しています。

2つめは、食品製造者は製造工程で食品にとって有害物質が混入する危険を回避する措置をとる義務を負い、技術的理由などで危険を回避できない場合にはそもそも製造工程においてその物質を使用すべきではないという考え方です。

カネミ油症事件に関する裁判例は、本法の立法に先だって当時の過失責任主義のもとで製造者の過失を厳格化して過失責任法理を発展させ、特に食品分野においては製造者に無過失責任に等しい高度な注意義務を課し、安全性を確保するもので、立法後の食品分野の裁判例においても承継されています（【41】等）。

(b) 食品事故の被害類型

立法時には、当時の旧厚生省に専門家からなる研究会が設置され、食品に原因をもつ消費者被害の特質として、以下の5点がまとめられています。

第1に、わが国では、保健所の指導などがゆきとどいているため、食中毒などによる健康被害が拡大することは少ないこと。

第2に、食品を摂取した者の体調やアレルギー等の体質によっても、健康への影響があらわれることがある。

第3に、食品は、製造、流通、保存、調理、摂取の各段階で事故の原因が生じることがあるので、だれが責任を負うべきかの特定が難しい。

第4に、多数の食品を一度に摂取することや、ほとんどの場合、消費した後は製品が消滅してしまうために、事故の原因となる食品を特定することが難しい。

第5に、家庭での保管や調理などによっても被害が生じることがある。

これらは食品に起因する被害類型を列挙したものといえるでしょう。食品関連事故に関する本法の裁判例を通じて、2つの被害類型を追加することができるように思われます。

第6として、いわゆる健康食品に起因する被害があげられます。健康食品の継続摂取によってさまざまな体質や素因をもつ消費者に健康被害が生じることが考えられます。

第7として、ミニサイズの新開発食品による子どもや高齢者など嚥下能力が十分でない消費者の窒息事故をあげるべきと思われます。

第2部　逐条講義

(c)　食品事故と欠陥類型

やや視点を変えて、食品に起因する基本的な被害類型を製造物責任の欠陥類型の観点から整理してみてみましょう。

第1に、食品の原材料の自然毒による食中毒や、有害物質が成分として含まれているいわゆる健康食品を継続摂取して慢性疾患にり患する場合などがあります。これらは、食品の設計や仕様に関わる安全性が問題となる場合といえます。

第2に、食品の製造工程で生じうる危険が問題となるケースがあります。これは食品の製造上の欠陥に関わる問題群といえます。これは2つに類型化がされ、食品の製造工程で何らかの事情で人体にとって有害な異物が混入するケース（具体的には、第三者による意図的混入のほか、食品製造工程における工程そのものの不備や工程管理の不十分さによって工業用原材料等の異物が食品に混入するケースなどがあります）と、製造工程で食品が微生物等細菌に汚染される場合です。

第3に、近時食品の摂取方法や用量などについて指示・警告の観点から「通常有すべき安全性」が問題となる場合が現れています。具体的には、①食品にアレルギー性ショック反応を起こす物質が含まれている場合は、そのような物質が成分として含まれていることの明示が必要であり、②いわゆる健康食品の継続摂取が健康に影響を与える場合には過剰摂取とならないよう摂取方法や用量などを指示する必要があり、③食品による窒息事故が起きることが想定される場合には、摂取方法や窒息の危険などについて適切な指示警告を与える必要がある場合が考えられます。

立法前の分野別検討に照らすと、食品の指示・警告上の欠陥に関わる諸問題は立法後の新しい問題群と考えられます（〈コラム⑦〉を参照）。

(ii)　裁判例

(a)　金属等の異物混入・類似事例

ファストフード店のオレンジジュースに異物が混入し、店内でこれを飲んだ人が喉に受傷したケース（【16】）です。本法施行後はじめて本法が適用された事例ですが、判旨は受傷の原因となった異物を特定できないとしながらも、製造工程で何らかの異物が混入した可能性があるとして責任を認めました。立法時において食品は一般には消費後消滅すると指摘されていたことに照らすと、オレンジジュースの滅失および受傷原因とみうる異物が消滅している事情は、

第2章 定 義――II 欠陥（2条2項）

「当該製造物の特性」を構成するひとつの因子として黙示的に考慮されていると解されます。

食肉解凍装置の欠陥に関する【19】は、食品製造工程において金属が混入したケースです。解凍食肉に異物混入を生じさせる解凍装置の欠陥が問題となるものです。

食品の原材料に付着した異物が化学反応を起こしたことにより食品異臭事故が発生した事案として、塩蔵マッシュルームに関する【38】があります。判旨は、異臭を発生させる原因となる物質の前駆物質が原材料に付着していたことに欠陥があると認めるにあたり、食品には十分な安全性が求められる旨、判示しています。

【38】中国製塩蔵マッシュルームを原料とする食品の有害物質含有［東京地判平成25年12月5日判例時報2215号103頁］

○事案　Yは、中華民国所在のAが製造した塩蔵マッシュルームを輸入し、Bに販売した。Bは塩蔵マッシュルームを原料として使用して製造したマッシュルームスライス等から異臭がするとの苦情を受け、同製品から2、4―ジクロロフェノール等が検出されたため、出荷製品の回収等を行った。保険会社Xは、債務不履行、不法行為または製造物責任に基づくBのYに対する損害賠償請求権を保険代位したと主張して、Yに対して損害賠償を請求した。

○**判旨**　一部認容

食品の安全性について「食品は人間の生命、健康保持に必要な栄養を支える物質として人間の生存にとって必要不可欠なものであり、消費者は食品の安全性を信頼して購入、利用するものであることに鑑みれば、食品には人体に対する十分な安全性が要求されるものといえる。……［クロロフェノール類］を原料に使用した食品に異臭を生じさせるような商品はそれ自体として商品価値が全くないものである上に、たといB製造の塩蔵マッシュルーム製品から検出されたクロロフェノール類の量が健康に対して有害な影響が現れる量ではないという検査結果が出ているとしても、異臭を発生させるに足りる分量のクロロフェノール類が付着した食品には人体に対する十分な安全性が担保されているものとはいえない。そうであるから、このような異臭を発生させた食品の原料であり、異臭の発生原因であるクロロフェノール類を生成する前駆物質であるフェノール類が付着したA製造の塩蔵マッシュルームには、人体に対する十分な安全性が欠けていたものといわざるを得ない。」

103

第2部　逐条講義

(b)　細菌性食中毒

外国産馬刺しに関する【39】は、輸入後加工して販売した馬肉からO157が検出され、販売先に財産損害を生じたケースです。本件は輸入業者の責任の有無に関して海外での製造工程で馬肉が汚染されるなど輸入時にすでに馬肉がO157に汚染していたかが問題となるものです。判旨は保健所が馬肉を検査した時点で発見された細菌がどの時点から食品に付着していたかが不明であり、馬肉が海外の製造工程で汚染したか国内の加工工程で汚染したかの結論を出すことは困難であるとして、輸入業者の製造物責任を否定しています。

【39】カナダ産馬刺がO157に感染した事故［東京地判平成16年8月31日判例時報1891号96頁］

〇**事案**　食肉輸入販売会社XはカナダのA社が製造した生鮮馬肉を輸入してY₁に販売し、Y₂が加工して焼肉店等に販売したところ、馬刺の一部からO157が検出された。XはY₁に対して販売代金を請求したところ、Y₁は製造物責任等に基づく損害賠償債権との相殺の抗弁を提出した。Y₂はXに対して製造物責任等に基づき馬肉売上減少による損害賠償を請求した。

〇**判旨**　一部認容、一部棄却（製造物責任は否定）

生鮮馬肉のO157感染経路について「長野県北信保健所等の分析結果は、本件馬肉又は本件馬肉以外の原料肉が原因と推定されるとしているにとどまり、本件馬肉がO157に感染していたと断定したものではない。食品衛生の専門家である獣医学博士の見解も、本件はA社又はX社のいずれかで感染したと考えられるが、いずれであるか結論を出すことは難しいというものであり、本件馬肉がO157に感染していたとの事実を認定するには足りない」

【40】は輸入瓶詰めオリーブからボツリヌス菌が検出され、レストランの客等に食中毒が発生した事案です。本件は輸入業者の責任の有無に関して菌が瓶の開封前すなわち海外での瓶詰め工程において混入したものか、輸入して国内で開封後に混入したものかが問題となるものです。判旨は検出されたB型ボツリヌス菌およびその毒素の特徴や国内ではほとんど検出されない菌であることなどから、瓶の開封前に菌が混入されたことが推定されるとして、輸入業者の責任を肯定しています。

第2章　定　義——Ⅱ　欠陥（2条2項）

【40】輸入瓶詰めオリーブによる食中毒事故［東京地判平成13年2月28日判例タイムズ1068号181頁］
○**事案**　X₁社が経営するイタリアンレストランにおいて、Yがイタリアから輸入した瓶詰オリーブを食した客X₂らがボツリヌス中毒にり患した。X₂らはX₁およびその代表者Aに対して製造物責任等に基づき治療費等を請求し（第1事件）、X₂らはYに対して製造物責任に基づき治療費等を請求し（第2事件）、X₁はYに対して製造物責任に基づき営業損害・信用損害等を請求した（第3事件）。
○**判旨**　一部認容、一部棄却
ボツリヌス菌は瓶の開封前から存在していたかについて「無酸素の状態で発育し、酸素があると増殖できないかあるいはかえって死滅するというボツリヌス菌の特徴や、本件オリーブから検出されたB型ボツリヌス菌は我が国ではほとんど検出されていないことなどを併せ考慮すると、都衛生局の平成10年8月15日の判断……、日本経済新聞で報道された都衛生局食品衛生課の見解……及び調査嘱託に対する都衛生局の各回答……のとおり、本件オリーブから検出されたB型ボツリヌス菌及びその毒素は、本件瓶の開封後に混入したものではなく、本件瓶の開封前から存在していたものと推認するのが相当である」

　食品に微生物が発生して汚染される食品汚染や、汚染食品を摂食することによる細菌性食中毒事故のケースでは、食品が細菌に汚染された時期が製造物責任の有無に関わります。特に輸入品については、汚染時期が輸入の前後いずれであるかが問題となります。したがって、【39】のように細菌による汚染経路が不明である場合に、製造者等の責任を認めるのは一般に困難と考えられます。もっとも、【40】は感染経路が【39】と同様に不明とされるケースにおいて、検出された菌の特徴等から開封前の感染を推定し輸入業者の責任を肯定するものです。

　牛肉入りサイコロステーキに関する【41】は、フランチャイズシステムで運営されるフランチャイジー店舗のステーキ店で客に提供されたサイコロステーキによって客がO157食中毒に感染した事案で、フランチャイザーが購入した肉食材の欠陥が問題となるものです。本件はステーキ店舗のフランチャイザーが肉食材の製造業者に対して賠償請求し、判旨は、製造上の欠陥、指示・警告上の欠陥をともに否定するものです。（本件における事業者期待基準について87頁、安全規制に適合する場合の製造物責任について220頁を参照）

105

第2部　逐条講義

【41】飲食店で提供された牛肉入りサイコロステーキによる食中毒［東京地判平成24年11月30日判例タイムズ1393号335頁］

○事案　ステーキ店「○○」のフランチャイザーであるXは、Y_1組合とY_2が共同して製造した牛肉の結着肉を使用する食材（牛肉入りサイコロステーキ）を購入して、フランチャイジー店舗17店に提供したところ、この食材を使用して顧客に提供されたサイコロステーキを喫食した顧客43名がO157による食中毒に感染した。Xは、その事実が報道されたことにより損害を被ったとして、牛肉入りサイコロステーキを製造したY_1組合とY_2会社に対して、製造物責任等に基づき損害賠償を請求した。

○判旨　棄却

[1] 製造上の欠陥について　「Y_1らは、Xから加熱用食材として広く市場に流通しているサイコロステーキと異なるサイコロステーキの製造を求められていなかったし、ペッパーランチ方式は、調理方法、提供方法及び接客対応などについて十分な対策を採ることで、顧客においてサイコロステーキの中心部まで十分に加熱してもらうことが可能な方法であり、Xも、顧客においてサイコロステーキの中心部まで十分に加熱してもらうことを想定していたのであるから、サイコロステーキの「通常予見される使用形態」は、一般的な結着肉と何ら異なるものではなく、中心部まで十分に加熱して喫食させるというものであった……顧客にサイコロステーキの中心部まで十分に加熱させないまま提供することは「通常予見される使用形態」に当たらない。」

[2] 指示・警告上の欠陥について　「Xは、……食肉に関する専門業者であるから、当然、一般の消費者に比べて食肉の安全性に関する知識を十分に備えておくことが強く期待されていた……Yらが、Xに対して、サイコロステーキが、「他の食肉の断片を結着させ成形する処理を行った」ものである旨と「飲食に供する際にその全体について十分な加熱を要する旨」（食品衛生法19条1項、2項及び同施行規則21条1項1号ツ参照）の指示説明・警告を欠いたということはできず、製造物責任法上の「欠陥」を認めることはできない。」

(c)　原材料の自然毒による食中毒

　個人料理店で調理されたイシガキダイ料理による食中毒事故のケース（[6]）では、製造物として調理されたイシガキダイ料理の原材料であるイシガキダイの自然毒が危険因子a、調理等によって毒を回避する技術が存在しないこと（危険の回避不可能性）が危険因子bであり、両因子をあわせてイシガキダイ料理の製造物特性と考えられます。

　本件の特徴は、第1に、個人経営の割烹料理店主の食品製造者としての責任と食品を工業的に大量生産する製造者の責任とは、事業規模の大小、生産形態

第 2 章 定 義——Ⅱ 欠陥（2 条 2 項）

が工業的かどうかといった事情によって異ならないとする点です（238 頁を参照）。本件は、立法前には食品の工業的大量生産者に対して求められていた食品の絶対的安全の考え方が、基本的に変化なく小規模・零細な食品製造者に対しても求められることを意味しています。

　第 2 に、立法前には、製造工程上予見されうる有害物質混入の危険を技術的・経済的に回避する可能性がない場合には、製造者は当該物質をもはや使用すべきではないと指摘された点についてです。【6】の控訴審は、技術的な除去可能性がないと考えられる自然毒の危険にについて危険除去の可能性がないことは開発危険の抗弁による免責の理由とはならない旨、説示しています（本件における開発危険の抗弁については 282 頁を参照）。判旨は食品事故事例において予見可能性を厳格に判定してきた立法前裁判例の考え方を継承するとともに、回避が技術的に不可能であるとの事情は、少なくとも製造欠陥に関して製造者を免責しないとするものです。

(d) 健康食品による健康被害

　【42】はわが国では食経験の歴史が浅い野菜であるあまめしばを加工したものを、いわゆる健康食品として継続摂取した母娘が閉塞性細気管支炎を発症した事案です。食品の欠陥判断にあたっては病気の素因をもつ被害者の疾患と食品の摂取との因果関係が問題となります。判旨は被害者はともに閉塞性細気管支炎を発症しやすい体質をもつとしても、食品の摂取と無関係に疾患を発症したとは認められないとして因果関係を推定し、欠陥を肯定したものです（本件における因果関係については 261 頁、素因による過失相殺については 295 頁を参照）。

【42】加工あまめしばによる健康被害［名古屋高判平成 21 年 2 月 26 日判例集未登載］
○**事案**　閉塞性細気管支炎を発症しやすい体質をもっていた母娘 X₁ および X₂ が、製薬会社 Y₁ が製造し、Y₂ が販売した粉末あまめしばを長期継続摂取したことにより重篤な閉塞性細気管支炎を発症し、X₁ は死亡した。X₁ の相続人および X₂ は Y₁ および Y₂ らに対して製造物責任等に基づき損害賠償を請求し、医学雑誌に「加工あまめしば」の効用を記載する記事を執筆した医師 Y₃ および雑誌の出版社 Y₄ に対して不法行為に基づく損害賠償を請求した。一審は Y₁、Y₂、Y₃ の責任を認め、Y₄ の責任を否定した。X₁X₂ が Y₂ に対して控訴し、Y₂ も控訴。
○**判旨**　原判決一部変更、一部控訴棄却（上告不受理）
加工あまめしばの摂取と疾患との因果関係について「本件あまめしばの摂取による

107

第2部　逐条講義

> X_2および亡X_1が、閉塞性細気管支炎の発症には、同人らの何らかの（閉塞性細気管支炎を発症しやすい）体質ないし素因が相当程度関与しているものというべきであるが、……X_1及び亡X_2が、本件あまめしばをほぼ同時期に摂取し、その後、ほぼ同時期に閉塞性細気管支炎を発症したこと等からすれば、X_1および死X_2の閉塞性細気管支炎が、本件あまめしばの摂取とは無関係に、遺伝的要因等によって発症したものであるとまでは認めることはできないというべきである。……親子であるX_1及びX_2がいずれも本件あまめしばを摂取したことにより閉塞性細気管支炎を発症したことや、日本において加工あまめしばの摂取により閉塞性細気管支炎に罹患したとされた8症例のうち、4症例（2家系）が親子での発症の事例であったとする報告があること……等を併せ考えると、X_1及びX_2が本件あまめしばの摂取により閉塞性細気管支炎を発症したことにつき、同人らの何らかの（閉塞性細気管支炎を発症しやすい）体質ないし素因が相当程度関与しているものと推認できる」

【42】では加工あまめしばが粉末状（形状因子 a ）であること、継続摂取（使用因子 b ）する食品であること、使用者が閉塞性細気管支炎を発症しやすい体質をもつ場合に、閉塞性気管支炎を発症させる危険がある（危険因子 c ）の3つの特性因子をもち、これらが相乗して疾患を発症させる製造物特性であるとしています。

本件における被害者の体質は、消費者全体からみればその数は比較的少数に留まるが、判旨は加工あまめしばの継続摂取による健康被害の危険に脆弱な一部の消費者を含め、広い範囲の消費者に健康被害が起こらないよう安全確保する必要があると考えています（本件における責任主体については252頁、一審【107】における医師の責任については302頁を参照）。

(e)　一口サイズの菓子による窒息事故

こんにゃくゼリーによる窒息事故に関する神戸地姫路支判平成22年11月27日（判例時報2096号116頁）は、こんにゃく入りゼリー菓子の特性を6つの因子（特性因子 a ～ f ）に分けて詳細に明示しています。

a 口蓋と舌でつぶして処理することが困難である。硬さが強く破砕され難いため、摂取した時の形態を変形するだけで喉頭に移送されることが多い。

b 水に極めて溶解しにくく、口腔内でほとんど溶解しない。

c 室温に比べて冷温では硬さ・付着性が増加し、冷やして食べると窒息のリ

スクが増加する。

d 小児の場合、容器から直接吸って出しその勢いで直接喉に到達した場合、喉を詰まらせるリスクがある。

e ミニカップの形態から上向き食べ・吸い込み食べが誘発され、喉頭閉鎖が不十分なままゼリー片を吸い込んで気道を詰まらせてしまう。

f 商品名がゼリーというカテゴリーに属し、一般消費者にとっては「こんにゃく入り」ゼリーの食品特性を意識しにくい。

これに対して、同事案の控訴審【43】は、こんにゃくゼリーによる窒息の危険はもっぱら「食べる対象者を含めた食べ方」の危険であるとして、因子dと因子eに絞って危険をとらえています。

【43】こんにゃくゼリーによる乳児窒息 [大阪高判平成 24 年 5 月 25 日判例集未登載]
○事案 【30】と同一
○判旨
こんにゃくゼリーの特性と欠陥について「こんにゃくゼリー……には……のどに詰まらせる窒息事故が発生しており……その多くはこれを食べた乳幼児や高齢者によるものであるが、こんにゃくゼリーは、このように、餅や飴のなどと同様に、比較的窒息事故を起こしやすい特性をもった食品であることは確かである。……しかし、こんにゃくゼリーの……窒息事故の危険性は、その物性自体に例えば発ガン物質などの有害物質が含まれているというような食品自体の危険性ではなく、専ら、これを食べる対象者を含めた食べ方に起因して発生する危険性である。……また、食品の窒息事故の報告例でみても、その発生件数は、我が国の食分化として古くから定着している餅による窒息事故の方が断然多いことも確かであり、更に、食品安全委員会の評価書によっても、その一口による発生頻度も飴による窒息事故と同程度であるとされている。これらの諸点に照らせば、こんにゃくゼリーは、それを食する際に……直ちにその物性自体や食品自体の安全性に問題があるものとまではいえない。……本件事故当時、本件こんにゃくゼリーのミニカップ容器の大きさや形状、一般消費者のこんにゃくゼリーについての認知度等に照らすと、本件警告表示で不十分であったとまではいえず、本件こんにゃくゼリーが通常の安全性を欠いていたとまではいえないというべきである」

【43】は伝統型食品を原材料として新規開発された食品の危険について、新しい課題を提起しています。この課題を検討したいと思います。

第2部　逐条講義

(iii)　**食品安全の新しい課題──新規食品の危険と高度の安全性**

　こんにゃくゼリーの製造物特性について、【30】は互いに関連する2つの視点をもつと思われます。

　1つは、新規食品として開発され流通に置かれたこんにゃくゼリーが、一定の年月が経過し人々に好まれる食品となったという視点です。

　2つは、新規開発の食形態をもつこんにゃくゼリーと伝統的食品である餅による窒息事故とを比較検討し、危険は同等とする点です。判旨のこの指摘は、食品安全委員会がこんにゃくゼリーによる窒息事故に関連して行ったリスク評価「食品による窒息事故」（2010）などを参照したものです。

　こんにゃく由来の新食品として開発されたこんにゃく入りゼリー菓子の危険と、わが国の伝統食品である餅を伝統的な形態で摂食する場合の危険を比較するには次のような観点が考慮されるべきと思われます。

　第1に、こんにゃくゼリーは社会のなかで嗜好品として知られるようになったとはいえ、餅など古い食文化をもつ食品と比較すれば、なお浅い食文化・食経験にすぎません。また、こんにゃくの伝統的な食形態に対して、こんにゃく入りゼリー菓子は、子どもが菓子として摂食する食形態が合理的に想定されます。新規食品の危険は、新規の外形や使用者層に伴って合理的に想定される食形態の変化を考慮して把握されるべきでしょう。

　第2に、消費者・使用者が製品を選択する日常的な視点を踏まえると、ゼリー菓子という同種の食品カテゴリーのなかで、従来品であるミニカップ型ゼリー菓子とこんにゃく入りゼリーとの比較が有用と考えられます。

　以上の比較によって、こんにゃく入りゼリー菓子が、伝統的食形態のこんにゃくに比較して窒息リスクが高く、また、従来品の非こんにゃく系のゼリー菓子に比較して窒息リスクが高い場合には、窒息事故の重大さに鑑みて注意書の記載の合理性を検討するとともに、第1次的な方策として構造に関する根本的な工夫が必要になると思われます（明白な危険については232頁を参照）。

(2)　**食器**

(i)　**基本的な考え方**

　食器は飲食物のように経口的に摂取するものではないとはいえ、飲食という行為に関連して食器による危害が生じることがあります。たとえば、食器や割ぽう具に塗られた塗料が食品に溶けだしたことによる危険などが考えられます。

　本法の立法時に食品分野の安全性が検討された際、食器について特段の検討

がなされた経緯はみあたりません。食器に使用される塗料や成分などの化学物質による被害のほか、使用中に落下して割れることに起因する事故など、被害類型は基本的には日用品による事故と同様と考えてよいでしょう。

(ⅱ) **裁判例**

　食器類に関する裁判例は、食器や包装物に起因した事故のケースが2件あります。

　食器で【44】は小学校低学年の給食用食器が割れ、生徒が受傷した事故に関するもので、製造者が使用者である小学校に対して製造物の危険を指示・警告すべきであったかが問題となるものです。判旨は製造物の特性を詳しく検討し、指示・警告上の欠陥を肯定しています。

【44】強化耐熱ガラス製給食器による児童受傷［奈良地判平成 15 年 10 月 8 日］
○事案　【21】と同一
○判旨
給食器の製造物特性について「積層強化ガラス製食器であるコレールは、他の強化磁器製や一般的な磁器製等の食器に比べて、落下等の衝撃に強く、破壊しにくく丈夫である〔と〕いう長所を有する反面、割れにくさの原因である三層からなるガラス層を圧縮形成する構造ゆえ、ひとたび破壊した場合には……他の強化磁器製や一般的な磁器製等の食器に比べて、その破片がより高く、広範囲にまで飛散し、しかも、その破片は鋭利でかつ細かく、多数生じることが認められる。すなわちコレールは、強化磁器製や一般的な磁器製等の食器に比べて、割れにくさという観点からはより安全性が高い食器であるという一面を有するが、破損した場合の破損状況という観点からは、極めて危険性の高い食器であるともいえる。……学校給食用の食器は、危険状態に対する判断力や適応能力が十分でない小学校低学年の児童も使用することが予定されているものであるから、それを前提にした安全性を備えるべきである……」

【44】は事故の原因となった食器が新規開発された強化耐熱ガラス製の特性を以下のように分析し、欠陥の有無を判断しています。

①性能因子 a　従来型食器と比べて、割れにくいこと
②構造因子 b　重層構造
③危険因子 c（a＋b）　落下により割れて破壊された場合、従来型食器に比べて破片が細かく飛散距離が長いこと

111

第2部　逐条講義

　【44】は強化ガラス製製造物が性能面でもつ新規性（性能因子 a ）を備えるための特殊な構造をもち（構造因子 b ）、割れたときの飛散状態が従来型の食器とは異なる点（危険因子 c ）、さらに飛散したガラス片によって児童が受傷した場合の重症度（被害の程度に関わる因子 d ）があいまって相乗効果として製造物特性を評価しています。

　【44】の事案では、製造者が使用者に提供した情報は性能因子に関わる情報に限られ、特殊な構造因子に関連する危険因子や被害の程度因子については情報の提供がありませんでした。構造因子以下の情報は、使用者である小学校が低学年児童の使用に供する物品として選択するうえで重要な情報であるにもかかわらず、その外形からは明らかでなく、製造者が一方的に保有するブラックボックス的情報であったといえます。【44】は製造物責任の観点から、製造者は使用者に対してブラックボックス的情報を、製造物に付して提供しなければならないとの具体的ルールを示したといえるでしょう。

　特に本件食器は汎用品であり、使用された学校施設において主たる利用者が小学校低学年の児童であります。このような事情に鑑み、【44】は食器一般の安全性ではなく、給食用食器に求められる安全性を求め、つぎのように説示しています。「一般に、給食用食器は、危険性についての判断や適応について、十分な能力を有しない幼児や小学校低学年の児童等も使用することが想定されているものであるから、それに見合った高い安全性を有し、仮に危険性を内包するものであれば、それについての十分な対策がなされることが期待されているのはもちろんである」。【44】は汎用品である食器に対して給食用食器としての黙示の特性因子（用途に関わる因子 e ）を認め、児童が使用する給食用食器に求められる高度の安全性の観点を加え、製造物の特性を構成する諸因子を総合評価するものです。

　なお、食品包装物による事故で【84】は、ポテトチップスの菓子袋を乳児が使用中に高齢者が受傷したものです（本件の欠陥判断における「通常予見される使用形態」の考慮については 188 頁を参照）。

3　医薬品・医療機器・化粧品・美容機器など

(1)　医薬品

(ⅰ)　基本的考え方

(a)　医薬品被害の特性——立法前の検討と現在

　医薬品は合成化学物質を成分とし、人体に対する異物として本質的に副作用

を伴うもので、その副作用にかかわらず治療上の必要性から有用性を認められる点に、医薬品に固有の一般的特性があります。薬効が高い医薬品の場合には、重大な副作用のおそれがある場合であっても、薬効と副作用とを比較衡量し治療上の効果が副作用を上回る場合には、医薬品としての有用性が認められると考えられています。スモン訴訟に関する【45】はこのような考え方を「薬の本質についての「両刃の剣」論」と称し、医薬品の一般的特性をよく示しています。

　昭和30年代から大量生産・大量消費された医薬品の副作用により多数の被害者が生じ、昭和50年代から60年代にかけて、多数の訴訟で医薬品製造者の過失責任が問題とされました。スモン訴訟は、長年アメーバ赤痢の外用治療薬として使用されていたキノホルムを使用したキノホルム剤を内用の整腸治療薬として使用したことにより、長期大量投与による危険が顕在化し、多くの患者が全身性の神経障害であるスモン病にり患したもので、大量投与の危険に関して医薬品製造者の医師に対する警告義務違反が問題となるものです。

　立法当時の旧厚生省に置かれた中央薬事審議会では、医薬品分野の製品特性と欠陥について、次の3点がまとめられています[25]。

　第1に、医薬品の副作用に起因して被害が生じることは避けられない。副作用があることのみをもって、医薬品に欠陥があると判断することは妥当ではない。

　第2に、医薬品は必ずしも万人に対して効能（効果）を発揮するものではない。ある特定の人に対して医薬品の効能（効果）が発揮されなかったことだけでは、医薬品の欠陥とはいえない。

　第3に、医薬品は正しく使用されてはじめて安全性を確保できる。正しい使用方法が指示・警告されているのに、正しく使用されなかったことによって被害が生じた場合には、医薬品の欠陥とはいえない。

　本法の施行後、新しい機能をもつ新種のカテゴリーに属する医薬品が開発され、医薬品の研究開発とともに、特殊な疾患の専門性を備えた専門医師の臨床的判断を特に必要とする医薬品が登場する現象がみられます。また、医薬品には医療用医薬品のほか、市場薬といわれる非処方薬が多数あり、市場の拡大に伴って医薬品事故の新しい類型が生じると考えられるなど、医薬品を取り巻く

---

[25] 逐条229頁を参照。

第2部　逐条講義

状況には時代の変化がみられます。

　以下では医薬品の危険や被害を類型的に把握するために、立法前の裁判例を素材として、治療の用途を拡大して使用されるようになった医薬品による副作用被害（ア）、相当期間臨床使用されている医薬品による副作用被害（イ）の2つの類型を分け、これらに加えて、本法を適用する裁判例を素材として、新薬による副作用被害（ウ）、専門医の使用を前提とする医薬品による被害（エ）、和漢薬による被害（オ）の3つの類型を追加して整理したいと思います。

ア　用途拡大した医薬品

　医薬品にはどのような疾患の治療に使用するかという用途があります（これを適応症と呼びます）。医薬品は用途を定めて医薬品・医療機器等法に基づき承認されますが、医薬品が使用される実態においては、必ずしも承認された用途に限って使用されるわけではありません。また、承認された時点での適応症に事後に他の適応症を加え、用途拡大し従前より広い範囲の疾患の治療に使用される場合もあります。

　スモン事件では、重症疾患であるアメーバ赤痢に臨床使用されていたキノホルム剤を、下痢や腹痛といった疾患の治療に広く使用した実態がありました。スモン訴訟にかかる【45】は、製造者はキノホルム剤が長期大用量で使用されることを予見できその危険を知りえたのだから、アメーバ赤痢以外に適用しないことや長期大用量の使用による危険などを医師に対し指示・警告すべきであったとして、医薬品製造業者に高度の注意義務を課して責任を認めるものです。判旨は「長い臨床上の使用経験をもつ薬剤の従たる成分の配合を変えて新薬を製造する場合の注意義務」の内容について、新薬や相当程度臨床使用される医薬品の製薬会社に要求される予見義務と本質的に異ならないとしつつ、治療用途を拡大した場合の医薬品製造者の注意義務の内容を加重しています。

【45】東京スモン訴訟（第1次）［東京地判昭和53年8月3日判例タイムズ365号99頁］[26]

○**事案**　Y_1はアメーバ赤痢治療薬として内用されてきたキノホルム剤の主薬キノホルムを従たる成分の配合を変えて新薬として大量製造し、Y_2はこれを一手販売した。キノホルム剤を服用して歩行不能など重篤な神経障害であるスモンにり患した患者および

---

[26] 吉村良一「判批」消費百選176頁は、医薬品製造者に警告義務違反を認める判断の基礎にアメーバ赤痢以外への適応の有用性に関する否定的評価がある旨、指摘しています。

第2章 定 義——Ⅱ 欠陥（2条2項）

遺族であるXらは、Y_1およびY_2に対して不法行為に基づき損害賠償を請求した。

○**判旨** 一部認容、一部棄却

[1] 医薬品製造者らの警告義務について 「キノホルムの投与による副作用発現の疑惑の程度、当時アメーバ赤痢に対する治療上の価値が高いと考えられていたこと、非アメーバ性下痢へのキ剤投与を行なうべきでない旨のデーヴィッド警告などを考慮するとY_1らは、昭和31年（1956年）1月以降、本件キノホルム製剤の製造・販売を開始するにあたり、少なくとも、能書の記載、医師へのダイレクト・メール、プロパーが医師を個別に訪問した際の口頭での伝達あるいはマスコミなどの手段を通じて、本件キノホルム製剤の適応症をアメーバ赤痢に限定するとともに……、バロスらによる両下肢の知覚・運動障害の認められた2症例を公表し……併せて右適応症以外の疾病の治療のための内用に供してはならない旨、また、もし右神経障害の徴表が発現したときは直ちに投薬の中止を考慮決定すべき旨の、指示・警告をなすことを要し、かかる指示・警告付でのみその製造販売が許され得たものといわなければならない」

[2] 拡大した治療用途についての注意義務について 「(1) 予見義務については、剤型や、添加材その他の従たる成分の変更により、吸収率の増加ないし相乗効果などの抽象的危険性が増加することが考えられるため、実験とか他の製薬会社に対する副作用報告の照会などの研究・調査義務が加重されるほか、前記指示・警告義務の一環としての適応症の限定についても、意識的な検討がなされるべきこと、また、(2) 結果回避義務については、……一時的販売停止、全面的回収等の措置が、製造・販売を開始しない旨の不作為に変容することなどである」

　クロロキン訴訟に関する【46】は抗マラリア剤として開発され関節リュウマチ等の治療に使用されていたクロロキンを腎疾患やてんかん等の慢性疾患の治療に用いたことにより、長期大量投与となり、多くの患者にクロロキン網膜症による失明などの重篤な副作用が生じたもので、医薬品製造者はクロロキン副作用に関する情報を医師に提供して危険性を警告する義務があるかが問題となるものです。

　判旨はクロロキン副作用の警告について用法・用量について警告は不十分であり、起こりうる副作用の検知方法や発症後の対処方法、長期連用によってクロロキン網膜症にり患する場合があること、クロロキン網膜症は重篤・不可逆の障害で発症すれば治療方法が存在しないことを記載するなど、警告は「正確、十分な情報に則ってできる限り念入りになされるべき」である旨を判示し、責

115

第 2 部　逐条講義

任を肯定しています。

【46】クロロキン網膜症訴訟［東京高判昭和 63 年 3 月 11 日判例タイムズ 666 号 91 頁］[27]

○**事案**　X らは腎疾患、リウマチ、エリテマトーデス、てんかんの治療のためクロロキン製剤を医師から投与され、失明や失明に近い状態に至るクロロキン網膜症にり患した。X らは製剤を製造・輸入・販売した Y に対して不法行為に基づく損害賠償を請求した。一審は一部認容・一部棄却し、X らが控訴。

○**判旨**　原判決一部変更、一部和解（上告棄却）

医薬品製造者の警告義務について「有効性等の見地から Y 製薬会社が、副作用の危険を冒して、クロロキン製剤の製造、販売を始め、さらにこれを継続する以上、しかも特にその副作用が重篤であると疑われるときは、自らその有用性が否定される可能性を念頭におきながら、右の副作用についての調査、研究を尽くしたうえ、医師、患者その他の一般国民に対して正確、かつ、十分な副作用情報を逐次可及的速やかに提供して、その使用を誤りなからしめ、もって副作用の発生を防止する義務を負うのであって、具体的には、起こり得る副作用の性質、程度、特徴、症状、発現のひん度、検知方法、発症後の対処方法等を能書等の文書に詳細に記載し、さらにはその他の的確な方法例えば日刊新聞紙上への公告等をもってこれを伝達すべきであった」

【45】【46】は医薬品による副作用被害の救済を認める点で共通しますが、医薬品の用途面の有用性、すなわち「医薬品の治療上の価値」についてはやや異なる評価を行っています。【45】は「有効性の顕著で、代替性もなく、しかも、生命・身体の救護に不可欠のものであるかどうか、などを総合的に検討して決せられなければならない」として厳密に検討した結果、適応症が限定されるべきであったと評価しています。これに対して、【46】は副作用の認識が医師、患者、一般国民に広まるに応じて消費量が減少するなどの事情から代替性がありうるとして、医薬品としての有用性そのものを否定的にとらえるケースといえます。

　イ　相当期間使用する医薬品

　医薬品には、臨床に使用されて以降相当期間が経過し、医師のあいだに医薬品の知見や副作用の知見がよく知られているものがあります。

　こうした医薬品に関する立法前裁判例として、肺結核治療薬ストレプトマイ

---

[27] 本件の評釈として、吉村・前掲注（26）を参照。

シン（ストマイ）訴訟に関する【47】はストマイの長期連用によって起きる器質障害を伴う副作用の危険について医薬品製造者が十分な警告を怠り、多数の患者がほとんど回復不可能な障害を負った事例で、医薬品製造者の能書の記載の意義やどの程度の警告をする義務があるかが問題となるものです。判旨は副作用の危険について臨床医師のあいだで知られていた医薬品（要指示薬）の副作用に関して、医薬品製造者は医師に対して警告すべきであった旨を詳細に説示しています。

【47】ストマイによる副作用被害［東京高判昭和56年4月23日判例タイムズ441号118頁、一審東京地判昭和53年9月25日判例タイムズ368号175頁］

○**事案**　Xは医師が処方するストマイによってほとんど回復不能なストマイ難聴（器質的損傷による聴神経障害）にり患した。Xらは医薬品製造者Yらに対して過失責任等に基づく損害賠償を請求した。

○**判旨（一審）**　一部認容、一部棄却。Yらが控訴。

医薬品製造者らの警告義務について「当該人体にストマイ施用による副作用が発現したことを明確にし他の重篤な傷害を生ずる副作用の発現に対する警戒を抱かせるためにも、……薬事法52条の目的・趣旨に照らし、Yらは本件ストマイの能書に……知れたる副作用を記載すべき薬事法上の義務があったものといえる。……このような副作用が一般に知られているからといって、Yらはもとより右義務を免れることはできないというべきである。したがって、Yらが本件ストマイの副作用として前記症状〔一過性の口唇部のしびれ感、蟻走感〕を記載しなかったことは、故意又は過失に基づき、薬事法上の前記義務に違反し、本件ストマイを使用すべき医師等に対する警告を怠ったものというべきである」

○**判旨（控訴審）**　原判決一部変更、一部控訴棄却

医薬品製造者らの警告における記載の十分性について「Yらは本件ストマイの能書にこれらの知れたる副作用を記載すべき薬事法上の義務があったものといえる。……このような副作用が一般に知られているからといって、Yらが本件ストマイにつきその能書またはその容器もしくはその被包にストマイの副作用として口唇部のしびれ感・蟻走感を記載しなかったこと及び第八脳神経（聴神経）障害が一過性の副作用ではないことを明示しなかったこと（むしろ一過性の副作用であるかのように読めるような表示をしたこと）は、少なくとも過失に基づき、薬事法上の……義務に違反し、本件ストマイを使用すべき医師等に対する警告を怠ったものというべきである」

第2部　逐条講義

　【47】は医薬品の能書に重篤な副作用が発症していることを臨床的に判断するためのきっかけとなる症状の記載がなかったことと、副作用が不可逆的ではないと誤解させる記載があった点を警告義務違反として過失責任を肯定するものです。

　やや詳しくみると【47】では、相当程度使用され医師のあいだに副作用の知見がある医薬品の副作用情報を製薬会社は添付文書で使用者である医師に詳細に知らせるべきかが問題となっています。この点については、添付文書の性質を、①一般の開業医師を含めた医師が「最低限抑えておくべき正確な情報」を与えるものだという考え方[28]と、②添付文書を医師の知見に対する補充的な情報ととらえ、医師のあいだに広く知られた副作用については医薬品製造者に警告義務はないという考え方[29]とがあります。①と②は医薬品の添付文書を専門的使用者である医師の第一次的な判断資料と考えるかどうかの点で、視点を異にしています。①と②は一般に医師のあいだに相当程度広く知られた危険であるとしても、たまたま正確な知識や経験をもちあわせなかった医師が処方した場合に、第三者である患者に生じる被害をどのように考えるかという実際上の問題と関連しています。

　本判決は添付文書に記載される能書の意義について、「医師とても医薬品に関する広範囲かつ微細にわたる知識を、しかも常に最新のものまでを含めて、正確に保持しておくことは、事実上困難であるから」、医師は能書の内容を「当時の医薬水準によって一般的に承認された知見を正確に要約した誤りのないものである」として受け入れ、臨床判断の資料とする旨を説いています。続いて本判決は、ストマイが強い薬効をもつことを考慮すると、添付文書は医薬品の副作用情報として医師にとって第一次的に重要な基礎資料であると説示しています。そして製薬業者が副作用の初期症状を記載しなかったこと、副作用が一過性のものであるように読める記載をしていたことを示して警告義務違反を認めました。

　【45】【46】【47】の3つの立法前裁判例は、いずれも医薬品の製造業者や輸入業者、販売業者に民法709条の過失が認められるかが問題となります。過失を注意義務違反と解して過失概念を客観化するとともに、医薬品製造者に医薬品

───────────

[28] 奥平哲彦「判批」唄孝一ほか編「医療過誤判例百選［第2版］」70頁を参照。
[29] 杉澤秀博「判批」唄孝一ほか編「医療過誤判例百選［第1版］」164頁を参照。

118

の安全性に関するきわめて高度の注意義務を課して責任を肯定するものです（食品分野における過失の客観化については 101 頁を参照）。製造物に危険が本質的に内在する場合に、適切な警告によって危険を回避し製造物の安全を確保することの重要性は、医薬品副作用被害に係るこれらの裁判例において特に顕著な形で重視されていたものです。

ウ　新規開発の医薬品

新薬は従来治療が困難であった病気を治療可能にすると同時に、未知の危険をもちうる医薬品です。新規開発された医薬品による副作用被害の場合には、副作用の危険について研究や臨床の知見が決して十分でないことがめずらしくありません。特に新薬が医薬品として新しいカテゴリーに属する場合には、効能・効果とともに副作用の危険も新しいカテゴリーに属し、未知の部分がより大きいといえるでしょう（【49】を参照）。

医薬品の種類そのものが新規性をもつ場合には、新しい機能や効能が医学雑誌等の媒体を通じて認識されることがあるとはいえ、臨床的知見は十分ではありません。製造承認時点では知られていない副作用の危険や、また適応症の領域が十分絞られていないような場合には、それに伴う副作用被害が生じうると考えられます。

エ　専門医を使用者とする医薬品

医師資格をもつ医師は一般に有資格の専門家ですが、町のクリニックの医師のような一般医師から特殊な専門性をもったいわゆる専門医まで多様化しているのが実情です。医療システムが高度化するなかで、医師が疾患ごとに専門化して治療にあたるという状況がみられます。これとともに適用患者を選択し、治療方法を決定するには専門医の臨床判断を要するような医薬品の開発が進められています。適用患者を選択するために特殊な検査を要する場合があり、患者の症状に照らし合せて治療方針を決定するためには特定の疾患の治療を専門とする医師の判断が必要となる場合が少なくないからです（【49】を参照）。

しかしながら、このような医薬品の使用は実態においていわゆる専門医に限られるわけではなく、一般医師が使用する場合が考えられます。また、処方薬は患者が自宅で服用する場合があり、患者や家族が副作用の初期症状に気付かぬまま急性の重篤な被害につながる場合が考えられます。通常は専門医の処方が想定される医薬品であっても、本質的に急性かつ重篤な副作用被害の危険を潜在させる医薬品については、副作用の程度や使用実態などを総合的に勘案し、

第2部　逐条講義

被害を防止する要請が働くといえるでしょう。

　オ　和漢薬

　和漢薬は明治初頭にはじまる洋薬の使用以前から長い使用経験をもつ医薬品ですが、現在の医薬品規制制度は洋薬を中心とし、医療用和漢薬の知見や副作用の知見が洋薬に匹敵するとは言い難いと思われます。和漢薬による被害はそもそも物質自体の性質の判定が問題となる場合があるなど、特有の問題を抱えるといえるでしょう（【36】【119】を参照）。生薬を用いたものに関しては、健康食品として販売されるものによる被害のケースが現れていることに留意するべきでしょう（加工あまめしばに関する【42】を参照）。

（ⅱ）**裁判例**

　（a）**輸入漢方薬による腎障害**

　漢方薬に関する裁判例としては、冷え性治療のために一般医師が処方した医療用漢方薬を継続的に服用したことにより、患者が慢性の腎不全を発症した事案に関する【36】および【119】があげられます。

　これら2件はいずれも同種の漢方薬の副作用に関するもので、被害者は長期服用したことにより、漢方薬に含まれていたアリストロキア酸によって慢性の腎機能障害を発症したというものです。いずれも漢方薬に含まれるアリストロキア酸の長期服用と腎障害とのあいだに因果関係が認められるかが争われ、そもそも医薬品としての価値をもつかという物質の性質判定が問題となり、製造物の絶対的な安全（物理的安全）の観点から責任の有無が判断された事例です。

　（b）**コレステロール低下薬による神経障害**

　【48】は高脂血症患者にコレステロールを低下させるため、医師が2種の医薬品を併用投与したところ健康被害を生じた事案で、併用された2種の医薬品の欠陥が問題となるものです。判旨は①2種いずれについても有用性は明らかで、神経障害の報告例はわずかであり、代替性がないとし、危険効用基準に照らして設計欠陥を否定し、②指示・警告上の欠陥についてはそれぞれ、引渡し当時において危険の一般的認識が存しなかったこと、副作用事故の報告例が存しなかったことを理由として否定しています。

【48】コレステロール低下薬の併用投与による健康被害［東京地判平成22年5月26日判例時報2098号69頁］

○**事案**　Xは高脂血症の診断を受け、「メバロチン」「ベザトール」を併用する投与をう

120

けたが、これら医薬品の投与によって筋障害、感覚障害、嚥下障害などの健康被害を生じたとして、製薬会社 Y_1 および販売会社 Y_2 に対して製造物責任などに基づき損害賠償を請求した。

○判旨 請求棄却

[1] メバロチンおよびベザトール（併せて「本件医薬品」の設計上の欠陥について「本件医薬品に有用性が認められることは明らかである反面、本件医薬品により神経障害が生じるとしても、その報告例はわずかであること、本件医薬品に代替性があるともいえないことからすれば、本件医薬品に設計上の欠陥を認めることはできない」

[2] メバロチンの指示・警告上の欠陥について「Xがメバロチンを服用していた当時、Xに生じたとされる症状が一般的に既に知られていたとは認められないことを併せて考えれば、メバロチンに指示・警告上の欠陥を認めることはできない」

[3] ベザトールの指示・警告上の欠陥について「Xがベザトールを服用していた当時、ベザトールによってX主張の末梢神経障害が生じたことの報告例があったことを認めるに足りる証拠はないから、ベザトールに指示・警告上の欠陥を認めることはできない」

(c) 抗がん剤イレッサによる副作用被害

イレッサは、従来の抗がん剤が殺細胞性であるのに対して、作用メカニズムが異なる分子標的薬という新種の医薬品として開発された肺がん治療用の医薬品について、投与された多数の非小細胞肺がん患者に被害が発生したものです。イレッサ副作用被害に関する一連の裁判においては、医薬品の有用性の観点、および有用性と区別される安全性の観点から多くの問題が議論されました。

上告審である**【49】**では医薬品製造者が引渡し当時の添付文書（第1添付文書）の「警告」欄に副作用である間質性肺炎を記載せず、「重大な副作用」欄の4番目に間質性肺炎を記載したに留まることが、処方する医師に対して治療上必要な情報を適切に提供するといえるかが問題となるものです。判旨はイレッサの副作用としての間質性肺炎は旧薬事法に基づく承認時の医学水準において認識されていたものの、他の従来型の抗がん剤（殺細胞性の抗がん剤）と異なり、急速に重篤化する致死的な間質性肺炎の危険が存在することまでは認識されていなかったとして、添付文書の「警告」欄に致死的な間質性肺炎の記載がないことについて指示・警告上の欠陥があるとはいえない旨、判示したものです。

第 2 部　逐条講義

> **【49】抗がん剤イレッサによる副作用被害［最（3）判平成 25 年 4 月 12 日判例時報 2189 号 53 頁］**[30]
>
> ○**事案**　Y が輸入販売した抗がん剤イレッサを投与後死亡した患者らの親族 X らが、患者らはイレッサの副作用により間質性肺炎を発症ないし憎悪させて死亡したとして、Y に対して製造物責任または不法行為責任に基づき損害賠償を請求した。一審は、一部認容・一部棄却し、X らが控訴。控訴審は、一部棄却・一部取消し、X らが上告。
>
> ○**判旨**　上告棄却
>
> **イレッサの指示・警告上の欠陥について**「医薬品は、人体にとって本来異物であるという性質上、何らかの有害な副作用が生ずることを避け難い特性があるとされているところであり、副作用の存在をもって直ちに製造物として欠陥があるということはできない。むしろ、その通常想定される使用形態からすれば、引渡し時点で予見し得る副作用について、製造物としての使用のために必要な情報が適切に与えられることにより、通常有すべき安全性が確保される関係にあるのであるから、このような副作用に係る情報が適切に与えられていないことを一つの要素として、当該医薬品に欠陥があると解すべき場合が生ずる。そして、前記事実関係によれば、医薬品については、上記副作用に係る情報は添付文書に適切に記載されているべきものといえるところ、上記添付文書の記載が適切かどうかは、上記副作用の内容ないし程度（その発現頻度を含む。）当該医療用医薬品の効能又は効果から通常想定される処方者ないし使用者の知識及び能力、当該添付文書における副作用に係る記載の形式ないし体裁等の諸般の事情を総合考慮して、上記予見し得る副作用の危険性が上記処方者等に十分明らかにされているといえるか否かという観点から判断すべきものと解するのが相当である」

　【49】はイレッサの使用者を「肺がんの治療を行う医師」とし、当時の医学的知見を基準として副作用の危険に対する使用者の認識可能性を勘案して添付文書に記載された内容について、指示・警告上の欠陥はないと評価するものです[31]。

　本判決に関して、第 1 に、指示・警告上の欠陥を判断するには、製造物の用

---

［30］　本体の評釈として、瀬川「判批」インデックス 168 頁を参照。

［31］　原審である東京高判平成 23 年 11 月 25 日（判例時報 2131 号 35 頁）がイレッサを投与する使用者層に関してがん専門医または肺がん治療の専門医に限定した判断を行ったのに対して、上告審判決である【49】はこれを若干修正しています。使用者範囲の限定に関しては、【49】の田原睦夫裁判官補足意見を参照。

第 2 章　定　義——Ⅱ　欠陥（2 条 2 項）

法上の危険に関する記載が使用者にとって一見してわかりやすく、危険の回避
が容易であることが要請されている、とする見解を参照してみましょう[32]。
【49】の一審である東京地判平成 23 年 3 月 23 日（判例時報 2124 号 202 頁）が指
摘する、多くの医師が副作用の危険を読み誤った実態を鑑みると、がん治療担
当医師は重篤な副作用の危険を認識できるとしてもそれが容易であったとまで
は言い難いと推測され、このような事情をどのように考慮するかが問題となり
ます[33]。

　第 2 に、イレッサ薬害事件では従来の抗がん剤と異なる作用経緯の詳細が不
明な時期に、新規医薬品の効能が広告宣伝された事情があります。こうした状
況下で医療用医薬品の製造者が製造物の販売前後にわたって行う広告・宣伝が
用法上の危険に関する医師の認識に影響を与えていたとみうる場合、そもそも
引渡し後の広告等を本法の欠陥判断において考慮することが可能か、医薬品の
広告宣伝に関わる事情を欠陥判断においてどのように考慮すべきかが問題とな
ります（欠陥と広告宣伝については〈コラム⑩〉を参照）。

　なお、一連のイレッサ訴訟では扱われていませんが、医療用医薬品の副作用
については、製造者の責任のほかに投与した医師の過失が問題となります。最
（3）判平成 8 年 1 月 23 日（判例時報 1571 号 57 頁）は医師の注意義務の基準に
ついて「一般的には、診療当時の「いわゆる臨床医学の実践における医療水
準」である」とし、この医療水準は「当該医師の専門分野、その所属する診療
機関の性格、所在地域の医療環境の特性等が考慮されるべき」であるとしてい
ます。また、最（2）判平成 14 年 11 月 8 日（判例時報 1809 号 30 頁）は、精神
科医は「使用する向精神薬の副作用については、常にこれを念頭において治療
に当たるべきであり、向精神薬の副作用についての医療上の知見については、
その最新の添付文書を確認し、必要に応じて文献を参照するなど、当該医師の
置かれた状況の下で可能な限りの最新情報を収集する義務がある」としていま

---

[32] 後掲最（2）判平成 14 年 11 月 8 日についての評釈である加藤（新）・後掲注［34］68 頁は、添
　　付文書一般に妥当しうる基準として「医師に分かりやすく、一義的明確性ある」ことへの要請を提
　　示しています。

[33] イレッサ訴訟に関する前掲東京高判平成 23 年 11 月 15 日、大阪高判平成 24 年 5 月 25 日（訟務
　　月報 59 巻 3 号 740 頁）の評釈である浦川道太郎「判批」現代消費者法 19 号 65 頁〔71 頁〕は、指
　　示・警告に対する高度な理解力を前提とし対象者を限定することは妥当でなく、「要指示医薬を使
　　用できる一般医師の理解力」を前提として判断すべきであること、さらに指示・警告の内容は疑念
　　のある危険についての情報提供を含めるべきことを指摘しています。

123

第2部 逐条講義

す[34]。投与した医師の過失の有無は最新の添付文書を含む最新情報に基づく医療上の知見を基準とする判例の準則に照らして【49】を検討すると、少なくとも間質性肺炎を「警告」欄に記載した添付文書が改訂（第3添付文書）される以前の投与について医師の過失を認めるには困難があるように思われます。

このように考えてみると、イレッサ事件においては製薬会社の製造物責任および医師の過失責任の観点から救済されない医薬品被害が生じ、本法のもとで患者に受忍させることの妥当性や医薬品副作用被害救済制度のあり方を含めた総合的検討が必要であると思われます[35]。

(iii) 医薬品事故と欠陥類型——有効性判断と安全性判断

医薬品の欠陥が問題となる場合は、大きく2つに分類できます。

第1に、医薬品の物質それ自体の判断が問題となる場合です。医薬品の有効性について、副作用危険との比較衡量のうえで有効性が上回る場合には、物質自体の性質として医薬品としての有用性が認められ、本法のもとで設計上の欠陥はないと判断される傾向があります。これと反対に、副作用危険が有効性を上回る場合には、物質自体の有効性が否定され、設計上の欠陥が肯定されると解されます。

立法前の医薬品裁判例において、スモン訴訟に関する【45】は過失判断の枠組みのなかで医薬品製造者の警告義務違反を認めたものです。しかし、本法のもとでみると、限られた適応症以外の疾患については長期大量投与の重大な危険が有用性を上回ると認められ、適応症以外について医薬品としての有用性を否定する判断であったと理解することができます。また、クロロキン訴訟に関する【46】では、代替する医薬品が存在するとされた点で、危険効用の比較衡量によって有用性が否定されるケースにあたります。このケースは、医薬品輸入者の警告義務違反を肯定しますが、本法の観点からは医薬品の物質自体に関して有効性を否定する例に該当すると考えられます。

本法に関する裁判例においては、イレッサの設計上の欠陥を検討する一連の下級審判決および輸入漢方薬に関する【36】は、物質それ自体の判断において欠陥の有無を検討するものです。このように、医薬品の物質それ自体に関する判断を医薬品の有効性判断と呼ぶことができるでしょう。

---

[34] 本件の評釈として、加藤新太郎「判批」NBL767号64頁を参照。
[35] 【49】に付せられた大谷剛彦、大橋正彦両裁判官の補足意見を参照。

第2章 定 義——Ⅱ 欠陥（2条2項）

第2に、第1の判断において医薬品としての有効性が認められる医薬品について、医師による投与の開始や中止の判断、患者本人の服用上の注意など用法上の危険を回避する十分な措置がとられているかが問題となる場合があります。これらは医薬品の用法上の危険に関わり、本法のもとにおいては指示・警告上の欠陥が問題となります。

立法前の医薬品裁判例において、ストマイ訴訟に関する【47】は、医薬品としての有用性が認められる医薬品の製造者が添付文書を通じて医師に与える副作用情報が適切であるかが問題となるものです。判旨はストマイが医薬品としての有用性をもつことを前提に、製造者が引渡し当時の医学水準において認識されていた副作用被害の初期症状など危険情報を医師に提供し、医師が副作用危険について正しい基礎的情報を得るために適切な指示・警告をなすべき義務があるとされたものです。

本法に関する裁判例では、コレステロール低下薬に関する【48】、イレッサに関する下級審判決および上告審判決【49】は、物質自体の性質の判断において設計上の欠陥を検討し、添付文書の記載など情報提供に関しては指示・警告上の欠陥を問題とする点で共通した判断枠組みをもつものです。有用性をもつ医薬品の用法上の安全性に関わる判断を、特に医薬品の安全性判断と呼ぶことができるでしょう。

以上のように、立法前の裁判例において、過失判断の枠組みにおける警告義務違反とあつかわれた諸問題は、本法適用裁判例においては、医薬品の設計（成分）および用途（適応症）に関する有効性判断と、有効性が認められる医薬品を処方し服用する際に指示・警告に関する安全性判断とに分化すると思われます。

なお、これまでの医薬品に関する裁判例において、特定の欠陥類型に絞り込むことなく、欠陥の有無を俯瞰的に評価する例はあらわれていないようです。

コラム▶7 食品の安全性と医薬品の安全性——相違と流動化——

食品分野と医薬品分野においては、本法の立法前に注意義務を高度化し、過失を客観化した裁判例が蓄積されていました。2つの分野の安全の考え方は、対照的な面をもっていました。

食品分野では、カネミ油症事件の裁判例が、食品には有害な物質が入っていてはならないという絶対的安全の観点から、有害物質は混入する危険の回避が技術

第2部　逐条講義

的に不可能である場合には、もはやその物質を使用してはならないという判断を示しました。

これに対して、医薬品分野では、医薬品は本質的に危険を内在させる「両刃の剣」であることから、副作用による危険の顕在化による被害を回避することが大きな関心事であり、適切な警告によって医薬品の用法上の安全を確保することが重大な関心事であったといえます。

本法のもとにおいては、食品についても医薬品についても、基本的には立法前裁判例の考え方に沿っていると思われます。新しい傾向としては、食品に付せられた警告の記載内容が十分でない場合に欠陥が認められるという考え方がみられるようになったことがあげられます。

食品に用法上の安全を求める考え方は、立法前裁判例にはみられなかったものですが、医薬品裁判例では重視されていました。食品分野においても、医薬品に準じる形で、一定の有用性を認めつつ、本質的に危険を潜在させる製品群が現れていることを示唆すると思われます。

(2)　医療機器

(i)　基本的な考え方

医療機器は医薬品と同様に患者の生命・身体の安全と密接に関わる工業品であり、その設計、製造、指示・警告には患者の安全に影響を与えることのないよう高度な安全性配慮が求められます。医療機器と欠陥判断について、立法時の旧厚生省における検討では、以下の2点が指摘されています[36]。

第1に、基本的に医薬品と同様で、特に用具を使用する者の専門知識や技量に大きく左右されるので、被害が起きた場合には、使用者の知識や技量によるものか用具の欠陥によるものかを慎重に判断する必要がある。

第2に、耐久消費財としての要素が強い医療用具については、消費者が合理的に認識することができる耐用年数を経過した後の故障等は原則として欠陥にはあたらないと解すべきである。

医療機器は、パソコンなどと同様に、短いサイクルで改善、改良された製品が市場に供給される場合が多く、専門的メンテナンスを要する耐久材が含まれるなど、医薬品と異なる特性をもつと考えられています。最新の情報を的確、

---

[36] 逐条230頁を参照。

第2章　定　義──Ⅱ　欠陥（2条2項）

迅速に現場に伝えるために、添付文書の役割は、医薬品と同じく重要です。

　製造物責任の判断においては、医師が第1使用者として処方する医療機器を、患者が第2使用者として継続使用する場合に期待される安全性に留意する必要があると思われます（インプラント製品に関する【52】を参照）。

(ⅱ)　裁判例

(a)　カテーテルの破断と製造上の欠陥

【50】は脳外科手術中にカテーテルが脳内で破損し患者に脳障害を生じたもので、事故の原因がカテーテルを使用する医師の過剰加圧にあるのか、カテーテルの欠陥であるかがが問題となるものです。判旨は医師があえて過剰な圧力をかけたとは通常考えにくいといった事情を考慮し、カテーテルに強度不足の欠陥があったと推定し、輸入業者の製造物責任を認めています。

【50】脳外科手術に使用されたカテーテルが脳内で裂断した事故［東京地判平成 15 年 9 月 19 日判例時報 1843 号 118 頁］
○事案　脳内に塞栓物質を注入する脳外科手術中にカテーテルが脳内で破裂し、患者 X は脳梗塞による重篤な後遺障害を負った。X はカテーテルの輸入者 Y に対して製造物責任に基づき損害賠償を請求した。
○判旨　一部認容、一部棄却
カテーテルの製造上の欠陥について「医師が、本件製品を使用したのは、本件手術が 2 回目であって、本件製品の使用経験回数だけみれば、決して多いとはいえない。しかし……経験豊富で、本件カテーテルの使用方法を認識していた A 医師が、本件手術の際に、本件全証拠によっても何ら特段の事情がうかがわれないにもかかわらず、あえて過剰な圧力をかけたことは、通常考えにくいところである。……本件破裂箇所は、術者が、注入の際に注射器に経験上感知し得る過剰な圧力を感じているのにあえて注入を続けるなど、術者が経験上体得した通常予想される使用形態を越えて、あえて過剰な加圧でもしない限り、破損しないような強度を備えていなかったと推認される。したがって本件カテーテルには……欠陥が存在していた……と認められる」

【50】はカテーテルの強度不足に関して危険の技術的回避可能性を特に検討することなく製造上の観点から欠陥を事実上推定するもので、製造上の欠陥のうち不可避のアウスライサー的事例にあたると考えられます（本件における欠陥判断については 60 頁を参照）。

127

第2部　逐条講義

(b)　高密度焦点式超音波治療機器（ハイフ機器）の欠陥

【51】は、前立腺治療のための高密度焦点式超音波（ハイフ）機器に関し、前立腺がんとされる腫瘍の治療中に、機器内のメモリーカードが故障し、その後、患者に合併症が発症した事案について、機器の欠陥が問題となるものです。判旨は、メモリーカード故障後にハイフ照射が停止するまでの照射継続時間と合併症の出現との間に因果関係はないとして、機器の欠陥を否定しています（新規性をもつ製品群の特性について173頁を参照）。

【51】高密度焦点式超音波機器（ハイフ）による治療中の機器故障後に生じた傷害［東京地判平成25年10月17日判例時報2214号65頁］

○**事案**　X（昭和18年生まれ）は、クリニックでYの輸入販売に係る高密度焦点式超音波前立腺治療装置（以下、本件ハイフ機器）による前立腺がんとされる腫瘍の凝固壊死治療を受けたところ、治療中、本件ハイフ機器のコンピュータ内にあるメモリーカードに故障が発生し、その後、Xに尿道直腸瘻が発生した。Xは、本件ハイフ機器にはモニターによる監視ができなくなった場合に、施術者が緊急停止ボタンを押すまでの間にハイフの照射が継続する欠陥があるとして、Yに対し、製造物責任に基づく損害賠償を請求した。

○**判旨**　請求棄却

ハイフ機器の欠陥について「本件故障発生後、……ハイフの照射はメモリーカードの故障後即時に、あるいは遅くとも0.5秒間で停止したというべきである。……動物実験であることを踏まえても、0.5秒間のハイフ照射による前立腺内部の温度上昇の影響は限定的というべきである。……したがって、仮に、0.5秒間はハイフの照射が継続したとしても、それが通常有すべき安全性を欠いており、欠陥にあたるということはできない。

　なお、……本件機器による治療の合併症として、1%程度の頻度で尿道直腸瘻が発生するとされているところ、……Xに尿道直腸瘻による症状が出現したのは、……本件故障とは無関係に、二度にわたる治療による合併症として本件傷害が発生した可能性は否定し得ない」

(c)　小児用呼吸器具と指示・警告上の欠陥

輸入されたジャクソンリースと国内で製造された気管切開チューブの組合せ使用による乳児の気管閉塞事故に関する【24】では、組合せ使用する2つの医療機器（輸入品Aと国産品B）の双方に指示・警告上の欠陥があると判断されました。

第 2 章　定　義——Ⅱ　欠陥（2 条 2 項）

【24】では種類が異なる 2 個の製造物（ジャクソンリースと気管切開チューブ）はいずれもほかの機器と接続して使用する製品であること（構造因子 a）、一定の製品と組合せ使用した場合に閉塞の危険があること（危険因子 b）、使用者に対して組合せによる危険がないかのような認識を与える表示を行っていること（誤解させる表示因子 c）を総合して、ともに同種の製造物特性をもつと評価されます。

本件は第 1 に、接続使用された 2 個の製造物の欠陥を重畳的に認めている点、第 2 に、2 個の製造物の双方について、使用実態をふまえて製造物が有する実際上の用法に係る危険を把握し、適切な指示・警告をなすべき旨を明示するものです（第 2 の点は欠陥判断における「通常予見される使用形態」に関するもので、この点については 204 頁を参照）。

　(d)　インプラント式医療機器と指示・警告上の欠陥

【52】は骨折の治療に用いる骨接合プレートを埋め込み手術後、患者が自宅でリハビリ運動をしたところプレートが体内で破損した事故に関するものです。本件では、埋め込み手術後に患者がインプラントを自己使用する際に製造の観点から十分な強度を備えていたか、また指示・警告の観点から特にリハビリテーション中の危険を製造者が患者向けに指示・警告すべきであったかどうかが問題となるものです。判旨は患者の使用態様の実態を考慮して製造物の強度は十分であり、また添付されたパンフレット等の記載は医師向けの指示・警告で足りるとして製造物責任を否定しています。

【52】骨接合用プレートの破損事故［神戸地判平成 15 年 11 月 27 日判例集未登載］
○事案　Xは自宅で転倒し、左腕上腕骨を骨折し、Y社が輸入販売する金属製上肢用プレートを装着して内固定する手術を受けた。退院後に腕のリハビリ運動をした後、プレートが中央部で折損し、左腕が動かなくなった。XはYに対して、プレートの破損について製造物責任に基づく損害賠償を請求した。
○判旨　請求棄却
[1] 製造上の欠陥について　「本件プレートが、要求される程度の強度を欠くものであったとは直ちに認められない上に、Xの本件プレートの使用方法は、当該製造物の「通常予見される使用形態」（製造物責任法 2 条 2 項）に従ったものではなかったと認められる。……本件プレートの製造上「通常有すべき安全性を欠いている」（製造物責任法 2 条 2 項）とは認められないから、本件プレートに製造上の

129

第2部　逐条講義

欠陥があったと認めることはできない」

[2] プレートに添付されたパンフレットの記載と指示・警告上の欠陥について「パンフレットは、本件プレートの使用目的、使用方法、使用上の注意、使用上の注意を守らなかった場合の危険性について、本件プレートを処方する医師に過不足なく情報を提供するものであって、警告としては十分なものであると認めることができる。……本件プレートの警告上、「通常有すべき安全性」を欠いているとは認められないから、本件プレートに警告上の欠陥があると認めることはできない」

　医療機器のなかには、【52】のインプラント式機器のように医師が処方して使用した後患者が自己使用する製品群があります。患者の安全を確保するためには、患者自身が機器の機能の限界、すなわち用法上の危険に関する適切な情報を得る必要が生じます。インプラント製品の埋め込み後に自己使用する患者向けに、製造者が行う指示・警告の実質的な必要性について、今後、製造物責任の観点から検討が進められることが望ましいと思われます。

　この点に関連して米国の製造物責任判例法理では、医療機器の製造者は医療提供者の処方を要する医療機器の用法上の危険について、医療提供者に対してのみ警告義務を負うことを伝統的なルールとしております。そして、「学識のある媒介者」（learned intermediary）である医療提供者が患者の安全確保にごく限られた役割しか果たせないときには、例外的に製造者は直接に患者に対して警告義務を負うと考えられており、今後の検討にあたって参照に値すると思われます[37]（第1使用者と第2使用者が存在する場合の指示・警告の適切性については、日焼けマシンに関する【57】を参照）。

(e)　**人工心肺装置と警告義務違反（不法行為事例）**

　不法行為裁判例である【53】は、心臓外科手術中に人工心肺装置のポンプに亀裂が生じ患者に脳梗塞による重篤な後遺障害を生じた事故に関するものです。本件機器の送血チューブはポンプに固定されていない状態で繰り返し使用されると亀裂を生じる危険をもち、①事故は機器製造者がその危険について適切な説明や警告を怠ったことによるのか、また、②機器を操作する臨床工学技士の機器監視義務違反によるのかなどが問題となるものです。

[37]　中村弘「欠陥処方薬・医療器具に起因する危害に対する責任——製造責任の一側面」同志社商学51巻4号146頁〔150頁〕を参照。

130

第2章　定　義——Ⅱ　欠陥（2条2項）

　判旨は、①について、製造者は機器操作について熟練者による操作を指示したが、安全操作の方法のほか危険発生の可能性や事故発生の具体的危険について十分な説明および警告を欠いた過失が認められる、②について、技士は機器操作中の全般にわたって監視義務する義務を負い、チューブ亀裂の危険に対して交換用チューブの備え付けを怠った点に被害を拡大させた過失がある旨、判示しています。

【53】人工心肺装置のチューブ亀裂により患者に後遺障害を生じた事故［東京高判平成14年2月7日判例時報1789号78頁］

○事案　心臓手術中に人工心肺装置ポンプのチューブが亀裂し空気が混入したことによって、患者Xは脳機能に後遺障害を負った。Xは機器を操作していた臨床工学技士Aおよび Bの注意義務違反と機器製造者 Y_1 の過失が競合したことにより事故が発生したとして、Y_1 およびAとBの使用者である病院 Y_2 に対して不法行為等に基づき損害賠償を請求した。一審では Y_1 に対する請求を一部認容し、Y_2 に対する請求を棄却した。Xおよび Y_1 の双方から控訴。

○判旨　一部変更、一部控訴棄却

[1] 機器操作する技士の過失について「A技士とB技士は、専ら一般の医学関係文献で指摘している空気流入の原因の発生の場合を想定して、これら想定される原因による空気流入を発見すべく貯血槽と血液温度及び血圧に関する機器の監視のみを行っており、本件ポンプを含む人工心肺装置とその回路及びエアー・トラップの状況に対する監視については、これを十分にしていなかったものと認められる。したがって、A技士及びB技士においては、前述の本件機器の操作を行うものとしての安全性確保の義務から生ずる機器監視義務に違反していたものと認められ、A技士とB技士にこの点の過失があったことは明らかである」

[2] 製造者の過失（警告義務違反）について「Y_1 には、本件機器の操作に関する製造者としての説明ないし警告の義務に違反する過失があったと認められ、Y_1 がこの義務を尽くしていれば、本件事故の発生を防止し得たといい得るから、Y_1 の前記過失と本件事故の発生には相当因果関係があると認められ、Y_1 は、Xに対して、不法行為による損害賠償義務を負うものといわなければならない」

　【53】は本法施行前に引き渡された製造物に係る事案であり、判決は製造者の不法行為責任と操作者の注意義務違反に基づく病院の不法行為責任をともに認めています（製造物責任と他法理による責任の競合については302頁、施行日と本法の適用

第2部　逐条講義

については附則に関する312頁を参照）。判旨は機器製造者と機器操作者（ないし病院）はともに専門的知識を備えて機器をあつかう者であり、機器の危険性について両者は同等の情報をもつとし、製造物責任と医療過誤責任とを重畳的に認めたものと解されます。特に②については、専門的な知識・技能を備えた操作者に対しても、製造者は事故につながる具体的危険を示して、操作者の判断に影響を与える基本的な情報提供を行うことが必要である旨の説示が参考となります[38]。

(3)　化粧品

(i)　基本的な考え方

　化粧品は、医薬品と同じく本来的に人体にとって異物である化学物質を成分として作られ、日常生活で継続使用するものが多く、化粧品の欠陥判断においては、化粧品の特性と化粧品による被害をどのように考えるかが、重要な問題となります。

　立法当時においては、旧厚労省における検討のなかで、化粧品等による障害と欠陥概念について、次の3点がまとめられています[39]。

　第1に、医薬部外品や化粧品による皮膚トラブルなどは、消費者の体質、体調とあいまって生じる場合があり、一概に欠陥ということはできない。被害の程度や適切な警告表示の有無などから総合的に判断し、通常人が正当に期待できる安全性を有しているか否かで欠陥の有無を判断すべきである。

　第2に、皮膚トラブル等は衣類等他の原因による場合もあることから、欠陥や欠陥と被害の因果関係の有無の判断にあたっては、個別ケースごとに慎重な判断が必要である。

　第3に、特定の使用者について本人が満足する効果が得られなかった場合、これのみをとらえて製品に欠陥があると解すべきでない。

　化粧品による被害は、従来一般的に、化粧品を肌に塗るなどして、化粧品に含まれる化学物質を継続的に経皮摂取することにより接触性皮膚炎を発症する、といった事例を典型としていました。

　化粧品による被害に関して、近時では、食品由来成分を含む化粧品に起因する食物アレルギーが問題となっています。食物アレルギーでは、抗原食物の摂

---

[38] 本件の評釈として、野村豊弘「判批」別冊ジュリスト183号228頁は、医療器具製造者の責任に関する重要な先例と評しています。

[39] 逐条230頁を参照。

第2章　定　義——Ⅱ　欠陥（2条2項）

取等により、皮膚症状、呼吸器症状等が引き起こされ、特にアナフィラキシーと呼ばれる複数臓器に及ぶ全身性の重篤な過敏反応を起こすとされています。食物アレルギーをめぐっては、原因物質が皮膚や粘膜から吸収されて抗体が作られ、その物質を含んだ食品を食べることにより発症するケースがあります。1998年（平成10年）頃から全国的に問題となり、多数の被害者が存在するといわれる洗顔石鹸「茶のしずく」はその例で、石鹸に含まれる小麦由来のタンパク質が原因物質となり、小麦アレルギーを発症したものです。

　わが国ではアレルギー疾患をもつ者は増加傾向にあり、現在では、乳幼児から高齢者まで、国民の約2人の1人が何らかのアレルギー疾患をもつといわれています。アレルギー疾患は、症状の急な増悪等を繰り返すことが多く、長期にわたり生活の質を著しく損なうなど、日常生活に多大な影響を及ぼす問題となっています。

　2014年（平成26年）6月20日には、急増するアレルギー疾患に対する対策を充実させるため、アレルギー疾患対策基本法が成立しました（2015年（平成27年）12月25日施行）。この法律は、アレルギー疾患を「気管支ぜん息、アトピー性皮膚炎、アレルギー性鼻炎、アレルギー性結膜炎、花粉症、食物アレルギーその他アレルゲンに起因する免疫反応による人の生体に有害な局所的又は全身的反応に係る疾患であって政令で定めるものをいう」と定義し、アレルギー疾患に関する総合的な対策を推進するものです。また、アレルギーの原因物質であるアレルゲンの分析研究は近年急速に進み、新しい知見が集積されつつあるといわれています。

　化粧品に関する製造物責任裁判例においては、化粧品の表示に関して欠陥判断を行う【54】【55】のほか、最近では、化粧品に配合する食品由来成分を原因として、アレルギー体質をもたなかったと思われる者にも食物アレルギーが発症した「茶のしずく石鹸」事件に関して、配合成分や表示を総合して欠陥判断を行うものが現れています（【145】【146】）。

(ii)　**裁判例**

　化粧品について【54】は、敏感肌用ファンデーションを継続使用してアトピー性の接触性皮膚障害を発症した事故に関して指示・警告の観点から化粧品の欠陥が問題となるものです。判旨はアレルギー反応に関する注意喚起の記載内容と表示について、アレルギー反応の特質を勘案して概括的な指示・警告であるとしても適切と判断し、欠陥を否定しています。

133

第2部　逐条講義

> 【54】化粧品を使用して顔面の皮膚障害が生じた事故［東京地判平成12年5月22日判例時報1718号3頁］[40]
>
> ○**事案**　Xは敏感肌に負担がない旨外箱に記載されたファンデーションを購入し、約半年使用後、接触性皮膚炎の疑いがあると診断された。Xは化粧品に指示・警告上の欠陥が存在したとして、製造者Y₁、発売元Y₂らに対して製造物責任または不法行為責任に基づき損害賠償を請求した。
>
> ○**判旨**　請求棄却
>
> **[1] 化粧品の特性について**「化粧品は、人の身体を清潔にし、美化し、魅力を増し、容貌を変え、または皮膚若しくは毛髪をすこやかに保つという効用があり、近年その需要は増大しているが、その成分上、アレルギー反応による皮膚障害等の被害を発生させる危険性を内在したものであって、その使用による被害を防止するためには、適切な指示・警告が必要となる製造物である」
>
> **[2] 化粧品の指示・警告上の欠陥について**「Y₂は、本件化粧品の外箱及び容器において、本件化粧品につき予想される危険の存在とその場合の対処方法について、消費者の目につきやすい態様で、端的に記載することにより注意を喚起していたものと評価することができる。そして、本件化粧品の成分のどれかに対して……アレルギー反応を引き起こす消費者がいたとしても、そのアレルギー反応の出現は、本件化粧品を使用して初めて判明することであるから、本件注意文言のように、本件化粧品が「肌に合わない」場合、すなわち、皮膚に何らかの障害を発生させる場合があり得ることを警告するとともに、その場合は、使用を中止するように指示することは、まれに消費者にアレルギー反応を引き起こす可能性のある本件化粧品の指示・警告としては、適切なものであったというべきである」

　【54】はまず、化粧品の一般的特性について、化粧品は美容等の効能・効果をもちつつさまざまな化学物質を使用する製造物であり、本質的にアレルギー反応を引き起こす危険を内在させ、適切な指示・警告を必要とする製造物であるとしています。このような製造物特性を一般的に示して、第1に、化粧品に含まれるどれかの物質によって消費者にアレルギー反応による皮膚障害が発生することは当時においては避けられず、化粧品が物質として欠陥があるとはいえない、第2に、化粧品成分のどれかに対する消費者のアレルギー反応は化粧品使用後にはじめて判明し、製造者としては予想される危険の存在と対処方法

---

[40] 本件の評釈として、畑中綾子「判批」消費百選186頁、朝見行弘「判批」インデックス166頁を参照。

について端的かつ概括的な注意喚起を行えば足りるとし、欠陥を否定するものです。

旧薬事法上の医薬部外品である３種の化粧品を併用するケースとして、【55】は各化粧品の被包内の添付文書の記載と、販売者から原告宛に送付された広告葉書に記載された美白文言について、表示上の欠陥が問題となるものです。判旨は、いずれの記載も旧薬事法に違反していない等に鑑みて、欠陥を否定しています（発売元の責任主体性については 251 頁、安全規制と欠陥については 219 頁を参照）。

【55】化粧品の添付文書および DM 美白文言の欠陥 [東京地判平成 26 年 3 月 20 日判例時報 2230 号 52 頁]

○**事案** Ｘは薬局で３種類の化粧品（旧薬事法上の医薬部外品）を購入し、併用して使用していたところ、約半月後に、顔に接触皮膚炎を発症した。Ｘは、本件各化粧品の被包内の添付文書および広告用の葉書（DM）に記載された美白文言について表示上の欠陥があるとして、薬局を経営する販売者 Y_1 に対して債務不履行に基づき、化粧品の発売元 Y_2 および化粧品の製造販売元である Y_3 に対して製造物責任に基づき、損害賠償を請求した。

○**判旨** 請求棄却

[1] 発売元 Y_2 は製造物責任の責任主体となるかについて「本件各化粧品にはいずれも「○○」の名称が付され、Y_2 が「発売元」として表示されていることからすれば、消費者が、Y_2 を実質的な製造業者と信頼する可能性があり、Y_2 は実質的製造業者であると解する余地も否定できない（製造物責任法２条３項３号）」

[2] 添付文書の表示上の欠陥について「本件各化粧品の添付文書には、使用法や使用量、その他使用及び取扱い上の必要な注意の記載がなされているうえ、本件化粧品により皮膚障害を起こす可能性があることや、その場合の使用中止等の対処法も囲い書きで示されていることからすれば、薬事法に違反しているとは認められず、その他、本件各化粧品について、表示上の欠陥は認めらないというべきである」

[3] DM 美白文言の表示上の欠陥について「本件美白文言については、具体的で明確な効能が記載されているとも言い難いうえ、Y_2 において、本件美白文言について［旧］薬事法上の問題はないことを確認している旨主張していることにも照らすと、表示上の欠陥とはいえない。」

また、【56】は、製造委託契約に基づいて製造されたプライベートブランド化粧水にカビ等が繁殖したことにつき、欠陥を認めるものです（引渡し時期に

第 2 部　逐条講義

ついて 214 頁、免責事由について 304 頁を参照)。

【56】プライベートブランド化粧水のカビ繁殖事故［東京地判平成 26 年 11 月 27 日 判例集未登載］

○事案　X は、自ら販売する化粧水の製造を Y に委託した。X と Y は製造委託契約の締結後、カビ等のクレームに対する責任について覚書を締結した。Y が製造した化粧水にカビ等が繁殖したところ、X は、化粧水にカビ等が繁殖することは製造物責任法の欠陥、民法 570 条前段の隠れた瑕疵に当たり、また、カビ等が繁殖した化粧水の納品は製造委託契約の債務の本旨に従った履行とはいえないとして、Y に対し、販売できなくなった化粧水の製造費用、信用毀損等の損害賠償を請求した。

○判旨　一部棄却、一部認容

[1] 化粧水の欠陥について「化粧水が販売元に在庫として保管される期間を考慮すれば、2 ないし 10 か月程度でカビ等が発生する商品は化粧水として通常有すべき安全性を欠いているというべきである」

[2] 覚書の適用について「本件におけるカビ等の検出は、本件防腐力検査が未了であること又は本件コンクに菌反応が認められたことによるものとは認められないから、カビ等の検出による損害について、本件覚書 1 が適用されるものではない」

[3] 損害賠償の範囲について「上記売上げの減少による売上げ総利益の減少は、本件化粧水にカビ等が検出されて回収となり、B ミメテクスのブランド価値が毀損されたことに起因する部分が相当程度あると認めるのが相当である」

　小麦由来成分である加水分解コムギ末を配合する洗顔石鹸により小麦依存性運動誘発アナフィラキシーを発症した「茶のしずく石鹸」事件は、同配合成分に経皮経粘膜的に感作し、交叉反応により小麦による食物アレルギーを発症したもので、被害発生時期から社会問題となり、本法のもとでは、石鹸および加水分解コムギ末の欠陥が問題となるものです。

　【145】は、配合成分に関しては同等の保湿成分が当時から存在していた、石鹸は日常最も頻繁に消費者が使用するもので、本来の用法に従って使用する限り大きな危害を与えないとの消費者期待は合理的であるなどとして、同成分の配合は通常有すべき安全性を欠き、さらに、石鹸の表示は即時型の、小麦依存性運動誘発性アレルギーの可能性を示唆しないとして、総合的評価により石鹸の欠陥を認めます。配合成分は極めて広範な用途をもち、全用途の安全性確保は困難であり、感作性を含む安全性試験が未実施であることも原材料製造業者

136

第2章 定 義——Ⅱ 欠陥 (2条2項)

としては往々にあるなどとして、配合成分の欠陥を否定しています。

これに対して【146】は、完成品としての石鹸により発生したアレルギー被害が社会通念上許容される限度を超え、アレルギーの原因となる配合成分についても、その用途・効用、合理的に予期される使用方法、引渡し時期の技術水準等を総合考慮し、被害が社会通念上許容される限度を超え、ともに欠陥があるとして、石鹸の製造業者および原材料製造業者の責任を認めています。

二つの裁判例は、いずれも総合的評価を行って石鹸の欠陥を認めるものですが、その手法は、【145】では、危険効用基準を用いる医薬品の欠陥判断のあり方に準じ、【146】は欠陥の基本的な判断基準としての消費者期待を用いたものと思われます。また、両判決は、問題となる原材料の欠陥について結論を異にするもので、汎用的原材料の安全性の評価は、今後さらに検討を要すると思われます（160頁を参照）。

⑷ **美容機器など**

（ⅰ） **基本的な考え方**

痩身や美容などを目的とする美容器具や、近年急速に発達している電動式の各種健康機器による被害は、家庭で使用される機器による被害のほか、美容関連やヘルスセンターといった事業者が使用する機器による被害があるところです。

立法時には、これら機器の一般的特性について、製造物責任の観点から特に検討がなされたといった経緯はみあたりません。しかし、施行後の裁判例では、美容機器の効用や用法上の危険を個々にとらえて製造物特性を評価し、欠陥の有無を判断するものが現れています（【23】【57】【58】を参照）。

（ⅱ） **裁判例**

エステサロンで使用されるエステ機器によって被施術者が熱傷を負ったケースに関する【23】は、設計上の欠陥がある可能性を留保しながら、機器は美容効果（効用因子ａ）をもつ継続使用を予定する製品（継続使用因子ｂ）で、過剰な使用による火傷等の危険をもつと製造物特性を評価するものです。

フィットネスクラブに設置された日焼けマシンに関する【57】は、日焼けマシンを一回の長時間、継続的に使用し、自宅でも同機器を継続使用したクラブ会員が不可逆的な皮膚障害にり患したもので、日焼けマシンの過剰な長時間の使用は製造者の指示・警告が不適切・不十分であることによるかが問題となるものです。

判旨は美容機器がもつ減量効果・美容効果（効用因子ａ）および、継続使用

137

第2部　逐条講義

を予定する製品であること（継続使用因子 b）から、過剰使用による皮膚障害等の危険をもつ製造物であると評価しています。そして機器を購入しクラブ会員の利用に供するフィットネスクラブ経営者（第1使用者）だけでなく、直接機器を使用するクラブ会員（第2使用者）に対しても、用法上の具体的危険を目につきやすいように表示する必要があるとし、指示・警告上の欠陥を肯定しています。

【57】フィットネスクラブに設営された日焼けマシンによる皮膚障害 [大阪地判平成22年11月17日判例時報2146号80頁][41]

○事案　Xはフィットネスクラブで週に6日間程度、Y_1 が製造し、Y_2 が販売した日焼けマシン（商品名サンテドーム）を使用していた。約1年後、Xは日焼けマシンを購入し半年ほど使用し、両下肢に大理石状の模様を生じた。Xは医師から不可逆的な皮膚障害との診断を受け、日焼けマシンに欠陥があったとして Y_1 および Y_2 に対して製造物責任に基づく損害賠償を請求した。

○判旨　一部認容、一部棄却

日焼けマシンの指示・警告上の欠陥について「サンテドームは、エステティックサロン等では、減量効果や美容効果があるとして紹介されている一方で、長時間、過剰に使用することで、低温やけどや網状皮斑など人体に悪影響を及ぼす危険性を有していることが認められる。痩身器具や美容器具の場合、使用者が長時間かつ負荷を大きくして使用すればその分効果があると誤解して、長時間かつ負荷を大きくして使用を継続することが容易に予見できるから、製造業者等は、長時間、過剰に使用することにより発生することが想定される危険を具体的に適示した上で、一日の使用限度時間や回数、連続使用の禁止、過剰に負荷のかかる使用方法の禁止及び異常が生じた場合の対処方法等の警告を使用者が明確に理解できる形で表示する義務があり、かかる警告を欠く場合には、通常有すべき安全性を欠くものとして製造物責任法上の欠陥があると認められる」

　【57】は製造物の取扱説明書を第2使用者がみずから読み、機器を使用することは通常想定しがたいとして、機器の本体に具体的危険と適切な使用方法を第2使用者の目につきやすいように表示してはじめて製造物責任の観点から十分な指示・警告となる旨、判示しています（図4を参照。本件における責任主体については249頁、第2使用者の危険使用と過失相殺については295頁を参照）。
　【58】は、スポーツジムに設置されたトレーニングマシンの欠陥が問題とな

[41] 本件の評釈として、田島「判批」インデックス162頁を参照。

図4　機器の第1使用者・第2使用者と指示・警告

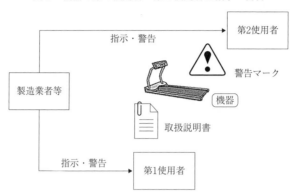

るもので、判旨は、利用者がマシンを正しくセットしない点で重大な不注意があるとして、欠陥を否定しています。

【58】スポーツジムのマシンでボルトが外れて受傷した事故［東京地判平成27年1月22日判例集未登載］
○事案　Xは、Yが運営するジムで、座ったままふくらはぎを持ち上げるマシンを利用して「カーフ・レイズ」トレーニングしていたところ、大腿部に載せていたパッドを固定するピンが外れ、下顎部等を直撃して受傷した。Xは、マシンの輸入業者であるYに対して製造物責任に基づく損害賠償を請求した。
○判旨　請求棄却
ジムマシンの欠陥について「〔1〕本件事故は、Xが、本件マシンのパッド部分を固定するピンをパッド部分の穴の奥深くまで挿入しないまま、パッド部分のアームを掴まずに本件マシンを操作したため、パッド部分を固定するピンが操作する力で外れ、パッド部分が本件マシンから外れて持ち上がり、Xの顔に当たって負傷したものであること、〔2〕本件マシンの安全性を確保するためパッド部分を固定するためのピンを穴の奥深くまで挿入することは、通常の利用者であれば、本件マシンの構造上、容易に理解することができ、Xは、本件マシンの使用方法を熟知していたこと……が認められる。上記事実によれば、本件事故は、本件マシンの欠陥……によって生じたものとはいえない」

健康機器についてこれまで裁判例は現れていませんが、美容機器と類似した製造物の特性をもつと考えられ、今後は事案に応じて特性を勘案した欠陥判断がなされていくことが期待されます。

第2部　逐条講義

4　家庭用品

(1)　基本的な考え方

　消費生活の場で使う製品には多様なものがあり、ひとくくりに家庭用品等製造物の一般的特性を検討するには困難があります。日用品は比較的簡単な構造や機能をもつ製造物から一見した外形からわかりにくい複雑な構造や機能をもつ新種の製品（ブラックボックス的製品について44頁を参照）まで多種多様です。家庭内で使用される製品は、乳幼児用製品、高齢者用製品のほか、汎用品であって子どもや高齢者など危険に対して脆弱な消費者が使用・接触することで潜在的な危険が現実化するものがある点には留意が必要です。

(2)　裁判例

(i)　日用品

　折りたたみ式足場台に関する【17】では、足場台の脚に生じた不具合が欠陥にあたるかを検討するにあたって製造物特性の評価を行っています。【17】における足場台の特性は、長方形の天板および4本の脚からなり（形状因子ａ）、天板の上に人が立ち（用法因子ｂ）作業することが予定される製造物というものです。このような製造物特性の評価をもとに、判旨は足場台を通常の用法で使用中に何らかの不具合によって脚が変形したとして、主として製造の観点から欠陥を推定するものと解されます。本件は製造物の欠陥を製造工程で不可避的に発生するアウスライサー的な欠陥と評価し、事案の個別的救済を図る例といえるでしょう（本件における欠陥の部位の特定については273頁を参照）。

　足場台は比較的単純な構造と長い使用経験を有し、伝統型製品の一種といえます。天板からの転落危険や危険回避方法は一定程度社会内で伝達され、共有されていると一応推測されます。判旨は天板の上に立って作業する際の転落危険（危険因子）を製造物特性のなかで特に考慮するものではありません。そこでここでは、【17】における足場台の製造物特性にやや立ち入って検討してみたいと思います。

　足場台に認められる危険因子に関するひとつの考え方は、足場台は天板の上に立ち使用する際の危険について社会内に知識が蓄積されている伝統型製品であり、この危険は明白な危険であり、欠陥とはいえないとするものです（明白な危険については231頁を参照）。【17】は天板上で使用時に一定程度の安定性があれば社会通念上は十分な安全性があるとし、この考え方に親和的であるように思われます。

図5 足場台の基本構造と指示・警告の要否

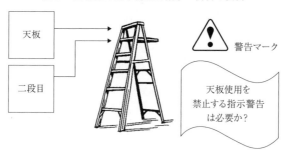

　足場台の危険因子に関するもうひとつの考え方は、米国の判例にみられるものです。米国の製造物責任判例には、足場台の製造者は、①足場台の最上段（天板）に乗らないことと、②使用中に体を横に伸ばさないこととの警告義務がある、すなわち、製造者は天板を使用する危険を製造物に明示して天板使用を禁止する等の警告義務があるとするものがみられます[42]。この警告義務は、天板からの転落危険は折りたたみ式のはしごを直線に伸ばして使用する場合の転落危険と同様との評価を前提とし、天板使用を禁止する明確な警告がなされているにもかかわらず天板を使用して転落した場合には、使用者がみずから危険を引き受けたと評価してよいとするものです。

　足場台に関するわが国の裁判例【17】は、足場台の物理的な不具合を推認するもので、天板使用そのものの危険性を検討するものではありません。事案の相違があるとはいえ、本法のもとにおいても天板使用の危険について警告を要すると解しうると思われます（図5を参照）。

　飼い犬用リードに関する【33】は、製造物特性について、散歩の途中で飼い犬の行動制御や誘導ができるほか（用途因子 a）、飼い犬が突然人や動物等に向かうことによる危害防止のため（用途因子 b）、素早くブレーキを掛けられるものであること（構造因子 b'）と評価して、事故時のブレーキ機能不全は欠陥にあたるとしています（本件における欠陥判断のあり方については80頁を参照）。

(ii) **煙火製品・化学製品**

　煙火製品では、【22】は動物駆逐用花火による受傷に関するもので、点火後の取扱いに関する指示・警告が適切十分であるかが問題となるものです。製造

---

[42] Cf. James A.Henderson, Jr. & Aaron D.Twerski, "Product Liability-Problems and Process (2.ed.), Little Brown and Company, 1992, p.401.

第2部　逐条講義

物は、陸上だけでなく水中でも使用できる性能をもち（性能因子 a）、点火数秒後には外観上は火が導火線を伝って燃え進むのを認識できない構造であり（構造因子 b）、構造因子と表裏の関係にある危険として、着火確認行為は手中爆発の危険があり（危険因子 b'）、これらを総合して従来の製品にはみられない新規の危険特性をもつ製造物と評価されています。判旨はこのような特性評価に基づいて、点火確認を行うと危険であるという特殊な危険の回避方法を明示せず、点火確認後直ちに投げるよう注意を促す記載では不十分であるとし、指示・警告上の欠陥を肯定しています。

　化学製品では、ビル外壁洗浄剤に関する【28】、および浴室用洗浄剤に関する【86】があげられます。【28】や【86】は化学製品の瑕疵について人や環境への影響という観点から本法の安全性問題に関わり、欠陥があると評価するものです。これに対して、ガラスコーティング剤によるガラス白濁に関する【100】では、化学製品による損害が欠陥による被害ではないと評価しています。

　これら裁判例をみると、物に使用する化学製品の瑕疵については、人毒性や環境への毒性といった安全性に関わる瑕疵である場合に、たんなる品質の瑕疵に留らず、本法にいう欠陥にあたると評価する傾向があるように思われます（工業用接着剤に関する【94】は、事業用製品群に関する183頁を参照）。

(iii)　電気製品・燃焼系製品

　家電製品について、携帯電話機による低温熱傷に関する【32】は、設計ないし指示・警告の観点から欠陥が問題となるものです。【32】は携帯電話機の製造物特性を、移動型の電子通信システムであり（用途因子 a）、一般に温度上昇しやすい性質をもち（構造因子 b）、その構造上、短絡や部材の損傷等により発熱する可能性があり（危険因子 b'）、これらを総合して、発熱の可能性を本来的に有する製品と評価しています。

　【32】は携帯電話機をこのように特性評価し、①使用者が衣服のポケットに入れて携帯し使用することは通常の使用方法であること、②通電中に一定の温度に達した際に自動的に機能停止し使用不能となる対応策（PTC）が組み込まれていなかったことを指摘して、設計上あるいは製造上の欠陥を認めています。判旨は、本体機器が60度から90度の高温となった場合に電流を遮断する機能をもつが、44度程度が相当時間持続して使用者に低温熱傷をもたらすような場合には作動しないとして、通常有すべき安全性を欠くとしています。

　電気カーペットから発火した【59】は、電源コードに生じた複数の断線部が

142

第2章　定　義——Ⅱ　欠陥（2条2項）

引渡し時の欠陥によるものかが問題となるものです。判旨は、断線部の鋭利な形状から、引渡し後に何らかの外的原因によって生じた可能性が高いとして、欠陥を否定しています。

> **【59】電気カーペットの発火により養母が死亡した事故〔東京地判平成24年8月31日判例集未登載〕**
>
> ○**事案**　原告の養母は、大手メーカーである被告が製造した電気カーペットを使用していたところ、本件カーペットから発火して火災が発生し、養母が居宅する防火造2階建の建物の一部が焼損し、養母は死亡した。養母を相続した原告は、本件カーペットに欠陥があることにより養母が死亡したとして、製造物責任に基づき損害賠償を請求した。
>
> ○**判旨**　請求棄却
>
> **本件カーペットの欠陥について**「〔〔電源プラグ外の〕断線部〔1〕〔2〕の形状は、斜め方向の鋭利な断線であったところ、かかる形状の断線は、本件カーペットの製造過程において生じ得るものと考えることは困難であり、引渡後の使用中に何らかの外的圧力が加わって生じた可能性がより高いというべきである」「原告の父及び養母が、本件カーペットの電源コードに断線を生じさせ得る外的圧力を加えることなく5年超にわたり使用していた事実を認めることができないから、断線部〔1〕〔2〕における短絡及びそれによる発火の事実のみにより、本件カーペットが流通に置かれたときから欠陥が存在していたことを推認することはできない」

家電製品の継続使用による健康被害に関する【34】は、輸入電気ストーブを継続使用して化学物質過敏症に類似した健康被害を生じた事故について、電気ストーブの欠陥が肯定されたものです。判旨は電気ストーブの欠陥を肯定するにあたり、製造物がヒーター、反射板およびガードで構成され、ガード部分の一部は稼働2分後に283度に達する構造で（構造因子a）、ガード部分にエポキシ樹脂等のプラスチックを使用し（成分因子b）、ガード部分が加熱されると有害化学物質が発生する（危険因子cʹ）製造物であると特性評価を行っています。

【34】はこのような製造物特性をもとに欠陥を評価し、診断基準を満たさない症状とのあいだに因果関係を認めるものです。立法前のスモン訴訟ではスモンの類似疾患を過失による被害と認めた一連の判決が出されていました。【34】は家電製品に使用された有害物質に起因する化学物質過敏症の類似疾患を製造物の欠陥による被害と認め、医薬品分野における立法前裁判例の考え方を継承するものです。

家庭用の燃焼系機器では、ガスファンヒーター付近から出火した火災に関す

143

る【111】、石油ストーブによる火災に関する【112】があげられます。いずれも火災により製品が焼失した事案であり、前者では周囲に存在したスプレー缶の爆発による出火の可能性を否定できず、後者では給油時の誤使用による事故発生の可能性を否定できないなど、火災発生の経緯が不明であったため、製品と損害のあいだの因果関係が否定されたものです（【111】【112】における因果関係に関する問題については、258～260頁を参照）。

　ネルシャツの胸ポケットに入れて使用していた中国製携帯用簡易ガスライターから出火して火傷を負った【60】は、本件ライターの構造上の欠陥等が問題となるものです。判旨は、一般に携帯式ライターは火に人の指が触れないよう安全確保のために、風防（構造因子ｂ）、および風防が機能するため（性能因子ｃ）の開口部（構造因子ｄ）が必要であり、本件ライターの風防の形状や開口部の大きさはごく一般的なものであるとして、欠陥を否定しています。

【60】携帯式簡易ライターによる発火事故 ［東京地判平成 25 年 2 月 1 日判例集未登載］

○**事案**　X（事故当時 50 歳の男性）が、中国で製造され、Y が輸入販売する携帯用簡易ライターを、ネルシャツの左胸ポケットから取り出してタバコに火をつけた後、本件ライターをポケットに戻し、数秒後にポケットから炎が上がって出火し、上半身熱傷を負い、ネルシャツおよび T シャツが焼損した。X は、本件ライターに欠陥があるとして、輸入販売会社 Y に対して不法行為または製造物責任に基づいて損害賠償を請求した。

○**判旨**　請求棄却

[1] ライターの形状と Y の義務について　「本件ライターの風防が携帯式簡易ライターとしてごく一般的なもので……本件ライターの上部に直径 5 ミリメートルの開口部があることや風防が上記のような形状になっているからといって、被告に風防内にホコリが蓄積しない構造のライターの輸入販売をすべき義務の違反があったということはできない」

[2] 出火の機序について　「本件事故は、原告が、本件ライターをネルシャツのポケット内という繊維の遊離しやすいところに置き、ポケットから繰り返し出し入れをしているうちに風防内に繊維ないしホコリが蓄積し、これに本件ライターを使用した際の火が燃え移って残火となり、さらにネルシャツに延焼して発生したという可能性も一定の合理性をもって認めることができる」

　燃焼系製品は出火により焼失しやすく、こうした製品の特徴と関連して製造

物責任の基本要件を認めるには困難がある点は、立法前と大きく変わるものではないと思われます。

(iv) おもちゃ

おもちゃの事故では、カプセル入り玩具のカプセルを乳幼児が誤飲した【10】のケースがあり、製造物は表面が滑らかで柔らかい球体であり（形状因子ａ）、一度口腔内に入ると指でつかんで取り出すことが難しい（危険因子ａ'）、被害児の年齢の最大開口量とほぼ同じ大きさの物でも口腔の奥へ入りやすい形状である（形状因子ｂおよび危険因子ｂ'）、空気抜きの穴が１つあるのみ（構造因子ｃ）で、口腔内に入った場合の通気孔はなかった（危険因子ｃ'）ことから、これらを総合して、カプセルが咽頭ないし喉頭で停滞すると気道を完全に閉塞する製造物であると特性評価しています。

【10】は、設計の構想ないし思想として代替設計を示して設計上の欠陥を肯定したものですが、以下に判旨を引用するように、代替設計の技術的な実現可能性を明示的に検討するものではありません。「本件カプセルの設計は、乳幼児の口腔内に入ってしまった場合の口腔からの除去や気道確保が非常に困難となる危険な形状であったというべきで、本件カプセルのように幼児が手にする物は、口腔から取り出しやすくするために、角形ないし多角形とし、表面が滑らかでなく、緊急の場合に指や医療器具に掛かりやすい粗い表面とする、また気道確保のために十分な径を有する通気口を複数開けておく等の設計が必要であったというべきである」。

(v) 福祉用品

【61】は、ホームセンターで購入した手すりのブラケットが破損したことによって高齢者が受傷した事故に関し、手すりの欠陥が問題となるものです。判旨は、パッケージに横付け専用の注意書があるものの（用途因子ａ）、その記載は縦付けの使用に特別安全上の支障はないと認識させる（危険因子ａ'）と評価し、縦付け使用は合理的に予見しうるとして、手すりの欠陥を認めています（本件に関する使用形態判断について 201 頁を参照）。

【61】ホームセンターで購入した手すりのブラケット破損による転倒事故 ［福岡地判平成 25 年 7 月 5 日消費者法ニュース 97 号 375 頁］

○事案　Ｘ（昭和 13 年生まれの女性）は、一人暮らしの自宅において、寝室から物干し場として利用していた隣接する土間へ降りる際に転倒しないよう、Ｙが輸入販売した

第2部　逐条講義

手すりをホームセンターで購入し、Xの子Aの夫で大工であるBが手すりを寝室の掃き出し窓の木枠に垂直方向に取り付け、使用していたところ、手すりのブラケット2個の付け根部分が破損し、受傷した。Xは、手すりを通常の用法に従って使用したにもかかわらずブラケットが破損したとして、Yに対し製造物責任に基づき損害賠償を請求した。なお、本件手すりのパッケージには「この手摺は横付け専用です」との注意書きの記載がある。

○**判旨**　一部認容

[1] 縦付けは通常予見される使用形態に含まれるかについて「本件手すりにつき、Yの想定していた使用形態は横付けであるものの、少なくとも本件手すりのパッケージを読んだ使用者等は、横付け専用というのは、破損の危険性を排する観点からの指示・警告ではなく、縦付けの場合にはブラケット部分が邪魔になるなどして使用しにくい面があり、これよりも縦付け使用に便宜な形状の手すりは別にあるという観点からの指示・警告であって、使用者において使用しにくさを受忍すれば、縦付けでの使用に特段の支障はないと理解する余地が多分に存すると認められる。したがって、縦付けでの使用も、合理的に予見できる範囲の使用形態に含まれ、通常予見される使用形態の範疇に属すると認めることができる。

　そうすると、Xが、通常予見される使用形態に則って本件手すりを使用していたところ、本件ブラケットが破損したというのであるから、他に特段の事情のない限り、本件手すりには欠陥があったと推認すべきである。」

【37】は、在宅介護用に貸与された電動式ギャッチベッドによって高齢者の身体が圧迫された事案につき、ベッドの欠陥を否定するものです。【37】は本件ギャッチベッドの製造物特性について、在宅ケアベッドの一種で背上げと膝上げの角度を調整できる（性能因子ａ）、背ボトムと腰ボトムの間に背湾曲ボトムが設けられ、背上げ時に従来型ベッドより足を前に押し出さない構造である（構造因子ｂ）、背上げ時に利用者が胸部および腹部に圧迫を受け、長時間の背上げによって身体に負担を受ける（危険因子ｂ'）ことから、従来型ベッドに比べて背上げによる身体への負担が大きいと評価しています。

【37】はこのような特性評価のもとに、介護者は危険を認識でき危険回避が容易であった旨を示し、欠陥を否定するものです（欠陥判断における使用者認識の考慮に関して232頁、消費者事故調査の観点からの検討について324頁を参照。なお、視覚障害者誘導用ブロックに係る事案について170頁を参照）。

第 2 章 定 義——Ⅱ 欠陥（2条2項）

5 乗り物

(1) 基本的な考え方

乗り物の分野には、自動車とその部品、自転車とその部品などがあります。自動車は多数の部品を組み合わせた複雑な構造をもち、運転免許をもつ者が使用するため、特に走行中の事故では原因が自動車の欠陥であるか、運転者の使用上の過誤であるか、双方があいまっているのか、判断が困難なケースが少なくありません（【62】～【65】）。最近では電動機付き自転車や電動機付きの車いすなど、走行する製品として複雑な構造と機能をもつ製品が増える傾向にあります。乗り物製品の欠陥は製品を使用する運転者や同乗者の安全だけではなく、第三者である歩行者の安全に関わる点に留意すべきと考えられます（【126】）。

立法当時において、自動車等の製造者の過失判断は困難であるとして、利用者側の安全確保義務を重視し、製造者側の安全確保義務を軽視する傾向が指摘され、食品・医薬品等において製造者に求める安全確保義務の水準との差異が意識されていました[43]。本法が製造物責任を導入することにより、製造者側の安全確保義務を軽視する傾向があると考えられた製品群に関して裁判所の態度が変容していくことが期待されていました[44]。

以下では、乗り物に関する裁判例をみてゆくこととします。

(2) 裁判例

(i) 自動車

自動車に関しては、一般的特性以外に車両がもつ特殊な構造や構造に関連する危険は、欠陥の判断にさほど大きな影響を与えるとはみられないケースが散見されます。このような傾向は、車両の使用者が運転免許を取得した者であるという事情が影響するように思われます。

自動車運転中の事故で【62】は、積雪時にハンドル制御不能となりスリップした事故について、事故原因はハンドルの欠陥によるのか運転ミスによるのかが問題となり、運転ミスによると判断されたものです。

【62】自動車を積雪時走行中のハンドル制御不能［広島地判平成 13 年 12 月 19 日判例集未登載］

○**事案** Xは雪道で自動車を走行中、ハンドル制御が効かなくなり、同乗者とともに崖

---

[43] 論点 31 頁を参照。
[44] 論点 43 頁を参照。

147

第2部　逐条講義

下に転落した。Ｘは自動車のハンドルに欠陥があったとして、自動車製造者Ｙに対して製造物責任に基づき損害賠償を請求した。

○**判旨**　請求棄却

事故原因と自動車の欠陥の有無について「Ｘは、本件事故現場手前のカーブから直線に立ち上がった際、本件自動車の速度を通常まで回復するためにアクセルを踏み込んだが、本件事故当時、同地点の道路には積雪があったために路面の摩擦が小さく、アクセル操作による急激な後輪の駆動力の増加でスリップが発生し（キックバック現象により急に駆動力が増した可能性が高い。）、これによって本件自動車の進行方向がずれたものと認めるのが相当である。そして、進行方向が右にずれた後、スリップによりタイヤと路面の摩擦が減少している状態で、Ｘがブレーキをかけたことによって、さらに急激なブレーキ操作を原因としてスリップ状態が増幅し、加えてハンドルを大きく左に切ることによってタイヤと路面の接地面積を減少させ、さらにスリップ状態が継続したものと認めるのが相当である。……以上からすれば、本件事故は、本件事故現場付近の路面に積雪があったために本件自動車がスリップして発生したものであり、本件自動車の欠陥によるものとは認められない」

【62】は運転時の周囲の状況と運転者の運転方法などを考慮し、欠陥の消極的判断に導いていると解されます。また、【126】は大型トラクターからの車輪脱輪による歩行者死亡事故に関するもので、製造者が車両の設計欠陥を認め、精神的慰謝料のほかに制裁的慰謝料請求の可否が問題となるものです（本件における懲罰的損害賠償請求については 278 頁を参照）。

【63】は、高速道路を走行中の４トントラックがパンク後走行した後、出火した事故について、パンク後の走行距離やリコール対象車両であること等に照らして、車両の欠陥の有無が問題となります。判旨は、パンク後に一定距離を走行することは自動車の特性としてやむを得ないとしつつ、本件の走行距離は必要な最短距離とはいえないなどとして車両の欠陥を否定しています（本件における通常予見される使用形態の考慮については 191 頁、リコールと欠陥については 229 頁を参照）。

【63】４トントラックのパンク後走行による火災 ［東京地判平成 26 年 3 月 27 日判例時報 2228 号 43 頁］
○**事案**　自動車運送業者Ｘは、Ｙ₁が製造した４トントラックをＹ₂から購入した。約１

148

第2章 定 義——Ⅱ 欠陥（2条2項）

か月後に高速道路を走行中にパンク等が発生し、走行を継続後、本件トラックの火災に
より本件トラックおよび荷台が焼損したことにつき、Y₁に対しては製造物責任に基づき、
Y₂に対しては売買契約上の保証条項に基づき、損害賠償を請求した。なお、本件トラ
ックは、Y₁による排気管の構造および電気回路に係る2回のリコール対象車両であった。

○**判旨** 請求棄却

[1] パンク後の走行と自動車の特性について「走行中に道路上の異物との接触等に
よりタイヤにパンク等が生じ得ること、その際、当該道路の状況に応じて、後続
車等との接触を避けながら停車するために一定の距離を走行することは、自動車
の特性としてやむを得ないというべき」である。

[2] パンク後の走行距離は必要最短であったかについて「実際に本件タイヤがパン
クした地点を特定できないばかりでなく、A［本件車両の運転手］がパンク等を
感知した地点を具体的に特定することもできず、AはBバス停（下り線20.1キ
ロポスト付近）から本件停車位置（下り線23.2キロポスト付近）の数百メート
ル手前までのいずれかの地点においてパンク等を感知したという限度で認定する
ことができるにとどまる。

　そうすると、本件車両が走行中にパンク等した後に後続車等との接触を避けな
がら停車するために必要な最短距離を走行したにすぎないものとは認められない
から、本件車両に「欠陥」があると推定することはできない。」

[3] リコール原因と欠陥について「電気回路に係るリコール対象車両について、エ
ンジン始動直後に車両後部からの原因不明の出火事故が2件発生していることが
認められるが、リコールの原因として挙げられている点は、いずれも自動車の出
火とは直接結びつかないものであるし、上記電気回路に係るリコール対象車両の
出火事故も車両後部から出火しているのであって、車両前部から出火した本件車
両の出火原因となる欠陥の存在を認めるに足りるものではない。」

　【64】 は、トールワゴン車両（判文では「RV」）が走行中に横転した事故に関
して、一般車両とはやや異なる製造物特性を考慮しつつ、事故が車両の欠陥に
よるのか運転者の不注意によるのかが問題となるものです。判旨はトールワゴ
ン車両の製造物特性について、一般の車両に比べて重心および車高が高く（構
造因子a）、その表裏の危険として走行中にバランスを崩し横転しやすい危険
（危険因子a'）をもつ点で、運転時に横転しやすい危険をもつ新型車両（新規性
をもつ製品）と評価しています。そのうえで、判旨は、セダン車より重心が高

149

第2部　逐条講義

くバランスを崩しやすい危険があるとの具体的な注意書は不要であり、走行時の注意事項としては「滑り易い路面では特に慎重に走行すべき旨」が記載されていたことで足りるとしています。

【64】トールワゴン車両の横転事故［高松地判平成22年8月18日判例タイムズ1363号197頁］

○事案　XがYの製造したRVを運転し、急な勾配の下り坂を走行中、カーブで減速のためエンジンブレーキをかけた際に車両が横滑りし、ガードレールに接触し横転事故を起こした。XはYに対して製造物責任に基づき損害賠償を請求した。

○判旨　請求棄却

車高の高さと指示・警告上の欠陥について「一般的に、車高が高く重心が高い車両ほど横転し易いといえるものの、車両の耐転覆性能は、車両そのものの特性に限っても、重心の高さだけではなく、トレッド幅（左右のタイヤの中心間の距離）……など種々の要素に影響されるものと認められる。……車両の耐転覆性能は、重心の高さのみによって決まるものではなく……、路面状態やドライバーの操作等といった車両そのものの特性以外の耐転覆性能に影響を与える要素についても注意喚起がなされていたことからすれば……本件取扱書に［3］セダン車よりも重心が高いためバランスを崩し易くなる危険性がある旨が記載されていなくても、指示・警告上の欠陥があるとはいえない。なお、……本件事故は、濡れた滑り易い路面において急激なエンジンブレーキをかけたため、本件車両が横滑りし、更にXがハンドルを右に大きく切ったことに起因するものと推認され、……そもそも、本件車両〔の〕重心が高く横転し易い……特性により本件事故が引き起こされたものとまではいえない」

【64】は取扱書に記載された指示・警告について、概括的な注意書であっても、運転免許をもつ運転者は車高の高い車両がセダン車に比して横転しやすい危険をもつと理解できるとし、横転事故は運転者の不注意によると判断するものです。本件については、運転者にとって新型車両に潜在する新規の危険を従来型車両の危険と同程度に理解できるか、また、運転者がトールワゴン車両に特有の危険を一定程度理解できるとしても、指示・警告が事故発生の蓋然性を低減させるうえで有効かといった観点からさらに検討する必要があるように思われます。

　自動車停車時の事故に関して【18】は、エアバッグ・システムが停車中に作

150

動し暴発した事故に関するもので、車両を構成するエアバッグ・システムは設計上、停車中の作動を予定しないという特性評価をもとに、エアバッグ・システムの物理的欠陥が肯定されたものです。

これに対して、【65】は坂道に停車していた輸入高級自動車が後退し車外の運転者が死亡した事故に関するものです。本件では車両が後退を始めた原因が車両の制動装置に欠陥が存在したことによるのか、運転者の不注意によるかが問題となります。製造物はパーキング・ロックと駐車ブレーキといった複数の制動装置をもつ高性能車両で（性能因子a）、説明書には、①駐車時に駐車ブレーキを効かせ、②パーキングロックのセレクターレバーをP位置に入れることが必要との記載がある（表示因子b）が、セレクターレバーがR位置とP位置の中間で止まる場合があり（危険因子c）、駐車時に運転者が目視でセレクターレバーがP位置に入ったことの確認を要する車両であると評価されています。判旨はこのような特性評価をもとに、制動装置に関わる複数の欠陥の可能性を消極に解し、運転者が停車中に車両に加えた衝撃によって後退を開始したと推論し、欠陥を否定しています。

【65】坂道停車中の自動車後退による受傷〔東京地判平成21年10月21日判例時報2069号67頁〕

○事案　Aは輸入自動車を坂道に停車中、車両が後退してガードパイプに衝突し、車体と運転席ドアのあいだに身体を挟まれて死亡した。Aの相続人Xらは、自動車に構造上の欠陥あったなどとして、輸入者Yに対して製造物責任に基づき損害賠償を請求した。

○判旨　請求棄却

事故に至る経緯と欠陥の有無について「本件事故の際、本件車両のパーキング・ロックによる制動力は得られていなかったものと推認されること、……Aが……十分な制動力が得られるまで駐車ブレーキを踏み込んでいなかった可能性があること、……Aが、MFD〔マルチファンクションディスプレイ〕上の警告灯を消すため複回にわたりトランクの開閉作業を繰り返すなどの衝撃を受けた後に後退を開始したことなどを考慮すれば、……本件車両は、駐車ブレーキにより停車状態を維持する最小限の制動力を得て停車していたものの、Aの行ったトランクの開閉作業その他の原因による衝撃を受けて後退を始め、本件事故に至ったものと推測することが不合理であるとはいえない。……以上のとおり、本件車両のパーキング・ロック、セレクターレバー……に製造物責任法3条所定の欠陥があった旨をいう原告らの主張は、採用することができない」

第 2 部　逐条講義

【65】の車両は一般の車両に比べて高速度で走行可能かつ多機能な車両であり、危険および危険回避の方法についても、一般車両とはやや異なる面をもつと思われます。もとより、先に述べたとおり、自動車に関する欠陥判断は、使用者が運転免許を有する者であることと関連すると思われます。そうであるとしても、運転免許者が自動車の複雑かつ特殊な構造特性に関する専門的知識を備えた専門的な使用者であるとは言い難く、従来の一般車両とは異なる特殊あるいは新規の危険をもつ自動車については、欠陥判断において特殊性ないし新規性が実質的に考慮されるべきように思われます（新規性をもつ製品の分野横断的検討については 172 頁を参照）。なお、中古車については【8】を参照。

(ii)　**自動車用製品**

自動車用製品では、フロント・サイドマスクのフックが外れたことによる受傷事故に関する【12】、カーオーディオに搭載された検知用スイッチ短絡事故に関する【13】、車両衝突時にシートベルトによる安全保護機能が不作動であったことに起因する受傷事故に関する【66】、車両衝突事故の際にチャイルドシートの拘束性がなくなったことによる乳児受傷に関する【67】があります。以下、順にみてゆくこととしましょう。

【12】はフロント・サイドマスクの製造物特性をフックの材質が金属である（成分因子 a）、取り付け時にフックが跳ね上がる場合がある（危険因子 b）ことを総合して、装着確認時にフックが跳ね上がり使用者が受傷する危険をもつ製造物と評価し、この特性評価をもとに冬季・夜間の使用は通常の使用であるとして、材質をプラスチックとするなど代替設計を示して設計欠陥を肯定するものです。

【13】はスイッチの欠陥を肯定するにあたり、判旨は製造物特性について汎用品の検知用スイッチでカーオーディオ部品（MD チェンジャーメカニズム）として使用される（用途因子 a）接点部の材質が銀メッキであること（成分因子 b）、使用周囲温度および使用周囲湿度について保証範囲が存在する（用法因子 c）もので、これらを総合すると MD が挿入されているかどうかを問わず常時、銀マイグレーション現象による短絡を起こす危険（危険因子 b' および c'）をもつと評価しています。本件製品は需要者側事業者であるカーオーディオ製造者が新製品として企画・開発したものですが、判旨はメッキの材質が金で製造されていれば短絡事故が発生しなかったとして、スイッチ製造者の側に設計欠陥による責任を認めています。

第2章　定　義──Ⅱ　欠陥（2条2項）

【66】ではシートベルトの欠陥を判断するにあたって製造物特性は、シートベルトロック機能、シートベルトテンショナー（ETR）およびエアバッグの3点式の安全保護機能を備えていた（構造因子a）、エアバッグ等の作動には一定の基準値が存在する（性能因子b）ため、性能と表裏の危険として、車両に閾値以下の入力衝撃が加わった場合には作動しないシステム（危険因子a'およびb'）をもつ製造物と評価されています。【66】はこのような特性評価をもとに、安全保護機能の不作動が設定された基準値以下であったとして欠陥を否定するものです。

【66】車両衝突時のシートベルト不作動による事故［東京地判平成23年3月29日判例タイムズ1375号164頁］[45]

○**事案**　X₁は乗用車を運転中、乗用車と衝突した際に、ハンドルに顔面を打ち付け顔面多発骨折を負った。X₁および乗用車を所有するX₂社は車両のETR（シートベルトテンショナー）およびエアバッグなど安全保護装置の不作動が欠陥であるとして車両の製造者Y₁に対して製造物責任等に基づき損害賠償を請求し、相手方車両の運転者Y₂に対して不法行為に基づく損害賠償を請求した。

○**判旨**　一部認容、一部棄却（製造物責任を否定）

シートベルト不作動は欠陥にあたるかについて「本件事故当時、X車のETR及びエアバッグが作動しなかったが、……本件事故におけるX車とY₂車の衝突形態は、直進するX車に対向車線から右折してきたY₂車が衝突したもので、X車への入力方向は右斜め前であり前面衝突ではないから、クラッシュ・パルス〔衝突振動〕が基準値（閾値）に達しなかったためETR及びエアバッグが作動しなかった可能性があり、X車がY₂車と衝突したにもかかわらずETR及びエアバッグが作動しなくとも、そのことから直ちにETR及びエアバッグに欠陥があるということはできない。……その他、本件事故によりETR及びエアバッグが作動しなかったことが、正常に安全保護機能が作動しなかったことになると認めるに足りる証拠はないから、本件事故によりX車のETR及びエアバッグが作動しなかったことが欠陥に当たるということはできない」

【67】は車両衝突事故の際に乳幼児を装着していたチャイルドシートの肩ベルトカバーが外れて乳児が死亡した事故に関するものです。本件では事故はチ

---

[45] 本件の評釈として、朝見「判批」インデックス164頁を参照。

153

第2部　逐条講義

ャイルドシートが事故時の衝撃から乳幼児を守る性能において安全性を欠くことに起因するのか、あるいは事故時に過大な衝撃が加えられたことによるのかなどが問題となるものです。

　判旨は製造物を事故時の衝撃から乳幼児を守るために乳幼児の人体を拘束する用途をもち（用途因子ａ）、装着時に肩ベルトのＹ字形の結合点（バックル部分）を頭部より体躯の重心側に位置させると事故時に乳幼児がチャイルドシートから放出される危険がある（危険因子ｂ）ため、Ｙ字結合点が乳幼児の頭部寄りになるよう注意して利用すべき製造物と評価しています。このような特性評価のもとに、【67】は仮に肩ベルトカバーの設計上、一般消費者に特殊な取扱いを求めるなど何らかの欠陥があるとしても、乳児の死亡は車両を大破させるほどの衝撃による旨を示しています。

【67】チャイルドシートの拘束性と乳児の事故［広島地三次支判平成 19 年 2 月 19 日判例集未登載］

○**事案**　Ｘが子Ａを後部座席にチャイルドシートに装着して同乗し、運転中の車両と走行中の他の車両が衝突した。両車両は大破し、Ｘは負傷し、子Ａはチャイルドシートの肩ベルトカバーが外れて車外に放り出され死亡した。Ｘらはチャイルドシートの肩ベルトカバーに欠陥があったなどして、製造者Ｙに対して製造物責任等に基づき損害賠償を請求した。

○**判旨**　一部認容、一部棄却（製造物責任を否定）

チャイルドシートの製造物特性と欠陥がないことの一応の推定について「チャイルドシートは、自動車による交通事故などの際に、乗車している年少者を傷害から防護等する製品である。したがって、製造物責任法 2 条 2 項の「欠陥」の定義からすれば、本件チャイルドシートの欠陥の有無は、一般社会通念に照らして自動車事故の際に発生する衝撃から年少者を防護できていると言えるか否かという問題となる。……チャイルドシートに関する〔JIS〕規格における。拘束性に関する試験方法や試験条件等は、一般の社会通念に照らして当然備えられている拘束性が備わっているか否かを確認できるものとして設定されていると解される。したがって、日本工業規格に適合しているとされたチャイルドシートは、特段の事情のない限り、一応その拘束性において欠陥のない製品であるものと推測されるというべきである。……ただし、仮に肩ベルトカバーに拘束性に関する何らかの欠陥が認められる場合であっても、……当該欠陥と本件事故によるＡの死亡との間に因果関係を認めることはできない」

第2章 定 義——Ⅱ 欠陥（2条2項）

本件については、頭部の重心が大きいという乳幼児の特性に相応した特殊な使用を、一般消費者に対して求めることが社会通念に照らし実質的に妥当かという問題がなお残されるように思われます（本件チャイルドシートはJIS規格適合品であり、この点に関する欠陥判断については224頁、リコールと欠陥については228頁を参照）。

(iii) 自転車・その他

【68】は、ネットオークションで購入した小型折りたたみ自転車の前輪フレームが走行中に折損した事故につき、フレームの強度不足等による欠陥が問題となるものです。判旨は、同型自転車を用いた走行実験の結果等に照らして、欠陥を肯定しています（本件における製造物責任と他法理による責任との競合については302頁を参照）。

【68】小型折りたたみ自転車が走行中に折損した事故［東京地判平成24年8月21日判例集未登載］

○**事案** Xは自家用車を駐車場に止め、同車に積んであった小型折りたたみ自転車に乗り換えて走行中、歩道と車道の段差を下ったところ、本件自転車の前輪フレームが突然折れ、前のめりに転倒して受傷した。本件自転車は、Xがオンラインショップモールを通じて落札・購入したものであった。Xは、本件自転車はフレームの強度不足による欠陥があるとして、本件自転車の輸入・販売会社 Y_1 に対して製造物責任に基づき、同社代表取締役 Y_2 に対して、商品の安全性のチェック体制を構築しなかったことにつき会社法429条1項の善管注意義務違反があるとして、損害賠償を請求した。

○**判旨** 一部認容、一部棄却

[1] 本件小型折りたたみ自転車の欠陥（強度不足）について「〔1〕本件小型折りたたみ自転車は、タイヤの直径が20cm程度であること、〔2〕本件小型折りたたみ自転車と同型の自転車を用いて段差走行する実験を行ったところ、時速約15キロメートルで4cmの段差を上がった場合に、前方チューブ上端に変形が生じるとともに、樹脂製の前ホークが破損したこと、……〔4〕本件事故の結果、本件小型折りたたみ自転車の前方チューブが破損し、後方チューブに亀裂が生じたことが認められ、このような状況で本件事故が生じたのであるから……本件小型折りたたみ自転車は……欠陥があったというべきである。」

[2] Y_1 会社代表取締役 Y_2 の善管注意義務違反について「Y_2 は、商品の安全性のチェック体制を構築せず、Y_1 会社が安全の性［安全性］の裏付けのない商品を流通させることを認識しながら、Y_1 会社の代表取締役として本件小型折りたたみ

155

第2部　逐条講義

> 自転車と同種商品の販売を継続させた結果、本件事故が生じた。したがって、Y₂は、故意又は重大な過失によって上記取締役の義務を怠ったのであるから、会社法429条1項に基づき、Y₁会社と連帯して、Xに生じた損害を賠償する義務がある」

　【69】は、スポーツサイクルの一種であるクロスバイク自転車で舗装路を走行中にフロントフォークのサスペンション分離によって転倒した事故につき、事故の原因や欠陥の有無が問題となるものです。判旨は、クロスバイクについて、通常の道路を比較高速走行するロードバイクと、競技・荒野・山岳地帯を高速走行するマウンテンバイクの中間形態で（用途因子 a）、一般の自転車（シティサイクル）と異なりサスペンションフォークを備えるが（構造因子 b）、取扱説明書には点検を推奨する記載があるにとどまる（用法因子 c）といった製造物特性を踏まえ、保管やメンテナンス状況を考慮しても、走行中に容易にサスペンション分離を生じることは欠陥にあたる旨、示しています（本件における通常予見される使用形態について198頁、引渡し時期について214頁、固有の慰謝料について275頁、過失相殺について294頁、再発防止策について328頁を参照）。

【69】輸入クロスバイク自転車による転倒事故［東京地判平成25年3月25日判例時報2197号56頁］[46]

○**事案**　コンピューターソフト開発会社代表取締役であったX₁はクロスバイク自転車で舗装路を走行中に、前のめりに転倒し、重度の四肢麻痺を伴う神経系統の後遺障害を負い、労働能力をすべて喪失した。X₁および妻X₂は、本件自転車のフロントフォークサスペンションが走行中に分離したことは欠陥にあたるとして、製造物責任法に基づき、輸入業者Yに対して損害賠償を請求した（第一事件）。保険会社X₃はYに対して、X₁に支払った保険金に関してX₁の損害賠償請求権を代位請求した（第二事件）。

○**判旨**　一部認容

[1] 本件自転車の特性について「本件自転車は自転車であって、運転者が自らペダルを踏み込み、その車輪を回転させて走行するものであるから、その走行中にサスペンションが分離し、これにより上半身を支持している車体（フレーム）から前輪が脱落するといった事態が発生することはおよそ想定されていない……。

---

[46] 本件の評釈として、渡邉「判批」インデックス172頁、拙稿「判批」消費者法ニュース114号121頁参照。

第2章 定 義——Ⅱ 欠陥（2条2項）

> 本件自転車は、……クロスバイクと呼ばれる自転車の入門者向けモデルに属し、……競技用自転車的な性格を有していることから、走行の際に、運転者は、シティサイクルに比較してやや前傾姿勢をとるのが通常であると解される」
>
> **[2] 本件自転車の欠陥について**「X_1 は、本件自転車を、その特性に従い、通常予想される使用形態で使用していたのであって、購入後の経過期間、保管やメンテナンスの状況を考慮しても、本件自転車は、走行中にサスペンションが分離したという点において、通常有すべき安全性を欠いていたといわざるを得ない。」

【25】は、幼児用自転車の組立工程における指示・警告上の欠陥を肯定したものです。欠陥の判断にあたって判旨は、本件製造物を70パーセントまで製造者が組み立てた後、組立者に引き渡され、残りの工程を組立整備士が行うことを予定する幼児用自転車（用途因子ａ）であり、整備士のもとで完成する際には構造上金属バリが不可避的に残留する危険があり（構造因子ｂおよび危険因子ｂ'）、幼児は金属バリによる受傷の蓋然性と受傷した場合の傷害の程度がともに高いこと（被害発生の蓋然性と被害の程度に関する因子ｃ）から、組立の最終工程で金属バリの確認と除去を怠った場合には、幼児に重い被害を与える危険をもつ製造物と評価しています。

本件では製造者が組立者に指示・警告を与えるまでもなく組立工程において金属バリの確認と除去の工程を設けることは組立業者として当然の措置であるか、組立者が専門的な取扱者であるとしても製造物の特性（特に因子ｃ）を考慮し幼児の安全確保のため必要な組立工程を具体的に指示・警告すべきであるかが問題となるものです。判旨は製品の最終使用者が幼児であること、幼児が受傷する蓋然性の高さや被害の重傷度（因子ｃ）といった製造物特性を明確に考慮に入れ欠陥判断を行うものです。

なお、航空機の事故では、性質上搭乗者や地上の第三者の生命・身体に被害が及ぶもので、多数の者が搭乗する商業用航空機では被害の規模が大きい場合が想定されます（【4】）。

6 機械設備・装置

(1) 基本的な考え方

機械設備・装置には、マンションなど建物の内部に設置されたエレベーターや、建物の内部や敷地内に設置された立体駐車場（機械式駐車装置）、工場に設置された製品の製造や廃棄物処理に使用される産業用機械装置などの大きな構

第2部　逐条講義

造物までさまざまなものがあります。前述のとおり、エレベーターやエスカレーターのような物は、製造者が引き渡し、建造物に設置された後は不動産である建物の一部分となっていても本法の対象となります（42頁を参照）。また、産業機械を稼働させる際に工場の被用者が機械に触れる可能性がある場合には、特に操作者の生命、身体の安全が確保されなければなりません。

　産業機械に関する立法過程における認識は、医療機器と並んで、「使用者の専門的知識や技量によって使用結果が大きく左右されるもの」であり、「被害が生じた場合には、用具の欠陥によるものか、使用者の知識や技量の不足によるものか等について慎重な判断が必要である」というものでした[47]。このような当時の認識は、産業機械を使用するのは機械の操作に関する専門的熟練者であるという見方を前提するといえます。

　一般的な傾向として、機械設備・装置の操作者が専門的熟練者であり、産業機械の危険特性について専門的知識や技量を備えている場合には、操作ミス等いわゆる誤使用による事故と判断される場合が多くなるといえます。とはいえ、前述のとおり、実際上、産業機械を操作する現場で機械設備・装置を操作しているのは専門的熟練者ばかりとは限りません。また、エレベーターや機械式駐車装置等は、当初は専任者が操作することを前提に設計・製造・設置されたものでしたが、広く普及するにつれて、一般の利用者が操作することが常態となっています。

　裁判例をみると、機械設備・装置の分野においては、使用者・操作者の専門性や熟練度といった事情を総合的な製造物特性評価を構成する因子として考慮する傾向があります（【14】【26】【27】）。加えて、機械設備・装置に関する製造物責任は、製造機械が製造する製品に欠陥や瑕疵が生じる場合にも問題となります（【19】）。機械式駐車装置の欠陥についても、裁判例が現れています（【72】【73】）。

(2)　**裁判例**

　機械設備・装置を操作し生命・身体被害を生じた場合として【14】は、フードパック自動裁断・搬送機の欠陥を判断するにあたって、機械装置の特性は軽量なため荷崩れしやすいプラスチック製食品容器の油圧裁断機（用途因子ａ）で、裁断したフードパックをリフト上に運搬する自動搬送装置があり（構造因

---

[47] 逐条173頁を参照。

子b）、裁断機部分には手などが入ったときのセンサーは設置されていなかった（危険因子c）ため、これらを総合すると、荷崩れ品を除去しようとして作動中のリフトに身体を入れる事故発生の危険をもつ製造物と評価されるものです。判旨はこのような特性評価に加え、被害者が非熟練者であり作業効率のために操作者が危険な行動をとりやすいとし、操作者の安全確保の観点から代替的設計措置を示して設計欠陥を肯定しています。

　焼却炉に関しては、欠陥を肯定した２件の裁判例（【26】【27】）があります。

　【26】の焼却炉は、ローラーに強力な永久磁石が埋め込まれ、ローラーの上下でコンベアが回転していることを外観上認識できない構造（構造因子a）、ローラー表面に付着した物を除去しようとすると、ローラーとコンベアに挟まれる危険がある（危険因子a'）、操作者が非専門・非熟練者であること（被害発生の蓋然性と被害程度の重大性因子b）を総合すると、非専門的取扱者に対して新規性をもつローラーの構造と具体的危険性を情報提供することを要する製造物と評価されています。このような特性評価をもとに、有資格とはいえ業務経験が浅い非熟練の操作者が有していた危険性の認識について、判旨は「産業機械の仕様、性能、使用方法等について専門的知識はなく、本件機械の設置の際も、作業実習における試運転の時も、Ｙ〔焼却炉製造者〕の従業員らから、本件機械の仕様、性能、特に本件ローラーは毎分3000回転の速度で回転しており、その内部に強力な永久磁石が埋め込まれていて、本件ローラーに付着したスチール缶は容易に除去することができないという説明は全く受けておらず、説明書も交付されていなかったため、そのような認識をもっていなかった」として、指示・警告上の欠陥を肯定しています。

　【27】は無煙焼却炉の火災事案で、焼却炉は従来の焼却炉と異なり外気を遮断して800度以上の高温で燃焼させるもの（性能因子a）で、燃焼中に灰出し口を開けるとバックファイヤーにより火炎が戸外に噴出するおそれがあり（構造因子b）、周囲の者が受傷しまた火災が発生する危険があり（危険因子a'および b'）、操作者は無資格であり専門知識をもたない（被害発生の蓋然性と被害程度の重大性因子c）製造物と評価されています。無煙焼却炉のバックファイヤーによる火災噴出の危険は製造者や焼却炉に詳しい者にとっては常識的な知識といえますが、焼却炉に関して特別の資格や専門知識をもたない操作者にはみずから知りえない危険です。判旨は製造者が需要者側事業者および操作者に対して危険情報を提供していない点につき、指示・警告上の欠陥を肯定していま

第2部　逐条講義

す。なお、これら2件は、欠陥判断にあたって引渡しに先行する口頭説明を含めた指示・警告を考慮するものです。

　製造機械を用いて製造される製品欠陥ないし瑕疵が生じ製造機械の欠陥が問題となる場合としては、食品自動解凍装置で解凍した食品に製造工程で生じる金属片が混入した例（【19】）、工業用大型熱風乾燥機に関する【35】、磁気活水器に関する例（【70】）、バイオ燃料の一種であるBDF精製装置に関する【97】があります。

　【19】は食肉自動解凍装置について、解凍食肉を製造する目的をもち（用途因子ａ）バリ取り工程をもたない汎用品のポンプとバルブを使用する（構造因子ｂ）ために、構造の表裏としてポンプやバルブのバリが装置内を循環する危険（危険因子ｂ'）をもち、これらを総合して解凍食肉にバリが混入する危険をもつ製造物と評価しています。判旨は、この特性評価をもとにポンプとバルブのバリ残留は製造物それぞれの欠陥であるとするものです。本件は製造機械の部品となる汎用品が食品製造機械に使用されるケースにおける機械製造者の食品安全確保義務を実質的に判断したものと考えられます。

　【19】は、汎用的製品の製造業者に対して、需要者側事業者の用途に即した安全確保措置を求めるものです。このような責任判断のあり方について、立法前裁判例にさかのぼると、カネミ油症事件において、食品製造工程における熱媒体としての用途を考慮して化学物質製造業者の過失を認める福岡高判昭和59年3月16日（判例時報1109号44頁）および福岡地小倉支判昭和60年2月13日（判例時報1144号18頁）を継承するものと思われます（化粧品に配合する汎用的原材料の製造業者の欠陥責任に関し、類似する判断として【146】を参照）。

　【70】は磁器活水器をヒラメ養殖目的のもとに海水使用しヒラメが死滅した事故で、装置が海水を使用する用途に照らして十分な安全性を備えていなかったか、海水使用が誤使用であるかが問題となるものです。判旨は装置は本来の用途に水産物の生産を含み、海水使用によって水産物を死滅させたことは事業目的に適った安全性を欠くとして設計上の欠陥を認めるとともに、製造者が用途に照らした安全性の調査・試験が不十分なまま新規製品として製造・販売した点を重視し、指示・警告上の欠陥を認めています。

第 2 章　定　義——Ⅱ　欠陥（2条2項）

【70】磁気活水器による養殖ヒラメ死滅事故［徳島地判平成 14 年 10 月 29 日判例集未登載］
○**事案**　ヒラメ養殖業者Ｘが磁気活水器を養殖池の給水管に設置したところ、池の養殖ヒラメが全滅した。Ｘは活水器製造者Ｙに対して、装置に欠陥があったとして製造物責任等に基づき損害賠償を請求した。
○**判旨**　一部認容、一部棄却
[1] 設計上の欠陥について「本件装置から発生した効果によって本件事故が発生したと認められ、海水による使用の場合には魚類に悪影響を与えるおそれがあり、とりわけ養殖ヒラメには害を及ぼすと推認されることから、本件装置には海水使用の場合に安全性を欠いており、いわゆる設計上の欠陥があると認められる」
[2] 指示・警告上の欠陥について「本件装置は、人間の飲料水だけでなく動植物など生体一般の飼育、栽培や養殖に利用することを目的に製造されたものであるにもかかわらず、その安全性について厳格なテストを行わないまま、商品として実用化されて流通に置かれていたものであって、……海水使用の場合に生体に悪影響を及ぼすおそれがあったのにこれを看過し、その点の注意、警告がまったくなされていないことから、警告上の欠陥があることが明らかである」

【97】は新規開発された BDF 燃料の精製装置において、製造された BDF に残留エタノールが多く BDF 最終消費者にエンジントラブル等が発生した事案で、装置の欠陥が問題となるものです。本件では需要者が装置に関する専門知識をもつ同種事業者であり、製造者と同等の専門性を備え危険および危険回避方法を知りえたであろう事情を考慮し、欠陥が否定されたものと解されます。

エレベーター、エスカレーター、機械式駐車装置など昇降機は、建物に設置される機械装置であるとともに、人や物を載せて運搬する乗り物の性質を備えており、製造物責任の見地からは、昇降機の使用において人や物の実質的な安全性が確保されているかが問題となります。

複合ビルの飲食店が入った２階で、エスカレーターの乗り口でハンドレールに後ろ向きに身体を接着した者がハンドレールに乗り上げ、階下に転落した事故に関する【71】は、ハンドレールの粘着力がもつ危険性が問題となります。判旨は、ハンドレールの危険性を認めるには十分な証拠を欠くとして、使用形態の評価を行い、本件エスカレーターの危険性を否定しています（本件の使用形態については 192 頁、本件事故に関する消費者事故調査については 316 頁を参照）。

161

第 2 部　逐条講義

【71】エスカレーターのハンドレールに身体が持ち上がり転落した事故［東京高判平成26年1月29日判例時報2230号30頁；一審東京地判平成25年4月19日判例時報2190号44頁］[48]

○**事案**　A（事故当時45歳の男性）は、東京都港区の複合ビル2階の飲食店で飲食後、2階から1階へ下り運転中のエスカレーター乗り口付近で、後ろ向きにハンドレール（移動手すり）のニュアル部に接触して、ハンドレールの上に身体を乗り上げ、吹き抜け部分から約9m下の1階に転落し、死亡した。Aの両親X₁らは、ビル共有者の一人であるビル運営管理会社Y₁と、ビルを賃借し、Y₁に管理運営を委託するY₂に対して民法717条1項に基づき、エスカレーター製造業者Y₃に対して製造物責任に基づき、損害賠償を請求した。一審、二審とも請求棄却。上告棄却。

○**判旨（控訴審）**　請求棄却

本件エスカレーターの危険性について「本件エスカレーターの移動手すりの粘着力がXらの主張するような結果を生じさせるほど強いものであると認めるに足りる証拠はないし、……本件エスカレーターは、利用者が前進歩行しながらエスカレーターの乗り口に接近し、移動手すりをつかんで踏み段に乗るというエスカレーターの本来の用法に従った利用をする限りは、……移動手すりとの摩擦によって利用者の身体が移動手すりに乗り上げるという事態が生じるとは認め難く、本件エスカレーターが、利用者が移動手すりに接着した場合、移動手すりの力によって抗いえないほどの強い力が加わり、階下への転落に至るという危険性を有していたと認めることはできない。」

機械式駐車装置については2件の欠陥判断が現れています。【72】は、立体駐車場に駐車していた自動車が車止めから外れ、駐車場内の柱等に衝突した事故について、立体駐車場の設計や、入庫不適合車に関する指示・警告に関する欠陥が問題となるものです。判旨は、センサーの不設置や、入庫適合車に関する情報提供について、いずれも欠陥を否定しています。

【72】機械式立体駐車場で入庫不適合車に発生した接触事故［東京地判平成24年11月29日判例集未登載］

○**事案**　XはY₁社との間で駐車場利用契約を締結し、Y₂社が製造し、引き渡した立体駐車場を利用していたところ、X所有の自動車が車止めから外れ、同駐車場の柱等に接

---

[48] 本件の評釈として、朝見「判批」インデックス170頁、拙稿「判批」消費者法ニュース113号127頁を参照。

第2章 定 義——Ⅱ 欠陥（2条2項）

触する事故が発生した。Xは、Y₁社に対して契約時の説明義務違反または安全配慮義
務違反に係る債務不履行に基づき、Y₂社に対して本件立体駐車場に設計上または指示・
警告上の欠陥があるとして製造物責任または不法行為に基づき、損害賠償を請求した。
○**判旨** 請求棄却
[1] センサー不設置と駐車装置の瑕疵ないし欠陥について「本件駐車設備については、
利用者が求められる入庫方法に従った入庫を行うことを前提として、通常の運転
による損害発生を防止するに足りる設備を有していれば「瑕疵」や「欠陥」の存
在は否定されると解される。……本件駐車設備につき、トレーからはみ出した車
両が損傷するのを回避するためのセンサーが設置されていないことは、本件駐車
設備の「瑕疵」又は「欠陥」に該当しないというべきである」
[2] フロントオーバーハングの寸法と本件事故との相当因果関係について「フロント
オーバーハングの寸法が入庫可能車種一覧表に記載された推定値を超えており、
本件車両が入庫不適合車であるのに、本件利用契約締結に際し、原告又は駐車設
備の管理受託者Cの担当者がそのように判断するための材料を提供されていなか
ったとしても、それらの事実と本件事故との間に相当因果関係を認めることはで
きないというべきである」

　【73】は、回転式の立体駐車場内に駐車した自動車が、立体駐車場内の蛍光
灯に衝突した事故に関するもので、運転者への期待を基準として立体駐車場の
欠陥を否定しています。

【73】パレット式立体駐車場の蛍光灯に自動車が衝突した事故 [東京地判平成24年3
月28日判例集未登載]
○**事案**　Xは、所有するマニュアル式の普通乗用自動車で、Y₁が製造設置し、Y₂が占
有管理するパレット式立体駐車場に来場し、入庫した際、自動車のギアをニュートラル
の状態にして駐車した。本件自動車はパレットの移動に伴って車止めを乗り越えて、駐
車場内の蛍光灯に衝突した。Xは、Y₁およびY₂に対して、立体駐車場の欠陥ないし瑕
疵、またはY₁らの過失によって損害を被ったとして製造物責任、土地工作物責任、不
法行為に基づき、損害賠償を請求した。
○**判旨**　請求棄却
パレット式立体駐車場の欠陥について「本件立体駐車場は、……車両に一定の加速
度等が加わる構造であるから、こうした加速度等により自動車が破損することが
ないような設計等を行う必要があるが、一方で一定の加速度等が加わることは不

163

第2部　逐条講義

> 可避であること、一般に自動車を駐車する場合、運転者としては他人に危害を加
> えないよう十分な停止措置をとることが期待されていることからすれば、立体駐
> 車場を製造する者としては、少なくとも、利用者に一定の指示、警告をした上で、
> 利用者において、成人男子が1人で手で押して自動車が動くといった程度の制動
> 措置ではなく、この程度では動かない程度の制動措置をとることを前提として設
> 計をしていれば、十分な「通常有すべき安全性を有する」といえるというべきで
> ある。」

　ほかに、【74】はカラオケボックスに設置された立体駐車場の車載台（パレッ
ト）の回転によって客が死亡した事案で、装置の欠陥および売買契約に基づく
説明義務違反が問題となるものです。判旨は本件立体駐車場の製造物特性を、
車両を回転させるパレット上に人がいても入庫ボタンを押すとパレットが回転
を始める構造となっており（構造因子 a）、その際に人が受傷する危険がある
（危険因子 a'）と評価し、装置の売買契約時に売主は買主に対して人的センサー
の設置が必要であり、オプションとして設置できることを説明していれば事故
を防止できた蓋然性があるとして、説明義務違反に基づく債務不履行責任を認
めています。

【74】カラオケボックスに設置された立体駐車場で客が受傷した事故［福岡地判小倉支判平成 14 年 10 月 29 日判例時報 1808 号 90 頁］
○**事案**　カラオケボックスに設置された立体駐車場内で、来店した客がパレットに挟まれて死亡した。立体駐車場装置は人が棟内や車両を回転させる車載台（パレット）上にいても入庫ボタンを押せばパレットが回転する構造であり、人的センサの設置がオプションで用意されていた。カラオケボックスを経営するXは立体駐車場装置の製作・販売会社Yに対して製造物責任および売買契約上の債務不履行に基づいて損害賠償等を請求した。
○**判旨**　一部認容、一部棄却（製造物責任を否定）
売買契約上の債務不履行責任について「本件装置は、人が棟内やパレット上にいても入庫ボタンを押せばパレットが回転し、その入庫運転が開始されるものであるところ、そのような場合には、人が回転するパレットから転落したり、回転するパレットと衝突するなどして、負傷若しくは本件事故のような死亡事故が発生する危険性があるから、その構造について特別の知識を有しないXに本件装置を販売するYは、本件装置の操作は教育を受けた者が行うこと、操作するときは棟内の無人を確認すること、同乗者は入庫前に降車させること等の注意事項を説明す

第2章 定 義──Ⅱ 欠陥（2条2項）

> るにとどまらず、これらの注意事項を怠った場合には上記のような危険性があり、そのような危険性を回避又は軽減するためにどのようなセンサが設置されているか、また、安全性を更に向上させるために、オプションでどのようなセンサが用意されており、その価格はどの程度であるか等といった本件装置の危険性とその安全装置であるセンサの内容等について、Xに具体的に説明すべき信義則上の義務があったというべきである」

　機械式駐車装置は機械設備・装置であると同時に人や車両を移動させる乗り物としての機能をあわせもち、機械装置であると同時に乗り物であるという複合的な製造物特性をもつものです。ほかに、商業用のビルやマンション、学校などの建造物に設置されるエレベーターやエスカレーターも同様に、機械装置でありながら乗り物であるという複合的な特性を備えています。【74】はこのような複合的性質をもつ製造物の特性を本法の観点から評価するにあたって参考となるものです。商業ビルに設置されたエスカレーターに関する【71】の一審においても、製造物の複合的特性を前提した判断がなされていると解されます。

　本法の観点から機械装置であると同時に乗り物の用途をもつ製造物に求められる安全性は、機械装置としての安全性と乗り物としての安全性とを合わせたものと考えられます（図6を参照）。

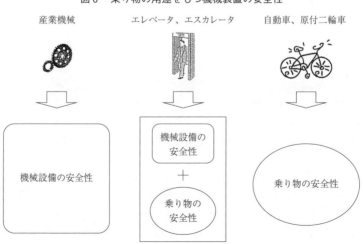

図6　乗り物の用途をもつ機械装置の安全性

第2部　逐条講義

7　機械部品

(1)　基本的な考え方

　機械装置は多数の部品から構成される集合体ということができ、多くの部品が複雑に組み合わされるものが珍しくありません。本法の観点から、機械部品はそれ自体として一個の「製造物」となることから、部品の不具合等により、機械装置に故障が生じるなど安全性に関わる損害を与えた場合に、本法の欠陥の有無が問われることとなります（【75】【76】）。

(2)　裁判例

　【75】は、病院施設の灯油配管設備に使用するフレキシブルメタルホースが破損し、灯油が流出した事故に関するもので、メタルホースの欠陥が問題となります。判旨は、フレキシブルメタルホースの特性について、消防準用品として販売され、灯油配管に使用されることを予定し（用途因子 a）、灯油が移動する際の圧変化によって製品に振動が生じることを予定するもの（危険因子 a'）と評価した上で、接続等の使用状況を考慮し、振動等により短時間に破損したことについて、欠陥を肯定しています（本件における使用形態の考慮については209頁、引渡し時期の考慮については215頁を参照）。

【75】フレキシブルメタルホースの破損による灯油流出事故［東京地判平成25年9月26日判例時報2210号67頁］

○**事案**　XはA建設会社からB病院施設の新築工事に係る空調設備工事を受注し、給湯、暖房用の燃料である灯油を、B病院の建物外に設置されたオイルポンプからB病院の建物内のサービスタンクまで流すための一連の配管において、Yが製造したフレキシブルメタルホースを10本使用して工事を完成させ、Aに引き渡したところ、フレキシブルメタルホースの一本が破損して灯油が地中にまで流出した。Xは、フレキシブルメタルホースには製造上、および指示・警告上の欠陥があるとして、灯油の流出によって被った種々の損害につき製造物責任に基づく損害賠償を請求した。

○**判旨**　一部認容、一部棄却

フレキシブルメタルホースの欠陥について「Yにおいては、本件のようなオイルポンプに起動時及び停止時に内部の圧変動により生ずるような動きに対しても本件製品が対応するものと認識して、本件製品を製造、販売してきたことは明らかである。……本件事故品が破損して灯油が流出するようになったのは、平成17年10月末頃と認められるから、本件事故品が設置されてから約1年3か月で本件事故品が破損したものであるが、このような短期間で危険物の配管に用いられる

第2章　定　義——II　欠陥（2条2項）

フレキシブルメタルホースが破損することは通常想定されていない。……本件事故品は、これが引き渡された時点において、本件製品の特性や本件製品が通常予見される使用形態に照らして……欠陥があったものといわざるを得ない」

　【76】は、後継品として設計・製造された電磁弁を低温ブライン循環装置の部品として使用していたところ、電磁弁部分から冷媒が漏出した事故に関するもので、電磁弁の欠陥が問題となります。判旨は、電磁弁の特性について、旧電磁弁の後継品であり、かつ汎用品であること（用途因子ａ）、仕様に耐久性に関する記載があること（性能因子ｂ）を指摘し、エンドユーザーの工場における稼動状況を考慮して、欠陥を否定しています（本件における使用形態の考慮については210頁を参照）。

【76】後継品として購入した電磁弁の欠陥が争われた事案 ［東京地判平成 27 年 1 月 16 日判例時報 2258 号 89 頁］

○**事案**　Xは Y₁ が旧電磁弁の後継品かつ汎用品として製造した電磁弁を Y₂ から購入し、Xが開発・受注製造していた低温ブライン循環装置（以下、「装置」）の冷媒制御のための部分品として使用し、顧客に納入していたところ、米国内にあるエンドユーザーの工場において稼働中の装置で、SUS パイプに亀裂が生じ、電磁弁部分から冷媒が漏出する故障が複数回発生した。Xは、本件電磁弁に欠陥があるとして、Y₁ に対して製造物責任または品質保証契約に基づき、Y₂ に対して債務不履行に基づき、損害賠償を請求した。

○**判旨**　請求棄却

[1] 通常有すべき安全性を判断する安全基準について「本件電磁弁が通常有すべき安全性を欠いているか否かについては、製造物責任法 2 条 2 項の趣旨に鑑みれば、本件電磁弁の特性、通常予見される使用形態その他の本件電磁弁に係る事情を考慮して総合的かつ具体的に判断すべきであって、本件電磁弁が旧電磁弁の後継品としての位置付けで製造販売されたものであり、また、Xにおいて本件電磁弁が仕様上旧電磁弁の性能、耐久性を上回ることを確認するとともに、Y₁ から本件電磁弁が旧電磁弁と同様の構造（部品構成）であることを確認しているという事情があったとしても、このことから直ちに、本件電磁弁の通常有すべき安全性を旧電磁弁が有していた耐久性を基準として判断すべきであるということはできない。」

167

第2部　逐条講義

> **[2] 欠陥判断について**「本件亀裂が、本件電磁弁の通常有すべき耐久性として予定されていた作動耐久を大幅に超えて高頻度の連続作動をさせるという使用状況とは別個の原因により発生したものであり、当該原因をもって本件電磁弁が通常有すべき安全性を欠くものと認められるような特段の事情があるとはいえず、Xが主張する製造上の欠陥又は設計上の欠陥によって本件亀裂が生じたということはできないし、……本件電磁弁の作動耐久について仕様図面に記載されている以上は、本件電磁弁について、Xの主張する指示・警告上の欠陥があったとも認められない。」

8　建材

(1)　基本的な考え方

　建材の製造物特性について、立法時に独立した製品分野として検討された経緯はみあたりませんが、製品類型としては、日用品などとほぼ同様に考えられていたと思われます。

　建材による事故としては、建築物の一部となっている建材に起因して被害が生じる場合（【77】【78】【79】）のほかに、建設現場で資材として使用される建材に起因して建設作業の従事者に被害を生じる場合とがあります（【80】など）。

(2)　裁判例

　汎用品の開き戸型ドアに関する【77】では、製造物であるドアはごく一般的な開き戸の構造をもち（構造因子 a）、児童施設に設置されたもの（用途因子 b）であることから、幼児が吊元側のすき間に手指を挟む危険があり（危険因子 a' および b'）、児童施設に設置した場合に児童が指詰め事故を起こすおそれのある製造物と評価されています。本件製造物はごく一般的な開き戸で、比較的単純な構造をもちますが、子どもの身体的能力・精神的能力の発達の程度、行動特性によっては、子どもの身体に重大な損害を与える可能性が高いといえます。判旨は開き戸型ドアの製造物特性をこのように評価したうえで、児童が吊り元側のすき間に手指を入れる行為は本来の用法ではなく、幼児の開き戸事故に関する事故情報は社会内に一定程度共有されているなどの事情を考慮して、ドアに保護カバーが装着されていないことは欠陥に該当しないとしたものです（本件における明白な危険の問題に関しては211頁を参照）。

168

第2章　定　義——Ⅱ　欠陥（2条2項）

【77】児童施設のドアによる児童の指挟み事故［東京地判平成23年2月9日判例時報2113号110頁］

○**事案**　社会福祉法人Aが運営する学童保育クラブの施設において、トイレブースの開き戸型ドアを開けた時に吊り元側に生じるすき間に児童（小学校2年生）が右手指を挟まれ切断した。Aを被保険者として保険契約を締結しAに保険金を支払ったX（保険会社）は、ブースに欠陥があったとして製造者Yに対して求償金を請求した。

○**判旨**　請求棄却

トイレブースの通常有すべき安全性について「本件ドアは開き戸で、開けたときに吊り元側に2cmの隙間が生じ、閉じたときにその隙間が閉じる構造であり、ドアを開けたときに生ずる吊り元側の隙間に手指を入れると、ドアを閉じたときにその隙間がなくなり手指を挟みけがをする事故（指詰め事故）が発生する危険があるけれども、これはドアを開けたときに生ずる吊り元側の隙間に手指を入れる場合に限られるのであって、このような用法は本来の用法でないのはもとより、通常予見される使用形態ともいえない。そうすると、本件トイレブースの通常有すべき安全性の有無は、本来の用法に従った使用を前提とした上で、危険発生の可能性があるか否かによって判断するのが相当である。しかるところ、本件トイレブースは本来の用法に従って使用する限り、指詰め事故発生の危険性はないから、通常有すべき安全性に欠けるとはいえず、製造物責任法上の欠陥に該当しない」

【78】は、コンビニエンスストアの出入り口で自動ドアに衝突して受傷した事故等に関するもので、自動ドアの欠陥等が問題となるものです。判旨は、自動ドアは業界基準に従って製造されたこと（性能因子a、用法因子b）、ある程度の重量物（構造因子c）が不適切利用により傷害を与えることはやむを得ない（危険因子b'c'）等の製造物特性を考慮し、利用状況を評価して、欠陥を否定しています。

【78】団地建物の2階踊り場で転倒後、コンビニ自動ドアに衝突した事故［東京地判平成25年6月3日判例集未登載］

○**事案**　独立行政法人都市再生機構（UR）が運営管理する団地建物に居住していた原告が同建物の2階踊り場で転倒し受傷した後（第1事故）、コンビニエンスストア形式の店舗において自動ドアのある出入り口を通過する際に、自動ドアに衝突して同一箇所を受傷した（第2事故）。Xは、第1事故につき、URに対して土地工作物責任に基づき、

169

第2部　逐条講義

> 第2事故について、自動ドアの製造業者 Y_1 に対して製造物責任、店舗経営者 Y_2 に対して土地工作物責任、Y_3（UR）に対して共同不法行為に基づき、損害賠償を請求した。
> ○**判旨**　請求棄却
> **自動ドアの欠陥の有無について**「Y_1 は、自動ドア業界の団体の定めた基準に則った製品を製作しており、本件自動ドアの設置に際しても、これと異なった設置方法や、これと異なった設備にしたり、これと異なった設定をしたりしていたものではない」「ある程度の重量を有する製造物が不適切な利用方法により人に傷害を負わせることがあるのは否定できないが、これが直ちに「欠陥」（製造物責任法2条2項）に該当するものではない」

　【79】は、駅構内で発生した視覚障害者誘導用ブロック（いわゆる点字ブロック）による健常者の転倒事故に関するもので、点字ブロックの欠陥等が問題となるものです。判旨は、点字ブロックの形状は一般的なものであること（構造因子 a ）、点字ブロックは視覚障害者の移動を支援するもので（用途因子 b ）、点字ブロックの上を走って通行することは想定されない（用法因子 c ）などの特性評価を行い、使用状況を評価して、欠陥を否定しています。

> **【79】点字ブロック上を通行中に転倒した事故［東京地判平成 24 年 9 月 26 日判例集未登載］**
> ○**事案**　X は通勤途上の駅構内で乗り換えの際に、視覚障害者誘導用ブロック（いわゆる点字ブロック）で足を滑らせ、転倒して骨折した事故につき、乗り換え時間に安全配慮を欠くダイヤ改正を行い、点字ブロックが滑りやすく、通路に傾斜があり、雨により水浸しであったのを放置したとして、駅旅客鉄道運輸業者 Y に対して安全配慮義務の債務不履行または製造物責任に基づき、損害賠償を請求した。
> ○**判旨**　請求棄却
> **通路の傾斜および駅の点字ブロックの安全性について**「通路の傾斜及び点字ブロックの形状は、一般に列車の停車・乗換駅に見られるものと格別異なるものではなく、通常有すべき安全性を欠いているとは到底認められない。……そもそも、点字ブロックは、視覚障害者の移動を支援するための設備であって、その上を走って通行することは想定されているとはいい難く、走ることを想定した安全性まで要求されるものとも解し難い。」

　石綿（アスベスト）訴訟に関して【80】は、石綿含有建材への長期暴露によ

170

第2章 定 義——II 欠陥（2条2項）

って肺がんなどの石綿関連疾患にり患した事案について、長期にわたって建設現場で使用された石綿含有建材の欠陥および損害との因果関係が問題となるものです。石綿肺の潜伏期間（暴露開始から発症までの期間）は通常で10年以上、最短でも2、3年以上といわれ、石綿粉じんの暴露量と肺がんの発症率との間には、直線的な量反応関係（累積暴露量が増えるほど発症率が高くなること）が認められるものです。

【80】は石綿含有資材について、建築現場で作業員が職業的に長期間接触する建築資材である（用途因子a）、石綿含有資材はアスベストを含有し（成分因子b）、長期間作業に従事する建設現場作業員が継続的なアスベスト摂取による肺疾患にり患する危険（危険因子a'およびb'）をもつと評価しています。判旨はこのような特性評価をもとに製造物の欠陥を肯定し、長期間に曝露した多数の建材を製造・加工した多数の製造業者等のあいだに共同不法行為（民719条）が成立する場合に製造物責任が認められる旨、判示しています。

【80】建設アスベストによる石綿関連疾患［東京地判平成24年12月5日判例時報2183号194頁］

○事案 建設作業従事者およびその相続人Xらは、石綿（アスベスト）粉塵に暴露したことによって中皮腫等の石綿関連疾患にり患したとして、石綿含有建材を製造、販売していたY₁らに対して民法719条に定める共同不法行為または製造物責任に基づき損害賠償を請求し、国に対して適切な規制権限の行使を怠ったとして国家賠償を請求した。

○判旨 一部認容、一部棄却（製造物責任を否定）

石綿含有建材の欠陥について「製造物責任法が施行された平成7年7月1日以降にY₁らがした石綿含有建材の製造、販売については、石綿含有建材が切断等の加工により必然的に石綿粉じんを発生させる反面、事業者及び建設作業従事者が石綿の危険性に応じた適切な回避措置を講じるに足りるだけの十分な警告表示を伴わなかった点において、製造物である石綿含有建材が通常有すべき安全性を欠いていたというべきであるから、Y₁らのうち同日以降に石綿含有建材を製造したY₁らは、同日以降の製造行為について、同法6条により適用される民法719条の共同不法行為の要件が満たされる場合には、製造物責任法3条に基づく責任をも負うことになるというべきである」

建設作業員のアスベスト被害に関しては、ほかに横浜地判平成24年5月25日（訴訟月報59巻5号1157頁）があり、石綿含有建材を製造販売した複数の製

171

第 2 部　逐条講義

造者には、社会観念上汚染源の一体不可分性や一体的利益共同体性を認められ
ないとして、民法 719 条の共同不法行為の成立を否定するものです。製造物責
任の成否については、共同不法行為に関する判断と同旨とし否定しています
（九州建設アスベスト訴訟に関する福岡地判平成 26 年 11 月 7 日判例集未登載を参照）。

9　分野横断的特性

　製造物特性が裁判例のなかで欠陥判断の考慮事情としてどのようにあつかわ
れているかを考察するには、製品分野別に垂直的にとらえるほかに、諸分野を
横断する水平的なとらえ方があるところです。そこで、複数の製品分野に共通
して考慮されている製造物の危険因子を取り出し、製造物の総合的な特性評価
における考慮を比較検討したいと思います。

　以下では、(1)新開発製品など新規性をもつ製品群、(2)継続的に使用・消費す
る製品群、(3)組立・施工・設置を要する製品群、(4)定期的・専門的な点検を要
する製品群、(5)乳幼児用、高齢者用、福祉用の製品群、(5)事業用の製品群に分
けて、横断的な特性を考えます。

(1)　新規性をもつ製品群

(i)　基本的な考え方

　本法に関わるどの製品分野においても、新規性をもつ製品群が次々に生じて
います。

　立法前裁判例のなかで、カネミ油症訴訟は、世界的にわが国で最初に開発製
造された合成化学物質である PCB を成分とする工業用原材料が何らかの経緯
で食品に混入し、広範な消費者被害を生じたケースで、新規合成化学物質が被
害の原因となるものです（【81】）。医薬品分野において、スモン訴訟やクロロ
キン訴訟は、医薬品の従来の用途（適応症）に新規の用途が加わり、適用する
疾患の範囲を新たに拡大したもので、用途拡大における新規性を指摘できます
（【45】【46】）。これらのケースで問題とされた製造物は、いずれも新規性を共
通にもっています。

　カネミ訴訟にかかる【81】は合成化学物質の製造者は人体等に及ぼす影響に
つねに配慮しなければならず、安全を確認する高度な注意義務を負わなければ
ならないと一般的に立論し、新規化学物質製造者の注意義務についてつぎのよ
うに議論を展開しています。

第2章 定 義——Ⅱ 欠陥（2条2項）

【81】カネミ油症訴訟［福岡高判昭和61年5月15日判例時報1191号28頁］
○**事案** Y₁が製造したライスオイルを摂取した多数の消費者が皮膚、内臓、神経など全身性疾患にり患した。原因は製造工程で熱媒体として使用されたPCBがライスオイルに混入したことによる。 患者および相続人Xらは、Y₁およびPCBを製造したY₂に対して不法行為に基づく損害賠償を請求し、国に対しては不作為の違法があったとして国家賠償を請求した。

○**判旨** 一部変更、一部取消、拡張請求棄却
[1] 新規化学物質製造者の注意義務について「新規の合成化学物質については、それを利用する需要者は通常その物質について専門的知識を充分に有するものではなく、又自らその物質の特性を調査研究することも一般的には困難というべきであるから、このような合成化学物質を新規に開発製造する化学企業は、右合成化学物質が人体や環境に及ぼす影響につねに留意し、これを新規の用途に供給するときはもとより、従前の用途に危険の徴候が見出されたときにおいても、その安全性につき充分調査し、安全を確認し得た範囲においてのみこれを供給し、安全を確認し得ない用途にはこれを供給しないという注意義務を負うものというべきである」

[2] 新規化学物質に求められる相対的安全について「〔化学物質の用途の安全確認について〕確認さるべき安全とは、用法に応じた安全すなわち一定の条件下で使用されることを前提とした相対的安全で足り、食品の安全と同一の意味におけるいわば絶対的安全を意味するものでないことはいうまでもない。従って、合成化学物質の製造者としては、需要者の側で一定の使用条件を設定確保し適切な物品管理を行うことを期待し得る場合においては、かかる需要者に当該合成化学物質を供給することを妨げられないものというべきである。ただ、その場合には、需要者に対して右物質の毒性を含む諸特性及びこれに応じた取扱方法を周知徹底させ、その使用が一定条件のもとにおいてのみ安全であることを警告すべき注意義務を負担するものといわなければならない」

　新規性を有する製品は、人体や環境に対して従前には詳細が知られていなかった新規の危険をあわせもつものがあります。裁判例においては、完成品や原材料の用途が種々の新規性をもつ場合がみられ、事案に応じてその新規性が検討され、欠陥判断において考慮されていると考えられます。

(ⅱ)　**裁判例**
　製品のどのような点に新規性を認めるかによって、製品がもつ新規性をいく

173

第2部　逐条講義

つかの類型に整理できます。4つの類型に分けてみます。

第1に、製品そのものが新規に開発され、危険の知見が科学的に十分でない製品を分類することができます。この類型には、抗がん剤イレッサに関する【49】、医療用ハイフ機器に関する【51】、磁気活水器に関する【70】、BDF精製装置に関する【97】があげられます。

第2に、従来から存在し長い使用経験をもつものを原材料として新規の用途のもとに使用し、新規の用法（たとえば、食品に関する新規の摂食方法）および新規の危険を伴う製品を分類することができます。この類型には、こんにゃくゼリーに関する【30】、牛肉の結着肉を用いるサイコロステーキに関する【41】があります。加工あまめしばに関する【42】は外国において食文化・食経験をもつけれども、わが国においては食文化・食経験がない野菜を原料とするいわゆる健康食品という新規性をもつものです。また、「茶のしずく石鹸」に関する【145】【146】は、食品として長い使用経験をもつ小麦に由来する成分を配合し、化粧落としにも使用できると記載する洗顔石鹸で、二回洗顔を推奨するなど成分用途・使用方法において新規性をもつ製造物に関するものといえます。新規性をもつ製造物に関わる事故といえます。

第3に、従来品とおなじ用途を有し、性能を向上するための新規構造およびその構造に起因する新規の危険をもつ製品があります。この類型には、強化ガラス製給食器に関する【21】、在宅介護用キャッチベットに関する【37】、トールワゴン車両に関する【64】、焼却炉に関する2件【26】【27】があげられます。

第4に、従来からの製品の用途を拡大して、新規の構造および新規の危険をもつ製品があります。この類型として、動物駆逐用花火に関する【22】、クロスバイク自転車に関する【69】、小型折りたたみ自転車に関する【68】をあげることができます。

多くの製造物責任訴訟においては、製造物特性を評価する際に新規危険を考慮して、総合的な特性評価が行われています。一般に、新規製品の構造、性能、危険について製品使用者・消費者側がみずから情報を保有し、製品購入の選択や使用方法の選択を行いうるとは考え難く、上記の諸ケースは、新規危険について製造者に対し設計、製造、指示・警告の観点から安全確保措置を求める裁判例の傾向を示しています。もっとも、新規危険が存在する場合につねに欠陥が肯定されているわけではなく、事案に応じた判断が行われています。

たとえば、BDF精製装置に関する【97】は、新規製造物の需要者側事業者

174

の専門性が製造者側と同等であり、需要者が新規危険を認識し回避することができると評価し、欠陥を否定するものです。また、こんにゃくゼリーに関する【30】は、新規製品として流通した当初は社会的に未知の危険が、時間的経過のなかで一定程度社会的許容されるようになったとの評価をふまえ、指示・警告上の欠陥を否定しています。

(2) 継続使用する製品群

(i) 基本的な考え方

　化学物質を使用する製品を継続使用・継続摂取することによって、人体にとって異物である化学物質に起因する慢性的な健康被害を生じるケースは、食品・医薬品に留まらず、多くの製品分野にみられます。

　立法前裁判例のなかで継続使用製品による慢性疾患に関して賠償責任を認めたものとしては、食品分野ではカネミ訴訟（【81】）、医薬品分野ではスモン訴訟をはじめとする一連の裁判例があります（【45】【46】【47】）。スモン訴訟では多くの判決がスモン病と名付けられた慢性疾患を被害と認定していますが、類似疾患については被害と認めない例がみられます（東京高判平成2年12月7日判例時報1373号3頁）。

　一方、立法前の家庭用品分野では、前述のとおり、噴霧式カビ取り剤（カビキラー）の継続使用による慢性的な呼吸器障害について、製品を原因とする被害と認めるかが問題となり、一回ごとの使用後に生じた急性症状のみを被害と認めた例があります（【15】）。このケースは立法前において継続使用製品と慢性的症状との因果関係の認定が困難とされた典型的なものです。

　継続使用製品に関して本法を適用する裁判例において、①継続使用製品に起因する慢性的被害に対する責任が分野横断的に認められるか、②医学上の診断基準を満たさない場合の慢性症状を製造物責任の観点からどのように評価するかは、立法時以来の課題と考えられます。

(ii) 裁判例

　本法適用事例では、慢性的症状を製造物の欠陥による被害について積極判断を行ったケースが散見されます。食品では、加工あまめしばによる慢性的疾患（【42】）、医薬品では、輸入医療用漢方薬による慢性障害（【36】）、美容機器では、エステサロンで継続使用されたエステ機器による熱傷被害（【23】）、フィットネスサロン等で継続使用された日焼けマシンによる慢性的皮膚障害（【57】）、家庭用品では、電気ストーブの継続使用による化学物質過敏症（【34】）などを

第2部　逐条講義

あげることができます。

　特に【42】では、加工あまめしばの継続摂取によって慢性疾患を発症する科学的経緯が不明であり、疾患の原因となる化学物質を特定できないまま、製造物の継続摂取と慢性疾患による損害との因果関係を推認しています。また、【34】は医学的に定義された化学物質過敏症の診断基準を満たしていない慢性的な類似症状に関して、製造物責任の実質的観点から製造物に起因する損害と認定する点に特徴があります。これらに対して、前述のとおり、慢性疾患を損害と認めることに否定的なものとして、化粧品の継続使用や併用による皮膚障害に関する【54】【55】があります。建材分野では、石綿含有建材への長期暴露による慢性疾患に関する【80】は、責任を否定する結論をとるものの、人体に蓄積性のある有害物質を含む製造物の長期使用による慢性疾患を、本法にいう損害と認めうることを示唆します（洗顔石鹸による食物アレルギーについて【145】【146】を参照）。

　継続使用製品に起因する慢性的被害を本法が分野横断的に救済しているかについて裁判例を概観すると、立法前には食品・医薬品分野等とそれ以外の分野の間に何らかの差異があったとしても、現在のところ分野間に特徴的な差異はみられないと思われます。

(3)　組立・施工等を要する製品群

(i)　基本的な考え方

　製造物のなかには、製造者が組立の一定部分の工程を行い、残りの組立工程を組立事業者が行う製品や、販売にあたって設置・施工を要し、製造者と使用者・消費者の間にこれらの工程を行う事業者が介在する製品群があります。また、販売後に一般の消費者・使用者が自ら取付・設置等を行うことを要する製品があります。

　このような製品群について、製造者は通例、製品の引渡し時に、製造物の組立・施工・設置に際した組立マニュアルや設置・施工マニュアルを作成交付します。特に、取付や設置の専門知識をもたない一般の消費者が行うことを前提とする製品の場合には、取付・設置の際に生じる危険について、わかりやすく具体的に記載する取付・設置マニュアルの作成交付が必要となります。

　組立・施工等を要する製品群に本法を適用する裁判例においては、製造者が交付するマニュアル等に記載された指示・警告や口頭説明による指示・警告が適切十分か、指示・警告の相手方は介在事業者のみで十分かといった諸点が実

176

質的な観点から検討されていると思われます。以下、具体例をみてゆきましょう。

(ⅱ) **裁判例**

介在事業者による組立加工を要する製品について、製造物責任を肯定した例として幼児用自転車に関する【25】があります。【25】は、製造者は製造物の特性をふまえて組立や施工等の際に生じうる危険についての情報を介在事業者に提供し、介在事業者が行う組立・施工等の工程を安全確保の観点から有効に制御し予見される危険を回避する義務があるとの具体的ルールを示すものです。

分野横断的観点からすると、組立事業者が介在する介護用製品と、組立事業者が介在する幼児用製品とをあえて別異に評価する必要はないと考えられ、介護製品についても事故の発生につながる組立時の危険については製造者が組立者に対して必要な工程を指示・警告する義務を負うと解されます。

介在事業者による設置を要する製品として、ガス風呂釜の不完全燃焼による事故に関し、ガス風呂釜給排気筒の設置場所と浴槽窓との位置関係に関する設置上の過失、および設置業者から賃貸人、居室の賃借人に対して与えるべき指示・警告上の過失が問題となり、過失を認めた不法行為事例があります（【82】）。

【82】ガス風呂釜不完全燃焼事故［東京地判平成 16 年 12 月 24 日判例時報 1906 号 65 頁］

〇**事案**　Aは賃借していたアパートでシャワーを使用中、風呂釜の不完全燃焼による一酸化炭素が室外に排出された後、浴槽窓から流入し一酸化炭素中毒となり死亡した。両親Xらは風呂釜の設置者Yに対して民法 715 条に基づき損害賠償を請求した。

〇**判旨**　一部認容、一部棄却（控訴棄却）

設置者による強い警告とシール貼付の必要について「Yは、本件風呂釜を設置するに際して、賃借人のみならず賃貸人である本件居室の所有者にも注意すべきであるし、注意の内容も、本件給排気筒と本件窓は極めて近接していて危険であり、設置位置は設置基準や指針上問題があること、そのため風呂を使用中は絶対に窓を閉めること、開口したままでは燃焼排ガスが流入し危険であることなど、明確かつ十分な説明と、強い警告を含むものであるべきと認められる。さらに、本件居室が賃貸物件であり、使用者が入れ替わることも容易に予想されることも併せると、本件浴室内（例えば本件風呂釜の側面等）の目立つ位置に、風呂を使用中は必ず窓を閉める旨が記載されたシール等を貼るか、又は貼付するためのシール等

第2部　逐条講義

> を交付するなどして、使用者が交替しても本件給排気筒が危険であることが明確に伝わるような適切な措置を講ずべきであったと認められる」

　【82】は本来的に設置業者の設置上の過失であるとしつつ、同時に設置者の指示・警告の観点から第1使用者である賃貸人に対する警告だけでなく、第2使用者である賃借人に対して、禁止を含む強い警告を行う義務があるとしています。第1使用者の使用終了後、第2使用者が交代して使用する可能性がある場合に、第2使用者を名宛人として製造物に禁止行為を明示した警告シールを貼付することを義務づける点に特徴があります。

　【82】に関して、第1に、設置者からアパート賃借人に対する指示・警告は、製造物責任においても第2使用者に対する指示・警告の必要性に関連して参考に値します。第2に、設置者の警告義務は過失責任であり、危険の予見可能性を要するもので、設置者は予見せず製造者だけが知りうる危険に関しては設置者に過失責任を課すことはできません。このような場合には、製造者から設置者に対する指示・警告の観点から製造物責任が認められるべきであると解されます。組立を要する製品群についても同様の考慮が必要と思われます。

　ホームセンターで購入した手すりに関する【61】は、購入後に使用者が用法に従って取付け工程を行った後、使用に供することを予定するいわゆるDIY製品と思われます。本件では、横付け専用と記載された製品について、取付け方の詳細に関する記載が、使用者に対して適切十分な指示・警告といえるかが検討されています（本件における使用形態の考慮について201頁を参照）。

(4)　定期的・専門的点検を要する製品群

(i)　基本的な考え方

　手動製品の電動化、機械製品の高度化や自動機械化などに伴い、長期使用により劣化する部品のメンテナンスには、専門知識と技術を要するものが多くあります。機械製品には、定期的に専門的なメンテナンスを要する部品を含めた、部品の組み合わせによる集合体というべき製品があり、製品の機能維持のために定期的かつ専門的な点検を必要とします。このような製品は、設計の当初から安全確保のために定期的に専門的な点検を必要とする製品として設計・製造されるといえるでしょう。

　専門知識と技術をもった者が定期的に点検し、劣化等に対する必要な修理等のメンテナンスを行って、機能維持と安全確保を図ることが予定される製品の

なかには、法令に基づく点検制度が整備されているものがあります（平成21年4月1日から施行された屋内式ガス瞬間湯沸器、石油給湯器等に関する長期使用製品安全点検制度等を参照）。

定期的・専門的なメンテナンスを製品使用者・消費者の自主的な対応に委ねる製品の場合には、製造業者は、安全確保のために専門知識・技術による定期的な点検を受けることが必要な製品であることが使用者に確実に伝える工夫が求められています。具体的には、長期使用や使用頻度によって劣化が進むことにより安全上支障がある部品の名称や、起こりうる危険の具体的な内容（事故態様等）を製品使用者・消費者に対して、適切に知らせる必要があると考えられます。

機能維持のために必要とされる定期的・専門的な点検は、専門知識をもたない使用者・消費者が製品使用中に異常や故障を感知して、目視により行う点検とは性質が異なります。今後、製品使用者が定期的・専門的点検を受ける必要がある製品については、目視による日常点検と定期的・専門的点検の本質的な区別を明確にし、わかりやすく記載する指示・警告の工夫が期待されます。

(ii) **裁判例**

裁判例では、クロスバイク自転車に関する【69】があります。【69】は、クロスバイクで舗装路を走行中に、フロントフォークに組み込まれたサスペンションが分離し、転倒した事故に関するものです。本件の自転車の取扱説明書には、初期点検および定期点検を受ける必要がある旨が記載されていましたが、運転者が事故以前に定期点検を一度も受けていなかった点は過失相殺を行っています。

参考として、荷物用エレベーターに関する不法行為裁判例（大阪高判平成5年4月14日判例時報1473号57頁）は、工場2階で従業員が荷物用エレベーターに乗り込み、降りようとした際に、ワイヤーロープが切断して荷かごごと落下し、従業員が受傷した事故に関し、荷物用エレベーターの所有者に、設計を含めて設置を請負った者に対する民法717条3項に基づく求償権を認めるものです。判旨は、本件エレベーターは、人が乗り込まずに荷物を搬入できる構造になっていない点に設置の瑕疵があるとしつつ、設置以来、事故までに一度も保守点検が行われていなかった点については所有者に重大な責任があるとしています。

エレベーターやエスカレーターなど昇降機は、基本構造からして定期的に専門性をもった保守点検を行うことによって安全性を確保すべき性質をもつと考

第 2 部　逐条講義

えられます（コラム⑪を参照）。

(5)　乳幼児用製品群・高齢者用製品群・福祉用製品群

(i)　基本的な考え方

　家庭や施設などで使用される製品のなかには、乳児や幼児（一般的には発達段階は異なりますが、ここではあわせて乳幼児と呼ぶこととします）用の製品があります。ほ乳瓶や子ども用の食器、ベビーカー、チャイルドシート、おもちゃ類など、日常的になじみのある製品が多いことでしょう。最近では、子ども向けのアクセサリーなどが市場に出ているようです。

　乳幼児は危険に対する知識・判断能力・危険回避能力が未発達であり事故を発生しやすく、また事故発生の際には被害の程度が重大となる傾向があるといえるでしょう。危険に対する脆弱さは乳幼児に限るものではなく、高齢者、特に介護を必要とする高齢者についても基本的にはほぼ同様と考えられます。急速に高齢化が進む現代の社会では、乳幼児と同様に高齢者の安全確保が重要な課題となっています。

　立法前には、乳幼児や高齢者の事故に対しては製造者に特別の安全確保措置を必要とするとの認識が存在していたものの、裁判例が具体的な法理を形成・発展させていたとまでは言い難いように思われます（たとえば、乳幼児用防護柵での乳幼児頸部窒息事故に関する神戸地尼崎支判昭和 54 年 3 月 23 日判例時報 942 号 87 頁を参照）。危険に脆弱な者の使用・利用を用途とする製品群に本法を適用する裁判例において、製造者は特段の安全確保措置を要するとの判断が分野横断的に認められるでしょうか。以下に裁判例をみてゆくこととします。

(ii)　裁判例

　乳幼児用製品に関する裁判例においては、「通常有すべき安全性」として一般成人を対象とした製品群に比べて実質的に高いレベルの安全性を求める事例が分野横断的に蓄積されていると思われます。

　このような裁判所の態度が最初に明確に現われたのは、ベビーシューズを履いた乳幼児の転倒事故に関する【83】で、幼児用の靴の欠陥が問題となるものです。判旨は結論において事故発生の経過が不明として責任を否定するとはいえ、幼児用靴の欠陥判断にあたって、転倒等の危険を防止するため、幼児の不安定な歩行の特徴を考慮して歩行時の幼児の安全確保に特に強い要請が働く旨を明らかにしています。

180

第2章　定　義——Ⅱ　欠陥（2条2項）

【83】乳幼児がベビーシューズを履いて転倒し負傷した事故［金沢地判平成13年7月17日判例集未登載］

○事案　X（当時1歳5カ月）は履いていたベビーシューズが脱げたために転倒し、前歯一本を脱臼する傷害を負った。Xはベビーシューズには欠陥があったとして、製造販売者Yに対して製造物責任等に基づく損害賠償を請求した。

○判旨　請求棄却

幼児用の靴に特に求められる安全性について「靴は、それを履いている時に、不意にあるいは突然に脱げたりしてはならないものであることは当然である。転倒その他の事故が発生する危険が大きいからである。特に、幼児は、踵を浮かせたまま爪先立ちに近い姿勢で、足の外側を着地させて、すり足で進むというように非常に不安定なものであるから、幼児用の靴については、このことに深く注意が払われなければならない。すなわち、幼児用の靴は、足が正常に発達していくのに適切なものであることが必要であるが、それと同時に、転びにくく動きやすい靴であること、履いている時は脱げにくいものであること、歩行時の安全を確保するものであることが強く求められている」

　乳幼児用製品に強い安全確保を要請する考え方は、小児用呼吸回路ジャクソンリースに関する【24】に継承されています。幼児用自転車に関する【25】は、幼児に被害が発生しやすいことと、被害が発生した場合の重症度という2つの要素を欠陥判断のなかで明らかにし、幼児用自転車には幼児の安全確保の強い要請が働き、一般成人用自転車の安全確保よりも高い安全性が求められるとしています。その後、自動車用チャイルドシートの欠陥に関する【67】では、車両衝突事故の発生経緯が不明として責任を否定するとはいえ、乳幼児の防護目的を有するチャイルドシートの安全性水準に関し、特段の安全確保が求められる旨を述べています。

　乳幼児用製品群の欠陥をめぐる裁判例には、一般成人用製品群に比べてより高い安全性を求める流れがあり、カプセル入り玩具のカプセルに関する【10】は、「幼児のちっそく事故を防止するに十分な安全性」の観点から、発達段階に応じた子どもの遊び行動の特性を考慮して欠陥を肯定しています。

　これらに対して、汎用品による乳幼児の事故に関して消極的欠陥判断を行った2件をみてみましょう。まず、【30】のこんにゃくゼリーは、一般成人向けの菓子として製造・販売されるもので、乳幼児用に特化した製品ではありません。乳幼児が家庭など日常生活の場で容易に接触・使用しうる製品群について、

181

第2部　逐条講義

乳幼児用製品と同等の安全性の水準を求めることが合理性と妥当性をもつかが問題となります。この点について、汎用品は一般成人の使用を前提に乳幼児や高齢者の事故の可能性をふまえ、必要な安全確保措置をとれば足りるとの見解があります。この見解に対しては、両者は製造物特性評価においてほぼ同種であり、同等の安全性水準を要するとの考え方があります。

　汎用品建材では、児童施設の開き戸型ドアに関する【77】があります。本件は、開き戸型ドアは比較的簡単な構造をもち長い使用経験がある伝統型製品で、危険は利用者に経験上よく知られ、児童にも経験上理解可能であるとして、製造者は子どもの事故防止を目的とした安全措置を要しないとしたものです。本件においても乳幼児用製品とは異なる安全性水準がとられていると解されます。

　福祉用の製品では、介護保険制度に基づいて貸与された電動式ギャッチベッドに関する【37】、ホームセンターで購入した手すりに関する【61】があります（視覚障害者誘導用ブロック（点字ブロック）に関する【79】については170頁を参照）。

(6)　事業用製品群

(i)　基本的な考え方

　事業用製品に関連する被害に共通する一般的な特徴として、第1に、事業用に供給される原材料や部品については、その製品を使用して最終製品が製造され、最終製品の使用者・利用者である第三者が生命・身体等に被害を受ける場合が多いといえます（第三者の損害ケース）。第2に、事業用製品群の使用者は、一般消費者と異なり取引される商品についての専門的知識や商品をテストする能力をもつ場合が多いと考えられます。

　医療用医薬品は、使用者が専門性を備えた医師であり、これら2つの特徴を備えています。スモン訴訟など立法前の一連の医薬品副作用被害のケースでは、医薬品製造業者に高度な注意義務を課し、医師等に対する適切な指示・警告として具体的な危険と危険回避の方法など詳細な記載を求めました。

　一方、立法前の食品分野では、カネミ油症事件に関する【81】は、食品製造者に対して高度な注意義務を課すにあたり、新規化学物質製造業者と化学物質を原料として食品を製造した製造業者との間で、新規化学物質の危険に関する特性を警告する義務があるかが問題となります。

　【81】は原材料製造業者の警告責任は需要者側事業者の労働衛生安全を配慮したもので足り、食品製造用途に沿った記載は不要である旨を示しました。本

法を適用する裁判例においては、互いの事業者が製造物に関して同等な専門性をもつかどうか、また、原材料製造業者が有すべき知見などを考慮して、実質的な判断が示されていると思われます。

(ii) **裁判例**

まず、製品に関して保有する専門知識が同等の事業者間で製造物責任が問われるケースをみましょう。需要者側が製品の専門的な知識をもつ場合には、供給側は一般消費者に対する場合と同程度の具体的で詳細な指示・警告を与えることを要しないと考えられています。

サイコロステーキに関する【41】は、食品事業者間で引き渡された食肉製品により食中毒が発生した事案で、食品の欠陥が問題となります。判旨は、需要者は食肉の専門業者であり、一般の消費者に比べて食肉の安全性に関する基本かつ重要な知識を備えることが強く期待されるとして、食品の欠陥を否定しています。BDF精製装置の欠陥が争われた【97】は、新規性をもつ製造物であっても需要者が製造者と同等の専門的な知識をもち、需要者は新規危険因子を認識して危険回避措置を取りえたとし、欠陥を否定したものです。

一方、製造物の危険に関する専門的な知識や経験が対等ではない事業者間の事案では、製造物責任の実質的公平の観点から危険の認識や回避能力に関する格差を是正し、具体的妥当性を図る傾向があると思われます。

学校給食器に関する【21】やエステ機器に関する【23】などは、異種事業者間で製品の安全性に関する情報の保有に格差があることを明示し、欠陥判断において考慮するものです。食肉自動解凍装置に関する【19】は、装置の部品製造者に対して需要者側の用途を考慮した安全確保の観点から欠陥責任を課しています。

もっとも、需要者側に専門的な知識やテスト能力があるとしつつも、製造者側の事業者が正確な情報を与えなかった点を指摘して、指示・警告欠陥を認めたものがあります（ピアノ防虫防錆剤に関する【31】、類似事案として自己発熱性・自己反応物質に関する【29】）。また、工業用接着剤に関する【94】は、プライベートブランド製品として販売する工業用接着剤について、同剤を使用して製造された紙箱の運輸・保管中の安全に関わる欠陥が問題となり、欠陥を肯定するものです。

10　まとめ

本法の立法前においては、食品や医薬品分野で製造者の過失責任が問題とな

第2部　逐条講義

るケースでは高度な注意義務を課す裁判例の蓄積がみられるのに対し、その他の分野では必ずしもそうではなく、製造者の責任は分野間で不均衡な状態にあるとの認識がみられます[49]。本法の立法はこの認識を背景とし、不法行為法に無過失責任主義の特則を設けるほかに、製品事故による被害救済の水準を分野横断的に平準化する意義をもつと指摘されました[50]。食品・医薬品等とその他分野のあいだにみられた責任内容の差異を解消し、責任内容を横断的に一定水準に安定させることが、立法の意義に数えられていました[51]。

　ここでは、裁判例を、①個々の製造物の視点、②製品分野の視点、③多くの製品分野を横断する視点という3つの視点から検討してきました。分野横断的視点では、①新規製品、②継続使用製品、③組立・施工・設置を要する製品、④点検を要する製品、⑤乳幼児用・高齢者用・福祉用製品、⑥事業用製品の6つの横断的観点から裁判例を検討し、多様な製造物に共通する特質を探ってみました。欠陥判断の実際において、本法の実質的な目的は達成されているでしょうか。

　食品や医薬品に関する立法前裁判例にみられる製造物の特性評価と、本法を分野横断的に適用する裁判例にみられる製造物の特性評価、とりわけ危険因子の取り出し方に共通性がみいだせるか検討してみたいと思います。

　①の新規危険についてみてみましょう。立法前裁判例では、【81】は新規に開発された工業用化学物質を食品製造工程で使用した場合の人毒性の危険が考慮されるものです。また、【45】は用途において新規性をもつ医薬品について新規用途に使用した場合に新たに生じる危険が考慮される事案です。本法を適用する裁判例では、【70】は新規開発された磁気活水器の危険が考慮され、【22】は従来の製品の用途を拡大して使用できるよう開発された動物駆逐用花火の危険が考慮されています。このほか、機械設備、家庭用化学製品、自動車といった製品分野において、新規性をもつ製造物が新規性に関連してもつ危険を含めて製造物の特性が評価され、欠陥判断のなかで考慮されていると考えられます。

　②の継続使用製品の危険についてはどうでしょうか。立法前裁判例【45】【46】【47】は、いずれも長期にわたり患者に投与する医薬品に関し、長期使用による危険が考慮されています。本法適用事例では、電気ストーブに関する

---

[49] 論点 28 頁、当時の国民生活審議会の指摘については、逐条 175 頁を参照。
[50] 内田貴「管見「製造物責任」(1)」NBL494 号 6 頁〔9 頁〕を参照。
[51] 逐条 94 頁を参照。

【34】、エステ機器に関する【23】、日焼けマシンに関する【57】において継続使用に伴う危険が考慮されています。

⑥の事業用製品の危険についてはどうでしょうか。立法前裁判例では、医療用医薬品に関する【45】【46】【47】は医師が処方する医薬品について患者である第三者への危険を防止する観点から製造業者等に高度な注意義務を課すものです。カネミ訴訟に関する【81】は食品製造事業に使用する物質が第三者である消費者に及ぼす危険を防止する観点から、化学物質製造業者に対して高度な注意義務を課すものです。食品・医薬品分野以外の事業用製品による第三者の被害について本法に基づく欠陥を認めた例としては、エステ機器に関する【23】、ジャクソンリースに関する【24】、日焼けマシンに関する【57】などがあり、いずれも第三者に対する危険の発現を製造物の危険因子に数え、欠陥判断において考慮するものです。

食品に関連した事業用製品について補足すると、第三者である消費者に被害を及ぼす可能性のある製造物の安全性の考え方そのものについて発展がみられます。カネミ訴訟に関する【81】は食品製造現場における人毒性を危険と評価し、労働安全の観点に立つ危険因子を取り出すに留まります。これに対して、本法のもとにおいて、サイコロステーキに関する食品事業者間の【41】は、製造物の危険因子の評価には、ステーキ店がサイコロステーキを消費者に提供する際の安全性を考慮しています。食肉解凍装置に関する【19】は装置を用いて製造する食品が消費者に危険を及ぼすかという食品安全の観点から装置の危険因子を取り出しています。

以上のように、①②⑥の横断的視点については、食品・医薬品分野以外の諸分野において立法前裁判例とほぼ同様の観点から危険因子を取り出しているといえるでしょう。立法前に指摘された分野間の責任内容の相違は徐々に克服され、製造物責任の考え方が分野横断的に共有されてきていると思われます。

これらに加えて、③組立・施工・設置を要する製品、④点検を要する製品、⑤乳幼児用・高齢者用・福祉用の製品に属する事例群は分野横断的にみると、裁判例の今後一層の蓄積が期待されます。

⑤ 通常予見される使用形態——第2考慮事項

1 一般的な考え方——使用範囲と誤使用

製造物の欠陥判断の際の第2の考慮事項「通常予見される使用形態」（2条

第2部 逐条講義

2項）は、使用者側の使用・消費行為に係る事情を考慮するものです。第1の
考慮事項「製造物の特性」とおなじように、「通常予見される使用形態」は、
文言上ごく一般的な表現が使われ、高度に抽象的な法概念です。

立法当時、「通常予見される使用形態」は、2つの具体的内容をもつと説明
されています。

第1は「製造物の合理的に予期される使用」に関わる事情を指します。

第2は、「製造物の使用者による損害発生防止の可能性」に関わる事情を指
します[52]。これらは抽象的な説明に留まるものです。

「通常予見される使用形態」がどの範囲の使用を指すかは、具体的には個々
に判断されますが、一般的には、製造者が合理的に予見しうる使用範囲の判断
と使用者の誤った使用との関係をどのように考えるかという誤使用の問題が生
じます。

そもそも誤使用は本法に規定された概念ではなく、多義的な意味をもつ相対
的な概念です。もっとも広義には、製造者が通常の使用と予定する使用以外を
すべて一律に誤使用と呼ぶ場合があります。また、製造者側が想定しうる逸脱
的で危険な使用のうち製造者側で安全確保措置をとるべき場合を除いた使用と、
想定外の著しい逸脱的使用とをあわせて、比較的狭い範囲で誤使用を用いる場
合もあります。さらに、子どもや高齢者など危険の判断能力や回避能力が未発
達また加齢等によって危険に脆弱な者の場合には、一般に製品の危険使用が生
じやすい傾向があります。危険に対して脆弱な者の危険使用については、危険
の認識や回避能力が異なる一般成人の使用の場合と等しく誤使用と呼ぶことが
妥当か問題となります。さらに、本法に関連してあつかう誤使用は、事業者や
専門家の使用についても問題となります。

誤使用が問題となる事例には、使用方法の多様性だけでなく、被害者の属性
にも多元性がみられます。使用範囲判断と誤使用に関しては、製造者の意図し
た用法・用途から逸脱し、隔たっている使用形態について、製造物責任の実質
的観点から客観的に検討されているといえるでしょう。

そこで、「通常予見される使用形態」が本法の趣旨に照らして評価される概
念であることをふまえつつ、多義的な誤使用概念の質的な差に着目し、若干の
整理を試みたいと思います。

---

[52] 逐条70頁を参照。

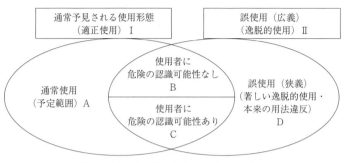

図7 「通常予見される使用形態」と誤使用

※ⅠとⅡの重なる部分をⅢ（BおよびC）とする。

　まず、図7の左側の楕円をみましょう。本法の趣旨に照らして「通常予見される使用形態」と評価される使用をすべて適正使用と呼ぶこととします（Ⅰ領域）。適正使用のうち、製造者が予測・予定する使用を通常使用とします（A領域）。適正使用のうち通常使用の範囲外は危険使用ですが、本法の観点から適正使用と評価される使用形態を指します（Ⅲ領域）。Ⅲ領域は、使用者に危険の認識可能性が認められない場合（B領域）と、認められる場合（C領域）とに分けます。

　つぎに、図7の右側の楕円をみましょう。製造者の予測・予定の範囲を超える逸脱的使用を広義の誤使用と呼ぶこととします（Ⅱ領域）。広義の誤使用のうち、著しい逸脱的使用や本来の用法に違反する使用を狭義の誤使用と呼ぶこととします（D領域）。D領域は、製造物の欠陥が否定される領域とほぼ重なると考えられます。広義の誤使用（Ⅱ領域）のうち、適正使用（Ⅰ領域）と重なるB領域およびC領域（両者をあわせてⅢ領域）は、危険使用で逸脱的使用ではあるけれども、製造物の欠陥が肯定される場合が多いと考えられます。

　以下では、基本的製品類型として、(2)相当程度使用経験がある製品群を概観し、進んで、(3)新規性をもつ製品群、(4)継続使用する製品群、(5)組立・施工を要する製品群、(6)点検を要する製品群、(7)幼児用・高齢者用・福祉用製品群、(8)事業用製品群という7つの横断的視点から、使用形態と誤使用の関わりを検討します。

第 2 部　逐条講義

2　相当程度使用経験がある製品群——基本的類型

(1)　基本的な考え方

　相当程度使用経験のある製品には、長い使用経験をもつ伝統型製品から一定
程度使用経験をもつ製品までかなりの幅があります。相当使用経験がある製品
群では、製造物の危険が外形から一見して明らか、あるいは想定される使用者
層には相当程度知られ、しばしば使用者側で危険や危険回避方法を認識できる
ため、製造者側に安全確保措置をとる必要がないとされる場合があります。そ
の一方で、使用者側において危険の認識可能性がある場合であっても、なお製
造者は設計や指示・警告において危険除去措置をとるべきとされる場合があり
ます。

　立法前裁判例では、ストマイ訴訟にかかる【47】は、著名であり、相当程度
使用年月を経過しかつ強力な薬効を有する医薬品の製造者に対して、医師が重
大な副作用の発現をもたらす処方を選択することがないよう、副作用認識のた
めの能書の記載を行う義務がある旨、判断したものです。

　本法のもとで【47】を考察すれば、医師の処方は医薬品の通常使用（A領域）
の範囲内、少なくとも適正使用（Ⅰ領域）の範囲内にあり、適正な使用に起因
する危険に関して製造者は適切な指示・警告を欠いたとして、指示・警告上の
欠陥が肯定される場合と解されます[53]。

　裁判例における、相当程度使用経験のある製品の欠陥判断に関する「通常予
見される使用形態」の考慮をみてゆくこととしましょう。

(2)　裁判例

　相当程度使用経験のある製品に関して「通常予見される使用形態」の範囲が
争われた事例では、通常使用（A領域）の範囲内かどうか、本来の用法違反や
著しい用法逸脱（D領域）などについて具体的な判示がなされています。

　ポテトチップス包装袋を手に持って遊んでいた乳幼児を祖父が膝に抱きあげ
た際に、包装袋で祖父が受傷した【84】では、包装袋が「通常有すべき安全性」
を備えているかが問題となります。判旨は乳幼児が袋を上に振り上げた行為は、
菓子袋本来の用法と無関係である（D領域）と評価し、欠陥を否定しています。

---

[53] 同旨として、山本・注釈 220 頁を参照。

第2章　定　義——Ⅱ　欠陥（2条2項）

【84】ポテトチップス包装袋の角で受傷した事故［東京地判平成7年7月24日判例タイムズ903号168頁］

○**事案**　Xはポテトチップス包装袋をもって遊んでいた孫に声をかけ、膝に抱きあげた際に袋の角で眼球を受傷した。Xは包装袋に欠陥があったとしてポテトチップス製造者Yに対して製造物責任に基づき損害賠償を請求した。

○**判旨**　請求棄却

菓子袋の使用形態と欠陥の有無について「我々の日常の経験では、本件袋のような材質・形状の包装は軽量で形の壊れやすいスナック菓子等食品類の包装に比較的多く用いられているが、本件袋についていえば、自らその中身のポテトチップスを食べることのない生後6〜7か月の乳児が袋を手に持って遊ぶことを通常予想して製造販売されるものとはいえないのみならず、本件袋が消費者の手で開封されるまでの間に、菓子袋本来の用法とは無関係の本件事故のような事態をも予想して包装の材質・形状を工夫したものでなければ、その製品には安全性を欠いた欠陥があるというべきでもない」

　一般に、家庭で使用する電気製品に関しては、使用環境を前提に通常使用（A領域）は概して緩やかに解される傾向があると思われます。たとえば、電気ストーブに関する**【34】**は、被害者の使用形態について「Xは、本件ストーブを使用中に換気することもなく、約1か月間、連日3時間ないし8時間、足下に置いて使用したものであり、使用の態様も上記化学物質がXの居室に拡散する前にこれに暴露する可能性のあるものであった」としつつ、「通常予見される使用形態」からの逸脱如何について特段検討することなく、欠陥判断を行っています。また、携帯電話機に関する**【32】**は、夕食時にコタツで暖をとる間、携帯電話機をズボンのポケットに収納して携帯した使用について、「携帯電話機の性質上、通常の方法で使用していた」と認定したうえで欠陥を肯定しています。

　いずれも、製造者が予定する通常使用の範囲内であり（A領域）、製造者は通常使用の範囲内に存在する危険を設計上回避すべきであったと評価する事案です。

　使用環境を前提として通常使用の範囲を判断するにあたっては、季節や時間帯が考慮されるケースがあります。自動車のフロント・サイドマスクのフックによる受傷ケース**【85】**は、冬季・夜間に屋外でフックを装着し確認する使用について通常使用の範囲内（A領域）と判断するものです。

189

第 2 部　逐条講義

【85】自動車フロント・サイドマスクの金属製フックによる左眼受傷事故［仙台地判平成 13 年 4 月 26 日］

○事案　【12】と同一

○判旨

冬季夜間の使用が通常予見される使用形態にあたるかについて「本件製品は、自動車のフロントガラス等の凍結防止カバーであり、フックを自動車のドア下のエッジに掛けて固定する構造のものであるから、装着者がかがみ込んでフックを掛けようとすることは当然であり、しかも、本件製品が使用されるのは、自動車のフロントガラス等の凍結が予測される寒い時期の夜であることが多いところ、そのような状況下で本件製品の装着作業が行われると、フックを一回で装着することができず、フックを放してしまう事態が生じることは当然予想されるところである。しかも、フックを放した場合、ゴムひもの張力によりフックが跳ね上がり、使用者の身体に当たる事態も当然予想されるところである」

　【85】は冬季・夜間に屋外で行う装着確認行為は通常使用の範囲内であり、フックが使用者の身体にあたり受傷する危険は通常使用の範囲内にあり、製造物には通常予測される使用環境に応じた設計上の安全確保措置が求められる旨、判示しています。

　これらに対して、相当期間使用経験があると考えられる製品の使用態様が著しい誤使用であるとして、製造者の責任を否定するケースが現れています。

　【86】はタイル等に使用する洗浄剤を塗布後、注意書に記載された使用時間より長時間放置し、財産被害を生じた事案です。欠陥の判断にあたっては、使用者の長時間放置は著しい逸脱的使用（D領域）であるか、長時間放置による財産的損害の危険を製造者が具体的に記載し、詳細な指示・警告をすべきであるかが問題となるものです。判旨は大幅な逸脱的使用による損害であるとして製造上の欠陥を否定し、注意書の記載から、使用者は安全な使用時間がごく短時間であることを認識できるとし、「通常予見される使用形態」範囲外と評価し（D領域）、指示・警告の観点からも欠陥を否定しています。

【86】洗剤によるタイル変色［東京地判平成 24 年 1 月 17 日判例集未登載］

○**事案**　Xはタイル等の金属石鹸カス除去のための洗浄剤をFRP（繊維強化プラスチック）素材の浴室に使用したところタイルが変色した。Xは製造者Yに対して洗浄剤に欠陥があるとして、製造物責任に基づく損害賠償を請求した。

190

第2章 定 義——Ⅱ 欠陥（2条2項）

○**判旨** 請求棄却

[1] 使用形態と製造上の欠陥について「本件製品の使用によって本件変色が生じたとしても、それは、Xが本件製品を塗布後6時間程度以上放置したためであると強く推認されるところ、かかる使用方法は、塗布後5分から10分程度放置した後に十分に水洗いするという本件製品の使用方法を大きく逸脱したものと認められる。……本件製品の使用によって本件変色が生じたとしても、それは、Xがその使用方法を大きく逸脱したためであると認められるから、本件製品に製造上の瑕疵があるということはできない」

[2] 危険の認識可能性と指示・警告上の欠陥について「そもそも本件製品の使用方法として「5〜10分放置した後充分に水洗いしてください。」と記載されているから、本件製品が塗布後長時間放置するようなものでないことは、「使用上の注意」を読むまでもなく理解可能である。そうすると、本件製品の「使用方法」や「使用上の注意」等を読んだ一般消費者にとって、本件製品をFRP素材に塗布して6時間程度も放置するとFRP素材が変色するおそれがあることは、十分に予見可能であったと認めることができる。したがって、本件製品をFRP素材の物に塗布後長時間放置した場合にFRPがはがれるおそれがある旨の注意書きが本件製品の「使用方法」および「使用上の注意」に記載されていないことをもって、本件製品に指示・警告上の瑕疵があるということはできない」

【86】は適正使用の範囲判断にあたって、指示・警告の記載順を検討しています。本件では生命・身体の安全確保に関わる事項を先行的に記載し、財産の安全確保に関する事項を次に記載しています。判旨はこの記載順を使用者が用法上の危険を損害の重要性に応じて認識可能となるよう適正に配慮し、妥当と評価するものです。

一般に、自動車、自転車などの乗り物、エスカレーター、エレベーターなどの昇降機、また、産業用の搬送装置などにおいては、製品の使用にあたり、運転・操作・乗車といった使用行動を伴う点で共通します。これらの製品につき、相当期間の使用経験があるものについて、著しい逸脱的使用と評価するものがみられます（D領域）。

自動車では、4トントラックに関する【63】は、パンク後の走行距離について使用形態の判断が問題となり、自動車の特性上、パンク後、後続車等との接触を避けながら停車するために一定距離の走行はやむを得ないとしつつ、本件の走行距離は必要な最短距離といえないことを考慮し、欠陥を否定しています。

191

第2部　逐条講義

　フォークリフトに関する【87】は陸上の物品運動のための標準仕様車である
フォークリフトを塩水中で使用し、充電器から発火し機械設備が焼損した事案
です。判旨は、需要者側事業者の使用環境は標準仕様車の用途を大きく逸脱し、
水産業務のために塩水使用するには水産という用途に応じた他仕様の製品が存
在することを指摘し、著しい誤使用であるとして欠陥を否定しています。

【87】フォークリフトの充電器から発火した事故［東京地判平成23年10月27日判
例タイムズ1379号237頁］

○事案　A所有の水産加工工場で使用したフォークリフトから出火して工場、設備、水
産加工物が焼損した。Aと火災保険契約および生産物流総合保険契約を締結していたX
はAに保険金を支払い、フォークリフトを製造したY_1およびその充電器を製造したY_2
に対して保険者に代位して製造物責任に基づく損害賠償を請求した。

○判旨　請求棄却

フォークリフトおよび充電器の製造上の欠陥について「塩水による絶縁劣化を防止す
るための対策がとられている水産仕様車などの特別仕様車がある中で、それがと
られていない標準仕様車である本件フォークリフトを、塩水を繰り返し付着する
ような環境において使用することは、本件フォークリフトの通常予見される使用
形態ではなく、取扱説明書の複数箇所においてされている注意喚起に明らかに反
する不合理な使用形態であったといわざるを得ない。……本件火災は、標準仕様
車である本件フォークリフトを、製品の通常予見される使用形態に反して塩水の
付着する環境において使用したというA社の著しい誤使用により生じたものと
考えられ、本件充電器およびフォークリフトに製造上の欠陥が存在し、これによ
って生じたとは認め〔られない〕」

　エスカレーターに関する【71】は、ビル内の飲食店で飲食後、エスカレータ
ーのハンドレール（移動手すり）に身体を乗り上げ、転落した事故について、
被害者がハンドレールのニュアル部に後ろ向きに身体を接着した行動を、エス
カレーターの使用形態としてどのように評価するかが問題となります。判旨は、
被害者の行動は「前進歩行しながらその乗り口に接近し、移動手すりをつかん
で踏み段に乗る」というエスカレーターの本来の用法から大きく逸脱するとし
て（D領域）、エスカレーターの危険性を否定しています。一般に、社会内に相
当程度使用経験があるエスカレーターにつき、不特定多数の利用者があり、飲
食後の利用者を想定しうるとしても、著しい逸脱的使用（D領域）と判断する

192

第2章　定　義——Ⅱ　欠陥（2条2項）

ものです（本件事故に関する消費者事故調査に関しては316頁を参照）。

3　新規性をもつ製品群

(1)　基本的な考え方

　新規性をもつ製品に関する「通常予見される使用形態」の判断と誤使用問題においては、製品の新規危険に伴って生じる、従来品の通常使用との差異を、使用範囲判断においてどのように考慮するかが問題となります。

　この問題は、すでに立法前裁判例において検討されています。カネミ訴訟にかかる【81】は、新規化学物質製造者の警告義務を否定したものの、一般論として化学物質製造者の注意義務を具体的に示し、特に新規化学物質製造者の警告義務の内容が加重される旨、判示したものです。本法適用裁判例を概括すると、一般的傾向として【81】の考え方を継承し、新規製品の危険が従来の製品がもつ危険と実質的に同等であるか、新規の危険であるかという相違が重視されていることはすでに述べたとおりです（新規性を有する製品群の特性については、172頁を参照）。

　使用者が新規危険を認識できず、新規製品を従来からの製品がもつ危険の知識をもって使用する場合を考えてみましょう。このような場合の危険使用は、製造者からみると新規製品に予定する通常使用（A領域）の範囲外であるとしても、本法の観点からみると、なお適正使用の範囲内（Ⅰ領域）と解すべきこととなります。

　特に、新規製品が従来品とおなじ用途をもちながら性能や構造に新規性および新規危険因子をもつ場合には、使用者が性能や構造の新規性を認識できたとしても、専門知識をもたず、新しい構造に伴う新たな危険について具体的な指示・警告がないために、新規危険の認識を期待できない場合があります。このような場合には、使用者が従来品の危険に関する認識を前提として新規製品を使用すること、すなわち従来品の通常予見される使用形態を基準として、新規製品の使用形態の範囲を合理的に評価しうると考えられます（【21】【27】【88】【89】）。

(2)　裁判例

　学校給食用に使用される強化耐熱ガラス製食器のケース【21】では、事故が発生した小学校では児童が食器を重ねて運ぶことが多く、事故の際、小学校低学年児童である使用者は着席しようとした児童と接触し食器を落下させた事情がみられます。判旨は事故時の使用に関して「多数の児童が一時に大量に使用

193

第2部　逐条講義

する給食用食器として、異常な用法によって生じたものとはいえない」として、通常使用の範囲内（A領域）と評価しています。食器が従来の食器と比較して軽量であり、給食時に重ねて持ち運ぶ使用は製造者において予見可能であったとして、指示・警告上の欠陥を肯定するとともに、使用形態に関する過失相殺を否定しています。

動物駆逐用花火のケース【88】は、製造者が警告で禁止する危険行為にきわめて近い使用を行っているものの、使用者が具体的危険を外観から認識できないことを考慮すれば異常な使用とはいえず、警告の不十分性と事故とのあいだに相当因果関係があるとして、欠陥を肯定するものです。

【88】動物駆逐用花火「轟音玉」による手指欠損事故［東京高判平成17年1月13日］

○事案　【22】と同一

○判旨

指示・警告の適切性について「点火したことは疑っていないが、爆発までには時間的余裕があるので、安全確認のために直ちに投げずにしばらく持っているというような使用方法は、本件取扱説明書で明らかに禁止されていることであり……本件追加警告〔『事故対策』として「点火口を擦ったら、何があっても5秒以内になげる」と記載〕も、点火したことを疑う消費者を対象としたものであって、上記のような使用方法をしている途中で火が消えたのではないかと疑う消費者を対象としたものではない。しかし、本件取扱説明書に本件追加警告が記載されていれば、Xはもっと早く本件轟音玉を投げた可能性が高いし、……本件事故は発生しなかったものと認められる。したがって、本件事故は、……本件轟音玉の警告が不十分であったことと本件事故の間にはなお相当因果関係が存するものと認められる」

【88】は新規危険因子による具体的危険を指示・警告する必要があるとしても、警告は禁止行為に近接した行為までを合理的に想定するものではないとして、逸脱的使用だが適正使用（Ⅲ領域）と評価しつつ、大幅な過失相殺を行ったものです。

焼却炉に関する2件のケース【27】【89】では、性能・構造面で新規性をもつとともに、表裏となる危険因子に関連して製品の使用範囲が問題となります。特に【89】は稼働中に掃除口に手を入れてスチール缶を取り出す行為は客観的に危険な行為であり、「機械の予定された使用形態ではないが……、XはYか

194

ら本件ローラーの仕様、性能、危険性について全く説明を受けていなかったところ、……Ｘが本件掃除口の中を見ただけでは本件ローラーが回転している本件掃除口内部の危険を想定することはできないものであった」と認定し、使用範囲については「通常の使用形態を著しく逸脱したものとはいえない」として、使用者の誤使用ではあるもののなお製造者にとって通常予期、予見される使用と位置づけています（Ⅰ領域）。

【89】廃棄物焼却炉の掃除口で従業員が受傷した事故［東京高判平成14年10月31日］

○事案　【26】と同一

○判旨

危険な使用は通常予見される使用形態にあたるかについて「通常予見される使用形態とは、製造物の予定された適正な用途、使用態様のみならず、その製造物であれば通常合理的に予期、予見される使用形態も含まれるものであり、使用者の誤使用であっても、通常合理的に予期、予見される使用形態であれば、製造物の欠陥の有無の判断に当たっては適正使用とみられることになる。……X_1において、Ｙから本件ローラーの仕様、性能、危険性について全く説明を受けていなかったところ、本件掃除口自体は狭く、中はうす暗くて、本件ローラーの一部は視認し得るものの、覗いただけでは中の構造は正確に視認し得るものではなく、……本件ローラーが高速度で回転していることは視認できても、その内部に強力な永久磁石が埋め込まれていることを知らなかったため、一見すると容易に手で缶を取れそうに見えたのであり、X_1が本件掃除口の中を見ただけでは本件ローラーが回転している本件掃除口内部の危険を想定することはできないものであった。……スチール缶が選別機から漏れてアルミ選別機コンベア内に進入し、本件ローラーに付着しやすいということとあいまって、本件機械には製造物責任法にいう「欠陥」があったと認めることができる」

【89】は使用者に具体的な危険の認識可能性がないとしつつ、使用者に相当の過失があったとして過失相殺を行い、使用者が非熟練であれ有資格の事業者である事情が考慮されていると思われます。

無煙焼却炉でバックファイヤーが発生したケース【27】の一審は、無煙焼却炉の燃焼中に灰出し口の扉を開ける使用について、「焼却炉はその取扱いに特別の資格等を必要とするものではなく、改正基準や焼却炉の取扱いに詳しくな

第2部　逐条講義

い一般の人が使用することもありえ、その場合には、改正基準に適合した焼却炉といえども、炉内を攪拌するためなどに燃焼中に灰出し口の扉を開ける可能性も考えられる」として、適性使用（Ⅰ領域）と判断しています。燃焼中に灰出し口を開く使用がバックファイヤーを起こす危険をもつことは、製造者には客観的には明らかであるとしても、新規危険の具体的認識をもたない使用者にとっては同様に明らかとはいえません。

　本件は、従来の製品と同等の危険認識をもつ使用者側の認識を基準として使用形態を評価するものです。もっとも、使用者は操作時の危険について部分的には認識可能性があったとして過失相殺が行われています（C領域）。

4　継続使用する製品群

⑴　基本的な考え方

　継続使用製品に関する使用範囲の判断と誤使用については、製造者の予定する通常使用（A領域）を超えた過剰使用や長期大量の使用などを適正使用（Ⅰ領域）に含めるかといった点が問題となります。

　立法前裁判例をみると、スモン訴訟にかかる【45】やクロロキン訴訟にかかる【46】は、医薬品の適応症拡大に伴う長期大量投与による副作用被害について、製造者の予見可能性や結果回避義務を肯定したうえで医薬品製造者の注意義務違反が認められたことは、すでに述べたとおりです（108～110頁を参照）。【45】は製造者は製造開始時ないし近接した時点で、キノホルム剤の投与が長期大量にわたるであろうことの予想は十分可能であったと認定しています。【46】は「クロロキン製剤の投与量とク網膜症発症〔ママ〕との間の量的関係は明確にされていないとはいえ、長期大量投与がク網膜症発症〔ママ〕の危険性を増大させることは明らかであったし、慢性疾患への投薬はともすれば長期化しがちである」とし、医薬品製造者は特にクロロキン製剤を慢性疾患に使用する際の長期連用、過剰投与が進行性かつ不可逆の眼障害であるクロロキン網膜症の危険をもつことを強く警告禁止すべきであるとしています。

　本法のもとでこれらの事例をみると、医薬品の適用拡大による長期大量使用は、処方する医師の著しい逸脱的な誤使用であるか、適正使用（Ⅰ領域）の範囲内であるかが問題となるものです。いずれも適正使用の範囲内として、指示・警告上の欠陥を肯定する事案と解されます。特にクロロキンに関する【46】は、医薬品の使用者は医師だけでなく患者、買薬使用の可能性がある者を含めた一般国民であるとして、総じて使用者に危険認識の可能性がなく、通常使用

196

第2章　定　義——Ⅱ　欠陥（2条2項）

（A領域）と評価するものと思われます。

(2)　**裁判例**

　本法のもとでは、医薬品の継続的使用に関して適正使用の範囲が問題となる際に、前提として医薬品使用者の範囲が問題となるケースが現れています。イレッサ訴訟にかかる【49】は、医薬品承認後の適用拡大による危険な使用によって損害が発生した事案です。本件は、使用範囲判断の前提として医薬品使用者は、一般医師全体であるか、肺がん治療を行う医師に限るかという立法前の医薬品関連裁判例にはみられない新しい問題を提起しています。

　継続使用を前提とする美容機器に関しても、日焼けマシンに関する【57】では継続使用の態様が著しく逸脱的であるか、逸脱的ではあるが適正使用の範囲内と認められるかが問題となります。本件では、直接機器を操作する第2使用者が通常予定する状態より高温状態で長期継続使用するなど、通常使用（A領域）を相当程度逸脱する使用について、なお適正使用の範囲内とするものです。

　【57】の事案にみられる使用態様は、通常使用を意識的に逸脱する過剰使用によって不可逆的皮膚障害を生じた面を否定できないものです。しかし、通常使用をどの程度逸脱すると後遺障害を残すかという点について判旨は、使用者側では認識できず、逸脱的だがなお適正使用に属する範囲（Ⅲ領域）をやや広く捉えて欠陥を肯定したものと解されます。もっとも、製造者が指示した使用方法を相当逸脱する過剰使用であるとして、過失相殺がなされています（本件における過失相殺に関しては295頁を参照）。

5　組立・施工等を要する製品群

(1)　**基本的な考え方**

　組立・施工等を要する製品に関して、使用範囲の判断と誤使用が問題となる場合について考えてみましょう。具体的には、介在者が行う危険な組立や危険な施工に対して、製造者が危険をコントロールすべき場合があるかという問題となります。

　設置・施工を伴う製品による事故は、そもそも民法の土地工作物責任の適用場面となる場合があります（民法719条の土地工作物責任制度と製造物責任制度の比較については47頁を参照）。もっとも、組立を要する製品は、組立後に不動産の一部となることなく（付合することなく）動産である製品が比較的多く、設置を要する製品についても土地工作物責任制度の適用場面とならない場合が存在することは留意されるべきと思われます（幼児用自転車に関する【25】、ガ

197

第2部　逐条講義

ス風呂釜に関する【82】など）。

(2)　**裁判例**

　本法のもとで製造物の組立工程における危険を製造者がコントロールするべき製造物の欠陥とした例として、幼児用自転車に関する【25】があります。本件では製造者から未完成の自転車の引渡しを受け、これを組み立てて完成し、組立後に点検する組立整備士の組立等の行為は、製造物の第1使用者の使用であり、「通常予見される使用形態」にいう「使用」にあたると解されます。判旨は組立整備士の組立・点検工程は適正使用（Ⅰ領域）の範囲内であるか、適正使用を著しく逸脱した使用（D領域）と認められるかという点について、適正使用（Ⅰ領域）とし、完成品を使用する幼児（第2使用者）の安全確保の観点から組立時に発生すると予見しうる危険に関して、危険を確実に排除する工程を要求（指示・警告）すべきであるとしています。

6　定期的・専門的点検を要する製品群

(1)　**基本的な考え方**

　製品が機能維持と安全確保のために、専門知識・技術を備えた定期点検を必要とする製品について、使用者が自主的にメンテナンスを行う製品について、使用範囲の判断と誤使用の関連をみてみましょう。

　製造者は、使用者が自主的に専門的なメンテナンスを行う必要があることを明示し、長期使用により劣化し、安全に支障が生じる部品については、部位の明示や、劣化した状態のまま使用を継続した場合に起こりうる具体的な危険を明示して、定期的な交換を要する旨を示すべきと考えられます。

　使用者が製品の安全確保のために必要な点検を実施しなかった場合、製造者から点検に関する適切な情報が提供されていたかどうかによって、通常使用（A領域）の評価に影響を及ぼすと考えられます。すなわち、製造者が点検に関する適切な情報を提供しないケースでは、使用者がメンテナンスを実施しなかったとしても、適性行為の範囲内（Ⅰ領域）であり、事案に応じて、通用使用（A領域）の範囲内と評価される場合があると思われます。

(2)　**裁判例**

　クロスバイク自転車を走行中の事故に関する【69】は、事故時に運転者がとった突発的な行動等は危険行動であるとしても、異常を察知した際の回避行動と評価して通常使用（A領域）と位置づけますが、日常的な安全管理においては事故時まで一度も専門的な点検を受けていなかった点については、過失相殺

を行っています（C領域）。本件の使用形態は、全体として適正使用（Ⅰ領域）としつつ、事故時の使用形態をA領域、管理における使用形態をC領域とするものです。

荷物用エレベーターのワイヤーロープ切断事故に関する前出の不法行為裁判例では、判旨は定期的な保守点検が行われていれば、ワイヤーロープの損傷を容易に発見し、適切な整備を施すことによって事故を防止できたであろうと説示し、この点につき求償請求権の範囲を3割にとどめていますが、設置された荷物用エレベーターに従業員が乗り込み、荷物の搬入を行った点は、通常使用の範囲内（A領域）と評価するものと解されます。

これら2つの事案は、製品分野を異にしますが、製品の安全確保のために定期的・専門的な点検を受ける必要がありながら、製造者・設置者が使用者に提供する情報には、必要な点検を怠った場合の具体的な危険に関する情報が欠けている場合です。製品の使用者が点検を怠った点について、損害賠償ないし求償の範囲を事案に応じて限定するものの、使用形態はいずれも製造者が予定した通常使用（A領域）と評価されています。

7 乳幼児用製品群・高齢者用製品群

⑴ 基本的な考え方

前述のとおり乳幼児や高齢者は、危険認識能力や危険回避能力が未発達ないし低下した状態にあります。そのため、一般に乳幼児用製品や高齢者用製品の使用については、一般成人が製品を使用する場合よりも適正使用の範囲を相対的に広く評価することが期待されます。

立法前裁判例では、乳幼児用防護柵に乳幼児が頸部を挟んで窒息死した事故に関する神戸地尼崎支判昭和54年3月23日（判例時報942号87頁）は、両親が自宅の二階間入口で、部屋と踊り場のあいだに設置した「使用」について、利用者が設置上の危険に気付かず不適切な設置を行った（D領域）とみるべきか、適正使用（Ⅰ領域）の範囲内であり、製造者が乳幼児の安全を確保するために使用上の注意を十分に行うべきかが問題となりました。判旨は防護柵の設置上の危険は、利用者が容易に認識しえない危険であるとまではいえないとして、防護柵製造者の過失を否定しています。本件の過失判断に関しては、立法当時、欠陥責任導入後は乳幼児用製品の安全性が特に確保されていくべきだとの見解があります[54]。

当時の先取的な見解を受けるように、裁判例においては分野を横断して乳幼

第 2 部　逐条講義

児の安全を確保する強い要請が働き、乳幼児用製品群の欠陥判断に関して新し
い法理が発展しているといえるでしょう。

(2)　裁判例

　子ども用製品の欠陥判断のなかで「通常予見される使用形態」の範囲が乳幼
児の安全確保の強い要請の観点から評価された例として、カプセルトイに関す
る【90】があげられます。

　本件は、玩具カプセルの第 2 使用者である子どもの遊び行動がもつ特性を考
慮して、製造者が表示する対象年齢以下の子どもの使用は通常使用（A 領域）
の範囲内と評価し、対象年齢以下の子どもを含めた乳幼児の安全確保の観点か
ら製品の設計面での欠陥を肯定するものです。もっとも、第 1 使用者である両
親の監督注意義務違反の点から過失相殺を行っていますが、乳幼児の使用形態
に関する過失相殺ではない点は留意すべきと思われます。

【90】カプセルトイによる子どもの窒息事故［鹿児島地判平成 20 年 5 月 20 日］
○**事案**　【10】と同一
○**判旨**
幼児の使用は通常予見される使用形態にあたるかについて「対象年齢を満たす幼児に
三歳未満の弟や妹がいることは何ら珍しいことではないから、対象年齢を満たす
幼児が本件カプセル玩具を取得した後に、本件カプセルが 3 歳未満の幼児の手に
渡るのも当然あり得ることであり、……対象年齢を下回る幼児が取得する可能性
も否定できない。これらの事情から、本件カプセル玩具が 7 歳以上の幼児を対象
にしていたとしても、3 歳未満の幼児が本件カプセルを手にする機会は日常的な
ことであったと認められる。以上に加え、一般に、幼児は玩具に強い関心を向け、
手にしようとする傾向があることを考慮すると、3 歳未満の幼児が、現具を取り
出した後の本件カプセルで遊ぶことは、何ら特異なこととはいえない。したがっ
て、3 歳未満の幼児が本件カプセル玩具に封入されていた玩具の対象年齢に含ま
れなかったとしても、3 歳未満の幼児が封入されていた玩具を取り出した後の本
件カプセルで遊ぶことは通常予見される使用形態である」

---

[54] 本件に関して山本・注釈 228 頁は、本法のもとでは欠陥を肯定しうる事案である旨、示唆しま
　　す。また、一般的見解として升田・詳解 365 頁は、家庭で使用する汎用品の「通常予見される使用
　　形態」は、乳幼児や高齢者が使用・利用する可能性を考慮して判断されるべき旨、指摘しています。

危険認識能力・危険回避能力において未発達な乳幼児用の製品については、乳幼児の行動特性を考慮して使用範囲の画定がなされることが妥当であり、高齢者用製品も基本的には同様と考えられます。

福祉用製品群では、ホームセンターで購入した、横付け専用と記載する手すりを居宅で縦付け使用した【91】は、欠陥判断にあたり、手すりの使用形態の評価が問題となります。判旨は、手すりの特性について、製造者はパッケージに「横付け専用」と記載するが、使用例には斜めに取り付ける写真が記載され（用法因子 a）、使用者は縦付け使用に支障がないと理解する余地があること（危険因子 aʼ）、縦付けの場合と横付けの場合とでブラケットの耐荷重に有為な差がないこと（構造因子 d）ことを指摘し、パッケージの記載を読む使用者にとって縦付けでの使用は、合理的に予見される適正使用（Ⅰ領域）と評価するものです。パッケージに「横付け専用」との記載があるとしても、用例の写真等から総合的かつ客観的に判断して、横付け使用を排除するものとは理解しがたく、縦付け使用は、本件手すりの適正使用（Ⅰ領域）のうち、使用者に危険の認識可能性がない B 領域と評価しています。（本件における任意の安全基準と欠陥については 223 頁を参照）。

【91】ホームセンターで購入した手すりのブラケット破損による転倒事故［福岡地判平成 25 年 7 月 5 日］

○事案　【61】と同一

○判旨

通常予見される使用形態について「本件手すりにつき、Yの想定していた使用形態は横付けであるものの、少なくとも本件手すりのパッケージを読んだ使用者等は、横付け専用というのは、破損の危険性を排する観点からの警告・指示ではなく、縦付けの場合にはブラケット部分が邪魔になるなどして使用しにくい面があり、これよりも縦付け使用に便宜な形状の手すりは別にあるという観点からの警告・指示であって、使用者において使用にしくさを受任すれば、縦付けでの使用に特段の支障はないと理解する余地が多分に存すると認められる。したがって、縦付けでの使用も、合理的に予見できる範囲の使用形態に含まれ、通常予見される使用形態の範疇に属すると認めることができる。」

駅構内に設置された視覚障害者用誘導ブロック（点字ブロック）に関する【79】は、通勤途中の乗換えのため点字ブロック上を走って通行し、足を滑ら

第2部　逐条講義

せ転倒した事故につき、ブロック上を走って通行する使用は想定する通行形態を著しく逸脱すると評価し（D領域）、欠陥を否定しています（在宅介護用に貸与されたギャッチベッドに関する【37】の使用形態評価については、明白な危険に関する232頁を参照）。

8　事業用製品群

(1)　基本的な考え方

　事業用製品にかかる使用範囲判断と誤使用の関連をみてみましょう。

　この種の製品では、第1に、具体的事案に応じ「通常予見される使用形態」の範囲を画定するにあたって、需要者側事業者の用途をどのように考慮するかが判断要素となります。

　第2に、製品がもつ危険とその回避可能性に関する専門知識や技術について、需要者側事業者と製造者の間に実質的な格差が存在するかが判断要素となります。

　2つの要素は実際には関連しあっており、第1の要素に関する判断のなかで第2の製造者との関係性が考慮される場合が見受けられます。

　立法前のカネミ油症事件に係る一連の判決のなかで福岡地判昭和52年10月5日（判例時報866号21頁）および福岡地小倉支判昭和60年2月13日（判例時報1144号18頁）は、食品製造工程における熱媒体として化学物質製造者が食品製造業者に供給した化学物質の適正使用範囲を食品製造における使用ととらえ、需要者用途を含めて使用範囲を判断しました。これに対して、【81】は熱媒体の用途のみに照らして化学物質の使用範囲を判断し、需要者用途をいわば限定的に考慮したものです。

　立法前裁判例ではほかに、大阪高判昭和49年1月31日（判例時報752号40頁）は、プロパンガス保湿機を養鶏業者が育雛箱で燃焼して連続使用し、火災が発生した事故に関するもので、育雛用の使用がプロパンガス保湿機の通常予見される使用形態といえるかが問題となるものです。判旨は製品は養鶏専門事業者の事業の用途に供したもので、一般人に対するような詳細な注意は必要ではないとし、責任を否定しています。育雛箱のなかでプロパンガス保湿機を連続使用する使用を、予期される通常使用の範囲からの著しい逸脱であり、適正使用（Ｉ領域）の範囲外、すなわち狭義の誤使用（D領域）と評価すると解されます。需要者である養鶏業者が製造者に使用目的を告知している点について、本法のもとでは需要者が危険を認識できたかという事情が使用範囲判断に影響

第2章　定　義——Ⅱ　欠陥（2条2項）

を与えると思われます。

　以上のように立法前裁判例においてすでに、汎用品の使用範囲判断に関して
需要者用途をどのように考慮するかが問題となっていました。本法を適用する
事案においては、具体的な需要者用途に照らして適正使用の範囲を検討する事
案が製品分野を横断して現れています（【21】【93】【94】【146】。ただし、【145】
は限定的に考慮する）。需要者用途を考慮する際には、製造者と需要者が保有す
る専門知識や技術に実質的な格差があるかが考慮され（【75】【76】【92】【97】）、
著しい逸脱的使用については、需要者側に責任を負担させる傾向があると解さ
れます（【86】【87】）。

　また、事業者用製品は、事業活動に伴い、運搬事業者が運搬機関を用いて製
品を運搬・保管する場合があり、運搬や保管中の使用形態の評価が問題となる
事例が現れています（【29】【94】）。

　需要者用途と使用範囲判断に関するこのような裁判例には、製造者と需要者
の実質的公平や、需要者側事業者の危険使用によって第三者に不測の損害を与
える場合には、製造者側において可能なかぎり実質的な安全確保措置がとられ
るべきといった考え方が反映していると思われます。

(2)　**裁判例**

　食品・食器では、サイコロステーキに関する【92】は、顧客にペッパーラン
チ方式でサイコロステーキを提供するとしても、一般の結着肉と同様に顧客に
中心部まで十分に加熱させないまま提供することは、本来の方法に違反する
（D領域）と評価し、欠陥を否定しています。

**【92】飲食店で提供された牛肉入りサイコロステーキによる食中毒［東京地判平成24
年11月30日］**
○**事案**　【41】と同一
○**判旨**
通常予見される使用形態について「ペッパーランチ方式は、調理方法、提供方法及
び接客対応などについて十分な対策を採ることで、顧客においてサイコロステー
キの中心部まで十分に加熱してもらうことが可能な方法であり、Ｘも、顧客にお
いてサイコロステーキの中心部まで十分に加熱してもらうことを想定していたの
であるから、サイコロステーキの「通常予見される使用形態」は、一般的な結着
肉と何ら異なるものではなく、中心部まで十分に加熱して喫食させるというもの

203

第 2 部　逐条講義

であったというべきである。
　そして、このことは、ペッパーランチがサイコロステーキペッパーランチ方式
で提供し、そのことをＹの担当者が認識していたとしても異なるものではなく、
顧客にサイコロステーキの中心部まで十分に加熱させないまま提供することは
「通常予見される使用形態」に当たらない」

　耐熱強化ガラス製給食器のケース【21】では、汎用品として製造され小学校
の給食用に供された食器の使用範囲判断に関して、「学校給食用の食器は、危
険状態に対する判断能力や適応能力が十分でない小学校低学年の児童も使用す
ることが予定されている」ことを前提に、低学年児童が食器を重ねて持ち運び、
他の児童と接触して落としたという使用形態について通常使用（Ａ領域）の範
囲内と判断しています。前述のとおり（112 頁を参照）、本件では製造物の総合
的特性評価において需要者用途が考慮され、その特性評価をふまえて使用範囲
判断がなされています。
　小児用医療機器にかかる【93】でジャクソンリースは、小児用麻酔器具とし
て製造許可を受けた製品ですが、医療現場では小児・新生児人工呼吸を含めた
呼吸管理全般に汎用されていたものです。判旨はジャクリンリース製造業者と
気管切開チューブ輸入業者は、医療現場における組合せ使用の実態を認識して
いたとして、2 個の製造物について呼吸管理用機器としての適正使用（Ⅰ領域）
と判断しています。

【93】小児用医療機器の組合せ使用による呼吸回路閉塞事故［東京地判平成 15 年 3 月 20 日］

○事案　【24】と同一
○判旨
[1] ジャクソンリースの使用形態と指示・警告の適切性について「本件ジャクソンリ
ースは麻酔用器具として製造承認を受け販売されていたとはいえ、医療の現場に
おいては人工呼吸用にも用いられ……ていたのが実態であり、Ｙ₁ としてもその
ような実態を認識していたうえに、そのような組合せ使用がなされた場合、他社
製品の中には、……呼吸回路に閉塞が生じる危険があるものが存在していたこと
からすると、Ｙ₁ とすれば、本件ジャクソンリースを製造販売するに当たり、使
用者に対し、……接続箇所に閉塞が起きる組合せがあることを明示し、そのよう

204

第2章 定 義——Ⅱ 欠陥（2条2項）

な組合せで本件ジャクソンリースを使用しないよう指示・警告を発する等の措置を採らない限り、指示・警告上の欠陥があるものというべきである」

[2] 気管切開チューブの接続危険と指示・警告の適切性について「Y_2が、本件ジャクソンリースと本件人工鼻との回路閉塞事故であるC大学2症例につき……報告を受けていたことからすれば、Y_2とすれば、その報告を受けた際に、当該症例で接続不具合が判明した……人工鼻……と同様に死腔を減らすという設計意図に基づき接続部内径を狭くした本件気管切開チューブについても……C大学2症例と同一メカニズムによる事故が起こりうることを認識しえたと考えられる。したがって、組合せ使用における接続不具合を確認する検査を実施するなどしたうえで、……本件気管切開チューブと長い新鮮ガス供給パイプをもつジャクソンリース回路とを組み合わせて使用しないよう具体的に警告を発することはY_2にとって不可能ではなかったと認められる」

【93】の判断に対して、医療現場における医療機器を創意工夫して使用することは医療従事者の裁量に任され、そこでの用法上のリスク管理責任も医療従事者に委ねられるべきだとの見解に立つと、適正使用（Ⅰ領域）の範囲は麻酔用機器としての使用に限られ、呼吸管理用機器としての汎用的使用は著しい逸脱的使用ないし本来の用法違反として狭義の誤使用（D領域）と位置づけられます。一般的には、製造者等は当初予期された用途より使用実態における用途が拡大した場合に、どの範囲を適正使用ととらえて警告等の安全確保措置をとるべきかが問題となります。本件は立法前の医薬品裁判例の見解を継承しつつ、医療現場で拡大使用される医療機器について製造者は使用実態に即した安全確保措置をとるべきだとの趣旨と解されます。もっとも、本件は第1使用者であり専門家である医師の過失を重畳的に認め、医師の使用は適正領域（Ⅰ領域）のうち使用者に危険の認識可能性が存在する場合（C領域）と解されます。

　化学製品について、工業用接着剤に関する【94】は、プライベートブランドとして販売した工業用接着剤を用いて接着した大量の紙箱の接着面がトラックコンテナで輸送・保管中に剥がれた事案につき、委託製造者が主張する接着剤の欠陥が問題となるものです。判旨は、本件接着剤は特に高温時の接着保持力が弱いため（構造因子a、危険因子a'）、トラックコンテナによる輸送中や倉庫内で、通常予想される高温・振動によって接着面が剥がれたとして、適正使用（Ⅰ領域）と評価して欠陥を肯定しつつ、委託製造者が行った製造物の表示に

205

第2部　逐条講義

関して過失相殺を行っており、C領域と解されます（本件の過失相殺については300頁を参照）。

【94】紙箱に使用する工業用接着剤の欠陥について［大阪高判平成24年1月13日自保ジャーナル1890号165頁］

○**事案**　A社は、Yが製造した工業用接着剤を自社ブランド製品として紙箱の製造業者Bに販売し、本件接着剤をBの子会社Cに納入し、Cがサックマシンを使用して紙箱を製造し、Dに納入したところ、D等の納品先において、トラックコンテナで輸送中あるいは保管中に紙箱の接着面が剥がれる事故が発生した。保険会社Xは、この事故により損害を被ったとするBに保険金を支払い、平成20年第法律53号による廃止前の商法662条の保険代位により、AのYに対する製造物責任に基づく損害賠償請求権を取得したとして、Yに対して支払金と同額の損害賠償等を請求した。一審は、一部認容し、Xが控訴。

○**判旨**　請求棄却

[1] 工業用接着剤の欠陥について「本件接着剤は、温度条件（5度、20度、40度）に関係なく振動に弱く、特に高温（40度）の方が剥がれが生じていることなどからすると、本件接着剤は、50度程度以上の高温での接着保持力は弱く、しかも振動が加わるとさらに接着保持力が弱いという性質を有しているため、本件接着剤を使用して製造した紙箱がトラックコンテナで輸送中あるいは倉庫に保管中に剥がれるという本件事故が発生したものである。

　したがって、本件接着剤は、輸送中のトラックコンテナあるいは倉庫の中といった、通常予想される程度の高温及び振動に対して弱く、その接着力を保持し続けることができないのであるから、通常有すべき安全性を欠いているものと認められる」

[2] 過失相殺について「Aは、……Y作成の製品性状表の確認をする程度の簡単な常態接着試験、初期接着試験、耐寒試験を行ったのみで、通常製造者であればなすべき試験を行わないまま、自社ブランドとして、注意書き等のない新しい製品性状表の下で販売したこと、Bは、Aブランドの表示を通じて製造者としての信頼を与え、Cらは、Aブランドを信頼して本件接着剤を購入したという面もあることや、これによってCらは、真の製造者であるYから本件接着剤に関する情報を得る機会を奪われたことも考えると、D等のユーザーに対して、ともに製造物責任を負うべき立場にあるAとYとの責任の割合は、……A6割、Y4割とするのが相当である」

第2章 定 義——Ⅱ 欠陥（2条2項）

　乗り物用製品について【95】は、カーオーディオに搭載された電子機器用ス
イッチの短絡事故（バッテリー上がり事故）に関し、自動車に搭載すると高温
多湿になりうる使用環境を使用範囲判断にあたってどのように評価するかが問
題となります。判旨はカタログや仕様書の保証範囲に照らして需要者用途であ
る車載を含めて通常使用（A 領域）にあたると評価し、通常使用の範囲内と解
しています。

【95】カーオーディオスイッチの短絡事故［東京地判平成 15 年 7 月 31 日］
○事案　【13】と同一
○判旨
スイッチの車載は通常予見される使用形態にあたるかについて「本件カーオーディオ
製品において、本件 FT スイッチが電子機器の検知スイッチとして通常予想され
る使用態様（使用時間を含む）を外れて使用されたことを窺わせる証拠は何ら存
在せず、かえって Y は、本件短絡事故に関する打合せにおいて、X 及びチューナ
ーから説明を受けた回路電流、電圧と温度、湿度で使用条件については問題がな
いことを確認しているのであるから、本件カーオーディオ製品に使用された本件
FT スイッチは、電子機器の検知スイッチとして通常予想される使用態様（使用
時間を含む）で使用されたものと推認され、本件短絡事故が、本件カタログや本
件仕様書に記載された使用周囲温度、使用周囲湿度、すなわち本件保証範囲の範
囲内で発生したのであれば、同事故は使用時間も含めて、Y の保証範囲内で発生
したものというべきである……」

　【95】は需要者側事業者の用途を考慮して、本法に基づく使用範囲を判断し
たものといえます（本件の欠陥判断では、異種事業者間の事業者期待を考慮する
ことについて 88 頁を参照）。
　産業機械に関する使用範囲判断が問題となる例がいくつかあり、いずれも需
要者側事業者の用途を考慮して使用範囲判断を行うものです。フードパック自
動裁断機に関する【96】は、機械の稼働中に操作者が荷崩れ品除去のためにリ
フトに身体を入れる使用は、操作者が熟練であるとしても機械装置の構造等に
ついては非専門的であることを考慮し、適正使用（Ⅰ領域）としています。

207

第 2 部　逐条講義

> **【96】フードパック油圧裁断・自動裁断機による操作者受傷［東京高判平成 13 年 4 月 12 日］**
> ○事案　【14】と同一
> ○判旨
> **操作者の危険行為が通常予見される使用形態にあたるかについて**「本件機械で予定されていた荷崩れ品の排除策が不適切なものであったという……状況にあっては、客観的に見れば危険な行為であっても、作動しているリフトの上部に手や身体を入れて崩れたフードパックを取り除こうとすることをもって、予測の範囲を超えた異常な使用形態であるということはできない」

　【96】は操作者に重大な危険の認識可能性が存すると認めて過失相殺を行うことから、Ⅰ領域のうちＣ領域の事案と解されます。

　食肉自動解凍装置のケース【19】は、食品製造機械に求められる食品の安全性の観点から需要者用途を考慮して使用範囲を判断すると解されます。もっとも、需要者が食品機械設計・製作の専門業者であり、食品の安全性の観点から使用方法等の安全確認を怠ったとして使用形態に関わる過失相殺を行う点で、適正使用（Ⅰ領域）のうちＣ領域に位置づけられます。

　ヒラメ養殖用に供した磁気活水器に関する【70】では、水産物養殖のために海水を用いる需要者用途の評価が問題となり、需要者用途を含めて通常使用（Ａ領域）の範囲内とするものです。類似の立法前裁判例には、育雛箱用に供したプロパンガス保湿機に関する大阪高判昭和 49 年 1 月 31 日（判例時報 752号 40 頁）があげられます。育雛の用に供したことにつき専門的知見をもつ需要者側事業者の誤使用であり製造者に過失はないと評価し、対照的な判断を示すものといえます。

　【97】はバイオ燃料（BDF バイオディーゼルフーエル。生物由来油から生成するバイオマス燃料）精製装置について、製造された燃料で販売業者の顧客に生じたエンジントラブルについて装置の欠陥が問題となるものです。判旨は BDF事業者間での使用範囲判断に関して一般論を示しながらも、具体的に使用条件を大きく逸脱する使用形態であるかは不明とし、精製油は同種事業者間では安全性をもつことを前提に、結論として装置の欠陥を否定しています。

第 2 章　定　義——Ⅱ　欠陥（2 条 2 項）

【97】廃食用油から軽油代替燃料を精製する装置の販売者に対する損害 ［東京地判平成20 年 4 月 24 日判例時報 2023 号 77 頁］

○事案　X は廃食用油から軽油代替燃料を精製する装置（BDF 精製装置）の 1 号機および 2 号機を購入し、BDF（NERO と略称される）を精製して販売していたところ、寒冷地で NERO を車両に使用した顧客にエンジントラブル等が発生し、X は販売を中止した。X は装置を製造した Y_1 および装置を共同開発した Y_2 大学に対して製造物責任等に基づき損害賠償を請求した。

○判旨　請求棄却

装置の通常予見される使用形態と装置の欠陥について「本件装置が本来の性能を発揮して燃料を精製するためには、原料の質や使用環境について……〔廃食用油は植物性に限り、外気温 30℃ で使用するなど〕条件を満たす必要があり、……条件を満たした場合には通常予見される使用形態であるということができ、これらの条件を満たさないで本件装置が使用された場合は、その使用方法は通常予見される使用形態を逸脱したものというべきである……NERO は、通常予見される使用形態で使用された本件装置により精製された NERO であったかどうかは明らかではない。……本件 1 号機及び本件 2 号機が引き渡された時点における BDF事業者等の BDF の安全性に関する認識を基準と〔すると……〕、BDF 中に 2 質量％のメタノールが残留していることをもって、その BDF が通常有すべき安全性を欠くものであったということはできない……。……本件装置により精製される NERO 自体が通常有すべき安全性を欠いているとはいえないから、……欠陥があるということはできない」

【97】は新規開発の製造物に関し、同等の専門知識をもつ同種事業者間の訴訟であり、責任の所在に結びつく使用範囲の境界に関し、詳細な検討を要するものです。国際的に開発途上の技術を応用する製造物であり、使用範囲の評価が困難なケースと思われます（本件の共同開発者が「製造業者等」（2 条 3 項）にあたるかについては 253 頁を参照）。

機械部品では、フレキシブルメタルホースに関する【75】は、灯油配管に使用する際に、オイルポンプに直接接続するなど振動が生じる箇所で使用していたことについて、製造者は防振継手を別途販売していたが、本件製品について振動が生じる箇所での使用を特に禁止していないなどとして、通常使用（A 領域）と評価しています。

以上にみてきた事例を、汎用品に関する 2 つの例と比較してみましょう。

209

第 2 部　逐条講義

　電磁弁に関する【76】は、製造者が旧電磁弁の後継品かつ汎用品として製造販売した電磁弁について、仕様に記載する作動耐久を大幅に超えた作動をさせていた使用状況を考慮して、欠陥を否定しています。使用者が、特性において旧電磁弁の後継品としての用途を明示していたとしても、使用形態判断においては、汎用品としての仕様を基準として、著しい逸脱的使用（Ｄ領域）と評価するものです。

　児童施設の開き戸型ドアに関する【98】は、小学校低学年の児童はドアのすき間で指挟み事故を起こさないよう注意義務を負うとし、使用形態の評価に関しては、吊り元側に手指を入れる使用を本来の用法に反する危険使用（Ｄ領域）と位置づけると解されます。

【98】児童施設のドアによる児童の指挟み事故 [東京地判平成 23 年 2 月 9 日]

○事案　【77】と同一

○判旨

小学校低学年の児童の注意義務について「本件ドアのような開き戸は長い歴史があり、現在でも多くの施設や設備で使用されており、その外観からも、開き戸は開けたときに生ずる吊り元側の隙間に手指を入れると指詰め事故発生の危険があることや、その隙間に手指を入れさえしなければ指詰め事故を防ぐことができることは、利用者が経験上よく知っている事柄である。この事情は小学校低学年の児童であっても基本的に異なるところはなく、しかも隙間に手指を入れないよう注意することはきわめて容易に実行することができる。……また、小学校の児童が主に利用する建物では開き戸型のドアが多数存在し、開き戸について指詰め事故防止策が標準的に講じられているとはいえない状況にあるが、これは、指詰め事故発生の危険に対しては、小学校低学年の児童を含む利用者側が吊り元側の隙間に手指を入れないよう注意すべきものと考えられているためと解される。そうすると、本件ドアについて本来の用法以外の危険な用法で使用しないという注意義務は、基本的には小学校低学年の児童を含む利用者側で負うべきものである」

　【98】は建材が汎用品であることを重視し、小学校低学年児童が多く利用する製品であることを、製造物の特性評価において積極的に考慮するものではありません。【98】における使用範囲判断は、第 1 考慮事項である製造物特性の評価をふまえ、開き戸のすき間に児童が手指を入れる使用は汎用品としての適正使用（Ⅰ領域）の範囲外であり、著しい逸脱的使用ないし本来の用途違反

210

（D領域）と位置づけるものです。本件では、製造物が相当程度使用経験を有する汎用品であり、消費者・使用者にとって危険が一定程度明らかであることと、実際上主たる利用者は危険の認識能力・危険回避能力が未発達な状態にある小学校低学年児童であるという使用実態を総合考慮して、製造物責任の観点からどのように評価するかが問題となると考えられます。

　汎用品による子どもの事故については、製造者が合理的に予期する使用範囲判断に関してどこまで使用者用途を考慮すべきかが欠陥判断に密接に関連することが少なくありません。その一方で、裁判例の動向を一律に論じられるものではなく、今後さらに検討を進める必要があるように思われます。

コラム　❽ 立法提案とPL裁判例の発展
──教師と学生の対話（その３）──

教師　「今日の講義はこれで終わります。質問のある人はどうぞ。」

学生　「学部生のＵです。PL裁判では、「通常予見される使用形態」の範囲が責任の有無の決め手となっているのでしょうか。」

教師　「PL裁判では、この問題が欠陥の有無に関する主な争点となるケースはしばしばあると思います。」

学生　「立法時に十分議論されなかったためでしょうか。」

教師　「よいところに気付きました。PL立法時に出された多くの立法提案のうち、特に、私法学者による立法提案には、製造物の通常使用の範囲について、広狭の２つの立場があったのです。」

学生　「要綱試案と90年グループ案ですね。立法当時の学者の議論をいまも論争しているのですか。」

教師　「立法提案の議論はいまも生きていて、裁判例を発展させていると思います。当時の広範な研究が支えとなっているのです。」

学生　「そうなのですか。立法提案を読んでみようと思います。」

---

⑥　製造物を引き渡した時期──第３考慮事項

1　欠陥の存在時期── ３つの観点

　製造物の欠陥に対して製造者に製造物責任を課すのは、製造業者等が欠陥のある製造物を市場に提供したことに対する責任を根拠とします。製造業者等が引き渡す時点まで製造物は製造業者等の管理下にあり、製造業者等はこの時点

第2部　逐条講義

まで製造物に存する危険を制御できる立場にあります。引渡し時期までに製造物に存在した危険に関して、製造業者等は一切の責任を負います。これに対して、製造物が市場に出された後で介在者等によって改造や修理等の工作が加えられ新たに危険が生じた場合には、製造業者等の制御は及ばず、製造物責任を負いません。「引渡し時期」は、製造物責任の有無を左右する重要な責任要件といえるでしょう。

　製造物責任の時間的要件である引渡し時期の意義について立法時の説明を参照すると、欠陥判断において引渡し当時の社会通念を考慮することが第1に強調されています[55]。

　以下では、製造物の引渡し時期における社会通念の内容を3つの観点から検討してみたいと思います。まず、立法時にあげられていた、引渡し時期における安全性の程度を判断する際の社会的期待(2)、次に、引渡し時期における技術的実現可能性(3)、続いて、引渡し時点の製造物に潜在する欠陥(4)の問題を取り上げたいと思います。

2　引渡し時期における社会的期待

(1)　基本的な考え方

　製造物の引渡し時期における社会通念は、第1に、製造物責任の観点から製造物の安全性程度を判断する際の時期的な基準を意味します。この事情は立法当時において、「当該製品が製造業者によって引き渡された時点での社会通念に基づいて要請される安全性の程度等の事情」と説明され、引渡し時期における社会通念に照らして製造物に期待される安全性の程度を判別することです[56]。製造物の安全性に対する期待の程度は社会通念の変化によって変動しうるもので、同種製品の製造販売が開始された時期、当該製造物の引渡し時期、事故発生時期の各時期の社会通念を区別してとらえることを要する場合が考えられます。

　たとえば、同種製品の製造販売開始時期と比べて、当該製造物の引渡し時期には技術の進歩や設計思想における安全性の観念が向上していたり、また、引渡し時期に比べて、事故発生時期には技術の進歩や設計思想における安全性の観念が向上する場合などです。こうした変化に応じて、社会的に期待される安全性の程度が高まる場合が考えられます。これと反対に、製品の普及に伴い、

---

[55]　逐条66頁を参照。
[56]　逐条70頁を参照。

製品がもつ危険の認識や回避方法が一般消費者を含む社会内に周知されるようになると、製造業者側で確保すべき安全性の程度にどのような影響を与えるかという問題が生じます。

(2) 裁判例

　欠陥判断において製品が有すべき安全性に対する使用者の社会的期待の程度に関しては、欠陥の判断基準のひとつである前述の消費者期待基準（広義）が参考となります（81頁を参照）。広義の消費者期待基準が、①狭義の消費者期待基準、②事業者期待基準、③専門家期待基準の３類型に分化していることを受けて、ここでも安全性の程度に対する社会的期待を、消費者期待（(i)）、事業者期待（(ii)）、専門家期待（(iii)）の３類型に分けて検討してみたいと思います。

(i) 狭義の消費者期待

　動物駆逐用花火に関する【22】では、事故当時、「轟音玉の購入に当たって煙火従事者手帳等の所持は要求されておらず、誰もが轟音玉を購入することができたこと」を考慮に入れた欠陥の判断がなされています。引渡し時期を含む事故当時までは購入者に制限がなかった使用者層の事情と、裁判が行われた時期には購入に条件が設けられ、一定の使用者層に狭められた事情とが比較され、引渡し時期の使用者層が安全性に対して期待する内容が検討されています。

　子どもの事故のケースにおいては、安全性に対する消費者期待の程度について、引渡し時期のどのような事情が考慮されているでしょうか。こんにゃくゼリーに関する【30】では、インターネット調査結果が示す製品の危険に対する消費者の認知度や事故当時に事故情報が社会内に相当程度周知されていたとの推認を前提に、引渡し時期における欠陥を否定するもので、製造販売開始時と事故発生時における安全性に対する消費者期待の程度の差異が指摘されています。判旨は、新製品として販売された当初には社会的には未知であった製造物の危険は、製品の普及とともに引渡し当時にはその知見が社会内に共有されるに至っていたと指摘しています。そのうえで、引渡し当時になされた指示・警告は危険を十分低減させる機能を果たし、社会的に期待される安全性を備えていたと評価するものです。

　これに対して、児童施設に設置された開き戸ドアに関する【77】は、引渡し時期に技術的に可能であった安全確保措置を製造業者側が措置することが社会的に期待される安全性の内容といえるかが問題となるものです。判旨は、「製造・販売業者であるYにおいて、利用者がトイレブースのドアを本来の用法以

第 2 部　逐条講義

外の用法で使用できないようにするとか、本来の用法以外の用法で使用しても指詰め事故が発生しないような安全策を講ずべき必要はない。むしろ、製造・販売業者が上記レベルの安全策を講じなければならないとすると、これを必要としない他の多数の購入者に対してまで不要の構造や材質の製品を提供せざるを得なくなり、コストが高くなるなどの問題も生ずるのであって、妥当ではない」として、児童の逸脱的使用による指詰め事故が発生する危険を製造者が認識できるとしても、コストをかけて他の多数の購入者にとって不要な特別の事故防止措置を講じる必要はないとするものです。

　【77】は、製品の児童施設への設置に先立ち、関連事故情報が国民生活センター等から消費者向けに発信され、事故防止用具が市販されていた事情を考慮し、子どもの事故防止のための物理的な安全確保措置とともに、子どもが使用者である場合の用法上の危険を低減させる指示・警告についても、本法の観点から社会的に期待される安全の問題とはいえず、不要との結論を導いています。

　クロスバイクに関する【69】、携帯電話機に関する【32】では、欠陥の判断にあたって、製品の製造や購入から事故発生までに経過した時間が考慮されています。特に【69】では、事故発生が購入から約 6 年 4 か月経過後であることを勘案しつつ、使用者の合理的期待の範囲が検討されています。

(ii)　**事業者期待**

　プライベートブランド化粧水に関する【56】は、受託製造業者が製造委託・販売事業者に化粧水を引き渡してから 2 ないし 10 か月後にカビが検出されていることは、販売元で在庫として保管する期間を考慮すると、通常有すべき安全性を欠くとしています。

　BDF 精製装置に関する【97】は、製造物に関し同等の専門性をもつ事業者間において、需要者側事業者が製造物の引渡し時期において期待する安全性の程度が問題となるものです。判旨は NERO を既存のディーゼル車両に使用すればエンジントラブルを生じる可能性があり、その際にはメンテナンス等により精製された NERO を軽油代替燃料として使用しうることにつき、引渡し当時の事業者間に専門的な知見が共有されており、装置は事業者期待に適う安全性をもつとして欠陥を否定するものです。

　判旨は BDF という新開発のバイオ燃料に関する同程度の専門性を備えた事業者間での BDF の安全性に関する認識を基準として、需要者側事業者が期待しうる程度を勘案していると解されます。本判決はカネミ訴訟にかかる【81】

214

第2章 定 義——II 欠陥（2条2項）

や食肉解凍装置に関する【19】など、製造物に関し専門知識をもたない需要者の特定の用途に則した安全性を製造者に求めたケースとは対照的に、同程度の専門的知見をもつ事業者間で共有される認識を基準として事業者期待の程度を評価するものです。

フレキシブルメタルホースに関する【75】は、フレキシブルメタルホースを危険物である灯油の配管に設置後、約1年3か月という短期間で、フレキシブルメタルホースが振動等により破損する事故が発生したことにつき、フレキシブルメタルホースが引き渡された時期において欠陥があったとしています。

(iii) **専門家期待**

製造物の引渡し時期において、専門的使用者が期待する安全性の程度があつかわれた例としては、ジャクソンリースに関する【24】があげられます。本件は引渡し時期における医療現場での使用実態を考慮して、専門家の逸脱的使用に伴う危険を回避するレベルの安全確保措置を製造業者側に求め、指示・警告上の欠陥を肯定するものです（本件に関する消費者事故調査の観点からの検討については327頁を参照）。

新薬の副作用事故に関するイレッサ訴訟にかかる【49】では、医薬品添付文書の記載内容の妥当性を製造物責任の観点から判断するにあたり、引渡し時期における医学的水準に照らした最新の医学的知見が基準となっています。本件については、新薬が新しいカテゴリーの医薬品であり、作用メカニズムや副作用危険に関する臨床的知見の蓄積により製造承認後に適応症の範囲が狭められたとしても、引渡し当時の医学的水準に照らすかぎり、専門家である医師に対する指示・警告としては妥当であると判断されたものです（【49】の検討課題については124頁を参照）。

3 引渡し時期における技術的実現可能性

(1) 基本的な考え方

製造物の引渡し時期に考慮される社会通念は、第2に、引渡し当時における知識や技術水準等の技術的な実現可能性を意味します。その具体的な内容は、立法時には、「製品が引き渡された時点での技術水準を踏まえ合理的なコストアップの範囲内で安全性を高める代替設計、代替構造等が実現できるかという事情」[57]と説明されています。

---

[57] 逐条71頁を参照。

215

第2部　逐条講義

　そもそも第3の考慮事項は、立法当初から、製造物の欠陥判断にあたってどのように考慮されるかが第1、第2の考慮事項と対比してさほど明確でないと指摘されています[58]。以下では、裁判例の傾向を検討してみたいと思います。

(2)　**裁判例**

　まず、欠陥類型を指定し、ひとつの類型に絞り込んで欠陥判断を行う例からみてゆきましょう。

　製造上の欠陥が問題となるケースでは、引渡し当時における危険除去の技術的実現可能性は欠陥判断にあたって考慮されていないといえるでしょう。たとえば、典型的なアウスライサーの事例では、引渡し当時におけるアウスライサー除去の技術的実現可能性が問題とされることなく欠陥が肯定されます（【16】）。また、イシガキダイ食中毒に関する【6】においても、引渡し当時における危険除去の技術的可能性が問題とされることなく欠陥が肯定されています。

　設計上の欠陥判断に関しては、採るべきであった代替設計を具体的に示して欠陥を認める場合において、引渡し当時の技術的実現可能性が考慮されているかが問題となります。

　自動車のフロント・サイドマスクのフックに関するケース【12】は、フックの材質を金属でなくプラスチックにし、形状についても代替設計をなすべきであったと判断し、引渡し時における技術的な実現可能性を前提すると解されます。また、カーオーディオのスイッチに関する【13】は、スイッチに使用するメッキの材質を、銀ではなく金にすべきであったとして、引渡し当時において技術的に可能な代替設計を前提すると解されます。

　これに対して、設計上の欠陥を認めるにあたり、望ましい設計思想を示すにとどまる場合には、引渡し当時の技術的実現可能性の検討はあまりみられないと思われます。

　カプセルトイに関する【10】、フードパック自動裁断・搬送機に関する【14】は、適正使用（Ⅰ領域）の範囲内で事故を発生させない代替的な設計措置を取るべきであったという設計思想を示すにとどまり、引渡し時期における技術的な実現可能性には特段触れていません。

　指示・警告上の欠陥に関しては、引渡し当時において記載すべき内容を期待することができたかが考慮される例があります。肺がん治療薬イレッサに関す

---

[58]　升田・詳解 368 頁を参照。

る【49】は、引渡し当時の医学水準に照らし記載可能な内容を限度として指示・警告の十分性、適切性を判断するものと解されます。

次に、ひとつの欠陥類型に絞り込まない、あるいは欠陥を俯瞰的に評価する例について、引渡し時における技術的実現可能性の考慮をまとめてみましょう。携帯電話機に関する【32】は、設計または製造上の欠陥を認めるにあたり、技術的実現可能性について特段考慮していないと思われます。特定の欠陥類型に絞り込むことなく欠陥を評価する裁判例としては、電気式床暖房に関する【11】、飼い犬用リードに関する【33】、輸入電気ストーブに関する【34】、ホームセンターで購入した手すりに関する【61】、折り畳み自転車に関する【68】、クロスバイク自転車に関する【69】などがあります。これらの例においては、技術的実現可能性は特段考慮されない傾向があると思われます。

4 引渡し時期における欠陥の存在態様──ガス湯沸かし器不正改造事故

製造物の引渡し時に欠陥が存在するという責任要件については、引渡し時に製造物の物的構造に欠陥が潜在すると考えられる場合が問題となります。

以下では、潜在的欠陥が検討される背景として、ガス機器に関する近年の事件を概観し、本法適用裁判例を素材として、製造物の構造に危険使用を誘発する物理的誘因が存在する場合の設計上の欠陥について若干の考察を行ってみたいと思います。

(1) 問題の所在

近年のわが国において製品安全に対する消費者はじめ社会一般、さらには行政の意識を飛躍的に高めた事件として、2006年（平成18年）に発覚し、社会問題化した一連のガス湯沸かし器不正改造事故があげられます。この事件は1980年（昭和55年）から製造開始され、多数販売されたガス湯沸かし器について安全装置が頻繁に故障する不具合があり、修理担当者が追加配線により安全装置を無効化する短絡の改造を行ったことにより多数の一酸化炭素中毒事故が発生したものです。この事件によって、事故情報を集約して事故の拡大防止につなげる社会的仕組みの重要性が認識され、社会的に製品安全問題に対する関心が大きく高まりました。

(2) 若干の検討

ガス機器は、専門的取扱者の設置や修理・点検を要する製品のひとつです（定期的・専門的点検を要する製品群について178頁を参照）。引渡し後に、消費者・使用者の生命・身体に危険を及ぼしうる工作が施される場合に、機器製造

第2部　逐条講義

者にはその危険の制御可能性があるかという観点から製造物責任が問題となります。

　具体的には、ガス湯沸かし器不正改造事例のように、引渡し後において、引渡し時の製造物に存在する物理的要因と密接に関連した危険な工作が施される製造物には、引渡し時期に物理的な欠陥が潜在し、製造物責任を課すべきではないかという問題となります。

　製造者側で引渡し後の危険使用を回避でき、最終使用者側において回避不可能な危険については、使用者側に負担を課すことは実質的公平の観点から妥当ではないかが問題となります。そこで、本法に基づいて設計上の欠陥を肯定する事例を素材としながら、設計欠陥の存在態様を検証してみたいと思います。

　たとえばフードパック自動裁断機に関する【14】は、機械装置の構造には、操作者が荷崩れを防止しようとして裁断機部分に身体を入れる危険使用を引き起こす誘因が存在し、製造者はこの危険を排除する設計上の措置を採るべきであったとして、設計欠陥を認めています。カプセル入り玩具に関する【10】は、乳幼児にありうる行動を考慮すれば、カプセルの設計には乳幼児の窒息につながる危険な使用を誘発する要因があるとして、製造者はこの要因を排除ないし被害を軽減する設計上の措置を採るべきであるとするものです。2つの例は、引渡し時における製造物の構造に危険使用への誘因が存在し、これが設計欠陥を認める一事情となる点を共通にしています。

　ガス湯沸かし器不正改造事例をみてみると、一酸化炭素中毒事故を起こす本質的危険を回避するための安全装置に不具合を生じやすく（構造因子ａ）、安全装置を無効化する短絡を容易に行えることは機器について専門的知識をもつ修理者であれば容易に気付き、短絡は修理者にとってきわめて容易な施工であること（用法因子ｂ）、短絡は安全装置を無効化し、一般消費者が電源を入れずに使用する場合に不完全燃焼を起こす危険をもつこと（危険因子ａ'および危険因子ｂ'）を総合すると、引渡し後に介在者によって短絡が行われる誘因が製造物の引渡し時の構造に内在すると評価できます。

　もっとも、【10】【14】では、いずれも適正使用（Ⅰ領域）における危険使用を設計によって排除すべきと判断するのに対して、ガス湯沸かし器不正改造事例においては不正改造である短絡を適正使用（Ⅰ領域）の範囲内と評価することが妥当かという問題があることは否めません。しかしながら、短絡はガス湯沸かし器の修理を行う電気的知識と技術をもつ修理者であれば容易に気付き、

218

実行できる施工といえます。製造物の本質的危険を現実化させる短絡を行わせる誘因が物理的構造に存在するという事情は、短絡を容易に行えない設計上の工夫を必要とする客観的な危険というべきでしょう。

このようにみてみると、ガス湯沸かし器不正改造事故における設計に潜在する欠陥の問題は、本法に基づいて設計欠陥を認める事例と危険使用への誘因を構造にもつ点で共通し、欠陥の存在態様は相対的な差異であると思われます。

ガス機器のように本質的な危険を伴う製品の通常使用を継続する過程で、専門知識・技術をもつ介在者が安全装置を無効化する危険が設計上存在する場合に、設計思想における合理的期待の観点から設計上の欠陥を肯定すべき場合があることについては、さらに検討を進める必要があると思われます。

⑦ その他の製造物に係る事情──第4考慮事項

欠陥判断における第4の考慮事項は、概括的に「その他当該製造物に係る事情」とされ、第1から第3の考慮事項以外のさまざまな事項が考慮されます。立法時以来、その他の考慮事項の具体的な内容としては、①安全性に関する強制基準や任意基準への適合・不適合や、②事故前後にリコールが実施された製品であること、③明白な危険や使用者の危険認識などがあげられています。

これらの考慮事項については、事案の性質に則した裁判例が蓄積されていき、基本的な考え方の分化発展がみられます。以下、順にみてゆくこととしましょう。

1 安全基準と欠陥

安全基準には多様なものが存在し、取締規定のように行政が製品の製造・販売に関して遵守すべき強制的な基準を設定する規定のほか、国・地方公共団体や民間の主体が作成するガイドラインのような任意の基準が数多く作成されました。事業者や消費者の使用や消費にあたって製品の安全性を評価する社会的機能を果たしています。製品がこのような各種の安全基準に適合し、あるいは適合していない場合に、製造物責任の観点から欠陥や責任の判断がどのように行なわれているかについて検討してみたいと思います。

2 強制基準と欠陥

(1) 基本的な考え方

製造物について、その属する分野ごとに行政上の基本的な安全規制を行う基本的な法律として食品衛生法、医薬品、医療機器等の品質、有効性および安全

第2部 逐条講義

性の確保等に関する法律、消費生活用製品安全法、道路運送車両法、建築基準法などがあります。行政規制に適合した製品によって生命、身体、財産に被害を生じた場合に、製造業者は製造物責任を負うかが、行政規制と本法の関係に関わる基本的な問題となります。

この問題は立法当時に、熱心に議論された論点です。立法時以来、行政による製品安全規制は製品の製造・販売にあたって製品の安全を確保するために満たすべき最低の基準を定めるのに対して、本法は事故が発生した場合に被害者を救済するための民事責任を定めるもので、両者は意義と目的を異にし、相互に補完するものと説明されています。このような関係を前提として、安全規制への適合・不適合は欠陥判断における「重要な考慮事項の一つ」とされ、基本的にはこの考え方が現在まで維持されています[59]。本法の欠陥は、製造責任の観点から強制的な安全基準の存在やその基準への適合性をひとつの考慮事項とする点で固有の判断を行うといえるでしょう。

裁判例には、ⅰ）安全規制に適合する製品に関して、欠陥を評価する例があります（【41】【49】【55】【145】【146】）。

安全規制に適合しない製品の欠陥判断については、ⅱ）行政上の取締規定に明らかに違反する製品について、違法性を重要な考慮事項とし、本法の観点から欠陥があると解する場合があります（【16】など）。

また、ⅲ）行政上の安全規制に違反する製品であるけれども、本法の責任を課すべき損害が生じたとは認められない場合があります（【108】【109】）。

さらに、安全規制には製品が流通に置かれた後の回収や販売制限に関する定めがあり、ⅳ）流通後の安全規制への適合・不適合が本法の欠陥の存在や製造物責任の有無の判断のなかで考慮される場合があります。

以下、順にみてゆきましょう。

(2) **裁判例**

(ⅰ) **安全規制に適合する製品の製造物責任**

欠陥の有無が問題となる製造物について、製造物が安全規制に適合することを考慮して、欠陥を否定する事例は分野横断的にみることができます。

食品分野では、サイコロステーキに関する【41】は、ステーキ店で顧客に提供するサイコロステーキに記載された、食品事業者を対象とする表示が食品衛

---

[59] 逐条72頁を参照。

生法19条1項、2項等に基づく基準に違反しないことが考慮されています。

医薬品では、肺がん治療薬イレッサに関する【49】は、旧ガイドラインに基づいて旧薬事法の承認を受けた新医薬品イレッサについて、添付文書の記載が同法に違反しないことが考慮事項のひとつとなり、指示・警告上の欠陥が否定されています。化粧品に関する【55】は、購入者向けに送られた広告葉書に記載する美白文言が医薬部外品に関する旧薬事法の規制に反しないことが考慮され、欠陥が否定されています（【145】【146】については、325頁を参照）。

また、複合ビルに設置されたエスカレーターからの転落事故に関して欠陥を否定する【71】では、エスカレーターが建築基準法に基づく基準や業界自主基準に反しないことが考慮事項のひとつとなっていると解されます。

(ii) **安全規制に反する製品の製造物責任肯定例**

オレンジジュースに金属片が混入していたと推認された【16】は、食品に「異物が混入」（食品6条4号）したケースです。イシガキダイ料理に使用されたイシガキダイが自然毒を有し、摂食した者に食中毒を発生させた【6】は、食品に「有毒な、若しくは有害な物質」（同2号）が含まれていたケースとなります。また、輸入瓶詰めオリーブに菌が発生し、レストランで摂食した客に食中毒を発生させた【40】は、「病原微生物により汚染された」（同3号）食品であり、いずれも事故原因である食品は食品衛生法6条の適用対象として販売等が禁止されているものです。これらの事例では、いずれも本法のもとで欠陥の存在と製造物責任とを肯定されているものです。

医薬品では、輸入医療用漢方薬に旧薬事法が医薬品成分と認めていない有害物質が含有し、継続的に服用した患者に健康被害を発生させた【36】は、本法の欠陥の存在と製造物責任を肯定するものです。

(iii) **安全規制に反する製品の製造物責任否定例**

安全規制法に反することが明らかであるけれども本法に基づく責任が否定される場合があります。食品衛生法11条で食品への添加が禁止されている物質（エトキシキン）を含有するいわゆる健康食品に関する【109】は、食品衛生法に違反する食品に仮に欠陥があるとしても「欠陥によって生命・身体・財産に損害を生じたものではない」として製造物責任を否定しています。接着剤原液に関する【108】は、化審法に違反する製品と欠陥について、【109】の上記引用の判旨と同様の判断をするものです。

221

第2部　逐条講義

(iv)　流通後安全確保に関わる規制と欠陥

　　各種の安全規制に定める流通後安全確保に関わる規制が欠陥や製造物責任の判断のなかで考慮される場合があります。加工あまめしばに関する【42】は、事故後の2003年（平成15年）9月に厚生労働省は新開発食品等の販売禁止に関する食品衛生法7条2項を初適用し、販売禁止措置をとりました。同項は同年の食品衛生法など、食品安全に関わる諸規制の改正において新設され、海外の一部の地域で食されてきた物を痩身等の効果を期待し濃縮するなどして錠剤やカプセル状の形状に加工する食品が多数流通し、「これまで食経験のある食品又は成分を、これまで食経験のない水準や方法で摂取させる」食品について、食品衛生上の危害発生を防止するために設けられた規定です[60]。【42】のケースに同項を適用するにあたっては、食品安全基本法に基づき食品安全委員会による食品健康影響評価（リスク評価）が行われ、食品の安全性に関する科学的評価を踏まえた販売禁止措置（リスク管理）がとられています。

　　小児用医療機器の組合せ使用による事故に関する【24】は、①国内で製造されたジャクソンリースと②輸入された気管切開チューブの2つの製造物の欠陥が問題となるものです。①について製造業者は事故発生以前に②とは異なる製品と組合せ使用を行った場合の同種事故の情報を当時の厚生大臣に報告し、②の輸入業者は事故発生以前に本件組合せ使用による事故情報の報告を受けたものの、旧薬事法77条の4の2に定める厚生大臣への報告義務に反したと認められています。

3　任意基準と欠陥

(1)　基本的な考え方

　　一般に、法規範は国家による強制執行が予定されていることが多いといえますが、国家による強制執行が予定されていない法規範も数多く存在しています。具体的には、行政機関が策定する製造物の性能や安全性に関する指針等や、企業や業界団体が自主行動規範として策定する綱領などが含まれます。これら任意の安全基準をハード・ローに対してソフト・ローと呼ぶことがあります。

　　任意基準を遵守して製造物が製造されたにもかかわらず、製品に起因する被害が発生した場合に、任意基準を遵守していたことは欠陥判断において考慮事

---

[60]　社団法人日本食品衛生協会『新訂早わかり食品衛生法—食品衛生法逐条解説［第3版］』（日本食品衛生協会、2010年）58頁を参照。

項のひとつとなります。製造物責任の観点からみた安全基準と欠陥の関係は、その基準が任意の基準である場合にも基本的には変わらないといえます。

　一般的には、任意基準と本法の欠陥判断の関係は、両者の安全性確保の観点が共通するか相違するかを手がかりとして理解できると考えられます。任意基準が確保する安全性の観点と製造物責任の観点から評価される「通常有すべき安全性」の観点を対比して、観点の相違がある場合、後者が前者に比してより多くの観点から安全性を求める場合には、任意基準に適合していることをもって「通常有すべき安全性」を備えているとは言い難いと考えられます。

　カネミ油症事件で被害の原因となったPCBは、現在では国際的に使用が禁止されていますが、事故発生当時は国が工業標準化法に基づいて作成する任意基準である日本工業規格（JIS規格）に適合し、工業用製品としての安全性が確保された工業用化合物でした。同事件に関する【81】では、このような化学物質を需要者が食品製造工程において使用することを前提として、製造者が安全確保のために負う注意義務の内容が問題となりました。このほかの任意基準には、国や地方公共団体の定める指針や要求事項、事業者や事業者団体が定める自主規格や自主基準などがあり、これらに適合する製造物の欠陥が問題となる場合があります。

　国際標準化機構（International Organization for Standarization、略称ISO）など、国際的な標準化を行う諸機関が策定する国際規格・国際基準についても、その規格・基準への適合性と欠陥の有無が問題となる場合があります。国際規格・基準は国際的な取引条件に影響を与えうることから、策定までには国際的に多数の関係者が関与し長期の時日を要することがあります。国際規格・国際基準を策定する機関が新たな安全性の観念を掲げて規格規準の策定作業を遂行しているあいだに、製造物の欠陥判断において新しい規格・基準の考え方が実質的に参照される場合もあると思われます。

(2)　裁判例

　任意基準に適合する製品に起因する被害について、製造物責任が問われた諸事例では、基準が設定されている安全性の観点が検討され、製造物責任の観点からこれを評価しています。

　JIS規格を満たさない製品について欠陥を肯定したものとして、ホームセンターで購入した輸入手すりに関する【61】があります。判旨は、亜鉛合金ダイカスト製品である手すりのブランケットの化学組成に関して、不純物濃度が

第2部　逐条講義

JIS 基準を大きく超え、粒間腐食を抑制するマグネシウムが JIS の基準を大きく下回ること、鋳造から 3 年以上経過することを考慮して、手すりの欠陥を認めています。

ジャクソンリースに関する【24】では、JIS 規格に適合する医療機器の欠陥が問題となります。ジャクソンリースが適合する JIS 規格は麻酔器としての通常使用における安全性の観点から基準が策定されているのに対して、本法のもとでは使用実態に即して人工呼吸の用途における安全性の観点から欠陥が問題とされています。判旨は JIS 規格適合品の使用実態をふまえて JIS 規格における安全性の観点とは異なる独自の観点から欠陥の有無を判定しています。

幼児用自転車に関する【25】では、JIS 規格に適合して製造された子ども用製品について、子どもが受傷しやすいことと、受傷した場合の重症度に照らして JIS 規格が特に定めていない組立における最終確認等について製造業者は組立者に対して指示・警告するべきであったとして、欠陥を認めるものです。本件は製造物の JIS 規格適合性をふまえ、指示・警告の相手方が一定の専門性を備える組立者であることを勘案しても、なお最終使用者である子どもの安全確保の観点から製造者は JIS 規格が要求する以上の安全確保措置をとるべきであったとするケースです。

JIS 規格適合品である自動車用チャイルドシートに関する【67】は、JIS 規格が求める安全性と製造物責任の観点から自動車用チャイルドシートに求める安全性とおなじ観点に立ち、車両衝突事故の衝撃は JIS が保証する範囲を超えていたとして、製造者の責任を否定しています。

JIS 規格適合製品の欠陥をめぐるこれらの裁判例をみると、基本的には【81】の考え方を継承し、JIS 規格適合製品が備える安全性と本法の観点から求められる「通常有すべき安全性」とを比較検討し、両者が異なる場合には本法独自の安全性の観点から検討を行っていると考えられます。

また、輸入電気ストーブによって化学物資過敏症にり患したケース【34】では、国が策定する関連任意基準を援用して製造物責任の判断がなされています。判旨はストーブから暴露した有害化学物質の量が人の健康に被害を与えうる程度の量であるかを判断するにあたり、建築資材によるシックハウス症候群を想定して国が定めた指針値を援用するものです[61]。指針値は建物に使用される建材から発生する化学物質を念頭におき、家電製品から発生する化学物質を想定するものではありませんが、判旨は輸入品の引渡し時における科学技術の知

224

第 2 章　定　義——II　欠陥（2 条 2 項）

見を基準として輸入者は電気ストーブから有害化学物質が発生し、人に健康被害を引き起こすことを認識可能であるとして、欠陥を認めました。

条例の定める任意基準について、焼却炉バックファイヤー事故に関する【27】は、条例の基準に適合する焼却炉に欠陥があるかが問題となるものです。判旨は条例の基準が焼却炉排出物によるダイオキシン汚染対策の観点から制定されていることに着目し、これに製造物責任の判断基準が生命・身体・財産の安全であることを対置させ、両者の安全性の観点の相違から指示・警告上の欠陥があるとする評価を導いています。

また、焼き肉店に設置された無煙ロースターからの火災に関する【99】では、ロースターからの排煙を屋上に排気する構造においてロースターが地方公共団体の定める条例の規定を遵守していたことを「通常有すべき安全性」の判断においてどのように評価するかが問題となりました。具体的には、市町村の火災予防条例に定められる厨房設備に付属する排気ダクトや天蓋の設置に関する要求事項を超えて、製造物責任の観点から断熱材による被膜が必要であったかが問題となるものです。判旨は火災原因は無煙ロースターのメンテナンス不良であるとし、ロースター設備の欠陥を否定しています。

【99】無煙ロースターからの出火事故 [大阪地判平成 18 年 10 月 20 日判例時報 1982 号 125 頁]

○事案　Aは焼き肉店の営業を始めるにあたり、無煙ロースターをYに注文して、本件ロースターを設置した。その後、Aに火災が発生して、X損害保険会社は、Aに保険金を支払った。Xは、Aに代位して、製造物責任等に基づいて損害賠償を請求した。

○判旨　請求棄却

条例の規定遵守と欠陥の有無について「ダクト内を通る排気は通常は 50℃ 程度とされ、T市の火災予防条例においても、排気ダクト一般について「排気ダクト等は、建築物等の可燃性の部分及び可燃性の物品との間に、10 センチメートル以上の距離を保つこと。ただし、金属以外の不燃材料で有効に被覆する部分については、この限りではない」とされており、排気ダクトについて、その設置状況にかかわらず、常に断熱材による被覆が必要であるとはいえない。また、本件ロースター

---

[61] 厚生労働省は、「シックハウス（室内空気汚染）問題に関する検討会」においてホルムアルデヒド等の化学物質の室内濃度指針値を定めています。ホルムアルデヒドについては 1997 年（平成 9 年）6 月、アセトアルデヒドについては 2002 年（平成 14 年）1 月に指針値が定められています。

第2部　逐条講義

> の設置工事の経緯は……本件店舗の工事の初期の段階で土間の上にダクトを設置
> するというものであり、……ダクトが設置された時点において、ダクトの周囲
> 10cm未満に可燃物があったとは認められず、根太等の可燃物がダクトの周囲10
> cm未満に設置されることが当然に予定されていたとも認められない。したがって、
> Yがダクトを設置した段階において、これに断熱材を巻かなかったことで本件ロ
> ースターが通常有すべき安全性を有していなかったとは認められない」

　【99】は排気ダクトに断熱材を巻いていなかったことが無煙ロースターの欠
陥であるかについて、製造物が条例の要求事項を満たしていることをひとつの
考慮事項として消極に解したものです。判旨は条例と製造物責任の両者におい
て安全性の観点が共通することを前提としつつ、条例の要求事項を遵守する設
備について製造物責任の観点からみても欠陥はないとの結論を導いています。
本件は安全基準の遵守という事情を欠陥判断においてどのように考慮するかに
ついて、具体的な判断の筋道を示すケースと思われます。もっとも、消防の火
災原因調査の観点からは、排気ダクトの断熱保護が標準的な安全確保の要請で
ありえ、条例の安全基準では不十分との指摘があり、結論の具体的妥当性につ
いてはなお検討されるべきと思われます[62]。

　カプセルトイのケース【10】では、玩具の安全性に関する民間規格（ST基
準；STはSafety Toyの略）に適合するおもちゃの欠陥が問題となります。判旨
はおもちゃのカプセルで乳児が窒息した事故について、「球状の物体の場合、
咽頭ないし喉頭で停滞して窒息する場合もあり、誤飲及び窒息を防ぐためには、
物体が口腔内に入ることを防止することが必要になるのであり、ST基準が定
めるサイズでは不十分である。したがって、ST基準を満たすことのみで、本
件カプセルが幼児の窒息防止のための十分な安全性を有していたとは認められ
ない」とし、ST基準に適合していたとしても製造物責任の観点からなお不十
分と判断しています。判旨は引渡し時期においてST基準の改訂が検討されて
いた事情をふまえ、改訂後に求められる設計面での安全性を先取るように代替
的設計思想を基準として「通常有すべき安全性」を検討し、製造物責任の評価
を行っています。

　BDF精製装置に関する【97】は、国際規格が生成段階にある時期にわが国

───────────────
[62]　石田良文「判批」消防通信648号28頁を参照。

で製造された製造物の欠陥が問題となるケースです。本件装置の引渡し時期において、国際的にも国内的にも規格作成段階には至っていませんでした。判旨は国内外の規格策定作業における検討内容は本法の「通常有すべき安全性」の判断基準として援用するにはまだ未確立で不確定であると示唆して、需要者側事業者の危険に関する認識可能性を基準として欠陥を否定するものです。

4　リコールと欠陥

(1)　基本的な考え方

　現代においては、製品技術の高度化、複雑化、高度成長期に大量生産された耐久消費財の経年劣化、経済のグローバル化によるサプライチェーンの国際化・複雑化が進展しています。製品の製造や消費に関わるさまざまな社会的変化のなかで製品の安全に対する社会的関心が高まり、ひとたび事故が発生し、また事故が予見される場合には、製造業者等は迅速に事故の拡大や発生を防止することが一般に社会的責務として強く求められるようになっているといえるでしょう。製造業者等が製品事故の発生や拡大を防止するための重要な方策が、製品を市場から回収し、また、消費者が使用中の製品の修理対応を行うなど、リコールと呼ばれる一連の措置です。

　一般にリコールとは、市場に流通する製品に対して事業者が回収、改修、修理交換など是正措置をとることを指します（狭義のリコール）。是正措置には使用上の注意喚起や注意書に記載する指示・警告の改訂といった方法もあり、これらを含めて広く是正措置一般をリコールととらえる場合もあります（広義のリコール）。製造物について広義のリコールが実施された場合に、そのことを理由として直ちに本法にいう欠陥があると判断されることになるでしょうか。

　広義のリコールは製品に本法における安全性とは関わらない瑕疵がある場合に実施される場合があります。いわゆる風評被害によって取引される商品としての価値を喪失したような場合、社会観念上の瑕疵を理由にリコールが実施されることがあります（【1】【2】）。また、特に安全性に関わりのない表示ミス等を理由として回収等の是正措置が実施される場合も、本法にいう欠陥とは関わりのない瑕疵の場合にあたります。

　安全性に関わる理由でリコールが実施された場合の欠陥判断のあり方については、本法の立法過程において国民生活審議会が次のような指摘をしています。「製造者等がより安全な製品を開発・販売し、あるいは危険のある製品を市場から回収する意欲を抑制しないためにも、次の事実だけを根拠として欠陥がある

第2部　逐条講義

と認定すべきではない。しかし、これらの事実を他の判断要素と併せて総合的に考慮して、欠陥を判断することまでも否定するものではない。a. より安全な製品が現に存在すること、また、後により安全な製品が上市されたこと、b. 当該製品が改良されたこと、c. 当該製品がリコールの対象となったこと」[63]

　当時の考え方は現在においても基本的に妥当し、一般的には、安全性に関わるリコールの実施は欠陥判断における考慮事情のひとつであり、何らかの是正措置がとられたことをもって製造物の欠陥が直ちに認められるわけではありません。

　以下では、具体的な裁判例をみてゆくこととします。

(2)　**裁判例**

(i)　**回収——狭義のリコールと欠陥**

　回収された製品について欠陥の存否が争われることなく製造業者等が責任を負うケースとしては、大型トラクターに関する【126】、輸入自動車に関する東京地判平成 15 年 5 月 28 日（判例時報 1835 号 94 頁）があげられます。

　事故後に回収された製品について欠陥の存否が争われたケースとして、輸入漢方薬に関する【36】は、医薬品成分に有害物質が含まれていたもので、旧薬事法に反し、同法に基づく回収措置がとられるとともに、製造物責任法に基づき欠陥が肯定されています。また、小児用呼吸回路機器ジャクソンリースに関する【24】は、医療機器の危険な組合せによる事故発生後に、旧薬事法に基づいて回収ならびに注意喚起がなされたもので、指示・警告上の欠陥が肯定されています。【24】で欠陥があると判断された 2 つの製造物のうち米国で製造された製造物は、本件事故発生前に米国食品医薬品局（Food and Drug Administration、略称 FDA）が病院管理者を対象として組合せ使用の危険を警告していたもので、欠陥判断の参考とされていると思われます。輸入カテーテルの製造上の欠陥を推定する【50】では、事故後に FDA との共同決定に基づき回収が行われています。

　これらに対して、事故後に狭義のリコールが実施されたけれども、実施されたリコールの原因を考慮して、本法の欠陥がないとされたケースがあります。自動車用チャイルドシートに関する【67】は、事故発生後に頭部移動量に関するリコール措置がとられたもので、欠陥とリコール実施の関係について、一般

---

[63] 逐条 173 頁を参照。

論として「確かに企業がリコール措置を採り、改良を加えた製品を市場に出す場合、まずは欠陥の存在が判明したことが推測されるが、欠陥とまで言えずとも安全性を最重要視してリコール措置等を採ることも十分あり得る事態である」とし、続いて、「リコール措置等を採ったことをもって肩ベルトカバーの不具合によりチャイルドシートの拘束性がなくなるという欠陥の存在が裏付けられたとは言い難い」と述べ、リコールの実施と欠陥の有無に関して、立法時の考え方を継承しています。

また、石油ストーブに関連する火災に係る【112】について、経済産業省は消費生活用製品安全法35条1項に基づき、本件ストーブの製造業者の製造に係る石油ストーブ等に付属するカートリッジタンクの給油口が半ロック状態となる製品があることに関する注意喚起およびリコール（無償点検・修理）の公表を行っています。判旨は、本件ストーブの欠陥判断においてこの措置を考慮しつつ、火災の発生はこの措置理由に関わらない原因による可能性があるとして、製造物責任を否定しています。

普通貨物自動車（4トントラック）がパンク後走行して発火した事故に関する【63】は、車両の後部にリコール対象部品を搭載するものですが、出火場所は車両の前部と認められることから、リコール実施理由と事故原因とが異なると評価し、事故発生時の走行状況等を総合して、車両の欠陥を否定しています。

(ii) **注意書の改訂──広義のリコールと欠陥**

被害発生後に製造物に付す注意書などの記載が改訂されたケースでは、引渡し時期において適切な記載が可能であるかどうかを基準として、指示・警告欠陥の有無を判断しています。

動物駆逐用花火のケース【22】では、事故後に注意書が改訂され、使用者層を事実上限定する措置がとられたもので、改善措置を勘案して使用者層に制限がなかった時期に引き渡された製造物の指示・警告欠陥を肯定するものです。これに対して、イレッサ副作用危険に関する【49】は、新医薬品イレッサの臨床的使用が開始された後、副作用の危険について添付文書の記載内容が改訂されたものです。引渡し時期における医療上の知見を基準として、指示・警告欠陥を否定しています。

なお、事故後に製品改良がなされた場合は、市場から商品を撤収するものではなく広義のリコールとは考えられないが、欠陥の考慮事情のひとつとなる場合があります。自動車のフロント・サイドマスクのケース【12】では、事故後

第2部　逐条講義

に材質を改良するなどの設計上の措置がとられ、本件はこうした事実を考慮に入れ、引渡し時期における代替設計の内容および可能性を検討し、欠陥を肯定したと解されます。

コラム ▶ ⑨ リコール・ガイドライン
──消費者の視点に立つ分野横断的指針──

消費者庁の発足に先立ち、消費者庁の前身である内閣府国民生活局は、適切で迅速な自主リコールが実施され、消費者被害の発生・拡大を防止するために「リコール促進の共通指針──消費者の視点から望まれる迅速・的確なリコールのあり方」を公表しました（平成21年3月31日内閣府国民生活局）。

この指針は、消費者の視点からみて望ましいリコールが迅速・的確に実施されることを促進するために、食品、製品だけでなく、建築物の一部であるエレベーター設備や立体駐車場など建物設備を含めた広い分野の製品に共通する参考指針となっています。また、安全性に関わらないリコールについても参考となるように作成されています。

本指針におけるリコールは、市場からの製品を引き上げる狭い意味でのリコール（回収措置）だけでなく、安全性に関する流通後の消費者向け情報提供を含めた広義のリコールを事業者が自主的に判断し、実施するリコールの全般をあつかい、自主リコール開始の意思決定から告知、モニタリングと回収率、終了の意思決定、検証に及ぶリコールのプロセス全体に及ぶ判断の目安や手順、留意点などを具体的に示しています。

共通指針の基本的な考え方は、自主リコールの実施に関して重要かつ基本的なつぎの5点に基づいています。①対象品の危険性について事業者が適切な情報の収集・分析・評価を行うこと、すなわちサーベイランスの促進、②危険性の評価（アセスメント）に基づき、リコールの開始、方法等の意思決定を迅速・適切に行うこと、③リコールの内容を明らかにし、わかりやすく消費者に伝達すること、④リコール情報を関係者、関係団体、行政機関などに迅速に提供し、広く社会に周知すること、⑤リコール実施者がサプライチェーンにあるほかの事業者と連携協力すること。

共通指針は、事業者がリコールを適切で迅速に開始し、効果的に遂行し、流通後の安全確保に関わる社会的責任を実効的に果たすために、消費者の視点を取り入れ分野横断的に活用されることを企図するとともに、本法における欠陥判断に

おいては、消費者の視点からみた望ましいリコールの開始や実施の共通基準とし
てひとつの参考となりうるものと考えられます。

5　明白な危険と使用者認識

(1)　基本的な考え方

　ナイフは切るという用途と刃の構造をもつことから、使用中に誤ってケガを
するなどの明らかな危険をもち、この危険は日常生活の経験を通して獲得され
る製品知識といえます。一般にナイフの刃で手指に受傷する危険は、設計上の
措置や指示・警告によるリスク回避ないし低減を行う必要がない危険と考えら
れ、欠陥は存在しないと評価されます。

　製品によっては使用中に事故が起こりうる危険が社会的によく知られ、使用
者にとって明白な危険というべき場合には、その危険を製品の欠陥と判断する
ことはできないという考え方があります。製品に明白な危険がある場合に欠陥
が一般に否定されることについて明文はありませんが、本法の立法担当者は、
米国の判例法理のなかで発展してきた「明白かつ一般的に知られた危険」(ob-
vious and generally known risk, Restatement. Sec. 2. (j)) を紹介し、一般には製
品の欠陥が否定されることが比較的多いとしています[64]。

　製品がもつ危険の認識が社会内で伝統的に共有され、伝達されて、その回避
方法の認識が社会通念といえる場合と異なり、ある時期に新規に開発製造され
た製品がもつ危険の認識が、どのような条件のもとに明白な危険といえるかの
判断は容易ではありません。

　また、広告などによって社会内に製品の安全性に対する過剰・過大な情報が
共有され、製造物の危険に関する使用者の認識に影響を与える場合に、使用者
の認識の実態に照らして製造物の危険が明白といえるか問題となります。特に、
想定使用者が医師などに限られる医薬品や医療機器の場合には、使用者が安全
性についてもつ過大な認識が、第三者である患者の生命・身体に対する重大な
損害につながりかねません (【49】)。さらに、想定される使用者が一般成人の
ほか高齢者や子どもを含む製品や、高齢者や子どもを特に使用者と想定する製
品について、危険が明白といえるかは特に配慮を要します (【37】【77】)。この
ような場合には、使用者が製品の安全性についてもつ認識の実態を考慮して、

---

[64] 升田・詳解 391 頁を参照。

第2部　逐条講義

「通常有すべき安全性」に対する社会的期待の程度が検討され、具体的ルールが形成されることが望ましいでしょう。

(2)　裁判例

(i)　一般消費者の認識と明白な危険―新規危険の場合

　一般消費者にとって製品の危険が明白であるとされた例として、電動式ギャッチベッドに関する【37】があります。判旨は、「ギャッチベッドで背上げを行った際に利用者が胸部および腹部に圧迫を受け、また、背上げを行ったままの状態で長時間その姿勢を保った場合に利用者がその身体に負担を受けることは明白な事実であるから（介護者は自分で試してみることにより容易に理解することができる。）、介護者が……適宜工夫することにより、上記圧迫ないし負担を軽減することができる」として、介護者は利用者の身体に圧迫が生じる用法上の危険を容易に認識でき、その危険を容易に回避できる旨、判示しています。

　本件ギャッチベッドは、背ボトムと腰ボトムの間に背湾曲ボトムが設けられ、背湾曲ボトムを設けない従来型のギャッチベッドと異なり、背上げと腰上げを同時に行うことができない構造となっています。従来品と同様の使用を長時間継続することによる身体圧迫の危険は、新規危険といえるでしょう。

　本件においては、従来品にない使用上の制約があること、および、この制約が生命、身体の侵害につながる新規危険と密接に関わることが介護者にとって明白といえるか、なお検討の余地があると思われます。

(ii)　危険情報の社会的共有と明白な危険

　製造物の安全性に対する社会的期待が低下し、設計上の措置は不要となり、指示・警告によってリスクを回避ないし低減できると評価する例として、こんにゃくゼリーに関する【30】をあげることができます。また、相当程度使用経験のある製造物について、事故発生の危険を注意喚起する情報が社会的に共有されるようになったなどの事情を考慮し、製造者側で設計、指示・警告において特段の措置を取る必要はないと判断するものとして、児童施設に設置された開き戸ドアに関する【77】をあげることができます。

　いずれも、製品流通時には製品の危険に関する知識や情報が、社会内で一定程度共有されていた事情を考慮するものですが、重大な事故につながる危険が外形から一見して明らかとはいえないケースでは、製品の消費・使用時に危険情報をその場で確実に消費者・使用者に伝達する工夫が必要と思われます。

第2章 定 義——Ⅱ 欠陥（2条2項）

(ⅲ) **過大な安全性認識と明白な危険**

　イレッサ訴訟に関する【49】は、予定される使用者層であるがん治療にあたる医師にとって副作用の危険が認識可能であるとして医薬品の指示・警告上の欠陥を否定するものです。判旨は指示・警告の適切・十分性の判断にあたって、引渡し当時の医学水準を基準としています。指示・警告によって患者に与えるリスクを有効に回避ないし低減できると評価するに際しては、製造物の効用や安全性に関し製造者側が提供する広告・宣伝が想定使用者の危険認識に与える実際の影響を総合的に考慮する余地があるように思われます。

　関連して、医師を使用者とする医療機器ジャクソンリースなど2個の機器の組合せ使用に関する【24】は、想定使用者間に実際に共有される危険情報や安全性の認識や使用実態が考慮されています。医薬品・医療機器使用者の認識や使用実態をどのように考慮して社会的期待の程度を評価し、欠陥判断を行うかに関する具体的なルールは十分に成熟しておらず、裁判例の蓄積が期待されます。

　コラム ❿ 広告・宣伝と欠陥
　　　——**教師と学生の対話（その4）**——

教師　「今日の講義はこれでおわります。質問がある人はどうぞ」

学生　「社会人学生のNです。メーカーに勤務して、消費生活相談員の資格をもっています」

教師　「はい」

学生　「製品を販売するときに取扱説明書を渡すほかに、営業担当者は口頭でいろいろな説明をしています。PL法では、口頭説明でどのような話をしたかによって、指示・警告上の欠陥があるとされるのですか」

教師　「PL法にはそもそも指示・警告という言葉がありません。おっしゃるように大変わかりにくいところですね」

学生　「はい。製品と一緒に梱包するトリセツ（取扱説明書）と製品に付ける警告マークがPL法の指示・警告の内容になることはよくわかるのですが、それ以外にいろいろあるので……」

教師　「最近のPL裁判例をみますと、製品を販売し引き渡す時にメーカーの販売担当者が製品安全性についてやや誇張した口頭説明をし、使用者が安全性を誤解したために事故が発生したケースがあります。このようなケース

233

第2部　逐条講義

で裁判所は取扱説明書だけでなく誇張した口頭説明を含めて指示・警告の
内容を検討しています（ビル外壁洗浄剤の欠陥を肯定する【28】を参照）」

学生　「企業の広告や宣伝の内容についても、指示・警告上の欠陥があるとされ
るのでしょうか」

教師　「これまでのPL裁判例のなかには、広告や宣伝の内容について指示・警
告上の欠陥があるとしたものはないようです。こちらからの質問になりま
すけれど、取扱説明書に書かれている警告や注意の内容と、広告や宣伝の
内容がずれているような場合はありませんか」

学生　「そうですね……。広告や宣伝は商品のメリットを広くアピールするもの
で……」

教師　「取扱説明書の注意書と一致しているかというとなかなか難しいところで
すね」

学生　「そうかもしれません」

教師　「取扱説明書には具体的な危険について注意や警告が書いてあるのに、広
告や宣伝のメッセージではその危険がないかのように受け取れる場合はど
うでしょうか」

学生　「トリセツをとにかくよく読む必要があるのではないでしょうか」

教師　「そうですね。広告や宣伝のメッセージが取扱説明書に記載する危険がな
いように読める場合、説明書に書かれた指示・警告の内容を消費者は誤解
するかもしれませんね。PL法がよってたつ信頼責任や報償責任から考え
てみると、そのような指示・警告は適切でしょうか」

学生　「たしかに、広告や宣伝が消費者に誤解を与える場合は、事故が起きる危
険があるような気がします」

教師　「私もそう思います。では、少し頭を切り替えてみましょう。注意書には
書いていない危険について広告や宣伝が新しいメッセージを伝えている場
合はどうでしょう」

学生　「製品を流通に置いた時点でははっきりつかめていなかった危険がのちに
明らかになり、広告や宣伝のなかで伝えているということですか？」

教師　「よくおわかりですね。その通りです。製品の安全性についてメーカーの
情報収集や分析が不十分であって引渡し時の指示・警告が適切とはいえな
かった場合に、広告や宣伝を通じて事後的に指示や警告を行えば、欠陥は
なかったことになると考えてよいでしょうか。広告や宣伝についてはこの

234

第 2 章　定　義──Ⅱ　欠陥（2 条 2 項）

　　　　ような難しい問題もあるのです」
　学生　「指示・警告上の欠陥はトリセツの書き方だけに注意すればよいと思って
　　　　いました。トリセツが分厚くなればよいのではないことだけは、よくわか
　　　　っているつもりでした」
　教師　「そうですね。これからも考えながらがんばってゆきましょう」

235

第2部　逐条講義

Ⅲ　責任主体（2条3項）

第2条（定義）
3　この法律において「製造業者等」とは、次のいずれかに該当する者をいう。
　一　当該製造物を業として製造、加工又は輸入した者（以下単に「製造業者」
　　という。）
　二　自ら当該製造物の製造業者として当該製造物にその氏名、商号、商標その
　　他の表示（以下「氏名等の表示」という。）をした者又は当該製造物にその
　　製造業者と誤認させるような氏名等の表示をした者
　三　前号に掲げる者のほか、当該製造物の製造、加工、輸入又は販売に係る形
　　態その他の事情からみて、当該製造物にその実質的な製造業者と認めること
　　ができる氏名等の表示をした者

　2条3項は製造物責任の責任主体を定め、責任主体を「製造業者等」に限定
しています。本法は一般原則である過失責任より厳格な製造物責任を課すため
に、責任主体を限定しています。責任主体を限定するのは不法行為制度におい
ては特殊な規定といえますが、製造物責任は製造者の責任を中心に議論され、
発展してきた沿革が考慮されています。消費者法の一法律として本法をとらえ
ると、消費者基本法、消費者安全法、消費者契約法には、それぞれ類似した事
業者の概念があり、本法における「製造業者等」はこれらの事業者概念とは別
の独立した概念です。
　本項は製造物責任の責任主体として、製造業者、輸入業者（1号）のほか、
製造物に氏名等の表示をする一定範囲の事業者を含めています（2号および3
号）。販売業者、設計業者、設置業者、梱包業者、運送業者などは責任主体と
なりません。ただし、個別具体的な判断に委ねられるものの、販売業者や開発
関与者について、2条3項2号ないし3号の氏名等の表示を製造物に付してい
る場合には製造物責任の責任主体となる場合があります。
　2号および3号に基づく責任主体の範囲は、立法後の製品の製造・販売の実
態の変化に柔軟に対応することができるよう、立法時に明確にすることなく後
の解釈に委ねられたものです[1]。したがって、本項各号の解釈においては、製
品の開発段階、製造・加工段階、販売段階における事業者関与の形態が複雑・

236

第2章 定 義——Ⅲ 責任主体（2条3項）

多様化する変化に応じて、信頼責任、危険責任、報償責任（8頁を参照）といった本法の責任根拠を勘案しつつ、製造物責任の責任主体を妥当な範囲に画することが期待されています[2]。

一般に、他社ブランド製品には、製造委託者が受託製造された製品に自社ブランドを表示して販売するプライベートブランド製品（PB製品）と、受託製造者が相手先ブランドの表示を付して製造委託者に納入するOEM（Original Equipment Manufacturing）製品とがあります。

プライベートブランド製品やOEM製品に欠陥があり製品の最終消費者に被害が発生した場合に、現実に製造する受託製造者のほか、製造に関わらない製造委託者は本法の責任主体となるでしょうか。最終消費者は製品にブランド等が表示されている事業者の製品であることを信頼して使用・消費するもので、信頼責任や報償責任の観点からは委託製造した事業者は欠陥責任を負うべきではないかという見方が出てきます。

また、製品を自社ブランドとして製造委託する事業者が製造・加工の過程に実質的に関与する場合などがあり、プライベートブランド製品等いわゆる自主企画商品を製造委託し、販売する事業者は製造物に付す氏名等の表示を2号および3号の観点から実質的に判断して責任主体となる場合があると考えられています[3]。

① 製造業者の定義（1号）

本法にいう製造業者とは、「業として製造、加工又は輸入した者」と定義されています。製造業者は、製造業者、加工業者、輸入業者を指しています。製造業者は自然人、法人を含み、製品の製造において自然人が事業者的性格をもつか否かや、法人が法人格をもつことなどは問いません。

本法は責任主体を製造・加工または輸入を「業として」行う者に限っています。これは製造物責任の法理が、工業的な製品の大量生産・大量消費が社会全体に広がったことを背景として形成された沿革と関係しています。「業として」とは、同種の行動を反復継続して行うことをいいます。反復継続する意思で製造または加工したのであれば、最初に製造・加工または輸入されたものについ

---

[1] 升田・詳解534頁、536頁を参照。
[2] 川口・成立48頁を参照。
[3] 逐条86頁を参照。

237

第2部　逐条講義

ても製造業者にあたると解されています。また、反復継続する意思で製造・加工したのであれば、製造物が営利性をもつか否か、すなわち有償であるか無償であるかも問いません。この点は無償の場合の製造者を製造物責任の対象外とする欧州の製造物責任制度とは異なっています（cf. 85/374/EEC Art.7（c））。

1　製造業者・加工業者

⑴　基本的な考え方

製造業者・加工業者は、本法にいう業として製造または加工する者であり、事業者規模の大きさを問わず責任主体となるのが立法時以来の考え方です。小規模の事業者であっても製造物責任を負う場合の保険など損害を分散させることができます。また、製造業者・加工業者が小規模な事業者である場合には被害者は救済されないというのは被害者保護という本法の趣旨目的に照らして公平を欠くと考えられます。したがって、本法にいう製造業者は、大規模に製造・加工または輸入を行う大手の事業者だけでなく、小規模・零細の事業者、個人で店舗を営業し、製造や加工を反復継続して行う者についても等しく責任主体となります。

裁判例においては、製造や加工の工程の一定段階で関与するとしても現実に製造や加工の実態がない場合に、本法にいう製造・加工業者にあたるかが問題となるケース（【31】）があります。また、製造業者が小規模・零細規模の事業者であり、被害者が大規模事業者である場合に、製造物責任を課すのは具体的に妥当といえるかが問題となるケースが現れています（【101】【140】（【31】と同一））。

⑵　裁判例

ガラスコーティング剤に瑕疵がありガラスが白濁したとする事案に関する【100】は、コーティング剤を製造した事業者に製造を請け負わせていた製造取次事業者が本法にいう製造業者にあたるかが問題となるものです。判旨は傍論において製造者の信用不安を取り除くために需要者と製造者のあいだで製造を取り次いだにすぎない事業者は製造業者にあたらない旨、判示しています。

【100】ガラスコーティング剤によるガラス白濁事故［東京地判平成15年9月4日判例集未登載］

○**事案**　自動車用品販売会社Xは、A社に遮熱効果をもつガラスコーティング剤（商品名「アイルシールド」）を発注したところ、自社設備が十分でなかったため工業薬品輸出入・販売会社Yを介してB社に製造を請け負わせ、XはAの名義で製品の納入を受け

第2章 定 義——Ⅲ 責任主体（2条3項）

た。Ｘは顧客からコーティング剤を塗布したガラスが白濁するとの苦情等を受けたため、コーティング剤に瑕疵があったとしてＹに対して主位的に債務不履行に基づき、予備的に製造物責任等に基づき損害賠償を請求した。Ｙは本訴請求を争うとともに、Ｘに対し当該コーティング剤以外の商品取引に係る売掛代金の支払いを反訴請求した。

○**判旨** 本訴請求棄却、反訴請求認容

取次時業者の製造業者としての責任について「Ｙは、そもそもアイルシールドの製造業者ではなく、……ＡがＢにその製造を請け負わせるに際して、ＢのＡに対する信用不安を解消するため、両社の間に介入してその製造を取り次いだにすぎず、Ｂは、実際、その完成したアイルシールドをＡの名義でＸに納品しているのであるから、ＹがＸに対して製造物責任を負う余地もない」

　イシガキダイ食中毒事故に関する【6】の一審【101】では、個人で割烹料理店を経営し、ある意味では一消費者と変わらない料理店主が本法にいう「製造業者等」として責任主体となるかが問題となるものです。判旨は立法当時の考え方を踏襲し、事業者は製造物の製造、加工、あるいは輸入を継続反復する事業を行うことを予定する以上は、製造物責任を負う可能性を企業計算にいれられるとし、損害の公平な分担という見地から、事業規模の如何を問うことなく個人店主を製造業者にあたるとしています。

【101】イシガキダイ料理による食中毒事故 [東京地判平成 14 年 12 月 13 日][4]

○**事案**　【6】と同一

○**判旨**

製造業者等の事業規模について「製造業者等は、その事業態様や経営規模等にかかわらず、予め危険を分散する手段の有無という点で、これを持たないのが一般である消費者とは性質を異にしているのであって、それであれば、製造業者等が製造物責任により他人の被った損害を転嫁させられることになったとしても、そのことが、損害の公平な分担という不法行為責任の基本原理からみて不合理であるとはいえない」

　危険責任の見地に立つと、事業規模の大小は責任主体の問題と直接関わらず、

---

[4] 前田陽一「判批」消費百選 166 頁を参照。

第2部　逐条講義

事業者規模によって責任を負う場合と負わない場合が出てくることは原則として合理的でないと考えられます。

　もっとも、小規模・零細の製造業者に対する製造物責任の追及が権利の濫用（民1条3項）にあたりうることを前提にする裁判例があります（【140】）。

2　輸入業者

(1)　基本的な考え方

　輸入は外国で製造・加工された製造物を、本邦に陸揚げすることをいいます。関税法において輸入は所定の手続を経て許可する規定（関67条）がありますが、本法にいう輸入は製造物責任の観点から実質的に国内に搬入されることをいうと解されます[5]。立法担当者によれば、本法にいう輸入業者と認められる者は、「自己の名義で、あるいは自己の計算で製品を業として輸入する者」と解されています[6]。輸入業者は製造や加工を行うものではありませんが、輸入された製造物を国内で最初に流通に置く者であり、国内で製造・加工された製造物の製造業者と同等の立場にあると考えられています。

　輸入の過程は実際には複雑なことが多く、ひとつの製品の輸入にさまざま事業者が関与することがあり、どの事業者が本法にいう「輸入業者」にあたるかが問題となることがあります。海外から輸入された製造物に欠陥がある場合に、国内での流通過程に関与する者が、その欠陥によって損害を受けた被害者に対してどのような場合に製造業者とおなじ責任を負うかは、本法の観点から判断されるべき問題となります。

　立法時において、関税法が定める輸入に必要な通関手続を代行する通関代行者は、輸入に関与するとしても製造物責任を問うべき輸入業者とは言い難いと解されています。製造物の輸入を仲介する者についても、自己の名義で製造物を業として輸入する者とはいえず、一般には本法の責任を課す輸入業者にはあたらないと解されます。もっとも輸入仲介者がたんなる輸入仲介業者ではなく、実質的には自己の名義で製造物を輸入し、あるいは自己の計算において製造物を輸入する実態が認められる場合には、実質的に国内での流通の開始者として本法にいう輸入業者となると解されます。

---

[5] 升田・詳解548頁、山本・注釈57頁を参照。
[6] 升田・詳解549頁を参照。

第2章　定　義——Ⅲ　責任主体（2条3項）

　近年の問題としては、インターネット取引において決済代行業者がカード決済を代行する取引（一般には、決済代行サービスと呼ばれます）を通じて海外から購入した商品の欠陥により損害を生じた場合に、契約上の輸入者ではない決裁代行業者が本法の輸入業者にあたるかが問題となります。決裁代行業者には多様な形態があり一律にあつかうことは困難ですが、商品の移動や計算などの実質的観点から決裁代行の実態を総合的に考慮し、実質的に国内での流通を開始した者であり製造者と同様の安全確保義務を負う立場にある場合には、本法の責任主体となると解されます。

　立法前裁判例には、税関長が関税法に基づき公売処分に付した幼児用バドミントンセットで幼児が受傷した事故に関して国家賠償が請求された【102】があります。本件では、関税法84条5項に基づきバドミントンセットを公売処分に付した税関長は、国内で最初に流通においた輸入事業者に準じ、最終消費者である幼児の安全確保において製造業者と同一の責任を負うのかが問題となります。判旨は公売に付した収容貨物に欠陥があったとしても、税関長には専門知識を前提とする輸入業者に準ずる高度な注意義務はなく、税関長が瑕疵を現に知り、または社会通念に照らして税関長が瑕疵を容易に予見すべき場合に注意義務違反が認められるとして、責任を否定しています。

【102】公売処分バドミントンラケットによる幼児受傷事故［最（1）判昭和58年10月20日民集37巻8号1148頁］[7]

○事案　神戸税関長が香港から輸入された子供用玩具のバドミントンセットを関税法84条1項に基づき公売に付した。X（事故当時5歳）の叔母は公売における買受人から1セットを買いXに贈与した。Xは7歳の兄Aとバドミントンセットで遊んでいた際、Aが持っていたラケットのグリップから鉄製のシャフトが抜け、Xの左目にあたり受傷した。Xは税関長が同条5項に基づき廃棄しなかった違法があるとして、国に対し国家賠償に基づく損害賠償を請求した、一審では一部認容し、国が控訴し、Xが附帯控訴。控訴審では控訴棄却、附帯控訴は一部認容、一部棄却。国が上告。

〔関税法〕84条5項　税関長は、収容された貨物のうち人の生命若しくは財産を害する急迫した危険を生ずる虞があるもの又は腐敗、変質その他やむを得ない理由により著しく価値が減少したもので買受人がないものを廃棄することができる。

○判旨　破棄差戻し

---

[7]　本件の評釈として、拙稿「判批」インデックス136頁を参照。

第 2 部 逐条講義

> **税関長の安全確保義務について**「税関長は、多種多様であり、かつ、大量に及ぶ収容貨物のそれぞれにつき、その各製造業者又は輸入業者が有し、又は有すべき当該貨物についての構造、材質、性能等に関する専門的知識を有するわけではなく、また、かかる知識を有することが要求されていると認めるべき法律上の根拠はないから、税関長を当該貨物の製造業者又は輸入業者と同視し、税関長が、右のような専門的知識を有することを前提として、当該貨物につき〔関税〕法 84 条 5 項に該当するか等の検査をする過程において、その貨物に構造上の欠陥等の瑕疵のあることを知るべきであるとすることはできないものというべきであり、……税関長が、右検査の過程において、当該貨物に構造上の欠陥等の瑕疵のあることを現に知り、又は税関長の通常有すべき知識経験に照らすと容易にこれを知りえたと認められる場合にのみ、注意義務違反の責任を問う余地があるものと解するのが相当であ〔る〕」

　税関長の公売の法的性質は私法上の売買であり、形式的にみれば税関長は国内における流通の開始者といえるとしても、関税法のもとでは、貨物の欠陥等の瑕疵を外観上容易に知りえた場合に廃棄を行うにとどまり（関 84 条 5 項）、通関事務を行う税関長の立場を実質的にみて輸入業者と同等にあつかうべきではないとするのが判例の準則といえます。

　なお、本判決は、当該税関長が瑕疵を現に知り、また予見しえた場合には買受人に瑕疵修補義務を負わせ履行確保を図りうるとして、結果回避措置の内容について指針を示すものと考えられます。本指針によれば、公売における検査の方法、程度等は、事案ごとに収容貨物の種類や具体的事情に応じて税関長が社会通念に照らし判断していくべきものと考えられます[8]。

　本法のもとにおいて輸入業者の負う安全確保義務を製造業者と実質的に同等と考えるとしても、外国における現実の製造・加工に関与しない輸入業者の義務は国内製造業者の義務に比較してその実態はやや異なると思われます。この点に関して、輸入医薬品（クロロキン）に関する立法前裁判例である【46】は、過失の前提となる輸入業者の注意義務を次のように説示しています。「輸入業者は、輸入販売の開始に先立ち、輸出製造元に対し当該医薬品の開発過程にお

---

[8] 平成 29 年度関税改正により、玩具について関税が無税となりました。2017 年（平成 29 年）4 月 1 日から、乗り物付き玩具、人形その他の玩具、縮尺模型その他の娯楽用模型、パズルが無税化されています。

ける必要資料の開示を求め、物質自体についての科学的資料や前臨床試験及び臨床試験結果等の資料を自己の責任で収集、調査、検討し、さらに自らが内外の文献についての収集、調査、検討や試験などをも実施して、その有効性及び副作用の有無、程度等を確認する義務もあるというべきである」。

　医薬品輸入業者の注意義務の内容を検討したこのような判示は、本法のもとで製造業者と同等の立場にある輸入業者と認められるかどうかの実質的判断の参考となるでしょう。

(2) **裁判例**

　本法のもとで輸入業者の製造物責任を認めるケースは、【24】【34】【36】【40】【104】【122】など多くの製品分野の事例に現れています。これらのケースでは特に輸入業者であるかが争点となるものではありませんが、輸入に関与する事業者が多様化し輸入の実態が複雑化するなかで、近時においては、実質的観点から国内の販売者が輸入業者にあたるかが問題となるケースが登場しています。

　形式的な輸入者が実質的には輸入を取り次いだにすぎず、本法の責任主体となるかが争われた例として、輸入電気ストーブに関する【34】と同一事案の別件である東京地判平成17年3月24日（判例時報1921号96頁）があります。

　本件は、ストーブを台湾の製造者の日本法人（A）から購入して国内で販売するスーパーマーケット（Y）が本法にいう製造業者にあたるかが問題となるものです。判旨は傍論で、「本件ストーブは、Aが台湾の法人から輸入し、YがAから仕入れて販売したものであり、Xら主張のように、Aが台湾法人の単なる出先機関にすぎないと認めるべき証拠はないから、Yは製造物責任法3条にいう「製造業者等」には該当せず、製造物責任〔法〕3条の責任は問題とならない」としています。本件は販売者であるスーパーマーケットが海外製造元から直接輸入しているとみるべき事情があると主張され、形式的な輸入者である日本法人はたんなる出先機関にすぎないかが検討されたものです。判旨はスーパーマーケットが日本法人から仕入れている事情を考慮し、日本法人が実質においても輸入者であると解しています。

　また、輸入冷凍揚げとんかつに関する【1】では、形式的な輸入者から製造物を購入し、他に販売する事業者が、実質的に輸入者にあたるかが問題となるものです。判旨傍論は、販売事業者が形式的輸入者から購入している事情を考慮し、形式的輸入者が国内における流通の開始者として実質的にも輸入者であると判断しています。

243

第2部　逐条講義

保税地域を経由するものについて、【103】は2条3項1号の「輸入した者」とは、保税地域を経て本邦に引き取った輸入業者をいうと解しています。判旨は、本法が輸入業者の製造物責任を認める趣旨に照らして、名義上の荷受人ではなく、保税地域に到着した後、保税転売を用いて輸入許可を得た者が本法の輸入業者にあたるとしています。

> **【103】韓国産化成肥料による植物の生育障害［東京地判平成26年7月15日判例時報2238号58頁］**
>
> **○事案**　Xは、荷受人Yから購入した韓国産の化成肥料を原料として使用して、花き・緑化用肥料を製造・販売したところ、施肥した植物の苗等に生育障害が発生し、損害賠償を余儀なくされたとして、Yに対して主位的に債務不履行に基づき、予備的に製造物責任・瑕疵担保責任等に基づき、損害賠償を請求した。
>
> **○判旨**　一部認容、一部棄却
>
> **保税地域を経るものの輸入業者について**「製造物責任法2条3項1号が輸入業者に製造物責任を認めているのは、国内における流通過程の始点に位置し、製造物の国内流通に大きな役割を果たす輸入業者に製造業者と同様の注意義務を課したものと解され、同号の「輸入した者」とは、保税地域を経由するものについては、保税地域を経て本邦に引き取った輸入業者をいうものと解される。……輸入許可を受けて本件原料を本邦に引き取ったのはXであり、Yは「輸入した者」に当たらないというべきである」

②　製造業者として表示をした者・製造業者と誤認させるような表示をした者（2号）

1　基本的な考え方

みずから製造、加工、輸入を行っていない場合であっても、製造業者・加工業者または輸入業者としてみずから製造物に氏名などの表示を行った場合、具体的には「製造元○○」や「輸入元○○」といった肩書を付して自己の氏名や、商号、商標、その他の表示を付している場合（2号前段）は、本法の責任主体となります。

本号の表示は法文で「氏名等の表示」と略称が用いられており、「氏名」「商号」「商標」の3つが例示されています。「氏名」は、わが国においては個人（法的には自然人）の氏と名をいい、個人を特定し、表示する名称として使用されています（民750条等、戸籍法13条等）。本法にいう氏名は、本法の責任主体

第 2 章　定　義──Ⅲ　責任主体（2 条 3 項）

となる観点から、民法ならびに戸籍法上の氏名に留まらず、雅号や芸名、筆名などのように特定の個人を識別できるものを含むと解されます[9]。

　「商号」とは、商人の同一性を表す商人の名称を指し、商法においては商人の「氏、氏名その他の名称」（商 11 条 1 項）をいい、「商人が営業上自己を表示するために用いる名称」を指します。商号は、通常は商人の名称であって、商品の標識ではありません。ブランドやロゴマーク（記号にデザインを施した標識）などは、商人の名称であると同時に、商品の標識として、重なって作用する場合があります[10]。本法にいう商号にあたるかは、本法の責任主体となるかという観点から実質的にとらえられるべきと解されます。

　「商標」とは、営業者が他と区別するために、商品・サービスに付ける標章で、商品・サービスの同一性を示すものです。商標法において「標章」は、「文字、図形、記号若しくは立体的形状若しくはこれらの結合又はこれらと色彩との結合」と定義されています（商標 2 条 1 項）。商標は、機能からみると商品・サービスを識別する機能、出所を表示する機能、品質を保証する機能および広告宣伝する機能をもち、現代の消費社会において製品・サービスに対する消費者の信頼を得るために欠かせないものとなっています。本法にいう商標は、商標法に基づき商標登録され、商標権が発生する（商標 18 条 1 項）ものに限られず、本法の責任根拠である信頼責任や報償責任などの観点から判断されるべきものと解されます。

　2 号後段は、明らかに製造業者・加工業者・輸入業者と誤認させるような氏名、商号、商標その他の表示を行った者、具体的には特に製造業者としてではなく自己の氏名等の表示をみずから付し、製造業者と誤認させるような表示と認められる場合（2 号後段）は本法の責任主体となることを定めています。ある者の氏名等を他人が無断で製造物に表示した場合に、表示された者は消費者・製品使用者に信頼を与えたとはいえず、本号は適用されないと解されます。ただし、他人が製造物に付した表示を表示された者が容認していたと認められる場合には、みずから表示したと同視でき、本号の適用がありうると解されます（【105】を参照）。

　立法時以来、2 号後段の「誤認させるような氏名等の表示」であるかどうか

---

[9]　山本・注釈 61 頁を参照。

[10]　小野昌延ほか著『新・商標法概説［第 2 版］』（青林書院、2013 年）54 頁を参照。

245

図 8-1 製造物に製造者と販売者の氏名等がともに表示されているケース

の判断は、社会通念に照らして客観的に判断されるものと解されています[11]。その判断に関しては、製造物に「製造者〇〇」「製造元〇〇」の表示があり、同時に製造物に販売者の氏名やロゴ、ロゴマークといった表示がなされている場合に、製造業者の氏名等が製造物に表示されているという一事をもって、販売者のロゴ等を製造業者の表示と誤認させる場合はないかが問題となります（製造物に販売者名と販売者のロゴが表示されている場合について、図 8-1 を参照）。複数の責任主体が製造業者と認められる場合があることから、このような場合にロゴ等が誤認させる表示であるかどうかは信頼責任、報償責任、さらには危険責任に照らし、総合的・実質的に判断されるべきと考えられます。

2　裁判例

2条3項2号の表示に関して、販売者や製造者と一体性をもつ事業者のロゴやロゴマークの表示が 2号後段にあたるかについて判断するものが現れています。

輸入ふとん乾燥機による居宅火災事故に関する【104】は、製造物に販売者のロゴが表示され、取扱説明書および保証書に販売者名が表示されている事案です。本件では製造物に表示されたロゴが 2条3項2号にいう販売者の「氏名等の表示」であり、そのロゴが「誤認させるような氏名等の表示」にあたるかが問題となります（図 8-2）。判旨は製造物に表示されているロゴは販売者を表示するロゴであり、ほかに製造者の表示がないことなどを考慮して、ロゴが「誤認させるような表示」であり、販売者は本法における責任主体にあたるとしています。

---

[11] 逐条 83 頁を参照。

第2章 定　義──Ⅲ　責任主体（2条3項）

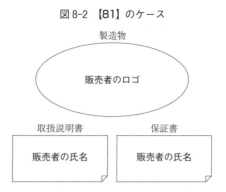

図 8-2 【81】のケース

【104】輸入ふとん乾燥機による火災［大阪地判平成 25 年 3 月 21 日判例集未登載］

○**事案**　Ｘらの自宅で火災が発生し、ナイジェリア連邦共和国籍のＡが受傷後、本国で治療を続けたが死亡した。Ａの妻および子であるＸらは、火災の原因はＹが中国から輸入したふとん乾燥機の欠陥であるとして、Ｙに対して製造物責任に基づく損害賠償を請求した。

○**判旨**　一部認容、一部棄却

ロゴを表示する販売者は「製造業者等」にあたるかについて「本件機械およびその外箱には「TESCOM」とのロゴの記載があるところ、……Ｙホームページの記載内容およびＹが同ロゴの記載を販売者としてのＹを示したものと主張していることなどに照らせば、同ロゴは、テスコム電機株式会社〔現実の輸入者〕ではなくＹを示すものであると認められる上、……本件機械の取扱説明書および保証書には、アフターサービスおよび保証を行う主体として、テ社ではなくＹが記載されている。他方、本件機械本体、その外箱、取扱説明書および保証書には、テ社および真実の製造者の名称は一切使用されておらず、むしろＹの社名やロゴしか使用されていないのであって、Ｙ以外の主体が本件機械の製造業者であることを窺わせる記載は一切見当たらない。……Ｙは、本件機械に、その製造業者がＹであると誤認させるような会社名およびロゴ等の記載をしたといえ、よって、同法2条3項にいう「当該製造物にその製造業者と誤認させるような氏名等の表示をした者」に該当する」

輸入光モジュールに関する【105】は、台湾の法人から輸入した光モジュールに関する製造物責任訴訟において、製造物にロゴを表示する米国デラウェア

第2部　逐条講義

州の法人が本法にいう「製造業者等」にあたるかが問題となるものです。判旨はロゴマークがデラウェア州法人の社名そのものである、製造者との企業的一体性を公表しているなどの事情を考慮してデラウェア州法人のロゴマークを2条3項2号後段にいう「誤認させるような氏名等の表示」にあたり、本法の責任主体であると認めるものです。

　【105】では、デラウェア州法人がロゴマークをみずから表示したかどうかについても検討され、少なくとも「承諾ないし容認」のもとに表示がなされたとし、2号後段の表示を肯定しています。

【105】輸入光モジュールに関する製造物責任訴訟の国際裁判管轄［東京地判平成18年4月4日（中間判決）判例時報1940号130頁］
○事案　Xは台湾法人Y₁が製造した光モジュールを購入したところ、搭載されたレーザーダイオードに欠陥が存在し、光出力劣化を生じたため、販売した全製品を交換した。XはY₁に対して瑕疵担保責任、製造物責任等に基づき、系列法人である米国デラウェア州法人Y₂に対して製造物責任等に基づき、それぞれ損害賠償を請求した。本案前にわが国裁判所に管轄が認められるかが争点となり、中間判決が出された。
○判旨　認容
系列外国法人のロゴマークは2条3項2号の表示にあたるかについて「本件ロゴマークは、Y₂の社名そのものを表示するものであるし、……同社のウェブサイト上のタイトル表示部分の同社を示す表示と字体のデザインが共通しており、製造物責任法2条3項2号の氏名、商号、商標その他の表示に該当するといえる。……Y₂がY₁との企業的一体性を前提とした垂直統合システムによるオプトエレクトロニクス部品の製造を行っていることを公表していることからすれば……本件ロゴマークは、少なくともY₂の承諾ないし容認によって本件光モジュールの表面に添付されたと認めることができる。したがって、……本件ロゴマークにつき、Y₂は、自ら当該製造物の製造業者として当該製造物にその氏名、商号、商標、その他の表示をした者又は当該製造物にその製造業者と誤認させるような氏名等の表示をした者に当たると認めることができる」

　【104】【105】は、販売者のロゴやロゴマークが2条3項2号にいう「誤認させるような表示」にあたるかを判断する際に、インターネット上のホームページで販売者が使用するロゴやデザインを考慮にいれて実質的な判断を行うものです（【105】における国際裁判管轄については310頁を参照）。

248

第2章　定　義──Ⅲ　責任主体（2条3項）

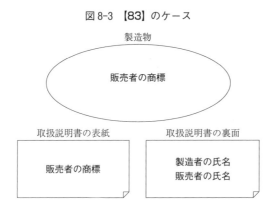

図8-3　【83】のケース

　フィットネスクラブに設置された日焼けマシンに関する【106】は、機器本体および取扱説明書の表紙に販売者の商標を表示し、取扱説明書の裏面に「発売元○○」と販売者の表示をする者が本法の責任主体となるかが問題となるものです（本事案ではほかに、取扱説明書の裏面に製造者名の表示があったものです。図8-3）。判旨はマシン使用者が表紙の表示を見て製造者と誤認しやすいとして、本件の表示は2号後段にあたるとし、販売事業者が責任主体となるとしています。

【106】フィットネスクラブに設営された日焼けマシンによる皮膚障害［大阪地判平成22年11月17日］
○事案　【57】と同一
○判旨
商標を表示する発売元は責任主体となるかについて「サンテドームのコントローラー、ボックス及び本件取扱説明書の表紙の「AVANT」との商標は、商標のみが表示されており、製造業者として明示されているものではないが、電化製品には販売業者ではなく製造業者の商標が記載されることが圧倒的に多いことからすれば、「AVANT」との商標は、Y_2がサンテドームの製造業者であると誤認させるような表示（製造物責任法2条3項2号）であると認められる。Y_2は、本件取扱説明書の裏面に、製造元として「Y_1」、発売元として「Y_2」との記載があることから、「AVANT」との商標は、製造業者と誤認するおそれがない旨主張するが、フィットネスサロン等に設置されたサンテドームを使用する者のように、サンテドー

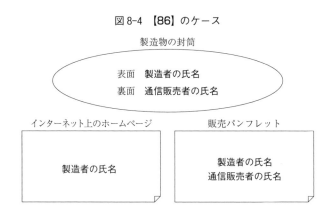

図8-4 【86】のケース

> ムの使用者が常に本件取扱説明書の裏面を見るとは限らないのであるから、Y₂主張の事実は、上記認定を左右するものではない」

　【106】は、製造物の取扱説明書の表紙に商標が表示され（表示1）、説明書の裏面に発売元の表示があり（表示2）、判旨は表示1に対して2号表示にあたると判断するものです。本件の特徴は、第1に、取扱説明書の表紙に明示されたブランドが製造者であることが一般的であるという電化製品の表示の実態を勘案している、第2に、2号後段の「誤認させるような氏名等の表示」であるかについて日焼けマシンをフィットネスサロンで直接使用する第2使用者の認識を基準として判断し、説明書の裏面に「発売元」との表示があるとしても第2使用者は通常その表示をみることはない、と評価する点にあります。第2の点は、第2使用者を誤認させるかどうかを社会通念に照らして客観的に判断していると考えられます。信頼責任の観点から、使用者の目につきやすく使用者に信頼を与える表示と、そうではない表示とが区別されているといえるでしょう。

　また、健康食品に食品衛生法が規制する物質（エトキシキン）が含まれていた事案に関する【109】は、製造業者の子会社である通信販売会社が製造物の包装裏面に「販売元○○」と表示しいわゆる一手販売を行っている事案で、通信販売者が本法にいう責任主体にあたるかが問題となるものです（本件事案ではほかに、製造物の包装表面に製造者名、インターネット上のホームページに製造者名、販売用パンフレットに製造者名および販売者名の表示があったものです。図

第2章 定 義──Ⅲ 責任主体（2条3項）

8-4）。判旨は子会社の名称の部分に製造者である親会社の名称が使用されているものの、製造物の包装等に製造業者の氏名が表示されていることから、販売元の表示は消費者を「誤認させるような氏名等の表示」（2号）にあたらないと解しています。

【106】は日焼けマシンに付された表示について、一般の消費者・使用者は社会通念上、サービス施設等に設置されている機械器具の取扱説明書の裏面にある製造者の記載をみることはほとんどないとして、製造物に販売者の表示だけが認められる【104】や【105】と実質的に同視する判断を行ったものと解されます。

③ **実質的な製造業者と認めることができる表示をした者（3号）**

1 基本的な考え方

3号は、製造物に製造業者として氏名等の表示をした者（2号前段）、製造業者と誤認させる表示をした者（2号後段）のほかに、「発売元」「販売元」といった表示をした者について、製造・加工・輸入・販売形態その他の諸事情を考慮し、表示が社会通念に照らして「実質的な製造業者」と認められる場合に表示者が責任主体となることを認める規定です。2号に該当しない者が製造物に氏名等の表示をした場合について、さらに受け皿として本号で実質的に本法の責任主体となる場合があることを定めるものです。

3号に該当しうる例としては、立法時以来、現実に製造や加工の工程に関わらず、一手販売を行う販売事業者が「発売元」などといった表示を付している場合があげられます。このような規定は、実際上、一定範囲の販売事業者が本法の責任主体となることを認める機能をもつといえるでしょう（【55】【107】）。

本号についても、ある者の氏名等を他人が無断で製造物に表示した場合には、原則として本号の適用はないと解されます。ただし、表示された者が無断でなされた表示を実質的に容認していたと認められる場合には本号の適用があると解されます。近時では、開発段階に関与した者が「開発者」などといった表示を付している場合に、3号表示事業者にあたるかといった新しい問題が生じています（【97】）。

251

第2部　逐条講義

2　裁判例

　自動車の車両噴射ポンプが破断した事故に関する【131】では、車両に販売者と表示する自動車ディーラーについて、販売形態その他の事情を勘案し、車両の実質的な製造業者（2条3項3号）にあたるかが問題となるものです。

　自動車ディーラー側は、「製造物責任法2条3項3号に該当するためには、販売者と表示していても当該表示者が当該製造物の製造者として社会的に認知されている者であるとか、製造及び加工の実情から考えて実質的な製造者を言うものと理解されている」としたうえで、自動車の販売会社が全国各地に存在し、販売のみを行っていることは周知の事実であり、製造・加工等の実態からみても3号にいう実質的な製造者とはいえない、と主張し、判旨はこれを肯定するものです。判旨の射程については、自動車分野のように販売者が製造者ではないと一般に認知されている分野の製品に限られ、基本的には製品分野ごとに検討されるべきと考えられます。

　加工あまめしばに関する【107】（【42】の一審）では、製造物に発売元と表示する販売事業者について、実質的な製造業者として3号表示にあたるかが問題となります。判旨は販売事業者が加工あまめしばを購入し、他社に滅菌・袋詰めを依頼し、販売していたことや、商品名など販売等に係る事情を総合的に評価し、3号の実質的製造業者にあたるとしています。

【107】加工あまめしばによる健康被害［名古屋地判平成19年11月30日］

○事案　【42】と同一

○判旨（一審）

販売者は製造物責任の責任主体となるかについて「Y₂は、本件あまめしばに発売元として表示されていること……、Y₂は有限会社Aから乾燥・粉末化した加工あまめしばを購入し、製薬会社Y₁に滅菌・フクロ詰めを依頼していたこと……、Y₂は、本件あまめしばを、日本の伝統食を基本にした健康食養法・マクロビオテック長寿食の世界的権威で、平成10年にその功績により日本人で初めて米国スミソニアン歴史博物館に殿堂入りを果たしたDの氏名を利用した「Dのあまめしば」との商品名で販売していたこと……からすると、Y₂は、本件あまめしばの製造、加工、輸入又は販売に係る形態その他の事情からみて、本件あまめしばにその実質的な製造業者と認めることができる氏名等の表示をした者に該当」する。

第2章 定 義——Ⅲ 責任主体（2条3項）

　【55】は、併用を推奨する各化粧品に「発売元」と表示する事業者名を各化粧品の商品名に使用していたもので、判旨は、製造業者であるとの実質的な信頼を消費者に与えるもので、3号事業者にあたりうるとしています。

　「茶のしずく石鹸」に関する【146】は、石鹸の製造委託事業者（いわゆるOEM形態で製造委託）の3号該当性を判断するにあたり、右事業者の石鹸の製造・加工の一連の過程における関与の程度を検討しています。判旨は、右事業者が石鹸の設計、原材料の選定に関与し、右事業者は本件石鹸の販売のために設立した会社であり、本件石鹸を同事業者のブランドとして確立し、独占的に販売し大きな利益をあげていることなどから、石鹸の製造・加工における同事業者の役割は大きいとして、少なくとも、石鹸の包装において同事業者を「発売元」として表示する商号およびロゴマーク、「茶のしずく」との商標の表示は、同事業者が実質的な製造業者であると認めることができる氏名等の表示にあたるとし、3号に該当するとしています。

　このほか、製造物の研究開発段階に関与し、製造物に「開発者」や「共同開発者」といった表示を付す研究機関などの者が3号の実質的製造業者にあたるかが問題となる場合があります。BDF精製装置の欠陥に関する【97】では、装置は共同開発製品であり、製造者とともに新製品の研究開発を行い、製造過程には関与しない大学が製造物に「共同開発者」と表示するものです。本件では製造物に欠陥がないとされたため、「共同開発者」の表示が3号表示にあたるかについて判断は示されていません。しかし、3号表示が販売者ではなく、現実の製造や販売に関わらないとはいえ、製造に関与する者に適用されるかが問題となるものです。

　いわゆる産学共同開発によって新しい技術を応用した製品が製造された場合、開発段階に関与し、製品の性能や安全性について現実の製造者とともに排他的、あるいは優越的な専門的知識を保有し、「開発者」などといった表示を行う者が3号にいう実質的製造業者にあたるかという問題は、今後さらに検討されるべきと思われます。

253

第2部　逐条講義

第3章　製造物責任

> **第3条（製造物責任）**
>
> 　製造業者等は、その製造、加工、輸入又は前条第3項第2号若しくは第3号の氏名等の表示をした製造物であって、その引き渡したものの欠陥により他人の生命、身体又は財産を侵害したときは、これによって生じた損害を賠償する責めに任ずる。ただし、その損害が当該製造物についてのみ生じたときは、この限りでない。

　3条は、不法行為の特則としての製造物責任の根拠を定める基本的な規定です。ここでは、製造業者等に製造物責任を課す基本的な責任要件としての因果関係や欠陥の証明、賠償される損害の範囲に関わる諸問題を取り上げます。

① 因果関係

1　基本的な考え方

　製造物責任が成立するためには、製造業者等が「引き渡したものの欠陥により他人の生命、身体又は財産を侵害」すること、すなわち、2条2項で定義される「欠陥」と損害のあいだに因果関係が認められることが必要です。製造物に引渡し当時欠陥が存在すると認められるとしても、具体的に生じた損害がその欠陥に起因することが証明されなければなりません。因果関係について本法には一般不法行為法と異なる特別の規定はなく、一般不法行為法の規定が適用され、判例、一般理論によって補充されることとなります。

　因果関係の立証責任は、一般の不法行為法と同様に権利を主張する側、すなわち被害者側にあります。因果関係の証明について、一般不法行為法におけるリーディングケースとしてルンバール医療事故に関する最（2）判昭和50年10月24日（民集29巻9号1417頁）は、医師のルンバール施術直後にけいれんなどが起こり、知能障害・運動障害の後遺症が残った事案において「訴訟上の因果関係の立証は、一点の疑義も許されない自然科学的証明ではなく、経験則に照らして全証拠を総合検討し、特定の事実が特定の結果発生を招来した関係を是認しうる高度の蓋然性を証明することであり、その判定は、通常人が疑を差し挟まない程度に真実性の確信を持ちうるものであることを必要とし、かつ、

第3章　製造物責任

それで足りる」とするものです。

　この判例は被害発生原因と損害の因果関係を自然科学的に証明する科学的知見が十分でない場合に、通常人が疑いを差し挟まない程度の「高度の蓋然性」の証明を行うならば、法的に評価される因果関係があると認められるという準則を明らかにするものです。自然科学的証明が困難な場合に立証負担を実質的に軽減する機能をもつルンバール事件最高裁判決の準則は、本法のもとにおいても基本的に妥当すると解されます。

　これと関連して、裁判における立証負担を軽減する機能をもつ講学上の概念として、事実上の推定があります。事実上の推定とは、「経験則に従って行われる推論」[1]をいうとされます。経験則とは「経験から帰納された法則や知識」をいい、「一般的な常識に属するものから（一般的経験則）、職業上の専門知識（専門的経験則）、あるいは、科学上の法則や論理法則に至るまで、さまざまなものが含まれる」とされます[2]。

　そもそも製造物責任訴訟においては、突然の事故で被害を受けた者が事故発生までの詳しい経過を正確に記憶し、説明すること自体が困難な場合が少なくありません（【17】【112】など）。このような困難を配慮して、立法提案のなかには、因果関係の立証負担を緩和するために事実上の推定を明文で規定するものがみられます。要綱試案6条は、「製造物に欠陥が存する場合において、その欠陥によって生じ得べき損害と同一の損害が発生したときは、その損害は、その製造物の欠陥によって生じたものと推定する」との条項を置いています。

　しかし、こうした推定規定は責任がない者に責任を課すおそれがあることや、他国の製造物責任制度において推定規定は設けられていないことなどから、本法は法律上、因果関係を推定する規定をとらず、事案に応じて事実上の推定を柔軟に活用し、被害者の立証負担を実質的に軽減することを期待することとしています。

　以下では、(1)欠陥による拡大損害が否定されるケース、(2)製造物以外の他原因を考慮するケース、(3)科学的知見が十分でないケース、(4)製造物が滅失しているケース、(5)目撃者がいないケース、(6)施行日の関係で因果関係に関する特殊の問題が生じる場合について、それぞれ事例をあげてみたいと思います。

---

[1]　三木浩一ほか『民事訴訟法』（有斐閣、2013年）251頁を参照。
[2]　同前同頁。

255

第2部　逐条講義

2　裁判例

⑴　拡大損害の発生が認められない場合

　たとえば、製品が安全規制法に違反していても、その製品によって生命、身体、他の財産に損害を与えていないときには責任要件としての因果関係を欠き、本法は適用されません。

　接着剤原液に関する【108】は、「化学物質の審査及び販売等を規制する法律」の規制に反する物質を含有していたもので需要者側事業者に生じた取引上の損害について製造物責任を問えるかが問題となるものです。判旨は仮に接着剤原液に欠陥があるとしても、その生命、身体、他の財産に対する危険が発現して損害を生じた場合にあたらないとして本法の適用を否定しています。

【108】使用禁止物質を含む接着剤による財産的損害［東京地判平成 17 年 7 月 19 日判例時報 1976 号 76 頁］

○**事案**　日本国内のＹ社は化学物質の審査及び販売等を規制する法律が禁止する物質（PCN）を無許可で日本国内に輸入し、接着剤原液を製造した。Ｘ社のカナダ法人Ａは接着剤原液を輸入し、Ｘ社はＡから輸入した接着剤原液を使用して接着剤（NFB）を製造・販売したところ、化審法に違反するとして販売中止および回収を行った。ＸはＹに対して、不法行為および製造物責任に基づき損害賠償を請求した。

○**判旨**　請求棄却（控訴棄却）

接着剤の欠陥と損害の因果関係について「仮に、NFB に PCN を含有することが製造上の欠陥、設計上の欠陥に当たると仮定しても、本件損害は NFB が含有する PCN の毒性が有する身体・環境に与える危険性が発現してＸの財産を毀損したものではないから、Ｘが主張する製造上の欠陥、設計上の欠陥とＸの損害との間には因果関係を認めることはできない」

　食品分野において、いわゆる健康食品に食品衛生法 6 条によって食品への添加が禁止されている物質（エトキシキン）が含まれていた事案に関する【109】は、需要者側事業者に生じた取引上の損害について製造物責任が認められるかが問題となるものです。判旨は傍論において、規制法に反する食品によって生命、身体、他の財産に損害を生じたものではないとし、製造物責任を否定しています。

第3章　製造物責任

【109】食品衛生法違反の添加物を含有する健康食品［大阪地判平成17年1月12日判例時報1913号97頁］[3]

○**事案**　X_1およびX_2は、Y_1が製造し、ホームページなどで健康に効果があることを強調して販売する錠剤状の数種の健康食品を通信販売会社Y_2（Y_1の子会社）から購入し、各食品の一部を消費した。X_1らに健康被害は生じていないが、各食品には飼料用の抗酸化剤として使用され、食品衛生法により食品への添加が禁止されているエトキシキンを含有していた。X_1らは、Y_1およびY_2に対して債務不履行、製造物責任に基づき代金相当額および慰謝料を請求した。

○**判旨**　請求棄却（控訴棄却）

食品の欠陥による製造物責任について「Xらが購入した本件各製品により、この製品以外のXらの生命、身体又は財産が侵害された事実はないから、製造物責任法3条の要件を欠くことが明らかである。したがって、Yが、製造物責任法により損害賠償責任を負うことはない」

　【108】【109】の製造物はいずれも強制力をもつ安全規制に違反し、製造物の安全性に関わる瑕疵があることは疑いがありません。この瑕疵について、本法にいう欠陥があるといえるかが問題となります。【108】は、仮に欠陥があるとしても3条が定める欠陥と損害の因果関係がなく、瑕疵ある製品によって生じた損害は本法による救済には及ばないとし、【109】は、仮に欠陥があるとしても本法にいう損害はなく、製造物責任は生じないとしています。

　中古自動車からの出火に関する【110】は、燃料ホースゴム劣化によりエンジンルームから出火し自動車が焼損したもので、出火事故は燃料ホースの耐久性不足によるのか使用者の不合理な使用方法を原因とするのか、耐久性不足が原因であるときには、瑕疵であるか欠陥にあたるかが問題となるものです。判旨は耐久期間内の合理的な使用にもかかわらず、燃料ホースは安全性を実現するに足りる性能を備えていなかったとして製造業者に不法行為責任（燃料ホースの高度の安全性を実現する義務違反）があるとし、製造物責任を否定するものです。

【110】中古自動車エンジンルームからの出火事故［東京地判平成19年4月24日判例時報1994号65頁］

○**事案**　XはYが製造した自動車を販売店Aから購入し、運送業に使用していた。Xの

---

[3] 本件の評釈として、拙稿「判批」インデックス144頁を参照。

257

第 2 部　逐条講義

従業員が走行中、エンジンルームから出火した。Aの社員が自動車を引き取りイグニッションキーをONの位置に回したところ、突然出火した。XはYに対して不法行為あるいは製造物責任に基づく損害賠償を請求した。

○**判旨**　一部認容、一部棄却（製造物責任を否定）

燃料ホースの合理的安全性と過失について「本件燃料ホースは、定期点検における交換が予定されていない部品であること（自動車そのものの寿命と同等の寿命があることが予定されている。）、本件燃料ホースのクラックの発生は、……容易に本件事故のような火災の原因ともなりうるものであることなどからすれば、Yにおいては、本件車両全体の耐久期間内の合理的利用の範囲内において、高度の安全性を実現する義務があるところ、本件燃料ホースは、その安全性を実現するに足りる性能を備えていないのであるから、Yは、かかる義務に違反しているものというべきである。したがって、その余の点について判断するまでもなく、この点に関するXの主張には理由がある」

(2)　製造物以外の他原因の考慮

(i)　他原因を理由に因果関係が認められない場合

損害の原因として製造物以外の要因が考えられるケースには、第1の類型として、損害の発生がもっぱら他の要因により、製造物の欠陥と損害との因果関係が否定される場合があります。

このようなケースを、さらに2つの場合に分けることができます。

第1は、製造物と損害の発生に因果関係が認められるとしても、損害の発生経緯の詳細が不明な場合です。製造物の欠陥以外の他の原因によって損害が発生した可能性がある場合には、責任要件としての因果関係が否定されます。

ガスファンヒーター付近からの火災に関する【111】では、出火原因がヒーターの欠陥によるか、ヒーターの周囲にあった数個のスプレー缶が爆発したことによるのかが問題となり、スプレー缶の爆発によると推認するものです。

【111】**ガスファンヒーター付近から出火した火災**［大阪高判平成 13 年 11 月 30 日判例タイムズ 1087 号 209 頁］

○**事案**　Xら夫婦は所有する建物の厨房にいた際、廊下に設置したガスファンヒーター付近から出火した火災によって建物を全焼した。Xらは、出火原因はガスファンヒーターが異常燃焼し漏れたガスに引火して爆発したとして、ガス供給会社 Y₁、ヒーター販

売者 Y_2 に対して、不法行為、製造物責任に基づき損害賠償を請求した。一審は出火原因が不明として請求棄却。Ｘらが控訴。

○**判旨**　控訴棄却

本件火災の出火原因はガスファンヒーターであるかについて「Ｘにおいて、本件火災の状況を目撃したのは一瞬であり……記憶が不正確である、あるいは細部における矛盾や不合理な行動をしたことをとらえて、供述に信用性がないと判断することは相当ではない。……他方、本件火災鎮火後、本件ガスファンヒーターの周り等から、底の抜けたスプレー缶４個が発見され、そのうち１個は「キスカ」という殺虫剤であり、……ガスファンヒーター等の暖房器具によって加熱すると爆発音とともに破裂し、内容物に着火して火災を引き起こす危険性があること……など、スプレー缶の爆発に符合する証拠もあり、本件ガスファンヒーターの前にスプレー缶が置かれていたために爆発した可能性をあながち否定することもできない。……結局、本件火災の原因が本件ガスファンヒーターからの出火によるものであると認めることはでき〔ない〕」

　また、プロパンガスの火災に関する大阪高判平成 12 年 11 月 1 日（判例集未登載）は、出火元がプロパンガスであると認められるけれども、出火原因がガスボンベの欠陥によるガス漏れであるか、設置工事を行った技師の人為的ミスによるのかが問題となるものです。本判決は、技師の誤操作による可能性を払拭できず、ガス漏れ以外に原因がある可能性を否定できないとして製造物と損害の因果関係を否定するものです。

　第２は、製造物に欠陥が存在するとしても発生した損害は製造物の欠陥以外の原因による可能性があるとして、責任要件としての因果関係が否定されるケースです。たとえば、安全性に問題があるという理由でリコールが実施される製造物に欠陥が認められるとしても、その製造物に関連する事故のすべてに本法に基づく責任が認められるとは限りません。

　石油ストーブの異常燃焼による火災に関する【112】では、異常燃焼がストーブの欠陥によるものか、誤使用などの他原因によるかが問題となるものです。本件はリコール製品に関する事案で、判旨はリコールが実施された理由と火災の状況との異同を検討しつつ、製造物の欠陥と損害のあいだに因果関係が認められないとして責任を否定しています。

第 2 部　逐条講義

> **【112】石油ストーブの異常燃焼による火災 [甲府地判平成24年5月22日判例集未登載]**
>
> ○**事案**　Xは自宅で友人ら2名と飲食した際、石油ストーブを使用していたところ、ストーブが異常燃焼し火災が発生し自宅が全焼、友人2名が死亡した。石油ストーブを製造したYは、燃料カートリッジタンクを下向けにセットする同社製石油ストーブが半ロック状態になり灯油が漏れるおそれがあるとして、事故発生後にリコールを実施した。本件製品はリコール対象製品に含まれていた。Xは石油ストーブに欠陥があるとしてYに対して製造物責任に基づき損害賠償を請求した。
>
> ○**判旨**　請求棄却
>
> **石油ストーブの欠陥と火災発生の因果関係について**「Y製石油ストーブのカートリッジタンクの一部には蓋の半ロック状態を生じる欠陥があり、Yはその欠陥を理由としてそれらのカートリッジタンクを搭載する石油ストーブのリコールを行ったが……経済産業省の公表によれば、その欠陥は原始的に存在するものではなく、ストーブの長期間の使用等により給油口が変形することによって生じる旨が明らかにされている。これに対し……本件ストーブは……長期間の使用がなされていたものではない……。さらに、……火災発生に至るメカニズムについても、……半ロック状態であった給油口の蓋が開いて灯油がこぼれ、それと石油ストーブを消化せずに給油を行う誤使用とが相まって、炎が灯油に引火する旨の情報が公表されているところ、本件火災の状況は点火から約2時間経過した後にストーブ下方から炎が上がったというものであって、公表されている火災発生のメカニズムとは明らかに異なるから、本件火災が半ロック状態を生じるストーブの欠陥に起因するとは考え難い」

　また、リコール車両を走行中にハンドル制御不能となり崖下に転落した事故に関する【62】では、積雪時の走行中にスリップが発生したのは、周囲の環境と運転の方法に原因があるとして、リコールが実施された理由と事故の関連性を認めるのは合理的でないとしたものです。

(ii)　他原因が損害発生に寄与する場合

　損害の原因として製造物の欠陥のほかに他の要因が寄与する場合があります。たとえば、損害が製造物の欠陥に起因すると同時に消費者・使用者の体質的素因や心的素因が損害の発生に一定程度寄与すると認められる場合に、責任要件である製造物と欠陥の因果関係を肯定し、他原因が寄与する割合に応じて責任

260

第 3 章　製造物責任

を減額する例がみられます。

　加工あまめしばに関する【42】は、有害物質を含むいわゆる健康食品の継続的摂取によって難病にり患した因果関係を認めながら、難病にり患しやすい被害者の体質的素因が寄与しているとして、過失相殺を行うものです。

　また、椅子転倒事故により骨折後、歩行困難となる身体的障害を負いかつうつ病にり患したケース【113】では、椅子に欠陥が存在することを前提に、欠陥と歩行困難との因果関係、欠陥と精神疾患との因果関係が問題となるものです。本件の一審福岡地小倉支判平成 23 年 2 月 24 日（判例時報 2164 号 64 頁）は、椅子の欠陥に起因する転倒事故によってうつ病にり患したものであるけれども、歩行困難は心因的障害であるうつ病の一環であるとしました。これに対して、【113】は欠陥と損害の因果関係に関する評価を変更し、被害者が椅子の欠陥による転倒に起因して腰椎を骨折し、その後、後遺障害として改善の困難な精神疾患を発症したとし、精神疾患を発症しやすい心因の寄与を認めて、過失相殺を行うものです。

【113】椅子転倒事故により歩行困難および精神的後遺障害を負った事例［福岡高判平成 23 年 12 月 15 日判例時報 2164 号 61 頁］

○**事案**　X は腰かけていた椅子の脚が溶接不具合で折れたため転倒し、受傷して歩行困難となり、かつ、重度のうつ病にり患したとして、椅子製造者に対して製造物責任に基づく損害賠償を請求した。一審で一部認容（9 割過失相殺）、一部棄却。X が控訴。

○**判旨**　原判決一部変更、一部棄却（上告棄却・確定）

転倒事故と骨折および精神疾患発症との因果関係について「X のうつ病は……本件事故により、第 5 腰椎椎弓骨折の傷害を負ったことを契機として、X が抱くにいたった諸感情……に加えて、本件事故の精神的衝撃等が複合的に原因となって、本件事故から 4 か月後である平成 21 年 3 月頃に発症したものと認めるのが相当である。そして、……X のうつ病は、改善が認められず、今後の改善の見込みも厳しいというのであるから、後遺障害として残存しているものというべきである」

　【113】は、欠陥によって生じた損害の範囲について、うつ病のり患のみとし、歩行障害はもっぱら心因により欠陥との因果関係がないとする一審に対して、歩行障害とうつ病のり患の双方を製造物の欠陥による損害と認めるものです（使用者側の素因について過失相殺する点については、295 頁を参照）。

261

第2部　逐条講義

(iii)　他原因を認めにくいとして因果関係を肯定する場合

　(i)(ii)に対しては、得られた証拠から周囲の諸事情を勘案して製造物以外に損害発生の原因を認めにくいとして、経験則に照らして因果関係を推認するケースがあります。

　携帯電話に関する【114】は、製品と損害発生のあいだに複数の因果が考えられ、具体的な経緯を明らかにできないけれども、製造物以外の他原因によることは考え難いとして因果関係を推定するものです。

【114】携帯電話機による低温熱傷 [仙台高判平成22年4月22日]
○事案　【32】と同一
○判旨
因果関係の事実上の推定について「Xが平成15年6月5日時点において本件熱傷を負っていたことは、動かし難い事実であるところ、……Xは平成15年5月20日午後8時30分から午後11時ころまでの間（本件時間帯）において、そのズボン前面左側ポケットに本件携帯電話を入れ、被害部位であるXの左大腿部と接触する状況にあったこと、本件携帯電話の位置、形状と本件熱傷の位置、形状はほぼ一致すること、本件熱傷は低温熱傷であること、本件携帯電話の温度が約44度かそれを上回る程度の温度に達し、それが相当時間持続すること、すなわち低温熱傷をもたらす程度に発熱する状態（異常発熱）になることは十分あり得ること、ほかに本件熱傷の原因となり得る事由は見当たらないことなどの諸事情が認められ、これらを総合考慮すれば、本件熱傷は、本件時間帯において、本件携帯電話が低温熱傷をもたらす程度に異常発熱したために生じたもの（本件熱傷が携帯電話に起因すること）と推認することができる」

　養殖ヒラメ磁気活水器に関する【115】は、製造物に起因して養殖ヒラメが全滅した経過を証明することは困難であるけれども、装置内の水質環境からヒラメの全滅を生じたと推認できるとするものです。

【115】磁気活水器による養殖ヒラメ死滅事故 [徳島地判平成14年10月29日]
○事案　【70】と同一
○判旨
装置と損害の因果関係の事実上の推定について「本件生け簀では、本件装置を取り付けた後、壁面に生えていた苔がなくなり、また、水の粘性が大きくなった。そ

> して、本件装置を取り付けた給水管の水質を検査した結果、取り付けていない給水管の水と比較して、亜硝酸態窒素が 0.10mg/l（以下、単位は同じ。）から 0.77 と増加しており、海域での水産用水基準として定められた 0.06 を大きく上回っていることが確認された。……本件装置を給水管に取り付けた結果、その磁力の作用によって水質に変化が生じ、それがヒラメの生態に強く影響して、本件生け簀で養殖されていた全てのヒラメを死に至らしめたという因果関係を事実上推認することかでき……本件装置と本件事故の間には因果関係の存在が認められる」

【115】は装置の客観的性状と損害との因果関係の詳細が判明しないケースであったにもかかわらず、装置内の水質の環境変化に関する事実をもって、ヒラメ全滅の原因が装置でありその他には想定しにくいと評価し、装置の欠陥と損害の因果関係を事実上推定すると解されます。

同様の判断は工業用大型乾燥機に関する【35】にもみられます。本件では製造物と火災の因果関係が認められ、製造物のどの部位からの発火であるかは不明とされていますが、製造物以外の他原因を考え難いとして、責任要件としての因果関係を肯定しています（輸入ふとん乾燥機に関する【121】などの製品火災事案については、270 頁を参照）。

(3) 科学的知見が十分でない場合

科学的事実が不十分であり、得られた事実を総合的に勘案しても、経験則に照らして製造物と損害のあいだの因果関係を推認できないとされる場合があります。店舗で焼いたロースかつを自宅で食した消費者が食中毒症状を生じたケースに関する名古屋簡判平成 17 年 11 月 29 日（判例集未登載）は、ロースかつが加熱不足であったとしつつも、①食後 24 時間経過後に発症している、②製造業者が被害者宅から持ち帰った商品から食中毒を発生させる毒素が検出されなかったことなどから、ロースかつと急性大腸炎発症との因果関係は認められないとするものです。

これに対して、損害発生までの経緯を科学的に十分に明らかにできないときに、責任要件としての因果関係を肯定するケースをみてゆきましょう。食品や医薬品の継続摂取による慢性疾患のケースで、製品が含まれる特定の物質の有害性が判明しているものの、人体への影響のメカニズムが科学的に十分に解明されていない場合がもっとも典型的と思われます。

医療用漢方薬に関する【116】は、アリストロキア酸という物質の腎毒性に

ついて自然科学的な確実な知見は不十分だけれども、①文献等で腎毒性に関する多くの症例が報告され、それらの間に共通性が認められることと、②同物質は腎毒性をもつとの一般的知見が存在することを総合的に検討し、アリストロキア酸を含有する漢方薬の長期継続摂取と腎障害との間に因果関係を肯定するものです。

【116】医療用漢方薬による腎障害［名古屋地判平成 16 年 4 月 9 日］

○**事案**　【36】と同一

○**判旨**

[1] KM の長期継続服用と腎障害の因果関係について「少量のアリストロキア酸を継続的に摂取した場合の臨床実験等の報告等は見当たらないし、この場合にいかなる機序で腎障害が引き起こされるかについて論じた論文等も見当たらないことから、少量のアリストロキア酸を継続的に摂取した場合の腎毒性について、自然科学的な確証が得られているとは認めがたい。しかしながら、……多くの症例において、考えられる原因及び症状が共通しているのであるから、このことと、アリストロキア酸には腎毒性があるとの一般論を併せ考えると、少量のアリストロキア酸を継続的に摂取した場合においても腎毒性があると推認するのが相当である。……よって、少量のアリストロキア酸を継続的に摂取することによるヒトに対する腎毒性は、これを認めることができるのであるから、アリストロキア酸を含む KM は、その長期間、継続的な服用によって腎障害という副作用を引き起こし得ることが認められる」

[2] KM の服用と X の腎障害の因果関係について「アストロキア酸に蓄積性がなく、かつ、X の本件腎障害が KM の服用中止後約半年を経過した後に発症したというのであれば、……〔KM 服用と X の腎障害に関する因果関係〕の推認を覆すに足り得るものであるといえないでもない。……本件腎障害は、平成 9 年 12 月 8 日よりも相当以前に発症していた蓋然性が極めて高いと推察されるのであり、Y において、X の本件腎障害の発症時期が KM の服用中止の相当期間経過後である旨を具体的に特定して主張・立証しない限り、アリストロキア酸に蓄積性がないとしても、そのことのみをもって上記推認を覆すことはできないというべきである」

　【116】は、判旨［1］で因果関係について自然科学的知見が不十分である場合の判例の準則である「高度の蓋然性」説（228 頁）に従い因果関係を肯定し、

第 3 章　製造物責任

さらに判旨［2］は輸入業者側に他原因の可能性があることの主張・立証責任を課し、実質的に挙証責任を転換しているに等しいものです。

加工あめめしばに関する【117】もまた、「高度の蓋然性」説に従い、あめめしばの摂取による閉塞性細気管支炎のり患を自然科学的に証明することは不要である旨を明らかにして、因果関係の法的評価を行っています（本件における製造物責任と他法理による責任の競合に関して、302頁を参照）。

【117】加工あめめしばによる健康被害 [名古屋高判平成21年2月26日]

○事案　【42】と同一

○判旨

加工あめめしばの摂取と閉塞性細気管支炎発症との因果関係について「製造物責任の成立要件としての事実的因果関係は、自然科学上の因果関係そのものではなく、上記の法的責任を発生させる要件としての法的因果関係であ〔る〕。……したがって、閉塞性細気管支炎発症の原因物質の特定や、あめめしばの摂取によって閉塞性細気管支炎が発症したことについての自然科学的な因果関係の解明を要するものではない。……加工あめめしばの摂取と閉塞性細気管支炎の発症との間には、高度の関連性がある……この点に、X_1 および X_2 は……本件あめめしばをほぼ同時期に摂取し、その後ほぼ同時期に閉塞性細気管支炎を発症したこと……等を併せ考えると、X_1 及び X_2 につき、本件あめめしばの摂取と閉塞性細気管支炎の発症との間に因果関係があるものと推認するのが相当である」

また、輸入電気ストーブに関する【34】は、引渡し時において医学的には診断方法が未確立であった諸症状を電気ストーブから発出する有害物質に起因する損害と認め、本法の責任要件としての因果関係を推認したケースです。

⑷　**製造物が滅失している場合**

製造物が事故後の廃棄や事故時の焼損などによって滅失している場合があります。立法当時から、食品分野では製造物が滅失することが特性のひとつにあげられ、また、性能上燃料を燃焼して機能を発揮する製造物では火災によって製造物そのものがしばしば焼損してしまいます。このような場合には、製造物から損害が発生した経緯を詳細に明らかにすることが困難となりますので、事案に応じて因果関係を事実上推定し、被害者の立証負担を実質的に軽減するのが公平に適うといえます。

オレンジジュースに関する【16】は、異物が発見されず、ジュースが廃棄さ

265

第 2 部　逐条講義

れ、滅失したものですが、被害者の喉の外傷についてジュースに異物が入っていたほかには原因を想定しにくいとして、因果関係を推認しています。また、輸入ふとん乾燥機から出火した火災事故に関する【121】は、製造物の大部分が焼損し、製造物と損害との因果関係が問題となるものです。判旨は欠陥の立証責任を負う被害者が事故の原因や発生のメカニズムを詳細に明らかにして製造物の問題点を特定するには限界があるとして、被害者保護の観点から製造物以外の外的要因によることを製造業者等の側で反証しないかぎり、製造物の欠陥が認められるとし、因果関係のみならず製造物の欠陥について立証責任を実質的に製造業者側に転換しています。

　もっとも、欠陥や因果関係の立証責任を実質的に緩和する裁判例が相当数みられるとはいえ、立証責任が被害者側にあるという原則それ自体を変更するものではありません。工場内に設置された工作機械に関する東京地判平成 19 年 2 月 5 日（判例時報 1970 号 60 頁）の判旨は傍論で、欠陥や因果関係の立証責任はあくまで原則どおり被害者側にあることを確認しています。

⑸　**目撃者がいない場合**

　製品火災事案にかかる不法行為裁判例においては、製品が焼損している場合があります。火災発生時や発生前後の目撃者がある場合には、目撃証言等によって製品を発火源と認める例（【9】、大阪地判平成 9 年 9 月 18 日判例タイムズ 992 号 166 頁）があり、火災発生時の燃焼状況を現認する目撃証言があります。他方で、目撃者がある場合においても、間接事実を総合して他原因から出火した可能性を認める例があります（東京地判平成 11 年 3 月 29 日判例時報 1677 号 82 頁等）。

　これに対して、火災発生源の目撃者がないケースでは、製品が出火源であるかが事実認定上争われる場合があります。裁判例には、本法の適用がない業務用電気冷凍庫について、発火源の目撃者がなく、発火源が冷凍庫であるかが争われた【118】があります。判旨は、間接事実を総合して冷凍庫を発火源と推認し、製造物責任の法理によって製造者の過失を肯定しています。

【118】業務用冷凍庫を発火源とするレストラン兼住宅の火災（東京地判平成 11 年 8 月 31 日判例時報 1687 号 39 頁)[4]

○**事案**　自宅でレストランを経営する X_1 は、Y が製造販売した業務用冷凍庫を A から

---

[4] 本件の評釈として、拙稿「判批」インデックス 140 頁を参照。

購入して店舗兼居宅に設置し、食材の冷凍保存のために使用していたところ、火災が発生し、店舗兼居宅が半焼した。X₁およびその家族X₂、X₃は、冷凍庫から出火したとしてYに対して不法行為に基づく損害賠償を請求した。本件火災の発火源については、次の事実が認められる。①鋼鉄製で外部からの火で燃える蓋然性が低い本件冷凍庫自体が焼損している。②冷凍庫の設置場所とその裏側にあたる板壁の焼損の位置は対応し、その部分の焼損の程度が他の部分に比べて大きい。③冷凍庫の背面から遠い冷凍庫のサーモスタットの焼損が激しく、冷凍庫内からの火により焼損が広がったと推認される。④冷凍庫上扉部分の間隙から背後の板壁に着火したと推認することは、物理的または科学的に不合理ではない。冷凍庫は燃焼が進んで電器部品が相当程度損傷しており、溶融痕が残存していなかったとみることは相当でない。⑤東京消防庁の統計によると、平成元年から平成8年にかけて、東京都内における電気冷凍庫による火災は毎年複数件（5件〜12件）発生している。⑥消防士が火災原因を判定した火災原因判定書は、火災直後の実況見分において、他原因による出火の可能性を否定している。

〇**判旨**　一部認容、一部棄却

発火源と製造者の過失について　上記①〜⑥に基づいて、「本件火災は、本件冷凍庫を発生源とするものであることを推認することができる」。「消費者が、本来の使用目的に従って製造物を使用し、事故が発生した場合において、その時点で製造物に欠陥が存在したときは、特段の事情の認められない限り、製造物が流通に置かれた時点において、欠陥が存在していたものと推認することが相当である。……製品の製造者は、製品を設計、製造し流通に置く過程で、製品の危険な性状により消費者が損害を被ることのないように、製品の安全性を確保すべき高度の注意義務（以下「安全性確保義務」という。）を負う。「安全性確保義務の性質上、本件冷凍庫について流通に置かれた時点において欠陥が認められる以上、製造者たるYが本件冷凍庫を流通過程に置くに際して、安全性確保義務の過失があったものと推定することができ、右推定を覆すに足りる特段の事情は認められない。」

【118】は、発火源の事実認定について、本法における目撃者のない事例の参考となると考えられます。

本法のもとでは、輸入ふとん乾燥機が火災によりまったく焼損した【104】（【121】と同一）は、判決文から出火源の目撃者がない事案と推測されます。本件では、出火が子ども達のいたずらによるか、すなわち製品の内部構造以外の外的要因による出火であるかが争われました。判旨は、間接事実を総合してふ

第2部　逐条講義

とん乾燥機を出火源と認定しています。

(6)　施行期日と関連する特殊な問題

　医療用漢方薬に関する【119】は、漢方薬に含まれる物質を長期間継続摂取した場合の有害性を肯定しながら、本法の適用がある施行日以降に引き渡された製造物と損害とのあいだに因果関係を認められるかが問題となるものです。判旨は本法の適用がある期間の摂取では損害との因果関係を認められないとしています（継続使用する製品群の横断的特性については196頁、施行日を定める附則1項については312頁を参照）。

【119】施行日前後にわたって服用した輸入漢方薬と腎障害の因果関係［名古屋地判平成14年4月22日判例時報1866号108頁］[5]

○**事案**　X_1 は平成5年9月から平成7年12月にかけて医師の処方により Y が輸入した漢方薬 KM を服用し、腎不全にり患した。X_2 は同様に平成4年7月から平成7年9月にかけて KM を服用し腎不全にり患した。X_1 および X_2 は Y に対して製造物責任などに基づき損害賠償を請求した。

○**判旨**　一部認容、一部棄却（製造物責任を否定）

施行日以降に服用した KM と腎障害の因果関係について「アリストロキア酸を含有する KM は、これを長期間にわたって使用した場合には、一回の投与量が多量でなくとも腎機能障害を発生させる可能性を有する……。……X_1 らはいずれも3、4年間にわたって KM を服用しているものであり、本件製造物たる KM を服用したのはそのうちの一部の期間にすぎない。……そうすると、X_1 らが腎不全に罹患したことが……KM の長期服用に起因するものであるとしても、本件製造物たる KM を服用したことのみに起因するものであると断じることは困難である……。X_1 らの本件製造物たる KM の服用と腎不全罹患との間に因果関係を肯認することはできない……」

---

② 　欠陥の証明──欠陥の特定・事実上の推定

1　基本的な考え方

　本法の責任要件である因果関係の立証の負担を実質的に軽減する裁判例においては、欠陥の立証負担についても実質的な軽減を図る場合がみられます。因

---

[5]　本件の評釈として、松葉佐隆之「判批」判例タイムズ1184号106頁を参照。

第 3 章　製造物責任

果関係の証明と欠陥の証明とは、実際上分かちがたく関連し合う場合がめずらしくありません。以下では、欠陥の証明における特定の要否や、事実上の推定に関わる問題を取り上げたいと思います。

本法は責任要件を「過失」から「欠陥」に転換し、被害者保護の観点から責任原理を変更するとはいえ、証明責任の原則は変更せず、被害者は「欠陥」の存在を証明しなければなりません。

実際には、製造物に関する専門的な知識や情報、調査能力が十分とはいえない一般の消費者にとって本法が定める欠陥の立証責任は重い負担となり、立法に際しては因果関係と同様に推定規定を新設する必要性が検討されました。立法提案のなかには欠陥の存在の推定規定を置くものがあり、要綱試案 5 条 1 項は「製造物を適正に使用したにもかかわらず、その使用により損害が生じた場合においても、その損害が適正な使用により通常生じうべき性質のものでないときは、その製造物に欠陥があったものと推定する」との条項を掲げています。

しかしながら、本法の立法にあたっては、欠陥の推定規定を置くことによって責任のない者に責任を課すおそれがあることや、諸外国の立法例などを参照し、一般不法行為法の原則に従って欠陥の証明責任は権利を主張する被害者側にあるとしました。そして同時に、証明責任の原則そのものは変更しないとしても、裁判実務において事案の性質に応じて事実上の推定（255 頁）等を活用し、被害者の立証負担を適切に軽減し、被害救済の実現を期待することとしました[6]。

本法を適用する裁判例においては、カラーテレビ出火に関する【9】や電気冷凍庫出火に関する【118】の流れを受けて、欠陥を具体的に特定した主張立証を要しないとして、欠陥を事実上推定するケースが続いて現れています。

2　裁判例

欠陥の証明にあたり、欠陥の部位を具体的に特定して主張・立証することを要するかに関して、適正な使用をしていたにもかかわらず損害が発生した場合には、欠陥の証明において欠陥の具体的部位を特定して主張立証することは不要であるとする裁判例が多くみられます。

携帯電話機に関する【120】は、欠陥の部位や欠陥を生じた原因などが解明

---

[6] 逐条 98 頁を参照。明治期の判例に登場する一応の推定は、特に過失の証明に関する立証負担を実質的に軽減する機能をもち、事実上の推定と類似するものです（大判明治 41 年 7 月 8 日民録 14 輯 847 頁）。

269

第2部　逐条講義

されていないとしても、適正使用（Ⅰ領域）していたあいだに損害が発生したことを立証すれば、電話機の欠陥の認定できるとするものです。

【120】携帯電話機による低温熱傷［仙台高判平成22年4月22日］
○事案　【32】と同一
○判旨
携帯電話機の欠陥の具体的主張・立証について「欠陥の箇所、欠陥を生じた原因、その科学的機序についてはいまだ解明されないものであっても、本件携帯電話が本件熱傷の発生源であり、本件携帯電話が通常予定される方法により使用されていた間に本件熱傷が生じたことさえ、Xが立証すれば、携帯電話機使用中に使用者に熱傷を負わせるような携帯電話機は、通信手段として通常有すべき安全性を欠いており、明らかに欠陥があるということができるから、欠陥に関する具体化の要請も十分に満たすものといえる」

　輸入ふとん乾燥機に関する【121】は、被害者が適正使用していたあいだに損害が発生したことを立証すれば欠陥の立証として十分であるとしています。判旨はふとん乾燥機について、製造業者側が製造物の構造や専門的知識に関する情報を一方的に保有し、一般消費者はこれを保有して使用することを予定されていない製造物（ブラックボックス的製品については44頁を参照）であるとし、被害者保護を図る本法の趣旨に照らして欠陥の特定を不要と解するものです。

【121】輸入ふとん乾燥機による火災［大阪地判平成25年3月21日］
○事案　【104】と同一
○判旨
欠陥の具体的特定について「本件機械のような家庭用電化製品は、その構造上、内部構造やこれに関連する技術的・専門的情報を製造業者等が詳細に把握している一方、利用者がこれを詳細に把握することは困難であり、かつ、これらを把握したうえで利用することが予定されていない。これに加え、……火災により当該製造物の大部分が焼損しているような事案においては、製造物に欠陥があることを主張する側が、事故原因や発生メカニズム、それに基づく当該製造物の客観的性状に関する問題点について詳細に特定して主張立証することにはおのづから限界があるというべきであり、この点の主張立証責任を厳格に求めることはかえって、被害者の保護を図ろうとする製造物責任法の趣旨にも反することとなる。……本

第 3 章　製造物責任

件機械の特性、本件事案の性質および製造物責任法の趣旨等を考慮すれば……本
件機械から本件火災が発生したことが認められる本件においては、X₁らが本件
機械を通常の用法に従って使用していたといえる場合には、本件火災が本件機械
の内部構造以外の外的要因により発生したものであることをY側が反証しない
限り、本件機械に欠陥があると認めるのが相当である」

　輸入自転車による転倒事故に関する【122】は、走行中に前輪サスペンショ
ンが分離し、脱落によって転倒し受傷した事故の具体的で科学的な因果経過の
詳細が不明なケースです。判旨は事故の原因がサスペンションの分離であるこ
とが証明されれば足り、分離に至る詳しい経緯の主張・立証は不要であるとし
ています。

【122】輸入クロスバイク自転車による転倒事故 [東京地判平成 25 年 3 月 25 日]
○事案　【69】と同一
○判旨
自転車の欠陥に関する主張立証責任について「本件自転車のサスペンション内のス
プリングが破断し、X₁の走行中にサスペンションが分離するに至った具体的、
科学的機序の詳細については、証拠上、いまだ十分には解明されていないところ
ではあるが、本件における製造物責任法にいう「製造物」とは自転車であって、
……本件自転車の特性、通常予想される使用形態、引渡時期からすれば、本件事
故における転倒の原因が本件自転車の部品であるサスペンションの分離であるこ
とが主張立証されれば、製造物責任法に定める欠陥についての主張立証としては
必要十分であり、これ以上に、サスペンションの分離に至る詳細な科学的機序、
あるいは、サスペンションの構造上の不具合までを主張立証する必要はないと解
するのが相当である。このように解しても、製造物責任法に定める「欠陥」の捉
え方としては十分に具体的であって、欠陥の有無に関する攻撃防御を尽くすこと
は可能であり、製造業者等の行為規範としても具体性に欠けるところはないと考
えられる」

　【122】は、事故原因は特定できるけれども事故発生に消費者の使用形態がど
のように関与しているかが明らかでないケースです。判旨は本法の趣旨に照ら
し、不具合が発生した詳しい経緯や不具合の構造に関する主張立証を要しない
として、欠陥の証明に必要な立証の負担を実質的に軽減しています。

271

第 2 部　逐条講義

　また、産業機械について、トランス製造工場内での大型熱風乾燥装置の欠陥に関する【123】は、産業機械を稼働させる製造事業者が被害者であるケースにおいて、欠陥の特定を不要とするものです。

【123】トランス製造工場内での大型熱風乾燥装置の火災［東京地判平成 21 年 8 月 7 日］
○事案　【35】と同一
○判旨
熱風乾燥機の欠陥の具体的主張・立証について 「火災の原因が本件乾燥装置の不具合によるものであり、その不具合が本件乾燥装置の製造後の事情によるものと疑うべき事情がない以上、原告はそれ以上、本件乾燥装置の不具合について具体的な主張立証責任を負うものではない」

　ヘリコプターのエンジンに関する【124】（【4】の控訴審）は、エンジンのコンピュータ・アセンブリのサファイアが脱落したという欠陥の部位は特定しているものの、事故発生に至る科学的経緯が明らかでない場合です。判旨は本件エンジンの欠陥に関する原告の主張・立証は、原告が仮に欠陥の部位を特定すべきと解した場合であっても、当該製造物を適正使用中に合理的に想定できない事故が発生したことの主張・立証で足りるとしています。

【124】陸上自衛隊ヘリコプターの墜落による搭乗者受傷［東京高判平成 25 年 2 月 13 日］
○事案　【4】と同一
○判旨　控訴棄却（上告棄却、上告不受理）
エンジンの欠陥の具体的主張・立証について 「本件における製造物がコンピュータ・アセンブリなどを組み込んだ複雑な構造を有する本件エンジンであることから判断すると、Ｘの「欠陥」の存在についての主張、立証は、本件エンジンを適正な使用方法で使用していたにもかかわらず、通常予想できない事故が発生したことの主張、立証で足り、それ以上に本件エンジンの中の欠陥の部位やその態様等を特定した上で、事故が発生するに至った科学的機序まで主張立証すべき責任を負うものではないと解するのが相当である。……加えて、……本件エンジンが停止等するに至ったのは、本件コンピュータ・アセンブリ内の本件サファイアが

272

脱落したことが原因であることが判明しているのであり、仮にＸが「欠陥」の存在についての主張、立証として、本件エンジンの中の欠陥の部位を特定すべきものと解したとしても、「欠陥」の部位や態様等も特定されているのである。……。そうすると、……本件サファイアが脱落するに至った科学的機序までは証拠上明らかではないものの、本件エンジンには「欠陥」があるものと認めるのが相当である」

　以上みてきた裁判例は、事故発生の原因となった欠陥を特定できるけれども、製造物の使用中にその欠陥（不具合）がどのようにして生じたのかを科学的に解明できない点を共通にしています。消費者・使用者が外形から構造や内在する危険を知りえないブラックボックス的製品について製造物の欠陥を特定し主張・立証することを不要とする手法は、分野横断的かつ多元的な被害者の事例についてみることができます。

　比較的単純な構造をもつ伝統型製品に関する欠陥判断においても、欠陥の部位の特定を不要とするケースがみられます。足場台に関する【17】は、被害者が欠陥の具体的部位を特定して主張・立証することは事実上きわめて困難なことから、欠陥部位の特定を不要として欠陥評価を行っています。

　これらに対して、欠陥を具体的に特定した主張・立証を要するとされるケースをみておきましょう。中古車に関する【125】は、中古車が走行中に発火した事故について製造段階における欠陥が問題となるものです。判旨は使用開始後に数回の点検・整備・修理を経ているといった介在事情を考慮し、製造における欠陥の特定の程度を緩和したり、欠陥を一応推定することはできないとしています。

【125】中古車から発火した車両焼損事故［大阪地判平成 14 年 9 月 24 日］
○事案　【8】と同一
○判旨
欠陥の特定の程度と、立証に関する一応の推定について「本件車両は平成 9 年 11 月 10 日初度登録されたものであること、Ｘ₁ は平成 10 年 9 月 18 日までにＡを介して、中古車である本件車両を購入したこと、本件車両はその後、Ａ社、Ｂ社（Ｙの子会社）又は訴外Ｃ社において、……整備・点検作業を受けていること、その間、……警告灯の点灯及び……カリカリ音の発生といった異常が認められたが、

第2部　逐条講義

> その都度A社ないしB社においてこれに対応し、部品取替等の修理を施していることは、いずれも認定のとおりである。このように製造時から相当期間を経過した後中古車として本件車両を取得し、さらに約1年半後本件事故が発生したが、その間、Y以外の第三者による整備・点検が繰り返された事実においては、X₁らの主張するように、製造段階における「欠陥」の存在を前提として、「欠陥」の特定の程度を緩和し又は「欠陥」の存在を一応推定することはできないものと解するのが相当である」

　【125】は引渡し後の介在事情が存在する中古車に係る事案であり、携帯電話に関する【120】の準則が適用されない例外的場合にあたります。
　中古車に関して欠陥の特定の程度を緩和せず、また一応の推定を行わないという【125】の法的判断は、電気製品などを含め中古品一般について妥当しうると解されます。

③　損害賠償の範囲
1　因果関係の法的評価
(1)　基本的な考え方

　製造物の欠陥と損害のあいだの因果関係については、どの範囲を製造物の欠陥による損害として製造業者等に賠償義務を課すべきかが問題となります。基本的には立法当時から、一般的な不法行為法における損害賠償の範囲の問題と同様に考え、いわゆる相当因果関係の理論によると解されています。したがって、原則としては、民法416条[7]の類推適用によることとなります。
　本法3条ただし書きによって製造物そのものの損害は本法の適用除外となり、本法は拡大損害を賠償義務の対象とします。本条ただし書きは政策的理由から規定された明文の適用除外です。本法によって救済される損害から製造物自体の損害は含まれません。

(2)　裁判例

　自動車停車中のエアバック暴発事故に関する【18】は、被害者側が暴発事故によって生じたと主張する第1指関節損傷ほか3種類の受傷のうち、第1指関

---

[7] 2017年（平成29年）民法の一部改正により、改正前の民法416条2項にいう「予見し、又は予見することができた」は、改正後民法416条2項において「予見すべきであった」と改められています。

節損傷のみを欠陥と相当因果関係のある損害と認め、賠償義務を課すものです。本件では、他の２つの受傷についても条件関係が認められるものの、法的に賠償されるべき損害は１つの受傷の範囲であるとしています。

後遺症治療のために将来的に手術や再手術を要する場合について、幼児用自転車に関する【25】は、必要となる再手術は確定的な事実として再手術費用を損害と認めるものです。クロスバイク自転車に関する【69】は、後遺障害の程度等に鑑みて、症状固定後の治療費、入院雑費、看護費、在宅付添費、家屋改装費、介護用具の購入・買換費等を損害と認めています。これに対して、耐熱強化ガラス製給食器に関する【21】では、将来の手術内容および費用が不確定であるとして賠償義務の範囲外としています。将来の手術が予測困難な仮定的事実であるか予測可能な確定的事実であるかによって判断が分かれたと解されます。

2　精神的損害（慰謝料等）

(1)　基本的な考え方

本法における製造物責任は製品の欠陥に起因して他人に生命・身体・財産の被害を発生させた場合の責任ですから、観念的、精神的な損害だけが生じている場合に慰謝料を請求することは原則として認められないと解されています[8]。

もっとも、慰謝料が生命・身体損害その他の精神損害などを総合的に評価して損害額を実際上調整する機能をもつことはしばしば指摘され（裁量的評価説）、本法のもとにおいても変わるところはありません。

また、製品事故の直接の被害者の慰謝料のほかに、家族（遺族）の固有の慰謝料を認めるかという問題があります。直接の被害者以外については精神的損害のみが生じている場合ですが、直接被害の程度が生命侵害であるなどの事情を勘案し、事案に応じて固有の慰謝料を認めるものがあります（【10】【69】【126】、【34】は消極）。

さらに、事故後に後遺損害として精神疾患を発症した場合には、治療を要するなど身体的損害に近接すると考えられます。

(2)　裁判例

オレンジジュースによる受傷事故に関する【16】は、「原告は、本件受傷により、相当な精神的、肉体的苦痛を被った」として、損害としてこれに対する

---

[8] 逐条98頁を参照。

慰謝料のみを認めるものです。本件は精神損害と身体的損害を総合的に考察して慰謝料額を把握する例といえます。また、ノート型パソコンから出火した火災によりカセットテープやハードディスク内の家族写真等が焼損した事案に関し、被害者にとって物品がもつ価値や復元困難であることによる精神的苦痛を慰謝料において考慮するものがあります（神戸地判平成27年3月24日判例集未登載）。

　大型トラクターに関する【126】は、走行中にトラクターの車輪が外れ、歩道を歩行していた被害者が死亡したケースで、歩行者の実母の固有の慰謝料請求を認めるかが争点のひとつとなるものです。本件は加害態様および生命侵害という重大な結果を生じた諸事情を総合的に考慮し、死亡した歩行者の親族に固有の慰謝料請求を認めるものです（本件において懲罰的賠償請求の可否が争われた点については278頁を参照）。

　生命損害に比すべき重大な損害について固有の慰謝料を認めるものとして、カプセルトイに関する【10】は、乳幼児の窒息事故による後遺障害は両親に対して子どもの生命侵害に比肩すべき精神的苦痛を与えたとし、本人の慰謝料のほか両親のそれぞれに固有の慰謝料を認めています。クロスバイク自転車の転倒事故に関する【69】は、被害者が重大な傷害を負い、深刻な後遺障害が残ったことによる妻の精神的損害について、固有の慰謝料を認めています。

　これらに対し、輸入電気ストーブに関する【34】は、化学物質過敏症にり患した10代の被害者本人の慰謝料を認めますが、両親の固有の慰謝料は、被害者本人の症状や治療経過に照らし、生命が侵害された場合と同様ではないとして否定しています。

3　営業上の損害（得べかりし利益）

(1)　基本的な考え方

　部品を製造した事業者Aとその部品を組み込んで最終消費製品を製造した事業者Bのあいだで、部品の欠陥によってBが財産的損害を被ったとして製造物責任訴訟を起こす場合を考えてみましょう。このようなケースでBは、部品に欠陥がなかったと仮定した場合に取引上得られたであろう利益（得べかりし利益、逸失利益）を損害として主張することとなります。

　EC指令においては、製造物責任によって救済する財産的損害は個人の私的生活における財産的被害に限られています（cf. 85/374/EEC Art. 9）。本法の立法時には、消費者の被害救済を主眼とする本法の救済対象に事業者の営業上の

損害を含めるのは適当ではないとの議論がなされました。また、法人の逸失利益を損害とすると賠償額の算定が困難になるとの懸念もありました。

しかしながら、本法は特に被害者を限定せず、賠償される損害の範囲を制限する特別の規定を置くといった立法措置をとるものではありません。したがって、賠償義務の範囲は一般不法行為法の考え方に沿って相当因果関係理論により妥当な範囲が判断されることとなります。

(2) 裁判例

営業上の損害について製造物責任を認めたケースから、損害の具体的な内容と、事案に応じて損害額の算定についていくつかケースをみておきたいと思います。

瓶詰めオリーブに関する【40】は営業停止処分を受けたことのマスコミ報道による信用損害の発生から消滅まで1年あまりの損害について、「その額については、その性質上、立証することが極めて困難である」として、平成10年1月1日から施行された新民事訴訟法に新設された民事訴訟法248条を適用し損害額を認定するものです。

ヒラメ養殖に使用した磁気活水装置に関する【70】は、生け簀で養殖していたヒラメの総重量に事故発生時の市場価格による卸値を乗じ、和解による解決金を控除した額に弁護士費用を加算しています。また、食肉解凍装置に関する【19】は、事故による4カ月分の売上高の減少を損害として、民事訴訟法248条の趣旨に照らし損害額を算定しています[9]。

プライベートブランド化粧水に関する【56】は、化粧水にカビ等が検出されて回収となったことにより、ブランド価値が毀損されたとし、総売上額の減少分のうち3分の1を化粧水の欠陥と相当因果関係のある損害としています。

カーオーディオのスイッチ短絡事故に関する【13】は、短絡事故と相当因果関係のある損害として、①本件短絡事故の原因調査費、②出荷前完成品および工程流動品の手直し費用、③市場流動製品の回収手直し費用、④サービス対応費、⑤サービス用O/Tマイコン代、⑥チューナー解析調査費、⑦民事法定利率による年5分の遅延損害金を認めています（遅延損害金については、305頁を参照）。本件は、エンドユーザーに対するリコール実施やサービス対応を含めた費用を損害の内容としている点に特徴があります。

---

[9] 民事訴訟法248条の法的性質については、三木浩一ほか・前掲注（1）252頁を参照。

第2部 逐条講義

4 懲罰的損害賠償

(1) 基本的考え方

懲罰的損害賠償制度は、一定の要件のもとで賠償義務者に対して、現実に生じた損害の範囲を超えた賠償義務を課す制度です。米国の製造物責任判例においては懲罰的賠償請求を認めるものがあり、立法の過程では悪質な製造業者等に対して制裁的に高額の賠償義務を課す懲罰的損害賠償の導入が議論されました。しかし、米国の製造物責任制度については賠償額の高騰などの弊害が指摘され、わが国には民事罰の制度はなく、本法は現実に生じた損害を賠償によって救済することが損害賠償制度の趣旨に沿うとし、連邦製造物責任制度の改革の動向に引き続き関心を寄せることとしたものです。

本法のもとでは、製造物に欠陥があるだけではなく事業者としての行為態様に加害性があり、重要な情報を秘匿するなど悪質な点があるとして、製造業者に対して懲罰的損害賠償を請求する事案がみられるものの、これまでのところ制裁的な損害賠償を認めた例はありません。

(2) 裁判例

大型トラクターの脱輪事故に関する【126】では、わが国有数の自動車製造者に対して、リコール関係業務が極めて長期間適切に行われなかったために自動車の乗者のみならず他車両の乗者や歩行者の生命・身体への危険が放置されたことについて、懲罰的損害賠償が請求されたものです。判旨〔2〕に示すように裁判所は立法の当時の考え方をほぼそのまま踏襲し、制裁的な慰謝料請求を否定しています（同様の否定例として【20】などを参照）。

【126】大型トラクター脱輪事故〔横浜地判平成18年4月18日判例時報1937号123頁〕

○**事案** 歩道を歩いていたAは走行中の大型トラクターから脱輪した車輪に直撃されて死亡し、一緒にいた4歳と1歳の子ども2人が負傷した。Aの母であるXは娘Aの死亡により多大な精神的苦痛を負ったとして、事故車両を製造したY₁に対して製造物責任に基づき慰謝料等を請求し、Y₂（国）に対しては国家賠償法に基づく損害賠償を請求した。

○**判旨** 一部認容、一部棄却

〔1〕従来型の慰謝料について「本件事故は、Y₁の製造した本件事故車両に欠陥があったことにより発生した事故であるが、Y₁は、わが国有数の自動車会社で、

第 3 章　製造物責任

社会的責任が大きいにもかかわらず、自動車の重要な保安部品に欠陥があること
を知りながら、企業イメージの低下やリコールによる多大な損失を恐れ、Y_2 に
報告すべき欠陥の情報を敢えて秘匿したり虚偽の報告をしたばかりでなく、被告
国のリコール業務是正の警告を受けながら、表向きはその改善を装いつつ、実際
上欠陥を放置し続けていたのであるから、加害態様は非常に悪質で、結果も重大
であるといわなければならない。……以上の事情に、X は……B 社〔事故車両の
所有者〕から 200 万円の和解金を受け取っていることなどを考慮すると、Y_1 と
の関係における慰謝料は 500 万円とするのが相当である」

[2] 制裁的な慰謝料は認められるかについて「民事訴訟における損害賠償の目的は
発生した損害の補償であり、事実上慰謝料の効果として制裁的機能や抑制的機能
が認められることが否定されるわけではないにしても、処罰を目的とする制裁的
慰謝料を認めることはわが国のそもそもの法制と調和しないし、現在において制
裁的慰謝料の概念が成熟した裁判規範として受容されているとも認めがたい。し
たがって、Y_1 に制裁的慰謝料を課すことは認められない」

　なお、携帯電話機による低温熱傷に関する【32】は、受傷による治療費等と
して 1 万 2 千円余を損害としつつ、被害者が負担した調査費用につき、訴訟の
性質や相手方の応訴態度等を考慮して 150 万円を損害と認めるものです。
　調査費用を損害と認めたことは、懲罰的損害賠償を正面から認めるものでは
ありませんが、製造業者側の調査内容の開示等に関する態度を公平の観点から
勘案し、比較的少額な被害額に比較して相当に高額な調査費用の賠償を肯定す
るものと考えられます[10]。

---

[10] 本件に関して、吉岡和弘「判批」消費者法 7 号 14 頁（日本消費者法学会、2015 年）を参照。

279

第2部 逐条講義

第4章 免責事由

（免責事由）

第4条 前条の場合において、製造業者等は、次の各号に掲げる事項を証明したときは、同条に規定する賠償の責めに任じない。

一 当該製造物をその製造業者等が引き渡した時における科学又は技術に関する知見によっては、当該製造物にその欠陥があることを認識することができなかったこと。

二 当該製造物が他の製造物の部品又は原材料として使用された場合において、その欠陥が専ら当該他の製造物の製造業者が行った設計に関する指示に従ったことにより生じ、かつ、その欠陥が生じたことにつき過失がないこと。

　4条は3条に基づいて製造業者等が製造物責任を負う場合に、製造業者等が一定の事情を立証することによって、3条に基づく損害賠償責任を免責させる趣旨の規定です。開発危険の抗弁（1号）と部品・原材料製造業者の抗弁（2号）は、政策的観点から本法における特別の免責事由を定めるものです。製造業者等は本条に定める2種類の免責事由のいずれかが適用される場合に、本法に基づく損害賠償責任を免責されます[1]。

1 開発危険の抗弁（1号）

1 基本的な考え方

　開発危険とは、「製品を流通においた時点における科学・技術知識の水準によっては、そこに内在する危険を発見することが不可能な危険」をいいます[2]。製造業者等に開発危険についてまで製造物責任を課すと、技術革新や研究開発意欲を委縮させ、「国民経済の健全な発展」（1条参照）やそれに伴う消費者はじめ社会全体の利益を阻害することから、1号は製造業者等が製造物の欠陥が開発危険であることを証明したときには免責することを定めています。本号は抗弁規定であり、開発危険の抗弁と呼ばれています。

---

[1] 川口・成立50頁を参照。
[2] 逐条108頁を参照。

280

第4章　免責事由

立法時においては、企業の技術革新や開発意欲を不当に損なわないようにとの政策的配慮から開発危険の抗弁を本法に導入すると、本法が無過失責任を導入する実質的な意義を失わせるのではないかという点が大きな議論の的となりました。この点は、1条が「国民経済の健全な発展」を法の最終的な目的である旨を明文化することの是非と同時に大きな争点となったものです（1条にいう「国民経済の健全な発展」については28頁を参照）。

立法諸提案は、開発危険の抗弁の導入を否定する案と、抗弁規定を置かずに免責は解釈上の問題として後の解釈に委ねる案とに分かれ、明示的に抗弁の導入を肯定する案はみられませんでした。当時、わが国の裁判例は、スモン事件における医薬品供給者の過失責任に関して「最高の学問的水準」によって安全を確認する条理上の義務を認めていました。米国の製造物責任法理は技術水準の抗弁を認めるかという形で開発危険をあつかい、EC指令7条e号は開発危険による免責規定を加盟国のオプション規定として加盟各国の判断に委ねるとしていました。

本法は、裁判例の考え方に沿い、また欧米の製造物責任制度を参照しつつ、開発危険を理由とする免責を認めることとしました。開発危険の抗弁が認められるためには、製造業者等は引渡し時点における、①「科学又は技術に関する知見によっては」、②「当該製造物にその欠陥があることを認識することができなかったこと」を要します。

要件の①は、立法時以来、引渡し時期において「入手可能な最高の科学・技術知識」であり、「他に影響を及ぼしうる程度に確立された知識」であるとされています[3]。具体的には公刊の文献に記載があるなど閲覧できる情報であればすべて含むと解されます。要件の②は、個々の製造業者等が認識できたかどうかという主観的な判断ではなく、要件①の知見によって認識できなかったと客観的に判断されることが必要と解されています[4]。

2　裁判例

本法を適用する裁判ではしばしば開発危険の抗弁が主張されますが、これまでにこの抗弁を認めて免責したケースは現われていません（【32】【34】【70】【145】【146】など）。

---

[3] 逐条110頁を参照。
[4] 同前。

第2部　逐条講義

　イシガキダイ料理に関する【127】は、特に抗弁を導入した政策的理由にさかのぼって抗弁の採否が争われたケースです。本件控訴審では、保健所等で一般に閲覧できる文献に食中毒症例の報告が掲載されていたとはいえ、シガテラ毒素を含むイシガキダイの識別や毒素を発見する方法などが判明しておらず、そうした危険回避に関する情報を収集できなかったことをもって、開発危険にあたるといえるかが問題となりました。一審二審とも抗弁を否定し、特に控訴審では開発危険は危険の認識が不可能であることを意味し、危険排除が不可能であることを意味するものではない旨、明らかにしています。

> 【127】イシガキダイ料理による食中毒事故［東京高判平成17年1月26日、一審東京地判平成14年12月13日］
> ○事案　【6】と同一
> ○判旨（一審）
> **開発危険の抗弁の判断基準について**「法4条1号にいう「科学又は技術に関する知見」とは、科学技術に関する諸学問の成果を踏まえて、当該製造物の欠陥の有無を判断するに当たり影響を受ける程度に確立された知識のすべてをいい、それは、特定の者が有するものではなく客観的に社会に存在する知識の総体を指すものであって、当該製造物をその製造業者等が引き渡した当時において入手可能な世界最高の科学水準がその判断基準とされるものと解するのが相当である。……なお、Yは、シガテラ毒素の識別が著しく困難であること、シガテラ中毒の有効や予防対策がないことも免責の根拠として主張するけれども、法4条の規定する証明がされない限り、たとえ欠陥の発生の防止措置や発見方法が存在しないことが証明されても、製造業者等が製造物責任を負うことを免れるものではない」
> ○判旨（控訴審）
> **開発危険の抗弁と危険の排除不可能について**「製造物責任法のいう開発危険の抗弁の要件は、欠陥の認識不可能性にとどまり、その危険排除の不可能性を要求しているわけではない」

　加工あまめしばに関する【42】では、引渡し当時、各種の医学雑誌に野菜あまめしばによる健康被害に関する外国の症例が紹介され、検討されていたとして、抗弁の援用を否定しています。
　塩蔵マッシュルームに関する【38】では、異臭事故が起きるまではフェノールの付着による異臭発生のメカニズムを認識する状況になかったという輸入業

第4章　免責事由

者の主張について、裁判所は本号の免責を主張すると解する余地があるとして
検討を行うものです。判旨は、輸入販売の当時、クロロフェノール類が加工食
品における消毒臭の原因成分であることや、クロロフェノール類がフェノール
塩素と反応して生成されるとの知見は判明していたとして、開発危険の抗弁に
よる免責事由は認められないとしています。

　「茶のしずく石鹸」事件に関する【145】は、加水分解コムギ末（「グルパー
ル19S」）を配合する洗顔石鹸の製造業者の製造物責任に関して、開発危険の
抗弁の援用を認めるかにつき、「開発危険の抗弁における知見は、生じた事象
そのものの知見であることを必要としない」としつつ、①当時の症例報告から、
加水分解コムギ末が経皮経粘膜による感作能を有することは推認可能であり、
②加水分解コムギ末と小麦の交叉感作性については、当時の症例は、加水分解
コムギ末感作後に経口小麦アレルギーを発症し得る可能性を示唆するとし、③
当時の知見を総合すれば、「グルパール19S」はアレルゲン性を有し得る分子
量と認識可能であった旨説示して、同抗弁の援用を否定しています（同事件に
関する別件である【146】は、石鹸製造業者および「グルパール19S」製造業者の責
任につき、ほぼ同旨を述べて抗弁の援用を否定しています）。

② 部品・原材料製造業者の抗弁（設計指示の抗弁）（2号）

1　基本的な考え方

　製造や加工工程の最終製品に使用される部品や原材料に設計上の欠陥がある
場合を考えてみましょう。部品や原材料が本法にいう「製造または加工された
動産」にあたる場合、部品・原材料の製造者は本法にいう責任主体であり、最
終消費者や完成品の製造者に生命・身体・財産の損害が生じた場合に、被害者
は本法に基づいて部品・原材料製造業者に対して損害賠償を請求できることと
なります。

　4条2号は部品・原材料の製造者に製造物責任があることを前提としながら、
部品等に設計上の欠陥があり、その欠陥が専らその製造物を部品・原材料とす
る製造物の製造業者の設計に関する指示によって生じていると認められる場合
に、部材製造業者が免責される特別の制度を定めています。

　設計指示の抗弁は、部品・原材料の製造者と完成品の製造者の社会経済的な
関係に着目して、①部材製造者がその製造物を部品・原材料とする製造物の製
造業者の設計に関する指示に従わざるをえない場合がありうること、②完成品

283

第2部　逐条講義

製造者が大規模の企業であり、部材製造者が中小零細規模の事業者である場合に、完成品による被害の全部義務を部材製造者に課すことは公平を欠くことから政策的に認められるものです。本法における設計指示の抗弁は、わが国における完成品製造者の多くが相当程度の資力や技術力をもち、下請業者である部材製造者に政策的な免責を認めたとしても被害者の救済という本法の根本的な趣旨を損なうことにはならないとの考慮のもとに導入されたものです。

　本号の抗弁が認められるための第1の要件は「当該製造物が他の製造物の部品又は原材料として使用された場合」であることです（部品性の要件）。部品や原材料が他に引き渡されただけでは足りず、他の製造物の部品または原材料として使用されたことを要し、「他の製造物」には不動産は含まれないと解されています。

　第2の要件は、部品・原材料に設計上の欠陥が存在し、その欠陥が「他の製造物」の製造者の「設計に関する指示」に従ったことによって生じたことが必要です（設計指示従属性の要件1）。「設計に関する指示」は設計自体に関する指示であり、または設計を具体的に拘束するものであることが必要と解され、指示の形態は製造物の特性に応じて多様なものがありえます。

　第3に、部品・原材料の設計上の欠陥が「専ら」他の製造物の製造者が行った「設計に関する指示」によることが必要です（設計指示従属性の要件2）。部品等の設計に関する当該指示以外の事情が考慮され、「専ら」当該指示に起因するかどうかが判断されることとなります。

　第4に、部品・原材料の製造者には部品等の設計上の「欠陥が生じたことにつき過失がないこと」が必要となります（無過失性）。たとえ完成品製造者の設計に関する指示に従ったとしても、部材製造者が安全上の問題を漫然と看過して部材を完成品製造者に引き渡した場合には免責を認めない趣旨と解されます。

2　裁判例

　自衛隊ヘリコプター墜落事故に関する【128】は、原告X（国）との間で製造請負契約を締結し、本件エンジンを製造した製造業者から法4条2号の設計指示の抗弁が主張されたものです。判旨は、本件エンジンは完成品であり、完成品の最終製造業者は設計指示の抗弁による免責は認められず、本抗弁の趣旨に照らして完成品に類推適用することもできないと判示しています（本件におけるエンジンの調達方法等と信義則については304頁を参照）。

284

第 4 章　免責事由

【128】陸上自衛隊ヘリコプターの墜落による搭乗者受傷［東京高判平成 25 年 2 月 13 日］[5]

○事案　**【4】**と同一

○判旨

設計指示の抗弁の適用および類推適用について「法 4 条 2 号による免責が認められるのは、部品又は原材料の製造業者等に限られ、最終製品の製造業者は同条同号による免責が認められる余地はないから、最終製品の製造業者である Y……が、法 4 条 2 号の適用により免責される余地はない。そして、法 4 条 2 号は、部品の原材料の製造業者等は、それらが組み込まれる他の製造物の製造業者が行う設計に従わざるを得ず、そのために欠陥が生じるという場合があることから、指示に従った部品・材料製造業者については、設計指示をした製造業者と同程度の欠陥の回避の可能性、ひいては帰責性を問うことは適切ではないために設けられたものと解されるから、上記の設計指示がされたと認められない本件においては、完成品である本件エンジンに法 4 条 2 号を類推適用することもできない。」

---

［5］本件の評釈として、夏井高人「判批」判例地方自治 399 号 86 項を参照。

第2部　逐条講義

第5章　消滅時効

（消滅時効）

第5条　第3条に規定する損害賠償の請求権は、次に掲げる場合には、時効によって消滅する。

一　被害者又はその法定代理人が損害及び賠償義務者を知った時から3年間行使しないとき。

二　その製造業者等が当該製造物を引き渡した時から10年を経過したとき。

2　人の生命又は身体を侵害した場合における損害賠償の請求権の消滅時効についての前項第1号の規定の適用については、同号中「3年間」とあるのは、「5年間」とする。

3　第1項第2号の期間は、身体に蓄積した場合に人の健康を害することとなる物質による損害又は一定の潜伏期間が経過した後に症状が現れる損害については、その損害が生じた時から起算する。

＊参考

民法の一部を改正する法律の施行に伴う関係法律の整備等に関する法律

（製造物責任法の一部改正に伴う経過措置）

第97条　前条の規定による改正前の製造物責任法（次項において「旧製造物責任法」という。）第5条第1項後段に規定する期間がこの法律の施行の際既に経過していた場合におけるその期間の制限については、なお従前の例による。

2　前条の規定による改正後の製造物責任法第5条第2項の規定は、旧製造物責任法第3条に規定する損害賠償の請求権の旧製造物責任法第5条第1項前段に規定する時効がこの法律の施行の際既に完成していた場合については、適用しない。

旧製造物責任法

第5条（期間の制限）

1　第3条に規定する損害賠償の請求権は、被害者又はその法定代理人が損害及び賠償義務者を知った時から3年間行わないときは、時効によって消滅する。その製造業者等が当該製造物を引き渡した時から10年を経過したときも、同様とする。

2　前項後段の期間は、身体に蓄積した場合に人の健康を害することとなる物質による損害又は一定の潜伏期間が経過した後に症状が現れる損害については、その損害が生じた時から起算する。

286

消滅時効とは、権利を行使しないまま一定期間が経過した場合に、その権利を消滅させる制度です。2017年（平成29年）6月2日に公布された民法の一部を改正する法律においては、重要な実質的改正事項に消滅時効に関する見直しが含まれています。その内容は、短期消滅時効の見直し、生命・身体の侵害による損害賠償請求権の時効期間を長期化する特則の新設、不法行為債権に関する長期20年の期間制限を除斥期間とする解釈（判例）の見直しなどとなっています。このような民法の一部改正に伴い、民法の不法行為の特別法である製造物責任法においても、消滅時効に関する規定が改正されています。

　製造物責任法に基づく損害賠償請求権を行使しうる期間の制限について、旧法（改正前の製造物責任法を、以下では旧法とします）5条は、改正前民法の不法行為の消滅時効に関する原則に従い、製造物責任の性格を考慮しつつ、3年間の短期消滅時効期間、10年間の長期期間制限および長期期間の特則を定めていました。これに対して、今回の民法の一部改正に伴って改正された本法5条は、改正民法724条および民法724条の2が定める不法行為による損害賠償請求権の消滅時効の原則に従い、製造物責任の性質を考慮して、異なった2つの起算点から短期と長期の時効期間を定めるとともに、本法制定以来の長期期間制限の特則を維持するものです。いずれか早い方の時効期間が経過することによって、時効が完成することとなっています。

　長期期間制限の性質に関して、旧法5条では、「引き渡した時から」10年の長期期間が除斥期間と解され、必ずしもすべての期間が消滅時効と解されていませんでした。本法5条では、規定するすべての期間が消滅時効であることが明記されています。

　以下では、基本的考え方において、本法5条の各規定および改正のポイントに触れ、裁判例では、改正前の本法5条に関するものをあげておきます。

　なお、本法5条の施行については、民法の一部を改正する法律の施行に伴う関係法律の整備等に関する法律97条に経過措置が定められています。

☐ 消滅時効の起算点──「知った時から」5年（5条1項1号、同条2項）

1　基本的な考え方

　本法5条1項1号は、旧法5条1項前段と同様に、「損害及び賠償義務者を知った時から」3年間請求権を行使しないまま経過すると、本法に基づく損害賠償請求権は時効によって消滅するとし、本法5条2項は、この「3年間」を

第 2 部　逐条講義

「5 年間」とすると規定しています。

　この改正は、旧法 5 条 1 項前段が「3 年間」と規定していた時効期間を「5 年間」とするもので、改正民法 724 条の 2 が定める、人の生命・身体を害する不法行為における損害賠償請求権の消滅時効の原則に従い、その特則を定めるものです[1]。

　改正民法 724 条の 2 は、生命・身体という法益の重要性を考慮して、① 生命・身体に関する債権は保護の必要性が高いこと、②治療が長期間にわたるなどの事情により、被害者にとって迅速な権利行使が困難な場合があることから、生命・身体の侵害による損害賠償請求権について、時効期間を長期化したものです。

　本法 5 条 2 項は、民法が定める不法行為の特別法として、改正民法 724 条の 2 と同様の規定を置いています。

2　裁判例

　これまでの裁判例においては、医薬品の継続使用により慢性疾患にり患するケースについて、被害者はいつの時点で加害者を知ったといえるのか、すなわち旧法 5 条 1 項前段が定めていた短期の期間制限の起算点が問題となる例があげられます。

　【129】は輸入漢方薬の蓄積性の毒性による後遺障害について、「損害を知った時」の起算点が問題となるものです。

【129】医療用漢方薬による腎障害［名古屋地判平成 16 年 4 月 9 日］
○事案　【36】と同一
○判旨
症状進行後に残存した後遺障害の損害を知った時点について「腎機能障害の発症後、回復に向けて治療を継続するも、日々刻々と症状が進行し、一定の後遺障害を残す形で症状が固定した場合、「被害者が……損害……を知った」というためには、被害者が、治癒することのできない残存症状を後遺障害として認識し、後遺障害

---

[1]　旧法 5 条 1 項前段の規定は、旧民法 724 条が定める不法行為債権の期間制限の原則に従うものです。また、旧法 5 条 1 項前段の規定は、EC 指令 10 条 1 項が規定する「加盟国は、その法律において、本指令に基づいて規定される賠償請求権は 3 年の期間の経過によって時効によって消滅する、と定めるものとする」と同様の定めをしています。

第5章 消滅時効

> による損害の範囲及び損害額を把握しうる程度の事実を認識することが必要であると解すべきである。なぜなら、……被害者が事実上損害賠償請求権を行使するには、抽象的に後遺障害が生じる可能性を認識するだけでは足りず、損害の範囲を確定し、損害額を概算できる程度に、後遺障害の内容及び程度を具体的に把握する必要があるといわなければならないからである」

　【129】は、旧法5条1項前段の短期消滅時効の制度趣旨は、被害者が事実上損害賠償請求権の行使ができる程度の認識をもつに至った時点から起算する趣旨とし、損害の範囲を具体的に特定し、損害額を概算できる程度の具体的認識をもった時点から起算すべきであるとするものです。

② 消滅時効の起算点──「引き渡した時から」10年（5条1項2号）

1 基本的な考え方

　本法5条1項2号は、「当該製造物を引き渡した時」から10年経ったときには、本法に基づく損害賠償請求権は時効によって消滅すると定めています。

　改正前の民法では、旧724条後段が定める長期20年の期間制限の性質は、判例によって除斥期間と解釈され、時効の中断や停止が認められず、援用は不要と解されてきました（最判平成元年12月21日民集43巻12号2209頁）。しかしながら、除斥期間と解すると不都合な結論に至ることがありうることから、今回の民法の一部改正においては、これまでの解釈を見直し、不法行為債権に関する長期20年の期間制限が消滅時効であることを明記しています（民724条2号）。

　本法は民法が定める不法行為の特別法として、消滅時効の長期期間の性質について改正民法の原則に従うこととし、本法5条1項2号が定める長期10年の期間は、消滅時効であることを明記するものです。

2 裁判例

　現在までの裁判例では、ガス処理設備の沈降槽の引渡し時期に関わる【130】があり、製造物を車上で引き渡し（占有を移転し）、注文主の管理下に置いた時点をもって「引き渡した時」にあたるとしています。

289

第2部　逐条講義

> **【130】ガス処理等設備の沈降槽の除斥期間について〔神戸地尼崎支判平成24年5月10日判例時報2165号123頁〕**
> **○事案**　XはYに対してガス処理等設備の沈降槽を注文し、Yが製造、施工した後、断裂事故が発生した。XはYに対して沈降槽に欠陥があったとして製造物責任等に基づく損害賠償を請求した。
> **○判旨**　請求棄却
> **沈降槽の引渡し時について**「Yは、平成10年9月30日、注文主であるXとの車上引渡しの方法による引渡合意に基づいて、Xに本件沈降槽を引き渡していると認められることから、かかる時点が、Yにおいて本件沈降槽を「引渡したとき」（製造物責任法5条1項後段）にあたるものと認められ、平成20年9月30日の経過により、その損害賠償請求権は消滅していると解するのが相当である。……Yにおいて、本件沈降槽についてXらの管理下に置かれた上記平成10年9月30日以降まで、製造物責任法における損害賠償請求権の除斥期間の起算点を遅らせる合理的な理由はないと言わざるを得ない」

　【130】では、製造者の行う設置施工等は、本法に基づく引渡し後の時期と考えられています。「引渡し時」に関する本件のような考え方は、製造物が設置等により不動産の一部となる場合にも妥当すると考えられます。

③　長期の期間制限の特則（5条3項）

　本法5条3項は、物質が身体に蓄積することにより健康被害を生じる場合や、物質による被害が一定の潜伏期間をおいて発生する場合などについては、本法5条1項2号が定める長期10年間の起算点の例外を定め、「当該製造物を引き渡した時から」ではなく、「その損害が生じた時から」繰り上げて起算することとしています。この規定は、製造物責任の性格を考慮して、1994年（平成6年）の本法制定時に定められた旧法5条2項を維持するものです。

　蓄積損害の例としては、鉛、水銀、アスベストなどが考えられます。また、潜伏損害の例としては、米国で1974年以来製造された流産防止剤DESがあります。この医薬品を妊婦が服用すると流産を防止できますが、服用後20年ほど経過してから、生まれた女の子に子宮がんが発生しやすいことが判明したものです。服用から発症まできわめて長い潜伏期間を経るもので、米国ではDESに関する多くの製造物責任訴訟が提起されたものです。

　これらの場合に本法5条1項2号を機械的に適用すると、蓄積した物質によ

290

第5章　消滅時効

る被害が発生し、また潜伏期間の経過後に被害が顕在化した時には消滅時効期間がすでに経過し、本法に基づく損害賠償請求ができなくなるおそれがあります。そのため、本法5条3項は、起算点に例外を設けて被害者の保護を図るものです。

　旧法5条2項については、これまでに同規定を適用した裁判例は現れていないようです。

第 2 部　逐条講義

第 6 章　民法の適用・国際的な製造物責任訴訟

> 第 6 条　製造物の欠陥による製造業者等の損害賠償の責任については、この法律の規定によるほか、民法（明治 29 年法律第 89 号）の規定による。

　本章は民法の適用に関する 6 条と国際的な製造物責任訴訟について、基本的な考え方と裁判例を概観します。

　まず、6 条では、本法が特に規定を置いていない事柄について、一般法である民法が適用されることを定めています。本法は民法の特則であり、特に 6 条のような規定がなくとも本法に規定しない事柄について民法が適用され、本条は確認的に定めています。

① 過失相殺

1　基本的な考え方

　民法には過失相殺に関する規定（民 722 条 2 項）があり、本法に基づく責任には過失相殺の規定が適用されます。立法時以来、本法の責任に適用される過失相殺の過失は一般不法行為制度における過失責任の責任要件としての過失とおなじものではなく、より広く「被害者側の不注意」と解されています[1]。製造物の欠陥によって損害が発生しているとしても製造業者等の側に全面的に責任を負わせるのは公平に反する場合に、被害者側の不注意や損害に寄与する要因などを勘案して賠償額を減額する制度が本法に適用される過失相殺の制度です。

　具体的にはどのような場合に製造物責任における過失相殺が行われるでしょうか。まず、2 条 2 項に列挙する欠陥判断の考慮事項のうち、被害者の「通常予見される使用形態」との関係から製造物責任における過失相殺をみてみましょう。図 7（187 頁）を参照しながら一般的な整理をしてみると、被害者の使用が「通常予見される使用形態」（Ⅰ領域）と評価される場合のうち、「通常使用」（A 領域）にあたる場合には、原則として使用形態を理由とする過失相殺はなされません。被害者に危険の認識可能性がないけれども適正使用（Ⅰ領域）の

――――――――――――――――――――
[1] 逐条 127 頁を参照。

292

第6章　民法の適用・国際的な製造物責任訴訟

範囲にある場合（B領域）には、使用形態を理由とする過失相殺は行われない傾向があるといえるでしょう。これに対して、被害者に危険の認識可能性があるけれども適正使用と認められる場合（C領域）の多くのケースでは、使用形態を理由とする過失相殺が行われていると考えられます。

　過失相殺を行うか、行うにあたって過失割合をどの程度に評価するかには、被害者の使用態様に加えて、被害者が一般消費者であるか事業者であるかが考慮されていると思われます。

　そこで、以下では、(1)被害者が一般消費者である場合、(2)被害者が事業者である場合に分けて、裁判例をあげてみたいと思います。

2　裁判例

(1)　一般消費者被害の場合

(i)　過失相殺を認めない場合

　自動車のフロント・サイドマスクに関する【12】、学校給食用ガラス食器に関する【21】、エステ機器に関する【23】、携帯電話機に関する【32】では、被害者の使用は適正使用のうち通常使用（A領域）にあたるとして過失相殺を行わないと解されます。

　ホームセンターで購入した手すりに関する【61】は、Xと親族関係にある者の過失を被害者側の過失として斟酌すべきかが問題となるものです。判旨は、被害者の親族が被害者と同居し、いわゆる財布が一つの関係にあるなど、身分上、生活関係上の一体性がないなどの理由から過失相殺を否定しています。

　これらのほか、被害者の使用には通常使用の範囲（A領域）を超えた何らかの異常性が認められるけれども、製造物の使用中に生じた不具合に対応する行動であり、被害者に危険の認識可能性がなく、B領域に属すると評価される場合に過失相殺を行わないケースがあげられます。

　車両の走行中にエンジンが不具合を起こし車両衝突事故が発生したケース【131】は、不具合発生後の異常な運転について過失相殺されるべきか問題となるものです。判旨は事故の最大の原因は運転中に生じた異常事態に起因するとして過失相殺を否定しています（本件では車両販売者の責任主体性が問題となり、この点については252頁を参照）。

293

第2部　逐条講義

> **【131】車両噴射ポンプ破断事故［札幌地判平成 14 年 11 月 22 日判例時報 1824
> 号 90 頁］**
>
> ○**事案**　X_1 が自動車を運転中追い越しの際にアクセルレバーが全開となりエンジンが
> 高回転する異常な状態が発生し、車両は進行方向と逆向きとなって進み対向車両と衝突
> した。X_1 および同乗していた X_2 は自動車の製造者 Y_1 および販売者 Y_2 に対して製造物
> 責任に基づく損害賠償を請求した。
>
> ○**判旨**　一部認容、一部棄却（X_2 の慰謝料請求を否定）
>
> **車両の運転方法による過失相殺が認められるかについて**「X_1 が本件車両を運転して
> 先行車両 2 台の追越しをほぼ終了しかけたところで、車両の急加速等の異変を感
> じたこと、その後、直ちに、ブレーキ及びアクセルペダルを踏んだが、一向に減
> 速しなかったこと、引き続きセレクターレバーをニュートラルに入れようとして
> バックに入ってしまったところ、急激に減速し始めたこと、更に蛇行を続け、車
> 両の向きが逆向きになって後方へ進んだところで対向車両と衝突した……。以上
> の事実関係のほか、関係証拠によっても、X_1 において、法定速度を大幅に超え
> る速度で追越しを開始したこととか、無謀な追越し行為を行ったなどの事実を認
> めることができない。……また、本件事故を惹起した最大の原因は、本件車両の
> ワックスレバーが破断して、エンジンが高回転を続けるような状態が一定時間持
> 続するなど、異常事態の発生によることが明らかであると言い得るところ、まさ
> にこうした非常事態に直面した X_1 において、上記のような運転操作をしたから
> といって、それがとりたてて不適切であったとは言えないし、これが相当程度の
> 割合で損害の発生に結び付いていることを示す事情というのも特段窺われない。
> よって、過失相殺に関する Y_1 らの主張は、理由がない」

　クロスバイク自転車に関する【69】は、走行中に運転者が異常を感じ、ハン
ドルを引き上げた動作は通常予見しうるとして、使用形態に関する過失相殺を
行わないケースです（ただし、【69】は被害者側の安全確保措置の観点から若干の
過失相殺を行うことについて、296 頁を参照）。

(ⅱ)　**被害者の危険使用による過失相殺**

　一般消費者である被害者側の事情に照らして過失相殺が行われる場合は大き
く 2 つに分けることができます（(ⅱ)および(ⅲ)）。

　第 1 は、被害者の使用形態に関して過失相殺がなされる場合です。一般消費
者である被害者が製品を使用するにあたって危険な方法をとった不注意がある
場合に、事案に応じた過失相殺が行われています。

294

第6章　民法の適用・国際的な製造物責任訴訟

　日焼けマシンに関する【57】では、通常使用を逸脱する過剰な使用であり、被害者は症状自覚後も治療を受けるなどしていない点について4割の過失相殺をしています。また、動物駆逐用花火に関する【22】では、受傷した被害者に一定の使用経験があったことをふまえ危険の認識可能性があったとして、大幅に9割の過失相殺を行っています。【22】【57】は、被害者の使用は適正使用（Ⅰ領域）であるけれども、被害者が危険を認識できる場合（C領域）にあたると解されます。

　これらに対して、「茶のしずく石鹸」に関する【145】および【146】は、石鹸使用後、皮膚の腫張等を生じたあと使用を中止しなかったことにつき、過失相殺を否定しています。適正使用（Ⅰ領域）のうち、被害者に危険の認識可能性がない場合（B領域）にあたると解されます。

(ⅲ)　被害者の素因による過失相殺

　第2は、被害者側の何らかの素因が損害の発生に寄与していると認められる場合に過失相殺がなされる場合です。

　不法行為の一般理論では、被害者の素因が損害の拡大に寄与するときに民法722条2項の過失相殺を認めるかについて、判例は損害の公平な分担の見地から過失相殺を類推適用しています。最（1）判昭和63年4月21日（民集42巻4号243頁）は心因的素因による症状悪化等について過失相殺を類推して損害額を減額し、最（1）判平成4年6月25日（民集46巻4号400頁）は事故前に被害者がり患した一酸化炭素中毒による精神障害を考慮し、過失相殺を類推し損害額を減額するものです。もっとも、最（3）判平成8年10月29日（民集50巻9号2474頁）は、被害者の身体的特徴について疾患にあたらないときには、個々人の個体差の範囲内として過失相殺を行うべきではないとするものです。

　本法のもとにおいては、加工あまめしばに関する【42】では、素因の寄与度は明らかでないけれども、被害者は難病にり患しやすい体質的素因をもつとして疫学的観点から4割を過失相殺しています。また、椅子転倒事故に関する【113】では、被害者はうつ病などの精神疾患にり患しやすい心因をもつとして6割を過失相殺しています。

　「茶のしずく石鹸」に関する【145】は、アトピー素因は何らかのアレルギーを発症しやすい状態にすぎないとして、被害者のアトピー素因が本件石鹸を原因とする小麦アレルギーの重篤化・長期化に一定程度関与するとしても素因減額事由にはあたらないとしています（【146】同旨）。

295

第 2 部　逐条講義

(iv)　被害者側の安全確保措置け怠による過失相殺

　製造物責任訴訟では、被害者側が安全によく注意して適切な措置をとっていれば事故を防ぐことができた、あるいは被害程度を軽減することができたと認められる場合には、製造物責任を認めるとともに、過失相殺がなされる場合があります。

　このようなケースとして、カプセルトイに関する【132】では、玩具に設計上の欠陥を認めながら、事故現場にいた親など保護者側の監督責任を考慮し損害額を算定するべきだとし、7割の過失相殺を行っています。

【132】カプセルトイによる子どもの窒息事故［鹿児島地判平成 20 年 5 月 20 日］
○事案　【10】と同一
○判旨
児童の両親の監督義務と過失相殺について「本件窒息事故は、原告らの自宅内で、X₂〔被害児の母親〕が X₁〔被害児〕らの遊んでいる様子を見ている中で発生しているところ、このような自宅内での幼児の窒息事故を防止する注意義務は、一次的には X₁ の両親である X₂ 及び X₃ らにある。しかし、……X₂ らは、X₁ が本件カプセルで遊んでいるのを漫然放置し、これにつき十分な管理、監督を行っていたとはいえず、前記注意義務を十分に果たしたとはいえないから、この点は、被告の責任の範囲を判断する上で大きな影響があるといわざるを得ない。そうすると、原告らの損害のうち、被告はその 3 割を負担するのが相当である」

　一般的不法行為においては、被害者本人が幼児であり、事理弁識能力を備えないときには、民法 722 条 2 項にいう「被害者側の過失」は、被害者本人と「身分上ないしは生活関係上一体をなすとみられるような関係にある者の過失をいう」とする最（3）判昭和 42 年 6 月 27 日（民集 21 巻 6 号 1507 頁）がリーディングケースとなっています。【132】は被害者本人の事故を防止する監督義務を負う者の過失をもって過失相殺を行うという判例の準則に従うものと解されます。

　クロスバイク自転車に関する【69】では、事故発生時における被害者の使用状況は適正使用（Ⅰ領域）であり、危険を認識できなかった（B 領域）とする一方で、初期点検や定期点検を受けることを推奨する注意書があるにもかかわらず、事故以前に自主的な点検を一度も受けていないこと、比較的長期間にわ

第6章　民法の適用・国際的な製造物責任訴訟

たり一般消費者において劣化を予見できる劣化しやすい環境で保管していたことなど安全確保措置の観点から、1割の過失相殺を行っています（本件に関する再発防止策の検討については328頁を参照）。

(2)　事業者被害の場合

(i)　過失相殺を認めない場合

　事業の用に供する製造物の欠陥によって事業者が被害を受ける場合にも、事案に応じて過失相殺が行われています。まず、事業者が被害者である場合に、使用形態に照らして適正使用（Ⅰ領域）のうち、通常使用の範囲内（A領域）あるいは通常使用の範囲を超えるとしても需要者側で危険を認識できないと認められる場合には、過失相殺を認めない傾向があるといえるでしょう。

　たとえば、ビル外壁洗浄剤に関する【28】や養殖ヒラメ活水器に関する【70】、陸上自衛隊ヘリコプターに関する【124】、航行中の外国船籍船舶に積載された自己発熱性物質・自己反応性物質に関する【29】などがあげられます。

(ii)　需要者側事業者の危険使用による過失相殺

　製造物に欠陥が認められるとしても、事故発生当時における需要者の使用が危険使用であり、被害者は事業者としてその危険を認識できると認められる場合に、事案に応じて過失相殺が行われています。

　たとえば、フードパック油圧裁断・自動搬送機に関する【133】は、操作者は身体に対する重大な危険をもつ使用であることを容易に知りえたとして、この点について5割の過失相殺を行っています。

【133】フードパック油圧裁断・自動搬送機による操作者受傷［東京高判平成13年4月12日］

○事案　【14】と同一

○判旨

操作方法による過失相殺について「A〔機械の操作者〕にも、本件機械を停止させず、作動したままのリフト上に身体を入れて、荷崩れしたフードパックを取り除こうとした過失がある。そして、本件リフト……に挟まれた場合には重大な傷害を負う危険のあることが容易に判断できることからすると、この過失は決して小さいものではない。しかし、Y₁〔本件機械の製造者〕に責任のある本件機械の欠陥の程度や内容、操作担当者の心理として、作業を円滑に進めようとした結果の事故と考えられること……など、諸般の事情を比較考慮すると、Aの過失割合

297

第2部　逐条講義

は5割と認めるのが相当である」

　焼却炉に関する【26】は、事故の態様等を斟酌し、機械が稼働中に掃除口に手を挿入した操作者の危険使用は適正使用の範囲内とはいえ、危険を認識できる誤使用（C領域）であるとして、7割の過失相殺を行うものです。無煙焼却炉のバックファイヤーに関する【134】では、需要者は焼却炉を専門的に取りあつかう事業者として燃焼中に灰出し口を開ける行為の危険性を認識すべきであったとして、15％の過失相殺を行っています。

【134】無煙焼却炉のバックファイヤーによる火災および作業者受傷 [名古屋高判平成19年7月18日]
○事案　【27】と同一
○判旨
焼却炉の燃焼中に灰出し口を開けた過失と過失相殺について「X_1は、事業者として〔廃棄物処理法施行規則の〕改正基準を満たす焼却炉の使用が義務づけられているところ、T市長がX_1外廃棄物焼却炉設置事業者に対して発信した書面には、改正基準を満たす焼却炉は、外気と遮断された状態で、燃焼室において発生するガスの温度が800度以上の状態で廃棄物を焼却できるものである旨記載されていることから、X_1においても、本件焼却炉の燃焼中に灰出し口の扉を開けることは危険であることを認識すべきであったと解され、X_2〔X_1の従業員〕が本件焼却炉の燃焼中に灰出し口の扉を開いて本件バックファイヤーを招いたことに関しては、X_1にも過失が存在するというべきである。しかしながら、……本件改正基準はあくまでダイオキシンの排出防止の見地から制定されたものであること並びにX_2は従前の焼却炉の使用方法に従い炉内を撹拌して早く木屑を燃焼させようとして灰出し口の扉を開けたことに鑑みれば、本件バックファイヤーの主たる原因は、本件焼却炉の指示・警告上の欠陥にあり、……X_1の過失は15パーセントにとどまると解するのが合理的である」

(ⅲ)　**需要者側事業者の安全確保措置のけ怠による過失相殺**
　事業用製品の欠陥が認められるケースでは、需要者側事業者が製造物を使用する際に事業者としてとるべき安全確保措置に不十分な点があるとして、過失相殺がなされる場合があります。
　食肉自動解凍装置のケース【135】では、需要者は食品製造機械の製造業者

298

第6章　民法の適用・国際的な製造物責任訴訟

としてポンプやバルブを食品機械の一部として使用した場合に、食品の安全性が確保されるよう十分な確認を行うなどの安全確保措置をとるべきであったとして、5割の過失相殺を行っています。

【135】食肉自動解凍装置の切削バリにより解凍食品に金属片が混入した事故［東京高判平成16年10月12日］

○事案　【19】と同一

○判旨

食肉機械製作者の過失による相殺について「食品機械の設計・製作の専門業者であるXとしては、自ら食品を扱う本件装置に使用するに相応な機器を選別し、本件装置に解凍食肉の汚染を防ぐための措置を講じるなどの注意義務を負っていると考えられるが、本件装置に使用するポンプやバルブを選定するに当たって、……安全面、機能面等において、本件装置に使用するのに適切か否かを製造業者であるY₁らに確かめることをしないで、……本件ポンプおよび本件チャッキバルブを選定した点、及び本件装置の解凍槽及び調温槽の直前にフィルターを設置するなど解凍食肉の汚染を防ぐための措置を講じていない点において、Xの食品の安全性に対する認識が不十分であったといわざるを得ない。本件事故は、……本件ポンプ及び本件チャッキバルブの通常有すべき安全性の欠如とXの上記の注意義務違反が相まって発生したと認められ、損害の負担の公平という観点から……5割の過失相殺をするのが相当である」

トランス工場内に設置された大型熱風乾燥装置に関する【136】では、需要者側事業者は、特に危険な使用をしていたわけではないとはいえ、故障の可能性を認識していた以上は、専門業者に保守点検契約を外注するなどといった安全確保措置をとるべきであったとして、3割の過失相殺を行っています。

【136】トランス製造工場における大型熱風乾燥装置の火災［東京地判平成21年8月7日］

○事案　【35】と同一

○判旨

トランス製造開発会社の過失による相殺について「Xとしても、本件乾燥装置の回路が故障する可能性のあるものであることを認識していたにもかかわらず、本件乾燥装置の点検を怠っていたことは明らかといわなければならない。……まして、

第 2 部　逐条講義

> 本件乾燥装置は夜間無人で長時間運転するもので、異常が生じた場合に気がつき
> にくいのであるから、自ら点検できないのであれば、そのまま放置するのでなく
> ……保守契約を締結するなりの手段を講じる必要があったというべきである。
> ……次に、……本件乾燥装置を X がことさらに危険な方法で使用していたと認め
> ることはできない。……本件火災の際に作業員が本件工場内にいた場合に本件火
> 災による被害が軽減されたことを窺うべき証拠は見当たらない。以上の諸事情を
> 総合すると、本件においては 3 割の割合をもって過失相殺をするのが相当であ
> る」

　工業用接着剤に関する保険代位事案である【94】は、本法 2 条 3 項 2 号の表
示製造業者と同項 1 号の製造業者との間で、製造物責任に係る責任割合が問題
となるものです。判旨は、表示製造業者は製造者であればなすべき試験を行わ
ず、他社製品を無断で自社の製品ラベルと貼替えて自社ブランドを表示し、新
しい性状表のもとで販売して、製造者としての信頼を与えるとともに、ユーザ
ーが 1 号の製造業者から製品に関する情報を得る機会を奪ったなどの点を考慮
して、責任の割合を表示製造業者 6 割、製造業者 4 割としています。

② 複数の責任主体

1　基本的な考え方

　民法の一般的な考え方では、損害賠償責任を負う主体が複数ある場合には、
共同不法行為、不真正連帯債務、求償関係などがあります。
　本法に基づく複数の責任が競合する場合には、ひとつの被害について複数の
製造物に欠陥が認められる場合や、民法 719 条の共同不法行為が成立する複数
の主体の製造物責任が競合する場合が考えられます。また、ある製造業者等の
製造物責任と、事故の発生に関与する他の者の不法行為責任や債務不履行責任
など、他法理による責任とが競合する場合もあります。これらの場合には、複
数の責任は不真正連帯債務となります[2]。
　製造物責任と他法理による責任との競合について立法前裁判例をみると、カ
ネミ油症事件に関する福岡地小倉支判昭和 60 年 2 月 13 日（判例時報 1144 号 18
頁）は、食用油ライスオイル製造者の過失は、熱媒体として使用された PCB

---

[2] 逐条 128 頁を参照。

製造者の過失に誘発されたものであり、「両者の過失行為は互いに社会的一体性を有し、客観的に関連共同して違法に本件油症被害を生ぜしめた」として共同不法行為責任の考え方をとっています。また、医薬品の欠陥が問題となるスモン事件は、患者にキノホルム剤を投与した医師の責任が関与する医療事件としての側面をあわせもつものです。

本法のもとにおいても、製造物責任に関して連帯責任を認める例が現れています。

2　裁判例

(1)　複数の製造物責任の競合

ジャクソンリースに関する【137】は、組み合わせて使用する 2 つの製品の双方に指示・警告上の欠陥を認めるものです。本件は 2 つの製造物責任の競合に加えて、製品を使用した医師が「組合せ使用の安全性に相当程度の疑問をいだくことのできる状況であった」とし、安全確認義務に反する医師の過失（医師使用者である病院の使用者責任）とが複合するケースとなっています。

【137】小児用医療器具の組合せ使用による呼吸回路閉塞事故［東京地判平成 15 年 3月 20 日］

○事案　【24】と同一

○判旨

[1] 担当医師の安全確認義務について「〔手術を担当した〕医師は、本件患児に対する気管切開術に際し、執刀医の指示を受け、本件気管切開チューブを含む 12本の気管切開チューブを準備しており、本件気管切開チューブが本件患児の気管切開部に挿入される器具の候補に入っていることを認識していたのであるから、術後の人工換気においてこれと組合せ使用するジャクソンリース回路を選択するに当たり、本件気管切開チューブは接続部内径が狭い構造になっており、他方、本件ジャクソンリースは新鮮ガス供給パイプが患者側接続部に向かって長く伸びている構造になっているという各器具の基本的特徴を認識し、そのような両器具を接続した場合に接続部において回路閉塞が起こりうることを予見して、遅くとも、本件患児に用手人工換気を始めるまでに、両器具が相互に接続された状態で呼吸回路として安全に機能するか否かを確認すべきであった」

[2] 製造物責任と他法理にもとづく責任の競合について「Y_2 は、医療現場における創意工夫した使用方法は医療従事者の裁量に任されており、その場合、そのリス

301

> ク管理上の責任も医療現場に委ねられるべきであるところ、本件事故は被告病院
> 医師が基本的注意義務を怠り発生させたものであるから、Y₂は製造物責任を負
> わない旨主張するが、医療器具の製造・輸入販売企業には、医療現場における医
> 療器具の使用実態を踏まえて、医療器具の使用者に適切な指示・警告を発して安
> 全性を確保すべき責任があるのであって、たとえ医療器具を使用した医師に注意
> 義務違反が認められるからといって、企業が製造物責任を免れるものではない」

　複数の製造業者等のあいだに共同不法行為が成立する場合の製造物責任について、首都圏建設アスベスト被害に関する【80】があります。判旨は一般論として、石綿含有建材を製造した複数の製造者のあいだに民法719条の共同不法行為が成立する場合に、それら製造業者に製造物責任を課すことができる旨を判示しています（福岡地判平成26年11月7日判例集未登載は、一般論につき、ほぼ同旨）。

(2)　製造物責任と他法理による責任との競合

　事業用製品の欠陥と使用者の過失責任の競合としては、フードパック自動裁断・搬送機に関する【14】があります。本件は、産業機械が「通常有すべき安全性」を欠いていたことと、工場経営者（産業機械の購入者、使用者）が従業員の労働衛生上の安全を確保する義務を欠いていたこととの競合責任を認めたケースです。本件では、作業効率を重視する事業主のもとで「頻繁に荷崩れが起こり……多数回にわたって、作業を中断しなければならない」状況が操作者に心理的負担を負わせた実情に理解を示し、製造物の欠陥、工場経営者の安全配慮義務違反の双方の責任を導きだしています。

　さらに、製造物責任と専門家による広告・宣伝に関する過失責任とが競合する場合があります。加工あまめしばに関する【42】の一審【107】は、医師は危険性について情報収集することができ、消費者に警告する義務があるとして、健康雑誌に掲載された医師の執筆記事について、加工あまめしばで健康になると消費者を誤信させ被害を発生させたとして、製造物責任とともに医師の過失責任を認めるものです。

　モール型ネットショップでオークションを通じて販売された小型折りたたみ自転車に関する【68】は、本件事故は輸入業者の代表取締役が「商品の安全性をチェックする体制を構築・機能させる義務」に違反したことによって生じた結果であるとし、輸入業者の製造物責任と連帯して、会社法429条1項が定め

第6章　民法の適用・国際的な製造物責任訴訟

る善管注意義務の違反に基づく損害賠償責任を負うものとしています。

③　免責の合意・免責特約

(1)　基本的な考え方

　本法に基づく損害賠償請求権の全部ないし一部を、当事者間の契約によって
あらかじめ無効とする旨の合意がなされたり、このような合意を内容とする条
項が契約に定められることがあります。一般論として、法に基づく製造物責任
を制限、排除する合意は、民法90条の公序良俗違反として契約条項の全部な
いし一部が無効とされると解することができます。特に消費者取引においては、
製造物責任を制限、排除する条項が消費者契約法2条3項にいう「消費者契
約」にあたる場合には、不当条項規制（消費契約8条〜10条）によって免責条
項が無効とされると解されます。

　EC指令を参照すると、同指令は個人の生命や身体、財産の侵害によって生
じた損害を救済することを目的としており、指令に基づく製造者の責任を被害
者との関係で制約する免責条項を禁止しています（cf. 85/374/EEC Art.9., Art.12.）。

　本法のもとでは、製造物責任法に基づく責任に関する免責の合意の有効性や、
免責特約の適用問題を検討する例がいくつか現れています。これまでの公表裁
判例において、免責特約の有効性を認める例は現れていないようです。

(2)　裁判例

　自衛隊ヘリコプターの墜落事故に関する【138】では、国X（当時の防衛庁）
が相手方Yとの間でエンジンの製造請負契約を締結するにあたって、製造物責
任保険を付保する費用を製造原価に算入することを認めなかった事情は、製造
物責任法の責任に関する免責の合意と認められるかが問題となるものです。

　判旨は、法に基づく製造物責任の免責を規定する明確な契約条項がないとし
て、この事情に免責の合意としての効力はないとしています。これとともに、
判旨は、本法の責任にかかる免責の合意には、民法90条が適用される可能性
があるが、国が被害者である本件については、その合意は疑義のない明確な合
意でなければならず、本件当事者間に法の適用を排除する明確な合意は認めら
れないとしています。

303

第2部　逐条講義

> **【138】陸上自衛隊ヘリコプターの墜落による搭乗者受傷[東京高判平成25年2月13日]**
>
> ○事案　【4】と同一
>
> ○判旨
>
> **法の適用を排除する旨の合意と民法90条について**「一般に、法の定める製造物責任を制限、排除する合意については、民法90条に反する可能性があるというべきである。仮に、契約当事者がX（国）である本件においては、そのような合意も民法90条に反しないと解する余地があるとしても、Yも、Xも、本件製造請負契約の締結に当たって、本件エンジンの欠陥は本件事故機の墜落につながり、本件事故機だけでなく、搭乗者の生命、身体を損なうことになりかねないことを十分に予見していたものと認められるから、そのような重大な損害を発生させる可能性のある本件エンジンの欠陥による製造物責任を制限、排除する合意がなされたとすれば、疑義を許さない明確な合意がなされたはずである。」

　関連して、プライベートブランド化粧水に関する【56】は、防腐力試験が未了であること等の了承、およびこれらの事由によるクレーム対応を原告が行うこととする旨の覚書の適用が問題となるものです。判旨は、本件事故におけるカビ等の検出は、覚書にある事由によって発生したものでないとして覚書の適用を否定しています。

④ 民法のその他の規定・失火責任法

1 民法の基本原則（民1条）

　信義則に関する民法の規定の適用について、自衛隊ヘリコプター事故に関する【139】は、国Xがエンジンの製造請負契約の相手方Yに対して、製造物責任保険料の原価算入を認めなかった事情から、Xが法に基づいて製造物責任を追及することが、信義則（民1条2項）に反するかが問題となるものです。判旨は、Xが保険料の原価算入を認めなかったことと、Yが製造物責任保険に加入するかは別個の問題であるとして、Xの請求は信義則に反しないとしています。

> **【139】陸上自衛隊ヘリコプターの墜落による搭乗者受傷[東京高判平成25年2月13日]**
>
> ○事案　【4】と同一

304

第6章　民法の適用・国際的な製造物責任訴訟

○判旨

本法に基づく損害賠償請求と信義則について「本件サファイアの脱落原因が、A社における組立作業で生じた本件サファイアの亀裂とA社における本件サファイアの接着方法の不備にあったとしても、本件エンジンにA社において組立済みのコンピュータ・アセンブリを用いることをXがYに指示したとはいえないし、YがA社から受け入れる部品の検査方法をXが指示したことによって本件サファイアの亀裂をYが発見することが不可能になったということもできないから、XがYに対し法に基づく損害賠償を請求することが、本件製造請負契約の内容や、陸上自衛隊が定める輸入部品の受入れ検査等の方法と矛盾するものとはいえず、信義則に反し許されないと解することはできない。」

　権利濫用に関する民法の規定の適用については、ピアノ防虫防錆剤に関する事業者間訴訟【140】では、小規模事業者に対する比較的規模の大きな事業者からの製造物責任の追及が権利濫用（民1条3項）にあたるかが問題となり、本法に基づく責任を否定するほどの濫用的な事例とはいえないとされています。

【140】ピアノ防虫防錆剤の液状化による損害［東京地判平成16年3月23日］

○事案　【31】と同一

○判旨

小規模製造業者に対する責任追及は権利濫用にあたるかについて「営利を目的とする企業において、ある商品を販売できなくなった場合に代替品を販売すること、低いコストで大きな利益を得ようとすることは当然であり、たとえYがXよりも規模の小さな会社であったとしても、これらの事実は、本件錠剤の液状化によってXが被った損害について、製造者であるYに賠償を請求することを妨げるほどの事情とは解されない。そして、他に、Xが、Yに対し、製造物責任法に基づき、……損害賠償を請求すること自体を権利の濫用として排斥するほどの事情は認められない」

　【140】が濫用事例ではないとする判断においては、比較的大規模な事業者である製造業者が、需要者である小規模事業者に対して、製造物の危険について正確な情報を提供していなかった事情が考慮されていると考えられます。

2　遅延損害金

　本法に基づく請求の遅延損害金については、発生時期や法定利率などが問題

305

第2部　逐条講義

となる裁判例が現れています。輸入漢方薬に関する【141】は、遅延損害金の発生時期に関して民法の一般不法行為に基づく損害賠償債務に関する判例の準則に従い、これと同様に解しています。

> **【141】医療用漢方薬による腎障害［名古屋地判平成 16 年 4 月 9 日］**
> ○事案　【36】と同一
> ○判旨
> **遅延損害金の発生時期について**「不法行為に基づく損害賠償債務は、損害の発生と同時になんらの催告を要することなく遅滞に陥ると解される（最高裁昭和 37 年 9 月 4 日第 3 小法廷判決、民集 16 巻 9 号 1834 頁）ところ、不法行為の特則である製造物責任法による損害賠償責任についても同様に解するのが相当である。これを本件についてみると、X が罹患した本件腎障害は……平成 12 年 11 月 15 日に症状が固定したものであるから、同日をもって後遺障害に基づく損害（逸失利益、慰謝料）が発生したということができる。そうすると……遅延損害金の発生は同日とするのが相当である」

　また、カーオーディオ・スイッチに係る事業者間訴訟に関する【13】では、製造物責任に基づく損害賠償請求権に商事債務の法定利率（旧商 514 条）[3] が適用されるかが問題となるものです。判旨は「製造物責任に基づく請求の遅延損害金の割合には、不法行為に基づく損害賠償債権の遅延損害金の割合と同じく、〔旧〕商法 514 条は類推適用され〔ない〕」として、一般不法行為におけると同様に民事法定利率年 5 分（旧民 404 条）[4] によるとしています。

3　失火責任法

　明治 32 年に制定された「失火ノ責任ニ関スル法律」（略称：失火責任法）は、日本に木造住宅が多いという特有の事情に鑑みて、失火者に近隣への延焼による過大な負担を負わせないようにする趣旨から、民法の過失責任原則の例外として規定されたものです。民法の不法行為の特別法である製造物責任法との関係においては、製造物の欠陥によって発生した事故に失火責任法が適用され、

---

[3] 平成 29 年の民法一部改正により、法定利率に関する見直しが行われ、商事法定利率（商 415 条）は廃止されました。

[4] 平成 29 年の民法一部改正により、法定利率に関する見直しが行われ、民法 404 条 2 項により法定利率が年 3％に引き下げられ、民法 404 条 3 項～5 項は、緩やかな変動制を導入しています。また、民法 722 条 1 項により、不法行為による損害賠償について、中間利息控除にも法定利率（変動制）を適用することとなりました。

失火者の責任が軽減されるかが問題となりえます。

　これまでの裁判例で、公海航行中の船舶内で、積載する化学物質の異常発熱により他の貨物等を損傷した事故に関する【29】は、失火責任法の適用の有無が問題となるものです。判旨は、①失火責任法に製造物責任法の適用がないことは文理上明らかである、②失火責任法は日本特有の事情を理由として立法され、製造物の欠陥に起因する火災に関して製造業者を免責することは合理的でない旨を示して、同法の適用を否定しています。

⑤　国際的な製造物責任訴訟──準拠法と国際裁判管轄

1　基本的な考え方

　現代の社会では、製品事故の被害者が外国人であったり、製造業者等が外国人であるというように、製造物責任が国籍や国境を越えて問題となることが決してめずらしくありません。国際的な製造物責任訴訟においては、いかなる国の法によって適切な法的な解決がなされるかという問題があります。そこでは各国（法域）のなかから本法が法的な解決を行う法と指定されるかが問題となる場合が起こります。これを本法に関する準拠法の問題といいます。

　準拠法の決定に関しては、2006年（平成18年）に公布された「法の適用に関する通則法」が定めています[5]。製造物責任法に関する渉外的法律関係について、同法は不法行為による請求権について加害行為の結果発生地の法による原則を定めるとともに（通則17条本文）、生産物責任（通則法では生産物責任としていますが、製造物責任とほぼ同様と解してよいものです）に関しては特則を置き、「被害者が生産物の引渡しを受けた地の法による」原則を定めています（通則18条ただし書き）。

　不法行為に関する渉外的法律関係について外国法が準拠法となるべき場合については、わが国裁判所ではわが国の法律による損害賠償ができる範囲で請求を行うことができると定めて、わが国の公序による制限を置いています（通則22条）。したがって、仮に外国の製造物責任法に基づく損害賠償請求が認められる場合であってもわが国の製造物責任法のもとでは請求権を認められない場合、わが国の裁判所では請求権が否定されることになります。

　製造物責任に関して懲罰的損害賠償を認める外国の私法が適用されるべき場

---

[5]　小出邦夫「増補版　逐条解説法の適用に関する通則法」（商事法務、2014年）を参照。

第2部　逐条講義

合において、わが国裁判所では懲罰的賠償制度を採用しない本法による賠償請求が認められる範囲で請求権を行使することができます。なお、通則法附則3条4項により、本法施行前に発生した事故による損害賠償請求権の成立については、旧法（旧法例）によることとなります。

　国際的な製造物責任訴訟においては、わが国の裁判所に国際裁判管轄が認められるか（日本国の司法権が及ぶ範囲）が問題となる場合が生じます。国際的製造物責任訴訟において、わが国のいずれかの地方の裁判所が管轄権をもつかという問題（国内的裁判管轄権の問題）は、国際的裁判管轄権がわが国の裁判所にあることを前提として、はじめて生じる問題となります。これを本法に関する国際裁判管轄の問題ということができます[6]。

　わが国の裁判所に国際裁判管轄権の存否に関する解決が求められた場合に、わが国の国際裁判管轄権の存否に関する決定を行うこととなりますが、外国裁判所の国際裁判管轄権の存否に関する決定を行うのはその外国の裁判所となります。

　製造物責任法に関連する渉外的法律関係に係る裁判例としては、公海上で発生した事故について本法に関する準拠法が問題となるケース（【142】）、本法に基づく請求に関連した相続について準拠法の指定があつかわれたケース（【143】）、製造物責任に基づく請求および併合する請求について国際裁判管轄があつかわれたケース（【144】）が現れています。

2　裁判例

　神戸からオランダのロッテルダムに向けて貨物を国際海上輸送中の外国船籍の船舶が地中海（公海）を航行中に船舶内で、神戸で積載した自己反応性物質・自己発熱性物質が異常発熱し、他の貨物等を損傷した事故に関する【142】では、事故発生が通則法の施行日前であるため、適用される準拠法の決定に関して、通則法附則3条4項により、旧法例11条1項にいう「原因タル事実ノ発生シタル地」の解釈が問題となります。具体的には、積載貨物が日本で製造されたなどの事情から日本法が適用されるか、船舶旗国地法のパナマ共和国法が適用されるかが争われたものです。

---

[6] 古田啓昌「国際民事訴訟法入門—国内訴訟との対比で考える」（日本評論社、2012年）27頁を参照。

308

第6章　民法の適用・国際的な製造物責任訴訟

【142】国際海上輸送中の自己発熱性・自己反応性化学物質による船舶等損傷（東京高判平成 26 年 10 月 29 日）
○事案　【29】と同一
○判旨
本件事故に係る準拠法について「ア　我が国の製造物責任法は、不法行為責任の1つとして制定されていることからすると、法の適用に関する通則法附則3条4項により、旧法例11条1項は、不法行為によって生ずる債権の成立はその原因となる事実が発生した地の法律によると定めているところ、不法行為は、損害という結果が発生することによって成立するに至るのであるから、同項にいう「原因タル事実ノ発生シタル地」とは結果発生地を指すと解すべきであること、イ　ただし、本件事故は、公海上を航行中に発生したものであるから、結果発生地主義を採用した場合には、適用すべき法が存在しないこととなるが、これにより製造物責任又は不法行為責任が成立しないと考えるのは不合理であるから、このような場合には、条理により、本件と最も密接に関連する地の法を準拠法として選択することが相当というべきである……。そして、本件と最も密接に関連する地は、……総合的に考慮すれば、日本と認めるのが相当である」

判旨は、①貨物の製造業者および荷送人が、いずれも日本法人であること、②貨物が日本で製造されたこと、③事故により焼損した貨物も日本で積載されたこと、④本船の裸傭船者である原告は、パナマ共和国法人であるが、日本法人Ｃの関連会社であり、Ｃが本船について原告との間で定期傭船契約を締結等していること、⑤海上物品運送のため公海を航行中の船内において、特定の貨物を原因として他の貨物を損傷する事故が発生した場合は、船舶衝突と異なり、船舶自体を当該不法行為と最も密接に関連する地と認めることはできない等の事情を総合考慮して、本件と最も密接に関連する地は日本であるとし、条理により準拠法を日本法と決定しています。

輸入ふとん乾燥機に関する【143】は、国内で発生した製造物事故によって外国籍（ナイジェリア国籍）の被害者が死亡し、被害者の死亡による相続の準拠法が問題となるものです。判旨は本来は「相続は、被相続人の本国法による」とする通則法36条の規定が適用されるべき場合であるけれどもナイジェリアの相続法の詳細を明らかにできないなどとして、準拠法を日本法と指定し、民法の相続に関する諸規定を適用して被害者の妻子が製造物責任に基づく請求権を相続するとしています。

309

第2部　逐条講義

【143】輸入ふとん乾燥機による火災で外国人が死亡した事故［大阪地判平成25年3月21日］
○事案　【104】と同一
○判旨
外国人の死亡による相続に関する準拠法について「Aはナイジェリア国籍の外国人であり、その相続は、本来被相続人の本国法であるナイジェリアの現地法によることとなる（法の適用に関する通則法36条）。……ナイジェリアの現地相続法については、その一端すら明らかになっておらず、また地域ごとに法令の内容が異なることが窺われることからすれば、本件において適用されるべき法令の内容や当該法令における条理を合理的に推認することも極めて困難である。これに加えて、Aの死亡の原因となった本件火災が日本で発生したものであること、同人の妻子であるX₁らがいずれも日本国籍を有していることなどの本件において認められる事情を考慮すれば、……Aの相続について、日本法を適用するのが相当である」

　【143】では、①外国籍の被害者が国内で製造物事故にあったこと、わが国裁判所において被害者の本国法を明らかにできないこと、②被害者の妻子が日本国籍であることといった事情を総合的に勘案し、具体的事案の適切な解決が行われるよう通則法の原則を若干修正し、例外的に相続に関するわが国の私法を適用することとしたものと解されます。
　輸入光モジュールに関する国際製造物責任訴訟に関する【144】では、本案である不法行為または製造物責任に基づく請求に関する判断（本案審理）の前提として、わが国に製造物責任訴訟の国際裁判管轄があるかが争われたものです。判旨は、国際裁判管轄は当事者間の公平、裁判の適正、迅速の理念により、条理に従って判断し（判旨［1］）、いずれかの土地管轄があればわが国の裁判管轄権があるとすべきであり、その際に米国判例法の裁判管轄権決定の基準である最低限の連結点の基準をわが国の条理に持ち込まない旨を判示し（判旨［2］）、結論としてわが国の国際裁判管轄権を認めています。

【144】輸入光モジュールについて製造物責任訴訟の国際裁判管轄が争われた事例［東京地判平成18年4月4日（中間判決）］
○事案　【105】と同一

第6章　民法の適用・国際的な製造物責任訴訟

○判旨

[1] わが国の国際裁判管轄について「Y₁が外国に本店を有する外国法人である場合でも、Y₁が我が国との法的関連を有する事件について我が国の国際裁判管轄を肯定すべき場合のあることは、否定し得ないところであるが、どのような場合に我が国の国際裁判管轄を肯定すべきかについては、国際的に承認された一般的な準則が存在せず、国際的慣習法の成熟も十分でないため、当事者間の公平や裁判の適正・迅速の理念により条理に従って決定するのが相当である。そして、我が国の民訴法の規定する裁判籍のいずれかが我が国内にあるときには、原則として、我が国の裁判所に提起された訴訟事件につき、Y₁を我が国の裁判権に服させるのが相当であるが（最高裁第2小法廷昭和56年10月16日判決）、我が国で裁判を行うことが当事者間の公平、裁判の適正・迅速を期するという理念に反する特段の事情があると認められる場合には、我が国の国際裁判管轄を否定すべきである（最高裁第3小法廷平成9年11月11日判決）。

[2] 米国判例法と条理について「我が国の最高裁は……第2小法廷昭和56年10月16日判決をはじめとして、我が民訴法の国内の土地管轄の規定のいずれかが我が国内にあるときは、これらに関する訴訟事件につき、Y₁を我が国の裁判権に服させるのが条理に適うとの立場をとっているのであり、これを離れて米国判例法上の〔最低限の連結点の〕基準を直接に条理に持ち込むのは相当ではない」

　判旨は製造物責任等に基づく請求（請求A）に関するわが国の国際裁判管轄を認め、瑕疵担保責任等に関する請求（請求B）について、民事訴訟法の併合請求における管轄の規定（民訴7条本文）に依拠し、「我が国の裁判所の国際裁判管轄を肯定するためには、両請求間に密接な関係が認められることを要する」とし、両請求には密接な関係があるとし、いずれの請求についてもわが国の裁判所に国際裁判管轄を認めています。

311

第2部　逐条講義

附則

1（施行期日等）
　この法律は、公布の日から起算して一年を経過した日から施行し、この法律の施行後にその製造業者等が引き渡した製造物について適用する。
2（原子力損害の賠償に関する法律の一部改正）
　原子力損害の賠償に関する法律（昭和36年法律第147号）の一部を次のように改正する。第4条第3項中「及び船舶の所有者等の責任の制限に関する法律（昭和50年法律第94号）」を「、船舶の所有者等の責任の制限に関する法律（昭和50年法律第94号）及び製造物責任法（平成6年法律第85号）」に改める。

① 施行期日（1項）

　附則1項は、本法の施行期日を公布の日から起算して1年を経過した日とし、この法律の施行後に製造業者等が引き渡した製造物に本法を適用すると定めています。この1年は、新しい責任原理である製造物責任の周知期間として設けられたものです。本法は1994年（平成6年）7月1日に交付されたため、1995年（平成7年）7月1日から施行されています。

　輸入漢方薬に関する【119】は、施行日前後にわたって継続的に引き渡された漢方薬を服用したケースにおいて、施行日以降の服用と損害の因果関係を否定に解したものです。

② 原子力損害の賠償に関する法律の一部改正（2項）

　附則2項は、原子炉等の運転によって生じた原子力損害について、原子力事業者の無過失責任および当該事業者への責任の集中を定める「原子力損害の賠償に関する法律」の考え方と整合性を図るため、原子力損害について本法の適用を除外する旨を定めたものです（無過失責任は原賠3条1項本文、責任の集中は原賠4条1項を参照）。同法は本法の附則2項を受け、製造物責任法の規定を適用しない旨を定めています（原賠4条3項）。したがって、原子炉等で使用される核燃料物質等を製造した製造業者等は、その製造物によって原子力損害が発生した場合に本法の責任主体とはなりません。

第3部 消費者事故調査——要因分析と再発防止策

1. 消費者事故調査とは？
2. 調査事例
3. 製造物責任裁判例の検討
4. おわりに

第 3 部　消費者事故調査

① 消費者事故調査とは？

　消費者事故調査は、消費者の生命、身体に被害を発生した事象について事故の発生につながる諸要因を分析し、事故から導かれる教訓に根ざして、事故の再発防止策を提案する一連のプロセスといえます。

　事故の発生につながる要因には、どのようなものがあるでしょうか。まず、1) 直接の要因として、①現場の人物の行動や認識に関わる要因、②現場の製品や周囲の物理的環境に関わる要因があります。そして、2) 直接的な要因の背景に存在する背景要因として、①組織の経営管理、職場の作業環境、業務規則、訓練プログラムなどに内在する組織の安全管理のあり方に関わる要因、②製品を供給する事業者の関連団体が推奨ないし提供する安全管理システムや、長年培われた業界の慣行に関わる業界的な要因、③当該製品の安全に関わる規制の趣旨・目的、規制の内容、その解釈や運用のあり方といった規制的要因、④当該製品に潜在する危険に関する消費者意識のあり様や、製品を使用する環境の社会的変化といった社会的要因があげられます。

　消費者事故調査は、事故につながる諸要因を分析し、改善するべき脆弱なポイントを発見し、事故の再発を防止するために、新しく基本となるべき考え方や具体策を盛り込んだ、安全に関する社会システムの修正策を提案するものです。消費者事故調査の主眼は、事故に直接関与する個人の責任追及から切り離して、事故の発生につながる安全システム上の要因の特定とその除去を目的として安全関連事象の調査を行うことにあるといえます。消費者事故調査は、「誰がやったか」ではなく、「事故の引き金は何だったか」「その引き金はなぜ、どのようにして存在していたのか」を探求し、そうして得られる知見からできるだけ多くの事故の教訓を導き、幅広い事故防止に役立てようとするものといえるでしょう。

　消費者事故調査を効果的に行って、事故から教訓を導き、再発防止策を得るまでのおおまかなプロセスについて、考えてみましょう。

　消費者事故調査の第 1 のステップは、調査対象の決定です。調査対象は、個別事故である場合もあれば、調査対象が何らかのテーマである場合もあります。調査対象がテーマである場合には、調査対象を決定したきっかけとなる事故を特定し、調査対象となる事故類型を明確化します。調査問題をあえて絞り込むことが効果的な分析につながると考えられる場合には、問題を絞り込んで、扱う問題と扱わない問題を明確にして、調査の射程範囲を画しておきます。

消費者事故調査の第2のステップとして、調査対象について調査を行う理由を検討します。調査理由には、①リスクの緩和・低減の必要性、②当該製品の設計における技術的問題を明らかにし、技術的対策をとる必要性、③組織や業界における安全管理システムを修正する必要性、④関連する規格・規制を開発・提案する必要性、⑤当該製品の製造者、使用者、消費者の安全意識を修正する必要性、などが考えられます。

　消費者事故調査の第3のステップは、事故要因の解析です。消費者事故の発生につながる諸要因を、例えば、技術的、人間工学的、組織工学的、産業構造的、社会的に解析することが効果的と思われます。このような多層的かつ多視点的な解析を行うためには、調査の最初の段階で、分析の対象と方法論を明確にした調査計画を立案しておくことが重要と考えられます。

　この調査計画は、調査を進める軸となるもので、事故発生の中心的なシナリオを記述するための個別の調査計画や使用するデータを決定し、中心的シナリオに関連する補足的な調査のテーマや、使用するデータを決定し、各データ解析の方法論を明らかにしておくことが効果的と考えられます。

　消費者事故調査の第4のステップは、事故のシナリオの記述です。消費者事故の発生につながる諸要因を互いにつなげて、諸要因の連鎖による事故のシナリオを描いていきます。事故の発生につながる中心的な諸要因の連鎖による中心的なシナリオのほか、補足的な問題に着目する場合には、補足的問題に関わる要因の連鎖による補足的なシナリオについても明らかにすると、事故に対する理解の輪郭がより明らかになると思われます。

　消費者事故調査の第5のステップは、再発防止策の検討です。解析された要因を除去する必要性や、除去しうる可能性を考慮して、各要因を除去して、合理的にリスクを低減する方策を明らかにします。リスク低減策として、事故の発生後にとられた対策が有効であるかについて検証し、その対策を含めた提言を行うものや、あるいは別途有効な対策を提案することもあります。再発防止策の提案に当っては、その対策をとってもなお残存するリスクを明らかにし、あるいは、さらに有効な対策の検討に資すると思われる今後の技術的、あるいは理論的な研究課題を示しておくことも重要と考えられます。

　消費者事故調査は、事故の要因を探るなかで、しばしば製品の危険性に対する消費者、事業者の意識を対象とする一種の社会調査を行うことがあります。製品の危険性に対する社会意識のあり様と、再発防止のために今後社会的に共

315

第3部　消費者事故調査

有すべき情報を一般社会に伝えることは、製品の安全に関する意識の修正や安全知識の普及を促す効果に通じると考えられます。

② 調査事例

消費者事故調査の実際は、どのような調査でしょうか。ここでは、第1部に設立の経緯を紹介した消費者安全調査委員会（以下、消費者事故調）がこれまで公表した報告書・評価書のなかから、消費者事故調がみずから調査対象と分析の手法を検討し、収集情報を解析して、再発防止策を取りまとめた3つの調査事例を取り上げてみましょう。

これらの調査は、いずれも日常的な生活領域のなかで消費者の生命、身体に被害を発生した事故の要因を調査し、関係省庁を含む社会の各層に向けて再発防止策を提言するものです。

【調査事例1】 2009年（平成21年）4月8日に東京都内で発生したエスカレーター事故（2015年（平成27年）6月26日公表）

階段（ステップ）式エスカレーターは、人がハンドレールにつかまってステップに乗り、走行中はハンドレールにつかまってステップの上に立ち、ステップから降りてのち、手すりから手を離すように作られています。乗降口で反転するハンドレールは、転倒防止のためにステップより長く前出し、この前出する部分はニュアルと呼ばれています。今日一般的に見られるエスカレーターではニュアル部が長くなり、近年ではニュアル部の高さを低めにして高齢者等につかまりやすくするものがあります。

本調査は、ニュアル部に身体が後ろ向きに接触したことによる事故について、エスカレーターの危険性を工学的に検討し、潜在する危険性を検証することに主眼を置いています。調査の取りまとめに先立っては、本件事故に関する裁判でエスカレーターに危険性は認められないとされ、法的責任が否定されていたところです（**【71】**を参照）。

【調査結果の概要】

[1] 調査の対象

被災者（事故当時45歳の男性）は、複合ビル2階の飲食店で飲食後、同店入口を背景に記念撮影をし、背面に設置されているエスカレーター乗降口方向に一

瞬顔を向け、後ろ向きにニュアル部の前まで移動して立ち止まった。その後、下り方向に運転中のエスカレーターのハンドレールに後ろ向きに接触した。被災者の体はハンドレールの上に持ち上がり、左足が吹き抜け部分に設置された転落防止策との隙間に挟まれ、傾斜部分に引きずられたあと、吹き抜け部分から転落し、死亡した。

　現場の監視カメラに記録された動きから事故当時の行動を推定することができるが、被災者の意思を確認することはできない。

[2] 要因の分析

　一般利用者が様々な態様で利用する商業施設や複合ビルに設置されるエスカレーターの安全確保の視点から、①ハンドレールの粘着力やニュアル部の形状、利用者の身体条件などにつき、それぞれ複数の条件を設定して工学的検証を行い、エスカレーターのハンドレールへの接触は体勢を不安定にさせ、場合によっては人体が持ち上がる可能性が存在していることを確認。また、②エスカレーター側面からの転落事故に関しては、過去の事故情報を分析して、幼児・少年の事故が多く、重大な事故となる可能性が高いとする。

[3] 再発防止策

　業界標準にハンドレールへの接触予防策を規定し、関係行政機関がエスカレーター側面からの転落防止策についてガイドラインを策定することなどを提案する。

　消費者事故調が行った本件事故の調査対象は、エスカレーターに関する1個の事故ですが、事故調査にあたっては、一個の事故の発生過程を二つに分け、(1) ハンドレールへの身体接触による身体持ち上がり事故と、その後に発生した、(2) エスカレーター側面からの階下への転落事故が連続して発生したと考えていることが特徴的と思われます。

　(1) の事故について消費者事故調は、工学的検証を行い、エスカレーターのハンドレールのニュアル部には、不意の身体接触により身体が持ち上がる危険があることを検証し、従来一般には知られていなかった危険性を明らかにしています。この分析によって、(1) の事故の再発防止には、エスカレーターの乗降口スペースをハードとソフトの両面から工夫して、利用者の身体をニュアル部から確実に離隔する対策が必要であることが明らかとなるのです。

　(2) の事故について消費者事故調は、子どもがエスカレーター側面から転落した事故に関する過去の事故情報を含めて類似する事故情報を参照して、側面

第3部　消費者事故調査

からの転落事故という事故類型を分析の対象とし、従来の諸対策にもかかわらず、なお事故が継続的に発生しているとして、さらなる防止対策が必要であるとして、提言を行っています。

　本件事故がどのように発生したかについて、被害者はエスカレーターのハンドレールに寄りかかる行動の危険を容易に理解できるにもかかわらず、いわば意図的に危険な行動をとった旨を示す裁判例があります（【71】の一審を参照）。このような事故のシナリオに対して、消費者事故調は、収集した情報から被害者の意図を客観的に知ることはできず、事故はエスカレーターに内在する危険性を直接の要因として引き起こされたと推測できるとして、事故の中心的シナリオを書き直す役割を果たしているといえるでしょう。

　本調査が導いている事故の教訓とは、どのようなものでしょうか。一般に、ステップ（階段）式エスカレーターの基本的な設計は、人が前向きに乗り場に立ち、ハンドレールにつかまってステップに乗るという形態を「本来的な乗り方」として想定するものとされ、本件事故のように、人が後ろ向きに乗り場に立ち、ハンドレールに背面から接触するという形態はおよそ本来的でなく、ありうべきではない乗り方であるという結論になりそうです。

　しかしながら、日常的な空間に設置されるエスカレーターには、子どもから高齢者、障害者まで不特定多数の人が、多様な状況と形態で身体接触する可能性があり、設計の基本的な前提となる「本来的な乗り方」に限って安全が確保されるような安全管理システムでは不十分といわなければなりません。

　本件事故の（1）の部分は、類似事例を見出すことが困難なケースですが、（1）の事故の分析は、ビルの中を縦に走る乗り物としてのエスカレーターの「乗り方」について広く社会の関心を喚起し、関係事業者をはじめ、エスカレーターを利用する子どもから高齢者、障害者まで社会内の安全意識の修正に寄与し得るものとなったと思われます。

【調査事例２】ハンドル形電動車椅子を使用中の事故（2016年（平成28年）7月22日公表）

　ハンドル形電動車椅子は、利用者が進行方向をハンドルで操作する自操用の電動車椅子です。アクセルレバーに手を乗せる程度で軽く押すと発進するもので、ユーザーの多くは、加齢により足腰が弱くなるなど身体能力が低下した高齢者です。

消費者事故調は、①独立行政法人製品評価技術基盤機構（NITE）の公表や消費者庁に寄せられた情報をもとに、2008 年（平成 20 年）から 2014 年（平成 26 年）までに、ハンドル形の電動車椅子を使用中の死亡・重傷事故が 51 件発生していること、② 2009 年（平成 21 年）にハンドル形の電動車椅子に関する JIS 規格（JIS　T9208:2009）が制定されたものの、事故は減少したとはいえ継続して発生していることから、さらに事故防止策が必要として、調査を行っています。

【調査結果の概要】

[1] 調査の対象

　ハンドル形電動車椅子を使用中の事故を三つの態様に分け、調査を行う事故類型を明確化する。

(1) 発進待機中の意図しない発進により発生した事故——たとえば、ハンドル形電動車椅子に乗った高齢者が、踏切前で列車通過待ちのところ、突然前のめりになって踏切内に進入し、列車の側面に衝突した事故

(2) 平地を走行中の路外逸脱による事故——たとえば、ハンドル形電動車椅子に乗った高齢者が歩行者誘導路から逸脱し、深さ約 4m の工事穴に転落した事故

(3) 下り坂を走行中の事故——たとえば、ハンドル形電動車椅子に乗った高齢者が下り坂途中の曲がり角を直進し、ほぼ正面から壁に衝突した事故

　現場調査や実態調査などを行い、事故の諸要因を分析する。

[2] 要因の分析

　(1) について、アクセルレバーに手を乗せる程度の簡単な操作で発進する機構が事故の要因となりうる。(2) について、前輪近くの路面が見えにくいものがあることや、ハンドル形電動車椅子の直進走行性の低下、運転者の身体能力の低下など。(3) については、ハンドル形電動車椅子の登降坂性能（上述の JIS 規格は 10° を基準とする）を超える急坂での使用や、登降坂性能を超えた使用を運転者に知らせるアラーム機能が設けられていないなど。

[3] 再発防止策

　①ハンドル形電動車椅子の構造やメンテナンス等については、アクセルレバーの操作方式を見直す、前輪近くの路面の視認性の向上、直進走行性の点検・調整を定期点検項目とするなど。②使用者に対する、運転知識の教育や技能訓練、身体能力の低下に関わる対策など。③使用環境については、居住地周辺の踏切や急

第 3 部　消費者事故調査

> 坂の使用に関わる対策など。加齢による身体能力の低下による日常生活上の支障の軽減を図るため、介護保険制度においてハンドル形電動車椅子をレンタル利用するものについては、関係者が多方面から関与することが必要と指摘する。

　消費者事故調は、ハンドル形電動車いすを使用中の事故を三つの事故類型に分け、それぞれ別個の調査対象として、事故の要因を分析して、それぞれに事故の中心的なシナリオを特定し、再発防止策を提案しています。

　各類型について、若干コメントを加えておきたいと思います。

　(1) の事故類型について、使用者の意図しない操作を防ぐことなどを主な目的として、2016 年（平成 28 年）に、ハンドル形電動車椅子に関する JIS 規格の規定が見直されました（JIS T9208:2016）。(2) の事故類型について、介護保険によるレンタル利用者が、一人暮らしやいわゆる老老介護の場合には、利用者の身体能力の状態に柔軟に対応するケアの工夫が求められると思います。(3) の事故類型についても、使用者が日常の行動範囲のなかで、10° を超える急坂を通らずにすむルートを確保できるよう、カスタマイズしたマップの作成が有用と思われます。

　本件調査が扱う事故の教訓とは、どのようなものでしょうか。ハンドル形電動車いすのユーザーの多くは高齢者であり、加齢による身体能力の低下に伴って生じる、買い物に行くなど日常生活上の支障の軽減を図るために利用されることが多いものです。一方、ユーザーの身体能力は、加齢の進行や日々の体調変化等によって、ハンドル形電動車いすを使用中に生じる様々な危険を自力で回避することが困難な状態となる場合がありうるところです。さらに、歩行具としてのハンドル形電動車いすが歩道や商業施設内などを走行する際には、ユーザー本人だけでなく、行きかう他の歩行者の安全にも十分な注意が必要となります。

　ハンドル形電動車いすの利用に伴って生じうる様々な危険に対しては、機器の設計上の工夫のほか、ハンドル形電動車いすのレンタル利用が比較的多く行われている介護保険制度の運用においても、レンタルユーザーの身体状態の傾向や日々の変化に柔軟に対応し得るサポートやケアを創意工夫することが求められていると思います。

　ところで、(1) 類型の事故には、踏切で発生した事故が含まれています。踏切で事故が発生したという事情は、事故発生の補足的シナリオとして重要と思

われます。すなわち、ハンドル形電動車いすに乗った高齢者の踏切事故は、調査の補足的問題になりうるでしょう。電動車椅子ユーザーにとって必要な踏切設備の安全についても、すみやかに検討が進む必要があると思われます。警報機が鳴る踏切内になんらかの事情で進入した電動車椅子が、脱輪や段差などにより立ち往生した場合に、使用者が自力で危険回避の行動をとることは難しいと考えられます。高齢者が乗る電動車椅子が踏切内で立ち往生する事故の防止策についても、検討が進むことが望まれます。

　使用者の日常的な経路に踏切がある場合には、①個々の使用者ごとに、踏切を通らない既存ルートを確保できるよう、カスタマイズしたマップを作成、②踏切内で電動車椅子を障害物検知する遠隔監視システムの整備、③高齢者に見やすく、設置環境に配慮した段差解消スロープや脱輪防止マットの設置、④立体交差化による踏切の解消などの方策がありうるでしょう。

【調査事例３】 2006 年（平成 18 年）6 月 3 日に東京都内で発生したエレベーター事故（2016 年（平成 28 年）8 月 30 日公表）

　本調査は、消費者事故調設立のきっかけのひとつとなったエレベーター戸開走行事故に関するものです。消費者事故調は、エレベーターは長期にわたり専門的なメンテナンスを行うことにより、安全を確保することができる長期使用機械であるという、エレベーターの特性に関する基本的な考え方を示して、戸開走行事故につながる技術的要因や、エレベーターの設計・製造・メンテナンスに関わる組織および業界における安全管理システムのあり方など広汎な諸要因を分析しています。

【調査結果の概要】

　[1] 調査の対象

　　被災者（16 歳、男性）が特定公共賃貸住宅のエレベーターで 1 階から 12 階まで移動し、12 階に到着して降りようとしたところ、エレベーターのかごおよび乗降口の戸が開いたままの状態でかごが急上昇し（戸開走行事故）、被災者がかごと乗降口の枠（三方枠）に挟まれた。被災者は救出され、病院に搬送されたが死亡した。

　[2] 要因の分析

　　消費者事故調はエレベーターを「多くの人が長期にわたり日常的に利用する機械である」とし、建築物に設置され、設置後は長期の継続的なメンテナンスによ

第3部 消費者事故調査

り安全を確保するいわば長期使用機械と考えている。エレベーターの設計には、構造上の安全のほか、メンテナンスによって安全確保できる「保全性」が求められ、安全確保において製造事業者が果たす役割は極めて大きいこととなる。

平成21年9月8日に国土交通省が本件の事故調査報告書を取りまとめ、ブレーキコイルのショートによりブレーキが半がかり状態となり、ブレーキライニングの摩耗が進んだことにより事故に至ったと推定している。

これを受けて、消費者事故調は、ブレーキライニングの摩耗が①極めて急速に進行した場合と、②一定の時間をかけて進行した場合がありうるとし、事故につながる諸要因を、直接的な物理的要因からメンテナンスに関わる人や組織、産業構造など背景的な要因まで幅広く、踏み込んで検討している。

［3］再発防止策

国土交通省が取りまとめた再発防止策は、現行制度の枠組みを基本として技術基準等の見直しを軸にし、既設エレベーター安全の取組みとして技術開発を推進するものであった。消費者事故調は、国土交通省の調査結果を評価し、取組み状況を検証しつつ、なお利用者安全を優先する観点から、新設・既設ともに構造とメンテナンスを通じ包括的な安全確保が必要であるとして、エレベーター安全に関わる社会システムを構成する各層に対し、より一層の根本的な取組みを求めている。中心的な提案は、二重ブレーキを義務付ける規制が及ばない多くの既設エレベーターについても、二重ブレーキの装備が求めるものである。

本調査は1件のエレベーター戸開走行事故を対象とするものです。消費者事故調は、本件事故の物理的要因を中心的な対象として、国土交通省が行った事故調査の報告書を評価したうえで、自ら調査を行い、本件事故につながる背景的な諸要因の分析を行っています。

本件エレベーター事故については、事故機の保存や、事故機の保守管理に関する情報の記録と保存が、事故の直接原因となる物理的要因を詳細に究明するのに十分な状態にありませんでした。消費者事故調は、事故の直接要因の詳細な究明をすることなく、エレベーターの保守管理の在り方に関する人的、組織的、産業構造的な諸要因が事故発生の背景にあるとしてメンテナンスの在り方に関する再発防止策を提案するところに特徴があります。

この再発防止策は、長期使用機械であるエレベーターの安全にとっては、専門的・定期的メンテナンスによる安全確保が本質的に重要であると考えることによるものです。

さらに、消費者事故調の本件調査は、新設エレベーター、既設エレベーターを問わず、エレベーターの安全を包括的に確保すべきことを提案しています。この点で本件調査は、新設エレベーターや大規模改修の場合など（建基3条3項を参照）を規制対象とする建築基準法の基本的な枠組みにとらわれることなく、高層化したオフィスビルやマンション、商業施設など多様な建物において、多目的に設置され、長期的に使用されるエレベーター利用の実態に照らし、独立した立場に立つことが明らかといえるでしょう

　本件調査報告書の公表後、2017年（平成29年）11月24日、東京地方裁判所において民事裁判の和解が成立しました。この和解は成立に向けて、裁判所が積極的に主導したもので、解決の重点を、損害賠償請求権の認否に限定する判決ではなく、今後の再発防止に向けた関係者の取り組みを確実に促すことに置いています。

　なお、本調査における背景要因の分析は、エレベーターの特性を、専門的メンテナンスを要する長期使用機械とする見方に根ざしています。エレベーターの特性に関し、現行の規制に沿って不動産の建築設備としてのエレベーターと考えることから、機械的な見方へ転換することは、とりもなおさず、現行のエレベーター規制の在り方についても、今後は再検討の余地がありうることを含意しているといえるでしょう。

コラム ⓫ エレベーター等の包括的安全確保
——昇降機安全法を立法する必要性について——

　ビルの高層化、機器の高度化等により、エレベーターは規模、用途ともに多種多様なものがあります。エレベーターは、建築物に設置され、人や荷物を昇降し、また人が接触しうる機械であり、一般に耐用年数が長いことから、専門性をもったメンテナンスを行いながら長期に使用する機械といえ、構造とメンテナンスの両面からの安全確保を要するものです。

　エレベーターの構造上の安全については、建築基準法が規制を行っています。もっとも、同法は新設等の場合を規制対象とするもので、全国に約70万台が稼働するといわれる既設エレベーターには規制が及びません。

　エレベーターのメンテナンスについては、用途によって規制が大きく分れています。一般利用者が使用するエレベーターでは、建築基準法に基づき、法定検査制度、一定の有資格者制度を備えています。これに対して、工場の作業場等に設

第3部　消費者事故調査

置される荷物用エレベーターでは、メンテナンスによる安全確保は、労働安全衛生法に基づき、特段の法定検査制度や、有資格制度などは設けられていません。

　エレベーターによる事故を効果的に予防するためには、エレベーターを長期使用機械ととらえ、乗用・荷用といった用途や、新設・既設にかかわらず、包括的に人の安全確保を第一の目的とするエレベーター安全の原則を定め、そのもとで実効的な仕組み作りを進めていくことが望ましいと思われます。新しいエレベーター制度を創設する際には、人の安全確保はバリアフリーなど障害者の安全に配慮したものであることが重要と思われます。

　エレベーターとともに、エスカレーターや機械式立体駐車場のような他の昇降機類の安全確保、さらには、ジェットコースターや観覧車といった遊戯施設にも、昇降機類と同様な安全確保が求められていると思います。

　このようにみてみると、今後は、エレベーターなど昇降機類や遊戯施設を対象として、包括的に安全確保を第一の原則とする立法を行い、そのもとで各種の具体的な安全確保策が作られていくことが望ましく、制度設計の提案がなされていくべきと思われます。

③　製造物責任裁判例の検討

　ここでは、第2部で取り上げた裁判例から、①欠陥を否定するケース、②欠陥と過失が重畳するケース、③欠陥を認め、過失相殺を行うケース、さらに④原材料に関して欠陥判断が分れるケースについて、法的な責任とは切り離した、事故の要因分析と再発防止策という消費者事故調査の観点から検討してみたいと思います。

1　欠陥が否定されたケース──在宅介護用に貸与されたギャッチベッドによる身体圧迫事故【37】

[1] 製品の特性
　背上げや足上げの機能をもったベッドで、医療用や介護用に用いられる。本件のギャッチベッドは、背ボトムと腰ボトムの間に、従来型のギャッチベッドには設けられていない背湾曲ボトム（蛇腹状の連結部分）が設けられ、背上げを行う際に、背ボトムが屈折するとともに、背湾曲ボトムが屈曲し、ふたつのボトムの動きにより背上げを行う構造となっている。
[2] 事故の態様
　子の介護を受けながら在宅介護の生活を送る90歳の女性が、介護保険制度の

もとで日常生活用具として特殊寝台（介護ベッド）の給付を受けることとなり、福祉用具レンタル業者との間で本件ギャッチベッドのレンタル契約を締結し、本件ベッドを使用していた。使用開始から約1年半後に、心不全により死亡した（使用開始から約9か月後に要介護5に認定されている）。

[3] 法的判断——欠陥の否定

判旨は、ギャッチベッドで背上げを行うと、利用者の腹部・胸部に圧迫が生じることは避けられないとしつつ、本件のギャッチベッドが従来型に比較して看過しがたいほどに利用者の身体を圧迫する構造であることの主張・立証が必要であるとして、設計上の欠陥を否定する。指示・警告上の欠陥について判旨は、身体の柔軟性を失った高齢者や、重度の障害を持っているなどの理由により自ら体位を自由に変えられない者は、ギャッチベッドの利用に適さないという X_1 らの主張が前提を欠くとして、本件ギャッチベッドに指示・警告上の欠陥はないとする。

判旨は、わが国でギャッチベッドが在宅介護用として広く使用され、在宅介護を行う家族の負担を軽減している実態に触れています。しかしながら、専門知識をもつとはいえない在宅介護者が、ギャッチベッドを自分で試してみることによって、使用方法を適切に調整しうると期待することには、やや無理がありそうです。この点は、判旨が欠陥を認めないことの妥当性に関わるもので、今後の裁判例の蓄積に留意すべきでしょう。

再発防止を目的とする消費者事故調査の観点からは、在宅介護者側に危険の認識や、危険を回避しうる対応を期待するのが困難という人的状況は、本件ギャッチベッドが居宅で使用される背景にさかのぼった検討を開始する要因、いわばトリガー的要因となると思われます。

そもそも、ギャッチベッドの利用者の身体能力が著しく低下し、日常生活の全般にわたって全面的な介助が必要な状態、とくに、座位保持や寝返りを打つなどを自力で行うことが困難な場合に、一般の在宅介護者が、①在宅介護機器の一般的危険性、さらに、②レンタル使用する新規製品がもつ特別の危険性を明確に理解し、日々の安全確保を図ることは決して容易ではないと考えられるからです。

身体機能が著しく低下した高齢者の家族介護において、介護ベッドの使用は高齢者の生活動作全般に大きな影響を与え、慎重に選択することが必要となります。ⅰ）介護保険制度に基づく居宅サービスにおいて、利用者の体格や状態に適したレンタル福祉用具が選択されるには、居宅サービスの利用者側とケア

325

第 3 部　消費者事故調査

マネジャーや福祉用具専門相談員など提供者側の間で、より具体的で丁寧な協力が行われることが望ましいと思います。

　一方、本件事故の直接要因であるギャッチベッドの長時間使用による身体圧迫に関し、機器使用による体圧を分散・軽減するには、さまざまな技術的対策がありえます。例えば、ⅱ）本判決から２年後に、在宅介護で使用するための床ずれ防止用具の一つである体圧分散マットレスについて JIS 規格が制定されました（JIS T9256、2016 年（平成 28 年）に改訂）。この体圧分散マットレスは、ギャッチベッドの背上げによる身体圧迫についても危険性を低減することができると思われます。ⅲ）低摩擦シートなども有効といえましょう。

コラム　⑫ 技術史から事故を考える
——ケーキ店主と店員の対話——

ケーキ店主　「Ｇさん、朝のうちに、今日の生クリームをホイップしましょうか。」

店員　　　「はい。今日は手で生クリームの泡立てをやります。」

ケーキ店主　「あら、泡立て器が故障したかしら……？」

店員　　　「いえ、故障ではありません。昨日、外国で高圧ガスを使ったクリーム泡立器の爆発事故が起きたというニュースをみたので……」

ケーキ店主　「便利な泡立器で事故？　今まで聞いたことがないわね。そういえば、Ｇさん、機械工学の技術を勉強しているのね。」

店員　　　「はい。事業用の装置を家庭用品に用いた製品では、思わぬ事故が起きることがあります。ジェット水流の圧力を使う家庭用の循環式風呂や循環式プールで、子どもの事故が起きました。ギャッチアップができる介護ベッドは、もとは病院での治療など短時間の使用のために考案されたそうです。寝たきりのお年寄りが日常生活のために長時間使い続けると、痛みや褥瘡が起きるなど、治療しなければならない状態となることがあります。

　　　　　　これらの事故はみな、製品に用いられる技術の歴史から考えると、事故がなぜ、どのようにして起きたのかを理解しやすいのです。」

ケーキ店主　「当店のカフェと工場でも気をつけましょう。実家の両親にも話しておきましょう。」

2 欠陥と過失が重畳するケース——小児用医療機器の組合せ使用による呼吸回路閉塞事故【24】

[1] 製品の特性

　ジャクソンリース回路は、麻酔用医療機器として製造承認されたものであるが、新生児病棟では汎用され、用手人工呼吸にも使用されていたのが、医療現場の実態であった。ジャクソンリース回路と気管切開チューブの外形は接続部の JIS 規格に適合するが、内管が長いタイプのジャクソンリース回路と気管切開チューブを接続すると換気不全が起きる内部構造であった。

[2] 事故の態様

　乳児（事故当時生後 3 か月）が病院で気管切開術を受け、病棟に帰室するため担当医が気管切開チューブにジャクソンリース回路を接続して用手人工呼吸を行おうとしたところ、ジャクソンリース回路は内径が長いタイプで、気管切開チューブは接続部の内径が狭い構造であったため、ジャクソンリース回路の内径が気管切開チューブの接続部の内径にはまり込んで閉塞が発生し、乳児は換気不全によって死亡した。

[3] 法的判断——欠陥と過失の肯定

　裁判所は、接続使用する二つの医療機器の双方に、指示・警告上の欠陥を認め、担当医は事前の安全確認を怠った過失があるとして病院の使用者責任（民 715 条）を認める。

　判旨は担当医の過失を認める一方において、事故の背景には、病院組織の安全管理システムエラー、さらには医療機器の安全情報を医療機関が共有していなかった情報共有のシステムエラーがありうることを指摘しています。この指摘は、医師個人の情報収集力や技量などを問題とする法的責任論の外側に置かれていますが、再発防止の観点からみると、病院組織における安全管理システムが脆弱であった可能性は、ありうべき事故の中心的シナリオとして重要と思われます。再発防止のために除去すべき背景的諸要因の検討は、このシステム内の脆弱可能性をいわばトリガーとして開始することができるといってよいと思われます。

　本件事故の発生につながる要因として、①医療が高度化し、多種多様の医療機器が使用される背景のもとで、②機器供給者において危険情報が十分に知識化されず、③事故防止に必要な情報が病院管理者に届かず、④医療機器の院内

第3部　消費者事故調査

安全管理システムに組み込まれず、⑤医療現場は接続エラーが起こりうる状況
にあったなどの諸要因が考えられます。

　これらの要因を除去して、安全を向上する再発防止策を考えてみましょう。
製造物に関して、ⅰ）医療機器を接続して使用する呼吸システムを単位とする
安全の観念を学ぶこと。接続エラーの防止策として、ⅱ）現場で察知された呼
吸システムの危険を換気不全のメカニズムに着目して早期に知識化し、ⅲ）具
体的な警告を当該院内および他の病院管理者向けにすみやかに伝達し、ⅳ）接
続エラーを起こす機器の一方を現場から撤去し、ⅴ）スタッフが危険を熟知
し、術前の機器安全確認を行う、ⅵ）万一の場合に備え、呼気の閉塞によって
起きる気胸の早期発見をスタッフの日常的トレーニングに取り入れるなどの諸
方策があるといえるでしょう。

3　欠陥を認め、過失相殺を行うケース──輸入クロスバイク自転車による転倒事故【69】

[1]　製品の特性

　クロスバイクと呼ばれる自転車は、オンロードとオフロードを兼用し、通常の
道路を比較的高速走行するロードバイクと、競技や荒野・山岳地帯を高速走行す
るマウンテンバイクの中間的形態で、シティサイクルと呼ばれる一般の自転車と
は機能と構造に違いがある。競技用自転車の入門者向けモデルであり、シティサ
イクルに採用されないサスペンションフォークを装備し、走行時にシティサイク
ルに比してやや前傾姿勢をとる。サスペンションフォークは、地面からの衝撃を
吸収する緩衝機構で、主としてマウンテンバイクに装備される。

[2]　事故の態様

　クロスバイクに乗車し、平坦な舗装路を走行していた成人男性が走行中前のめ
りに転倒し、重度の後遺障害を負った。

[3]　法的判断──欠陥の肯定と過失相殺

　裁判所は、転倒態様等からサスペンションの分離により被害者が転倒したと推
認し、クロスバイク自転車の特性、被害者は本件事故時にビンディングペダルを
装着していたこと、走行中に運転者が異常を感じ、ハンドルを引き上げた動作は、
通常予見しうること等から、通常予見される使用形態で走行中にサスペンション
が分離したとして、その他の事情を考慮しても欠陥が認められるとした。

　①事故前まで9か月間雨水にさらされる状態で保管したこと、②定期点検やサ
スペンションのメンテナンスを受けていれば事故を防止できた可能性があるとし

て、1割の過失相殺を行っている

本件クロスバイクに搭載されたサスペンションフォークについて、判旨は、①シティサイクルに採用されず、②比較的単純な構造とはいえ、複数の部品からなる可動部分であることを指摘していますが、③内部の状態が外から見えにくい構造であることには特に触れていません。

サスペンションフォークに内蔵するスプリングは、走行と時間の経過に伴って摩耗・劣化するため、安全確保には専門性を備えた定期的なメンテナンスを要します。しかしながら、クロスバイクの構造に関する専門知識をもたない一般のユーザーにとっては、ユーザーの目視による点検で、サスペンション内のスプリングの摩耗・劣化の状態、サスペンション内における雨水によるスプリングの腐食の進行の程度を詳しく確認することは難しいと考えられます。

サスペンション内のスプリングを目視点検することの困難さは、本件事故の再発防止に関する検討を開始させるトリガー的要因となるものと思われます。例えば、本件の取扱説明書には、初期点検・定期点検を自主的に受けることを勧める趣旨の記載がありますが、サスペンションのスプリング等の定期交換を要する旨の記載はなかったとされています。一般のシティサイクルの取扱説明書の記載とほぼ同様と推測されこの記載から、一般のユーザーがシティサイクルとクロスバイクとの構造上の差や、クロスバイクには目視点検が困難な部分があることに気付きうるとは考えにくいと思われます。

そこで、本件のような自転車の製造業者等は、ユーザーに対し、ⅰ）サスペンションフォークがシティサイクルとは本質的に異なる装備であること、ⅱ）起こりうる潜在的危険を明示して、ⅲ）定期的かつ専門的な点検を必要とすることが確実に伝わるよう、明確で十分な情報提供を引渡し時に行うことが望ましいといえるでしょう。

参考として、自動車に装備するサスペンションは、ユーザーが行う日常点検ではなく、安全のために法令に基づいて実施する定期的な点検整備（いわゆる車検）の対象とされています。

4 欠陥判断が分れるケース——化粧石鹸による食物アレルギー【145】【146】

【145】小麦由来成分を配合する化粧石鹸による小麦アレルギー発症［京都地判平成30年2月20日判例集未登載］

第3部　消費者事故調査

【146】同［福岡地判平成 30 年 7 月 18 日判例集未登載］

○**製品の特性**　無農薬茶葉配合をうたい、茶の成分を配合した洗顔石鹸で、加水分解コムギ末を配合する。主に女性を対象として、美容効果を広告に記載し、美肌のための化粧石鹸として通信販売された。当初化粧品として製造され、後に、医薬部外品として製造承認された。

○**事案**　X_1 らは、Y_1 および Y_2 が製造した本件石鹸（商品名「茶のしずく石鹸」）を使用したところ、Y_3 が開発・製造し、本件石鹸に成分として配合されていた加水分解コムギ末（商品名「グルパール 19S」を経皮経粘膜的に摂取したところ、同成分による感作が成立し、小麦の成分を含む食品を経口摂取した後、運動などの要因が加わって発症する食物アレルギーにり患し、アレルギー症状が生じたとして、本件石鹸および配合する加水分解コムギ末に欠陥があると主張し、Y_1, Y_2, Y_3 に対し製造物責任法に基づく損害賠償を請求した。

○**判旨**　【145】は Y_2 に対する請求を一部認容、Y_3 に対する請求を棄却（提訴後 Y_1 と和解）。【146】は Y_1, Y_2, Y_3 に対する請求を一部認容。

［1］石鹸の欠陥について

【145】「本件アレルギーのように、感作の結果、小麦摂取後家事程度の運動をしただけで即時型アレルギーを発症するような事態は、消費者の到底予知し得ることではなく、消費者はこのような感作の危険から身を守るすべを持たない」などとして、欠陥を認める。

【146】「本件石けん販売期間においても、本件アレルギー被害は、洗顔石けんである本件石けんによって生じ得るアレルギー被害として社会通念上許容される限度を超えるものであったというほかない」として欠陥を認める。

［2］石鹸に配合する原材料の欠陥について

【145】「グルパール 19S が使用される完成品や、完成品にともに配合される成分等は、極めて広範に及ぶ。そのような原材料の製造業者において、その原材料が使用される可能性がある全ての完成品（完成品にともに配合される成分等）を想定して、その用途全てにおいて安全性を確保した原材料を作ることは極めて困難である」として、欠陥を否定する。

【146】「グルパール 19S 自体の効用、有用性を考慮しても、本件アレルギー被害は、洗顔石けんの原材料によって生じるアレルギー被害として社会通念上許容される限度を超えていたというほかなく、本件アレルギー被害発生以前の原材料の使用状況及び安全性試験の実施状況等にかかわらず、グルパール 19S は、通常有すべき安全性を欠いていたものというべきである」などとして、欠陥を認める。

330

ここでは、やや変則的になりますが、洗顔石鹸の使用により食物アレルギーを発症した「茶のしずく石鹸」事件に関する二つの裁判例【145】【146】をとりあげたいと思います。2件とも石鹸の欠陥を認めますが（2件の判断枠組みの比較については、93頁を参照）、石鹸に配合され、本件アレルギーを発症させたアレルゲンである原材料の欠陥については、【145】は否定するのに対して、【146】は肯定し、判断が分かれています。

　汎用的原材料製造業者の法的責任については、汎用的原材料の「汎用性」を当該原材料の需要者用途や製造販売形態などとの関連においてどのようにとらえるかが問題となるものです。カネミ油症事件に関する立法前裁判例などを踏まえ、理論的・実践的に検討を進めていくことが求められていると思います。

　一方、再発防止のために、事故の背景にさかのぼって、事故の教訓を導こうとする消費者事故調査の観点に立って考えてみましょう。【145】【146】が適示する、本件アレルギー被害発生に至る諸要因を繋いでいくと、事故発生の中心的なシナリオには、本件のアレルゲンである加水分解コムギ末の安全性、特に感作性の試験が行われず、感作性に関する安全性データが存在しないまま、同成分が出荷され、本件石鹸の大量製造・大量販売につながっていったことが記述されるべきように思われます。

　そして、同成分が旧薬事法に基づく承認を得る際に、安全性データが存在しないことは、同法のもとで特に違法となるものではなかったことは、本件アレルギー被害の発症につながる補足的なシナリオに書かれるべきように思われます。

　そうであるとすると、本件加水分解コムギ末の感作性に関する安全性確認が行われなかったという原材料製造プロセスに安全性確保に関する脆弱性が存したことは、その後、この脆弱性を是正する安全確保措置がとられないまま、石鹸製造の一連のプロセスが進められるきっかけとなったように思われます。汎用的原材料の安全性確保に関する脆弱性が完成品の製造・販売に至る一連のプロセスの中で省みられないまま、完成品の最終消費者の多数に生活の質を大きく損なう被害をもたらしたことは、本件事故から導かれる教訓といえるのではないでしょうか。

第3部　消費者事故調査

4　おわりに

　これまでみてきたように、消費者事故調査は、一連のプロセスを通じて、事故につながる社会の安全システムが浮かび上がらせることができるといえましょう。消費者事故調査を通じて浮き彫りになる社会の安全システムとは、とりもなおさず、さまざまな形で人々の暮らしの安全に関わる部分社会というべきものです。消費者事故調査とは、事故につながる社会の安全システムから事故につながる諸要因を取り除き、再発防止策の提案を通じて、部分社会としての社会の安全システムを改善し、更新することを究極の目的とするといえるでしょう。

　最後に、砂時計の比喩を用いて、製造物責任法における欠陥の有無に関する検討と、消費者事故調査における要因分析・再発防止策の検討を比べてみましょう。砂時計の透明なガラス管に入った砂を、事故の発生につながる無数の要因に喩えてみましょう。砂時計の管の真ん中には、絞られ、くびれた部分があります。上部のガラス管を欠陥の検討、下部のガラス管を消費者事故調査に喩えてみましょう。

　砂時計のガラス管の上部に入った砂が真ん中の部分に向かって流れる様子は、製造物責任法に基づく欠陥の有無の検討に擬らえることができ、砂時計の真ん中は、欠陥を判断する部分に擬えることができるでしょう。砂時計の真ん中の部分に流れ集まった砂が、砂時計の下部に流れ落ちて広がりながら積もっていく様は、あたかも消費者事故調査における事故の諸要因の分析と再発防止策の検討のようだといえるのではないでしょうか。

　砂時計の中の無数の砂の粒、粒の塊、粒の流れをどのような視点からとらえ、どのように焦点を絞り込み、あるいは、どのような広がりのなかで俯瞰的に見通していくかなど、今後も一層の経験と努力を重ねていくべきであると考えています。

判 例 索 引

＊（　）内は製品名等を、【　】は判例番号を示す。
＊ゴチックの頁は判旨引用箇所を示す。

大審院

大判明治 41・7・8 民録 14 輯 847 頁 ··· 269

最高裁判所

最（3）判昭和 42・6・27 民集 21 巻 6 号 1507 頁 ··································· 296
最（2）判昭和 50・10・24 民集 29 巻 9 号 1417 頁（ルンバール事件）··········· 254
最（1）判昭和 58・10・20 民集 37 巻 8 号 1148 頁（幼児用バトミントンラケット）【102】
·· **241**
最（1）判昭和 63・4・21 民集 42 巻 4 号 243 頁（自動車接触事故）·············· 295
最（1）判平成 4・6・25 民集 46 巻 4 号 400 頁（自動車衝突事故）·············· 295
最（3）判平成 8・1・23 判例時報 1571 号 57 頁（麻酔薬）······················ 123
最（3）判平成 8・10・29 民集 50 巻 9 号 2474 頁（自動車追突事故）············ 295
最（2）判平成 14・11・8 判例時報 1809 号 30 頁（向精神薬）··················· 123
最（3）判平成 25・4・12 判例時報 2189 号 53 頁（抗がん剤イレッサ）【49】
············· 119, 121, **122**, 123〜125, 174, 197, 215, 217, 220, 221, 229, 231, 233
最（2）決平成 26・10・29（陸上自衛隊ヘリコプター・エンジン）【4】··········· 26

高等裁判所

大阪高判昭和 49・1・31 判例時報 752 号 40 頁（プロパンガス保湿機）········ 202, 208
東京高判昭和 56・4・23 判例タイムズ 441 号 118 頁（ストレプトマイシン）【47】
·· 92, **117**, 118, 175, 184, 185, 188
福岡高判昭和 59・3・16 判例時報 1109 号 44 頁（カネミライスオイル）·········· 160
福岡高判昭和 61・5・15 判例時報 1191 号 28 頁（カネミライスオイル）【81】
············· 100, 172, **173**, 175, 182, 184, 185, 193, 202, 214, 223, 224
東京高判昭和 63・3・11 判例タイムズ 666 号 91 頁（クロロキン製剤）【46】
············· 92, 115, **116**, 118, 124, 172, 175, 184, 185, 196, 242
東京高判平成 2・12・7 判例時報 1373 号 3 頁（キノホルム製剤）················ 175
大阪高判平成 5・4・14 判例時報 1473 号 57 頁（荷物用エレベーター）··········· 179
大阪高判平成 12・11・1 判例集未登載（プロパンガス）························· 259
東京高判平成 13・4・12 判例時報 1773 号 45 頁（フードパック油圧裁断・自動搬送機）【14】【96】【133】
············· 23, 54, **55**, 57, 58, 158, 159, 207, **208**, 216, 218, **297**, 302
大阪高判平成 13・11・30 判例タイムズ 1087 号 209 頁（ガスファンヒーター）【111】············ 144, 258
東京高判平成 14・2・7 判例時報 1789 号 78 頁（人工心肺装置）【53】········· 130, **131**
東京高判平成 14・10・31 判例集未登載（廃棄物焼却炉）【26】【89】

333

判例索引

··· 23, 65, **70**, 72, 158, 159, 174, 193, 194, **195**, 298

東京高判平成 16・10・12 判例時報 1912 号 20 頁（食肉自動解凍装置）【19】【135】

······································· 25, 58, 61, **62**, 63, 95, 103, 158, 160, 183, 185, 208, 215, 277, 298, **299**

東京高判平成 17・1・13 判例集未登載（動物駆逐用花火「轟音玉」）【22】【88】

···································· **66**, 86, 87, 141, 174, 184, 193, **194**, 213, 229, 295

福岡高判平成 17・1・14 判例タイムズ 1197 号 289 頁（竹材）【5】································· 31, **33**, 34, 95

東京高判平成 17・1・26 判例集未登載（イシガキダイ料理）【6】【127】

····································· 23, 33, **34**, 35, 58, 95, 106, 107, 216, 221, **282**

名古屋高判平成 19・7・18 判例タイムズ 1251 号 333 頁（無煙焼却炉）【27】【134】

······································ 25, 65, **71**, 72, 158, 159, 174, 193～196, 225, **298**

名古屋高判平成 21・2・26 判例集未登載（加工あまめしば）【42】【117】

····························· 22, 38, 41, 99, **107**, 108, 120, 174～176, 222, 252, 261, **265**, 282, 295, 302

仙台高判平成 22・4・22 消費者法ニュース 84 号 319 頁（携帯電話機）【32】【114】【120】

····················· 22, 78, **79**, 142, 189, 214, 217, **262**, 269, **270**, 274, 279, 281, 293

名古屋高判平成 23・10・13 判例時報 2138 号 57 頁（飼い犬用リード）【33】······ 22, 78, 80, **81**, 141, 217

東京高判平成 23・11・15 判例時報 2131 号 35 頁（抗がん剤イレッサ）································· 92, 122, 123

福岡高判平成 23・12・15 判例時報 2164 号 61 頁（椅子）【113】································· **261**, 295

大阪高判平成 24・1・13 自保ジャーナル 1890 号 165 頁（工業用接着剤）【94】

····································· 25, 142, 183, 203, 205, **206**, 300

大阪高判平成 24・5・25 訟務月報 59 巻 3 号 740 頁（抗がん剤イレッサ）································· 92, 123

大阪高判平成 24・5・25 判例集未登載（こんにゃくゼリー）【30】【43】

··························· **76**, 77, 87, 92, 93, 99, **109**, 110, 174, 175, 181, 213, 232

東京高判平成 25・2・13 判例時報 2208 号 46 頁（陸上自衛隊ヘリコプター・エンジン）【124】【128】

【138】【139】································· 26, **272**, 284, **285**, 297, 303, **304**

東京高判平成 26・1・29 判例時報 2230 号 30 頁（エスカレーター）【71】

····································· 161, **162**, 192, 221, 316

東京高判平成 26・10・29 判例時報 2239 号 23 頁（自己発熱性・自己反応性化学物質）【29】【142】

····································· 25, 73, **74**, 88, 183, 203, 297, 307, 308, **309**

地方裁判所

大分地判昭和 47・3・2 判例タイムズ 285 号 197 頁（中古自動車）································· 43

福岡地判昭和 52・10・5 判例時報 866 号 21 頁（カネミライスオイル）································· 100, 202

東京地判昭和 53・8・3 判例タイムズ 365 号 99 頁（キノホルム製剤）【45】

····································· 92, 113, **114**, 116, 118, 124, 172, 175, 184, 185, 196

東京地判昭和 53・9・25 判例タイムズ 368 号 175 頁（ストレプトマイシン）【47】

····································· 92, **117**, 118, 125, 175, 184, 185, 188

神戸地尼崎支判昭和 54・3・23 判例時報 942 号 87 頁（乳幼児用防護柵）································· 180, 199

福岡地小倉支判昭和 60・2・13 判例時報 1144 号 18 頁（カネミライスオイル）··············· 202, 160, 300

東京地判平成 3・3・28 判例時報 1381 号 21 頁（カビキラー）【15】································· **56**, 57, 95, 175

334

大阪地判平成 6・3・29 判例時報 1493 号 29 頁（カラーテレビ）【9】 ················· **44**, 45, 266, 269

東京地判平成 6・5・27 判例タイムズ 846 号 218 頁（自転車）【20】 ················· 62, **63**, 278

東京地判平成 7・7・24 判例タイムズ 903 号 168 頁（ポテトチップス）【84】 ············· 112, 188, **189**

大阪地判平成 9・9・18 判例タイムズ 992 号 166 頁（カラーテレビ） ························· 266

東京地判平成 11・3・29 判例時報 1677 号 82 頁（ワープロ） ····························· 266

名古屋地判平成 11・6・30 判例時報 1682 号 106 頁（オレンジジュース）【16】

················· 23, 57, 58, **59**, 63, 94, 99, 102, 216, 220, 221, 265, 275

東京地判平成 11・8・31 判例時報 1687 号 39 頁（業務用冷凍庫）【118】 ············· **266**, 267, 269

東京地判平成 12・5・22 判例時報 1718 号 3 頁（化粧品）【54】 ················· 22, 133, **134**, 176

東京地判平成 13・2・28 判例タイムズ 1068 号 181 頁（輸入瓶詰めオリーブ）【40】

················· 23, 25, 104, **105**, 221, 243, 277

仙台地判平成 13・4・26 判例時報 1754 号 138 頁（自動車フロントサイド・マスク）【12】【85】

················· 22, 52, **53**, 57, 152, 189, **190**, 216, 229, 293

金沢地判平成 13・7・17 判例集未登載（ベビーシューズ）【83】 ························· 180, **181**

広島地判平成 13・12・19 判例集未登載（自動車）【62】 ······················· 147, 148, 260

名古屋地判平成 14・4・22 判例時報 1866 号 108 頁（医療用漢方薬）【119】 ············· 91, 120, **268**

広島地判平成 14・5・29 判例集未登載（飲料自販機）【7】 ····························· **39**, 40

大阪地判平成 14・9・24 判例タイムズ 1129 号 174 頁（中古車）【8】【125】 ············· **43**, 152, **273**, 274

徳島地判平成 14・10・29 判例集未登載（磁気活水器）【70】【115】

················· 25, 78, 79, 88, 89, 160, **161**, 174, 184, 208, **262**, 263, 277, 281, 297

福岡地判小倉支判平成 14・10・29 判例時報 1808 号 90 頁（立体駐車場）【74】 ················· **164**

札幌地判平成 14・11・22 判例時報 1824 号 90 頁（自動車）【131】 ················· 252, 293, **294**

東京地判平成 14・12・13 判例時報 1805 号 14 頁（イシガキダイ料理）【6】【101】【127】

················· 23, **34**, 58, 95, 106, 216, 221, 238, **239**, 282

東京地判平成 15・3・20 判例時報 1846 号 62 頁（小児用医療器具）【24】【93】【137】

················· 23, **68**, 69, 89, 128, 129, 181, 185, 203, **204**, 205, 215, 222, 224, 228, 233, 243, **301**, 327

東京地判平成 15・5・28 判例時報 1835 号 94 頁（輸入自動車） ····························· 228

東京地判平成 15・7・31 判例時報 1842 号 84 頁（カーオーディオスイッチ）【13】【95】

················· 25, **54**, 57, 88, 89, 152, **207**, 216, 277, 306

東京地判平成 15・9・19 判例時報 1843 号 118 頁（カテーテル）【50】 ············· 23, 60, **127**, 228

東京地判平成 15・9・4 判例集未登載（ガラスコーティング剤）【100】 ················· 142, **238**

奈良地判平成 15・10・8 判例時報 1840 号 49 頁（強化耐熱ガラス製給食器）【21】【44】

················· 23, **65**, 99, **111**, 112, 174, 183, 193, 203, 204, 275, 293

神戸地判平成 15・11・27 判例集未登載（骨接合用プレート）【52】 ················· 127, **129**, 130

東京地判平成 16・3・23 判例時報 1908 号 143 頁（ピアノ防虫防錆材）【31】【140】

················· 40, **78**, 88, 183, 238, 240, **305**

名古屋地判平成 16・4・9 判例時報 1869 号 61 頁（医療用漢方薬）【36】【116】【129】【141】

················· **91**, 92, 120, 124, 175, 221, 228, 243, 263, **264**, **288**, 289, **306**

広島地判平成 16・7・6 判例時報 1868 号 101 頁（幼児用自動車）【25】

335

判例索引

··· **69**, 70, 157, 177, 181, 197, 198, 224, 275

東京地判平成 16・8・31 判例時報 1891 号 96 頁（カナダ産馬刺）【39】 ·············· **104**, 105

東京地判平成 16・12・24 判例時報 1906 号 65 頁（ガス風呂釜）【82】 ········· **177**, 178, 198

大阪地判平成 17・1・12 判例時報 1913 号 97 頁（健康食品）【109】 ········· 220, 221, 250, 256, **257**

東京地判平成 17・3・24 判例時報 1921 号 96 頁（輸入電気ストーブ） ······················ 243

東京地判平成 17・7・19 判例時報 1976 号 76 頁（接着剤原液）【108】 ········· 220, **256**, 257

岡山地判平成 17・10・26 判例集未登載（美容エステ機器）【23】 ·········· 23, **67**, 137, 175, 183, 185, 293

富山地判平成 17・12・20 判例集未登載（無煙焼却炉） ······································· 71

東京地判平成 18・4・4（中間判決）判例時報 1940 号 130 頁（輸入光モジュール）【105】【144】

··· 245, 247, **248**, 251, 308, **310**, 311

横浜地判平成 18・4・18 判例時報 1937 号 123 頁（大型トラクター）【126】 ··· 22, 147, 228, 275, 276, **278**

大阪地判平成 18・10・20 判例時報 1982 号 125 頁（無煙ロースター）【99】 ······················ **225**, 226

京都地判平成 18・11・30 判例時報 1971 号 146 頁（足場台）【17】

··· 58, 59, **60**, 63, 95, 140, 141, 255, 273

東京地判平成 19・2・5 判例時報 1970 号 60 頁（工作機械） ······················ 75, 266

京都地判平成 19・2・13 賃金と社会保障 1452 号 59 頁（介護用ギャッチベッド）【37】

··· 39, 40, 95, **96**, 146, 174, 182, 202, 231, 232, 324

広島地三次支判平成 19・2・19 判例集未登載（チャイルドシート）【67】 ······ 152, 153, **154**, 181, 224, 228

東京地判平成 19・4・24 判例時報 1994 号 65 頁（中古自動車）【110】 ······························ **257**

名古屋地判平成 19・11・30（加工あまめしば）【107】 ····················· 108, **252**, 302

東京地判平成 20・4・24 判例時報 2023 号 77 頁（BDF 精製装置）【97】

··· 88, 160, 161, 174, 183, 203, 208, **209**, 214, 226, 251, 253

鹿児島地判平成 20・5・20 判例時報 2015 号 116 頁（カプセルトイ）【10】【90】【132】

··· 50, **51**, 57, 87, 145, 181, **200**, 216, 218, 226, 275, 276, **296**

東京地判平成 20・8・29 判例タイムズ 1313 号 256 頁（輸入電気ストーブ）【34】

··· 22, 78, **82**, 143, 175, 176, 184, 189, 217, 243, 265, 275, 276, 281

東京地判平成 21・8・7 判例タイムズ 1346 号 225 頁（大型熱風乾燥装置）【35】【123】【136】

··· 25, 42, 78, 82, **83**, 160, 263, **272**, 299

東京地判平成 21・9・30 判例タイムズ 1338 号 126 頁（輸入自動車）【18】 ············· 60, **61**, 63, 150, 274

東京地判平成 21・10・21 判例時報 2069 号 67 頁（輸入自動車）【65】 ··············· 147, **151**, 152

東京地判平成 22・5・26 判例時報 2098 号 69 頁（コレステロール低下薬）【48】 ··············· 92, **120**, 125

大阪地判平成 22・7・7 判例時報 2100 号 97 頁（輸入冷凍揚げとんかつ）【1】 ···· 18, **19**, 20, 49, 227, 243

高松地判平成 22・8・18 判例タイムズ 1363 号 197 頁（トールワゴン車両）【64】

··· 99, 147, 149, **150**, 174

大阪地判平成 22・9・9 判例時報 2103 号 74 頁（ガス湯沸かし器） ······················ 38

大阪地判平成 22・11・17 判例時報 2146 号 80 頁（日焼けマシン）【57】【106】

··· 130, 137, **138**, 165, 175, 185, 197, **249**, 250, 251, 295

神戸地姫路支判平成 22・11・27 判例時報 2096 号 116 頁（こんにゃくゼリー） ·············· 76, 99, 108

東京地判平成 22・12・22 判例時報 2118 号 50 頁（輸入冷凍食品）【2】 ················· 18, 19, **20**, 49, 227

336

判例索引

東京地判平成 23・2・9 判例時報 2113 号 110 頁（児童施設ドア）【77】【98】

　　　　　　　　　　　　　　　　　　 168, **169**, 182, **210**, 211, 213, 214, 231, 232

福岡地小倉支判平成 23・2・24 判例時報 2164 号 64 頁（椅子）……………………… 261

大阪地判平成 23・2・25 訟務月報 58 巻 3 号 1132 頁（抗がん剤イレッサ）…………… 92

東京地判平成 23・3・23 判例時報 2124 号 202 頁（抗がん剤イレッサ）………… 92, 123

東京地判平成 23・3・29 判例タイムズ 1375 号 164 頁（自動車）【66】……………… 152, **153**

東京地判平成 23・10・27 判例タイムズ 1379 号 237 頁（フォークリフト）【87】……………… 192, 203

東京地判平成 24・1・17 判例集未登載（洗剤）【86】……………………… 142, **190**, 191, 203

東京地判平成 24・1・30 訴務月報 58 巻 7 号 2585 頁（陸上自衛隊ヘリコプター・エンジン）【4】

　　　　　　　　　　　　　　　　　　　　　　　　　　　　　　　　　　 26, 157

東京地判平成 24・3・28 判例集未登載（パレット式立体駐車場）【73】………………… 158, **163**

東京地判平成 24・4・11 消費者法ニュース 95 号 381 頁（携帯音楽プレーヤー）…………… 22

東京地判平成 24・4・16 判例集未登載（ビル外壁洗浄剤）【28】………………… 65, 72, **73**, 142, 234, 297

神戸地尼崎支判平成 24・5・10 判例時報 2165 号 123 頁（沈降槽）【130】………………… 289, **290**

甲府地判平成 24・5・22 判例集未登載（石油ストーブ）【112】………………… 144, 229, 255, 259, **260**

横浜地判平成 24・5・25 訴訟月報 59 巻 5 号 1157 頁（建設アスベスト）……………… 171

東京地判平成 24・8・21 判例集未登載（小型折りたたみ自転車）【68】…… 22, 78, 81, **155**, 174, 217, 302

東京地判平成 24・8・31 判例集未登載（電気カーペット）【59】………………… 142, **143**

東京地判平成 24・9・26 判例集未登載（点字ブロック）【79】………………… 168, **170**, 182, 201

東京地判平成 24・11・29 判例集未登載（立体駐車場）【72】……………… 75, 158, **162**

東京地判平成 24・11・30 判例タイムズ 1393 号 335 頁（牛肉入りサイコロステーキ）【41】【92】

　　　　　　　　　　　　　 23, 26, 75, 88, 101, 105, **106**, 174, 183, 185, **203**, 220

東京地判平成 24・12・5 判例時報 2183 号 194 頁（石綿含有建材）【80】…………… 168, 170, **171**, 176, 302

東京地判平成 25・2・1 判例集未登載（簡易ライター）【60】…………………………… **144**

大阪地判平成 25・3・21 判例集未登載（輸入ふとん乾燥機）【104】【121】【143】

　　　　　　　　　 243, 246, **247**, 248, 251, 263, 266, 267, **270**, 308, 309, **310**

東京地判平成 25・3・25 判例時報 2197 号 56 頁（クロスバイク自転車）【69】【122】

　　　　　　　　 22, 78, 81, 87, **156**, 174, 179, 198, 214, 217, **271**, 275, 276, 294, 296, 328

東京地判平成 25・4・19 判例時報 2190 号 44 頁（エスカレーター）………………… 162, 165, 318

東京地判平成 25・5・27 判例時報 2211 号 58 頁（自己発熱性・自己反応性化学物質）………………… 74

東京地判平成 25・6・3 判例集未登載（コンビニ自動ドア）【78】………………………… 168, **169**

福岡地判平成 25・7・5 消費者法ニュース 97 号 375 頁（手すり）【61】【91】

　　　　　　　　　　　　　 22, 60, 80, **145**, 178, 182, **201**, 217, 223, 293

東京地判平成 25・9・26 判例時報 2210 号 67 頁（フレキシブルメタルホース）【75】

　　　　　　　　　　　　　　　　　　 25, 165, **166**, 203, 209, 215

東京地判平成 25・10・17 判例時報 2214 号 65 頁（高密度焦点式超音波機器）【51】…………… **128**, 174

東京地判平成 25・12・5 判例時報 2215 号 103 頁（塩蔵マッシュルーム）【38】……… 26, 58, 59, **103**, 282

東京地判平成 26・3・20 判例時報 2230 号 52 頁（化粧品）【55】

　　　　　　　　　　　　　　　　　 75, 133, **135**, 176, 220, 221, 251, 253

337

判例索引

東京地判平成 26・3・27 判例時報 2228 号 43 頁（4 トントラック）【63】 ················· 147, **148**, 191, 229

東京地判平成 26・7・15 判例時報 2238 号 58 頁（化成肥料）【103】 ··· **244**

福岡地判平成 26・11・7 判例集未登載（建設アスベスト）··· 172, 302

東京地判平成 26・11・27 判例集未登載（化粧水）【56】 ························· 25, 135, **136**, 214, 277, 304

東京地判平成 27・1・16 判例時報 2258 号 89 頁（電磁弁）【76】 ················· 88, 95, 165, **167**, 203, 210

東京地判平成 27・1・22 判例集未登載（ジムマシン）【58】 ··· 138, **139**

神戸地判平成 27・3・24 判例集未登載（ノート型パソコン）··· 276

東京地判平成 27・3・30 判例時報 2269 号 54 頁（電気式床暖房）【11】

·· 26, **52**, 82, 217

東京地判平成 27・12・10 判例タイムズ 1430 号 233 頁（カラオケ装置デバイス）【3】 ············ 19, **21**, 49

京都地判平成 30・2・20 判例集未登載（洗顔石鹸）【145】

···························· 86, 91, 93, 136, 137, 174, 176, 203, 220, 221, 281, 283, 295, **329**, 330, 331

福岡地判平成 30・7・18 判例集未登載（洗顔石鹸）【146】

·················· 86, 93, 137, 160, 174, 176, 203, 220, 221, 253, 281, 283, 295, 329, **330**, 331

簡易裁判所

名古屋簡判平成 17・11・29 判例集未登載（ロースかつ）·· 263

事項索引

あ 行

アウスライサー　57, 58, 61, 63, 127, 216
　一種の――　58
　典型的な――　57, 61, 63, 216
アレルギー　101, 133, 134, 137, 295
　――疾患対策基本法　132, 136
　小麦――　133, 136, 295, 329
　食物――　86, 132, 133, 136, 331
安全確保　25, 179
　――義務の平準化　142, 184
　子ども（乳幼児、幼児）の――　157, 180,
　　181, 224
　操作者の――　55, 57, 58, 159
　用途を考慮した――　160, 183
安全管理システム　13, 314, 321, 327, 328
安全基準　219
EC 製造物責任指令　6, 36, 85, 276, 281, 303
生ける法　14
慰謝料　275
　固有の――　275, 276
　従来型の――　278
　制裁的――　148, 278
著しい逸脱的使用　187, 188, 190, 192, 198
一手販売　250, 251
異物混入　58, 102, 103
医薬品　112～126, 172, 182, 184, 188, 196, 197,
　221, 231, 233, 301
　――、医療機器等の品質、有効性及び安全性
　の確保等に関する法律（医薬品・医療機器
　等法）　3, 219, 337
　――添付文書　118, 121, 122, 215
　――添付文書の意義　118
　――の安全性　93, 121, 125
　――の有用性（有効性）　93, 113, 116, 120,
　　121, 124
　――の有効性判断と安全性判断の分化　125
　――被害の特性　112, 113
　――副作用被害救済制度　124
医療機器　126, 127, 228, 231, 233
　インプラント式――　129, 130

か 行

イレッサ訴訟　121, 123, 174, 197, 215
因果関係　254
　――の事実上の推定　255
　――の遮断　43
　――の立証責任　254
インターネット　241, 248, 250
得べかりし利益（営業上の損害）　25, 276, 277
運送業者　236
運搬・保管中の安全性　13
ADR（裁判外紛争解決）　11, 12, 15
　行政型――　12
　民間型――　12
　――法（裁判外紛争解決手続の利用に関する
　法律）　12
エスカレーター　42, 158, 161, 165, 179, 191, 192,
　221, 316～318, 324
ST（Safety Toy）基準　226
エレベーター　42, 158, 161, 165, 179, 191, 230,
　321～324
　――の戸開走行事故　321, 322
　荷物用――　179, 199, 324
煙火製品　141
OEM（Original Equipment Manufacturing）
　237, 253
おもちゃ（玩具）　87, 145, 180, 226

か 行

かいけつサポート（→認証紛争解決事業者）
介護保険　182, 320, 325
会社法　303
改修費用　25
改造　38, 212
開発危険の抗弁　107, 280～283
開発者　251, 253
化学製品　141, 142
科学的知見　263, 264
化学物質の審査及び販売を規制する法律（化審
　法）　221, 256
学識のある媒介者　130
拡大損害　28, 255, 274

339

事項索引

加工　　31～41, 237～240,
　　──業者　　237, 238
火災原因調査　　226
火災予防条例　　225
瑕疵　　46～47, 242, 257
　　安全性に関する──　　257
　　社会観念上の──　　227
　　品質の──　　18～20, 49, 142
過失　　2, 9, 18, 117, 147, 199, 281, 300～302,
　　306, 323
　　──の客観化　　16, 118
　　──割合　　293
過失相殺　　179, 208, 324
　　安全確保措置け怠による──　　296～299
　　危険使用による──　　297, 298
　　使用形態による──　　194, 197, 208
　　素因による──　　261, 295
　　表示に関する──　　205, 206
菓子による窒息事故　　108
過剰使用　　197
ガス湯沸かし器不正改造事故　　38, 217～219
過大な安全性認識　　233
家庭内事故　　22, 24, 47
家庭用品　　59, 139
家電製品　　45, 142, 143, 224
カネミ訴訟（油症事件）　　3, 100, 101, 160, 172,
　　182, 185, 202, 223, 300, 331
関税
　　玩具の──　　241
　　──法　　240～242
間接事実　　266, 267
機械式駐車装置（→立体駐車場）
機械設備・装置　　157, 158
危険　　2, 8, 13, 211, 293, 295, 297, 305
　　──効用基準　　84, 89, 93, 97, 137
　　──効用基準の妥当範囲　　90～93
　　──使用　　187
　　──使用への誘因　　219
　　──情報の社会的共有　　232
　　──責任　　8, 35, 46, 237, 239, 246
　　──の技術的回避可能性　　127
　　──の作出　　8, 34, 35
　　組合せによる──　　68, 89
　　経済的な──効用分析　　94

新規──　　174, 175, 193, 196, 232, 322
明白な──　　140, 219, 231
技術史　　326
客観主義　　16
　　製造物責任法における──　　16
客観責任　　35
求償　　300
　　帰責者への──権　　179
教育施設内の事故　　23
業界基準　　169, 221, 223
強制基準　　219
共同不法行為　　300, 302
組立　　39, 40, 197
　　──工程における危険　　157, 177, 198
　　──・施工等を要する製品　　176～178
　　──マニュアル　　176
クロロキン訴訟　　115, 124, 172, 196
経過措置　　286, 287
経験則　　254, 255, 262, 263
警告
　　禁止──　　76, 77, 79
　　禁止──に対する違反　　76
　　──シール　　178
　　──マーク　　233
　　医師に対する──　　117
経済企画庁　　5
経済産業省　　229
継続使用する製品　　175, 196
化粧品　　132～137
　　──の一般的特性　　134
　　──の添付文書　　134
欠陥　　2, 23, 49, 50
　　──責任　　2, 7
　　──の3類型　　49, 50, 77
　　──の証明　　268, 269, 271
　　──の推定規定　　269
　　──の存在態様　　217～219
　　──の特定　　43, 270, 272～274
　　──の判定基準　　84
　　──の部位の特定　　269, 272, 273
　　俯瞰的な──判断　　80～83, 216
決済代行業者　　241
決済代行サービス　　241
原因究明機能の充実強化　　14

健康機器　139
健康食品　101, 102, 107, 221, 256
建材　33, 46, 168, 176
原子力損害の賠償に関する法律　312
建築基準法　220, 221, 320, 323
権利濫用　305
行為規範　12〜14
後遺障害　261, 275, 276, 288
後遺損害　275
工業標準化法　223
広告・宣伝　9, 123, 233, 234, 302
工作物責任　42, 46〜48, 197
　——と製造物責任の比較　47, 48
公序による制限　307
公序良俗　303
厚生労働省　222, 225
高度の蓋然性　254, 255, 265
高齢者用製品　199, 201
国際
　——規格・——基準　223, 226, 227
　——裁判管轄　308, 310, 311
　——的な製造物責任訴訟　307, 308, 310
　——標準化機構（ISO）　223
国土交通省　322
国民生活
　——審議会　5, 7, 100, 227
　——センター紛争解決委員会　12
　独立行政法人——センター　12, 214
誤使用　158, 160, 186, 195〜197, 202
　広義の——　187
　狭義の——　187, 202, 205
個人店主　106, 238, 239
戸籍法　245
国家行政組織法　14
子どもの遊び行動　181, 200
子どもの事故　70
　汎用品による——　211
小分け　40
梱包業者　236

さ　行

サーベイランス　230
細菌性食中毒事故　105
再生品　45

在宅介護　95, 146, 324〜326
再発防止策　84, 314, 315, 320, 322, 328, 332
裁判外紛争解決（→ ADR）
裁判規範　11, 12
サリドマイド事件　3
産学共同開発　253
産業機械　23, 50, 158, 207
JIS 規格（→日本工業規格）
事業者　87, 88, 214, 215, 237
　——間訴訟　25
　——期待　213〜215
　——期待基準　87, 97, 213
　需要者側——　87, 152, 159, 160, 182, 202,
　　203, 207, 214, 227
事業用製品　182, 202
事故
　——後の製品改良　229
　——の教訓　14, 15, 314, 318, 331
　——のシナリオ　314, 316, 318, 326
　——の中心的シナリオ　314, 318, 320, 327,
　　331
　——の補足的シナリオ　315, 320, 331
指示・警告
　医師に対する——　77, 182
　組立・販売者に対する——　69, 70, 157, 224
　口頭による——　65, 73, 160, 176, 233
　——上の欠陥　65, 67, 69, 70, 73, 75, 78, 88,
　　90, 102, 105, 122, 142, 160, 183, 196, 216, 233
　　〜235, 301
　——の相手方　64
　——の記載順　191
　保護者・介護者に対する——　77
事実上の推定　225, 265, 269
市場薬（非処方薬）　113, 136, 137
自然
　——科学的証明　225, 265
　——産物　32〜37
　——人　21〜24, 86, 237
　——毒による食中毒　33, 102, 106
失火責任法　306, 307
シックハウス症候群　224
自転車　155〜157
自動運転　36
児童施設　168, 182, 210, 212, 214

341

事項索引

自動車　147〜152
　——用製品　60, 152
氏名　244, 245, 246, 250, 236
社会
　狭義の——規範　10
　——規範　11, 13, 14
　——通念　19, 31, 32, 64, 86, 93, 137, 140, 155,
　215, 230, 241, 242, 250, 246, 251
　——的期待　213, 230
　——的期待の変動・伸縮　87
車検　325
修理　37, 38, 212, 217, 273
出火原因　259
主婦連合会　2, 3
準拠法　307〜309
　相続の——　309
小規模事業者　9, 238, 240, 284, 305
商号　244, 245, 253
昇降機　161, 179, 191, 324
消費者　2, 3, 5〜14, 108, 211, 276
　狭義の——期待　86, 87, 97, 136, 137
　広義の——期待基準　84, 85, 213
　——安全行政　7
　——安全調査委員会（消費者事故調）　14,
　316〜323
　——安全法　14, 236
　——基本法　236
　——教育の推進に関する法律　29
　——契約法　236, 303
　——事故調査　314〜316, 324, 325, 332
　——団体　3
　——庁　14, 15, 52, 230, 319
　——の視点　11, 230, 231
　——法　2, 7, 25, 236,
消費生活
　——条例　12
　——センター　11, 12
　——相談　10, 12
　——用製品安全法　220, 229
商標　244, 245, 249, 250, 253
　——法　245
証明　254, 262,
　因果関係の——　254
　欠陥の——　268

自然科学的——　254, 255, 265
　——責任の原則　269
消滅時効　16, 286〜289
条理　281, 309, 310
条例　225, 226
食中毒　102, 104, 106, 183, 263
　O157 ——　105
　細菌性——　105
食品　100〜103, 105〜107
　——安全委員会　110, 222
　——安全基本法　37, 222
　——衛生法　37, 219〜222, 250, 256
　——健康影響評価　110, 222
　——の指示・警告上の欠陥　102
　——の絶対的安全　100, 107, 125
　——の用法上の安全　126
　新開発——　101, 222
　新規——　110
　伝統——　110, 133
新規性をもつ製品　88, 149, 150, 152, 160, 161,
　173, 183
信義則　304
新薬　119
信頼責任　9, 234, 237, 245, 246, 250
ストレプトマイシン（ストマイ）訴訟　116,
　124, 188
スモン訴訟（事件）　3, 114, 124, 143, 172, 182,
　196, 281
税関長　241, 242
製造　31
　——委託　135, 237
　——業者　237, 238
　——上の欠陥　57, 58, 60, 62, 79, 105, 127,
　142, 216, 283
　——取次事業者　238
製造物責任　4〜9, 11, 18, 28, 34〜36, 46〜49,
　53, 64, 66, 67, 77, 102, 106, 174, 176, 178,
　211, 220, 221, 223, 238〜240, 254, 256, 266,
　280, 295, 300, 302, 303, 312
　——研究会　4, 5, 36
　——の観点　72, 79, 89, 175, 183, 215, 219,
　223, 240
　——の根拠　8〜10
　——の時間的要件　212

製造物責任法
　——の意義　6, 184
　——の一部改正　15, 16
　——の根拠　7
　——の附帯決議　14
　——要綱試案　4, 36, 211, 255, 269
製造物特性　99, 106, 108, 133, 136, 137, 140〜
　142, 149, 152, 153, 158, 159, 168, 174, 182, 284
　——のとらえ方　100
　——の評価　99, 146, 152, 153, 158, 159,
　170, 171, 174, 182, 204
　複合的な——　165
整備　39, 43
是正措置（→広義のリコール）
設計
　——業者　236
　——指示従属性の要件　284
　——指示の抗弁　283, 284
　——思想　55, 83, 90, 95, 212, 216
　——上の欠陥　78, 88, 89, 153, 160, 216, 218,
　219, 283, 284
　代替——　50, 52, 57, 83, 145, 152, 159, 215,
　216, 230
　代替——の技術的実現可能性　145, 216
設置　39
　——業者　236
　——・施工マニュアル　176
専門家期待　213
専門家期待基準　89, 97, 213
素因　295
　心的——　260, 261, 295
　体質的——　260, 261, 295
相当因果関係　42, 45, 194, 274, 277
相当程度使用経験がある製品　232
ソフトウェア（プログラム）　41, 42
ソフト・ロー　222
損害賠償の範囲　274

た　行
第1使用者　138, 139, 178, 198, 200, 205
第2使用者　138〜139, 178, 197, 198, 200
第一次農林水畜産物　35, 36
第三者の損害　22, 89, 157, 182, 231
遅延損害金　305, 306

蓄積損害　290
窒息事故　51, 93, 101, 102, 108
注意書　64, 89, 145, 150, 190, 234
　——の改訂　239
中央薬事審議会　113
中国産輸入冷凍餃子事件　18, 19
中古品　42, 43, 45, 274
長期使用機械　321〜323
調査費用　279
懲罰的損害賠償　278, 279, 307, 308
通関代行者　240
通常使用　187〜190, 193, 197, 198, 202, 204,
　208, 211, 219
通常予見される使用形態　185〜190, 193, 198,
　200, 202
通信販売者　250
DIY（Do It Yourself）製品　178
適正使用　187, 188, 193, 194, 196〜199, 201,
　205, 207
点検　39, 43, 63, 156, 178, 217, 273, 296
　定期的・専門的——　179, 198, 199, 329
　日常的——　179, 325
　法令に基づく——　179, 329
　保守——契約　299
　目視による——　179, 325, 329
伝統型製品　140, 182, 188, 273
動産　31, 42, 47, 48
道路運送車両法　220
独立した事故調査機関　15
独立行政法人製品評価技術基盤機構（NITE）
　52, 319
土地工作物
　——責任　46〜48, 197
　——と製造物責任の比較　47, 48
取扱説明書　64, 66, 72, 73, 75, 138, 156, 179,
　233〜235, 249, 250, 251, 329
取引上の損害　25, 256

な　行
内閣府国民生活局　230
日本工業規格（JIS規格）　223, 224, 319, 320,
　322, 326
乳幼児用製品　199〜201
任意基準　219, 222〜225

343

事項索引

認証紛争解決事業者　12
燃焼系製品　142〜144
乗り物　147

は　行

ハード・ロー　222
廃棄物　45
発火源　266, 267
パック詰め　32, 40
発達段階　181
発売元　250〜253
搬送装置　191
ハンドル形電動車椅子　317, 318
販売業者　236, 243, 251, 252
汎用的原材料　137, 160, 331
汎用品　54, 63, 88, 95, 112, 140, 152, 160, 167,
　　168, 181, 182, 203, 204, 209〜211
　　——による乳幼児の事故　181, 182
BSE 問題　36
被害者の多元化　27, 82, 97
非処方薬（→市場薬）
ヒ素ミルク事件　3, 4
美容機器　137
標準逸脱基準　84, 94, 95, 97
風評被害　20, 227
福祉用具　326
　　レンタル——　325
不真正連帯債務　300
部品　31, 38, 54, 147, 160, 166, 178, 179, 182,
　　198, 283, 284
　　——・原材料製造業者の抗弁（→設計・指示
　　の抗弁）
　　——性の要件　284
不法行為の特別法　2, 7, 22, 287〜289, 306
踏切事故　320, 321
プライベートブランド（Private Brand）　135,
　　183, 205, 214, 237, 304
ブラックボックス　89
　　——的情報　112
　　——的製品　44, 87, 273
ブランド　237, 245, 250, 253, 300
不良マッチ追放運動　2
分野横断的特性　172
米国

——食品医薬品局（FDA）　228
——の製造物責任判例　130, 140, 278
——判例法　231, 310
報償責任　8, 9, 234, 237, 245, 246
法人　24
　　公——　27
　　私——　27
　　——の財産的損害　24, 26
法定利率　305, 306
法の適用に関する通則法（通則法）　307〜
　　310
保健所　101, 104, 282
保税地域　244
本来の用法に違反する使用（→著しい逸脱的使
　　用）

ま　行

慢性疾患　175, 176, 263, 288
民間 PL センター　12
民事訴訟法　4, 277, 311
民事罰　278
民法　15, 16, 287〜289, 292, 295
　　——の一部改正（債権法関係）　15, 274, 287,
　　289, 306
無過失責任　8, 9, 31, 101, 184
免責特約　303
目撃者　255, 266, 267

や　行

[旧] 薬事法　3, 135, 221, 228, 331
遊戯施設　324
有体物　41
輸入　240, 251
　　——業者　20, 236, 240〜243, 245, 265, 282,
　　302
　　——業者の注意義務　242, 243
　　——許可　244
　　——仲介者　240
要因　314, 315, 327, 332
　　規則的——　314
　　社会的——　314
　　直接の——　314, 318, 322, 326
　　トリガー的——　325, 329
　　背景的——　314, 323, 327

事項索引

――の解析　314

用途
　需要者――　202～205, 208, 331
　使用実態における――　205

予防原則　93, 94

ら 行

リコール　219, 259, 277, 278
　狭義の――　227, 228, 230
　広義の――　227, 229, 230
　自主――　230
　――・ガイドライン　230
　――情報　230
　――の実施理由　229, 259, 260
　――費用　20, 25, 277

リスク管理　222

リスク評価（→食品健康影響評価）

立証責任　266
　――の軽減　16, 255, 265, 268, 269, 271

――の実質的転換　266

立体駐車場（機械式駐車装置）　75, 157, 161,
　　163, 230, 324

立法提案　6, 211, 255, 281

流通後安全確保　222

流通前安全確保　13

類似疾患　82, 143

ルンバール医療事故（事件）　254, 255

連邦
　――消費者製品安全委員会（CPSC）　5
　――消費者製品安全法（CPSA）　5

労働安全衛生法　324

ロゴ　246～248
　――マーク　245, 246, 248, 253

わ 行

和解　323

和漢薬　120
　医療用――　120

345

著者紹介

横浜生まれ
1985年　上智大学文学部卒業
1989年　東京大学法学部卒業
1998年　東京大学大学院法学政治学研究科博士課程単位取得満期退学
現在，消費者安全問題研究会代表（元消費者庁消費者安全課事故調査室長）

逐条講義　製造物責任法　第2版―基本的考え方と裁判例

2014年3月15日　第1版第1刷発行
2018年10月20日　第2版第1刷発行

著　者　土 庫 澄 子
　　　　　　と　くら　すみ　こ

発行者　井 村 寿 人

発行所　株式会社　勁 草 書 房
　　　　　　　　　　けい　そう

112-0005 東京都文京区水道2-1-1　振替 00150-2-175253
　　　　（編集）電話 03-3815-5277／FAX 03-3814-6968
　　　　（営業）電話 03-3814-6861／FAX 03-3814-6854
　　　　　本文組版　プログレス・理想社・中永製本所

©TOKURA Sumiko　2018

ISBN978-4-326-40354-7　　Printed in Japan

JCOPY ＜(社)出版者著作権管理機構 委託出版物＞
本書の無断複写は著作権法上での例外を除き禁じられています。
複写される場合は，そのつど事前に，(社)出版者著作権管理機構
（電話 03-3513-6969，FAX 03-3513-6979，e-mail: info@jcopy.or.jp）
の許諾を得てください。

＊落丁本・乱丁本はお取替いたします。

http://www.keisoshobo.co.jp

松本恒雄・齋藤雅弘・町村泰貴 編 　　　A 5 判・512 頁　4400 円

電子商取引法
現状と問題点を平易に解説し、環境整備の方向性を示す。

西埜 章 　　　A 5 判・1360 頁　17000 円

国家賠償法コンメンタール［第二版］
適正な実務運用指針を示し、理論的到達点を明確にする。

我妻榮・有泉亨・川井健 　　　B 6 判・552 頁　2200 円

民法 1　債権法［第三版］
小型でパワフル名著ダットサン

遠藤浩・川井健 編 　　　B 6 判・544 頁　2200 円

民法基本判例集［第三版補訂版］
ダットサンの姉妹書

川井健 著・良永和隆 補筆 　　　四六判・228 頁　2000 円

民法案内 13　事務管理・不当利得・不法行為
現代によみがえる名講義

喜多村勝德 　　　A 5 判・344 頁　3500 円

損害賠償の法務
改正民法を前提に、理論と実務の両面から判例を多数紹介しつつ、主張
立証責任等の訴訟手続まで詳説。損害賠償法務の基本をつくる。

大島義則・森大樹・杉田育子・関口岳史・辻畑泰喬 編著
A 5 判・432 頁　4000 円

消費者行政法―安全・取引・表示・個人情報保護分野における執行の実務
行政庁はどのように法執行し企業はどのように対応すべきか、消費者行
政法の執行実務を解説した、わが国初の本格的実務書。

木庭 顕 　　　A 5 判・280 頁　3000 円

［笑うケースメソッド］現代日本民法の基礎を問う
一通り民法は勉強したというあなた！ 実はまだ民法の「芯」を知らない
かもしれないですよ。東大法科大学院、伝説の授業が単行本化！

勁草書房刊

＊表示価格は 2018 年 10 月現在. 消費税は含まれておりません.